KB198327

혼공쌤의
합격 노하우
제시!

저자직강
무료강의
제공!

비전공자
에게도 쉬운
구성!

2015~24
최신기출복원
반영!

2025

▶ 파이팅혼공TV 초단기 합격 시리즈
유튜브 합계 조회수 250만 돌파!
(전기기능사 컨텐츠 24년 12월 기준)

전기 기능사

필기

무료강의 전체제공
유튜브 바로가기

초단기CBT 기출문제집
10개년 1400문제

파이팅혼공TV 컨텐츠 개발팀 편저

거꾸로 공부하셔야 빨리 붙습니다!

전기기능사 필기는 60점만 맞으면 합격인 시험입니다!

하지만 매년 합격률이 30%대의 기능사 종목 중 필기가 가장 어려운 종목으로 여겨지고 있습니다.

그만큼 전략적인 공부방법이 필요합니다.

SS숏컷전략 [Shortcut Stretagy]로 돌파합니다!

전기기능사의 과목별 출제비중은 다음과 같습니다.

전기이론 33% [20문제 : 계산문제 비중 약 50%]

전기기기 33% [20문제 : 계산문제 비중 약 20%]

전기설비 33% [20문제 : 계산문제 비중 약 5%]

전기기능사 과목은 보통 전기이론, 전기기기, 전기설비 파트로 이루어져 있습니다. 하지만 상대적으로 계산문제의 비중이 높고, 암기가 힘든 전기이론 파트부터 공부를 시작하면 도중에 포기하거나 많은 시간을 소요하고도 실제 시험에서 좋은 점수를 받기가 힘든 것이 사실입니다.

SS숏컷전략은 각 파트별 비(非)계산문제를 전면에 배치하고 문답암기로 집중공략함으로써 계산문제에 취약한 수험생도 합격점수 60점을 수월하게 돌파할 수 있도록 하는 파이팅혼공TV 만의 지름길 전략입니다.

공부순서	장기목표	단기목표	난이도
전기설비	33 / 33.3	27 / 33.3	★
전기기기	30 / 33.3	25 / 33.3	★★
전기이론	27 / 33.3	20 / 33.3	★★★
	90점	72점	

위 세 과목 중 쉬운 순서대로 나열한다면

1. 전기설비 2. 전기기기 3. 전기이론 순서일 것입니다.

따라서 공부순서도 전기 설비부터 잡아야 합니다.

본 교재는 전기설비에서 한 문제도 놓치지 말고 100% 풀어내기 위한 SS숏컷 전략으로 [적중 스피드 CBT 최신기출 문답암기 시리즈]와 [빈출 모의고사 시리즈]를 가장 먼저 학습하도록 교재 전면에 배치하였습니다.

전기설비 파트는 전기이론과 전기기기 내용을 먼저 학습하지 않고 단독으로 보시더라고 충분히 쉽게 이해하고 풀어내실 수 있는 과목입니다. 전기분야를 처음 접하시는 분들도 간단한 암기팁을 활용하여 2~3회독으로 충분히 모두 맞추실 수 있습니다.

전기기기 파트는 역시 비(非)계산문제의 비중에 80%를 차지하고 내용도 평이한 수준이므로 반드시 좋은 점수를 받아야하는 파트입니다. 동일유형의 문제가 보기를 조금씩 달리하여 매 시험마다 출제되고 있으므로 해설에 포함된 이론 내용을 꼼꼼하게 암기한다면 비슷한 유형의 다수의 문제를 풀 수 있습니다. 계산문제에 너무 부담 갖지 마시기 바랍니다. 전기기기파트의 계산(공식)문제 비중은 불과 20% 약 7점 정도이므로 4문제 중 2문제만 맞추어도 충분합니다.

G U I D E
전 기 기 능 사 책 의 구 성

전기이론 파트는 비계산문제와 계산문제의 비중이 5 : 5 정도됩니다. 내가 풀 수 있는 것과 없는 것을 구분하여 풀 것은 확실히 풀고, 버릴 것은 과감히 버려야 한다는 생각으로 복잡해 보이는 Time-consuming형 문제는 너무 시간을 들여 공부하는 것보다 스피드 문답암기 전략으로 돌파하는 것을 추천드립니다. 계산문제에 너무 부담을 갖지 않아도 됩니다.

전기 이론파트의 순수 계산문제는 47%로 약 10문제(16점)에 지나지 않습니다.

모두 포기하더라도 합격은 가능하지만 조금만 공부하시면 오히려 쉽게 맞출 수 있는 문제가 많이 있습니다.

무작정 막히는 길로 선택하지 말고, 초단기 합격으로 가는 내비게이션을 켜고 지름길로 가야합니다.

SS숏컷전략 [Shortcut Stretagy]

← STEP 01

[비(非)계산문제]
부터 100% 정복한다!

← STEP 02

[공식찾기]
문답암기를 통째로 정복한다!

← STEP 03

[계산문제]
난이도 별로 빠르게 정복한다!

PREFACE
전 기 기 능 사 머 리 글

Thanks to

본 교재는 전기설비와 전기기기의 단순 암기형 주제들을 전면에 배치하여 전기 설비와 전기기기에서 반드시 기본을 다져 50점 이상을 획득하고, 학습 도중에 시간부족으로 전기이론의 계산문제를 다 공부하지 못하셨더라도 실제 시험장에서 충분히 합격권 점수를 획득하실 수 있도록 전략적으로 구성하였습니다.

전기기능사의 이론파트의 계산문제는 백터함수, 삼각함수 등 고등학교 수학책을 다시 펼치거나 공학 수학이론을 공부해야 풀 수 있을 만큼 수학적인 기초가 없이는 풀어내기 어려운 문제도 다수 있습니다. 즉, 제대로 이해하고 학습하는데 있어 엄청난 시간이 소요되고 재미도 없기 때문에 금방 포기해버리고 맙니다. 하지만 본 교재의 해설은 따로 수학교과서를 들추어 보지 않더라도 해설만 읽어 나가더라도 문제가 자연스럽게 이해되고 정답이 보이실 수 있도록 최대한 수험생 여러분께 "친절해야 한다"는 사명감을 가지고 집필하였습니다.

계산문제 역시 패턴은 정해져 있기 때문에 꼭 암기해야 할 공식과 기호, 단위들 그리고 이미 어려운 이론적 바탕으로 계산이 끝난 전기적 수치들만 제대로 독파하신다면, 한 문제도 놓치지 않고 맞추실 수 있으리라 확신합니다. 더 나아가 학습을 시작하기 전에는 어지러운 전기 기호와 용어가 난무하는 전기이론 계산문제를 볼 때, 과연 내가 이 걸 풀 수 있을까 생각했던 문제들이 한 문제 한 문제 쉽게 풀릴 때마다 느껴보지 못했던 전기공부에 재미와 희열을 느끼지 않으실까 합니다. 전기분야로 첫 발을 내딛는 여러분께 본 교재는 겉핥기식 학습이 아닌 제대로 된 지식을 겸비한 전문가로서 자부심을 느끼게 해줄 것이라 생각합니다.

끝으로 본 교재가 나오기까지 애써주신 홍현애 과장님, 인성재단 대표님께 진심으로 감사를 전합니다.

PD 초공쌤

C O N T E N T S

전 기 기 능 사 목 차

I. 전기설비

적중 스피드 CBT 최신기출 문답암기

- 1회 ··· 12
- 2회 ··· 23
- 3회 ··· 34
- 4회 ··· 45
- 5회 ··· 55

실전 빈출 모의고사

- 1회 ··· 65
- 2회 ··· 75
- 3회 ··· 85
- 4회 ··· 95
- 5회 ··· 105

II. 전기기기

STEP 1 [비(非)계산문제]

- 적중 스피드 CBT 최신기출 문답암기 1회 ········ 118
- 적중 스피드 CBT 최신기출 문답암기 2회 ········ 128
- 적중 스피드 CBT 최신기출 문답암기 3회 ········ 138
- 실전 빈출 모의고사 1회 ······················· 148
- 실전 빈출 모의고사 2회 ······················· 158

STEP 2 [공식찾기]

- ··· 168

STEP 3 [계산문제]

- 난이도 하(下) ······························· 172
- 난이도 중(中) ······························· 176
- 난이도 상(上) ······························· 180

III. 전기이론

STEP 1 [비(非)계산문제]

· ·· 186

STEP 2 [공식찾기]

· ·· 208

STEP 3 [계산문제]

· 난이도 하(下) ··························· 222
· 난이도 중(中) ··························· 225
· 난이도 상(上) ··························· 247

최신기출복원

· ·· 257

IV. CBT 복원 실전 모의고사

최종점검

·· 262

@samatharu 1개월 전
저는 스리랑카 사람이에요. 전기기능사 필기 시험 하려고 시작했지만, 너무 어려워서 중간에 포기하려고 했어요. 근데 한달 전 부터 파이팅혼공TV에 나오는 기출문제 풀기 반복해서 보니까 많은 도움이 받고 전기기능사 필기 시험이 겨우 63.33 점으로 합격 했어요. 정말 감사합니다~ ♥

👍 2 👎 답글

@user-xl7yc8oy1q 2개월 전
저도 기합격자분들의 조언대로, 책을 사서 같이보면서 들으니까, 이해도 잘되고 암기도 잘 되는 것 같습니다. 반복해서 들으면서 공부해 보겠습니다. 감사합니다.

👍 2 👎 답글

@bannypoi 4개월 전
사랑하는 혼공님 오늘 드디어붙었어요! 여러분들 그냥 보지마시고 책사서 같이보세요. 차원이 다르네요.
쿠팡 에도 파니깐 어서사서 같이 들으세요.

👍 4 👎 답글
ﾛ 답글 2개

@borem13 4개월 전
1차시험땐 1문제 차로 떨어졌는데 ~
오늘 시험 보고 왔는데~선생님 덕분에 합격점수 나왔네요. 너무 감사드려요~^^

👍 3 👎 답글

@user-lo7fm9oy7g 6개월 전
교재구입해서 동영상시청 하면서 열공하여 오늘 드뎌 정기1차 합격하였습니다~
너무나도 해설을 명쾌하게 해주시어 지겹지 않토록 열강해주셔서 너무 감사드립니다^^
파이팅혼공tv 적극강추 입니다 솔직히 계산은 뒤로미루어 교재편성이 너무 잘되어 포기안하도록
도전해볼만한 내용이었습니다 홧~~팅

@sujeong3222 6개월 전
너무 고맙습니다. 😀
혼공 선생님의 열정,
알기 쉽게 설명해주시는 점,
귀에 쏙쏙 들어오는 보이스,
수험자 입장에서 문제 푸는 요령 등등 따봉입니다. 👍
2023년 1회 필기 꼭 합격하도록 하겠습니다.
시간 날때마다 교재도 보고, 출퇴근시 라디오처럼 듣고, 잠자기 전 자장가 삼아 보다 잠들고..참 좋습니다. 😄 😀
남은 기간 더욱 박차를 가하겠습니다.
다시한번 고맙습니다. 😊
간략히

👍 8 👎 답글
ﾛ 답글 1개

@user-hc6hy7uk8v 6개월 전
진짜 감사합니다 덕분에 합격했슴다 ㅠㅠ

👍 1 👎 답글
ﾛ 답글 1개

@user-om4uw1vk5u 6개월 전(수정됨)
와우~~정말 고생많이 하셧습니당 ㅎㅎ 항상 응원 합니다. 교재와 같이 보니깐 쏙쏙~~

@user-kf6tj4gw7b 6개월 전
어떻게 공부해야할지 막막했는데 혼공TV님 영상보고 도움 많이 받았습니다
앞으로도 자격증에 어려움을 느끼는분들의 길라잡이가 되어주세요
덕분에 합격했습니다 감사합니다:)

@user-ug7xx5lg8e 6개월 전
3일동안 밥먹을때 화장실갈때 잘때 선생님 강의듣고 80점 합격했습니다 정말 감사합니다 대박나세요

 @jyl0160 6개월 전
ㅋㅋㅋㅋㅋㅋ강의 진짜 너무 재밌습니다 암기하는데도 큰 도움 되네요!

 3 답글

 ∨ 답글 1개

 @sks3786 8개월 전
항상잘보고 있습니다 정말 이런강의 너무 좋네요 23년 기능사 꼭합격 하겠습니다 다음편도 빨리 보고 싶네요 ~

 6 답글

 ∨ 답글 1개

@user-vr4zs2jc4u 6개월 전
1월 31일 66.66으로 합격했습니다
과년도 기출문제 1회독 + 선생님 영상 하나로 합격했습니다 시험까지 4일밖에 안남아서 불안하고 절대 안될거같았는데 붙고 순간 놀라서 소리지를
뻔 했습니다 문제 잘뽑아서 설명해주셔서 감사합니다 이로써 저는 3일만에 합격한 엄청난 타이틀을 으흐흐흐

   5 답글

 ∨ 답글 1개

 @eastkorea1977 1개월 전
방금 합격하고 글 남깁니다
이 동영상 부터 여러 동영상을
한달동안 음악같이 들었습니다
정말 감사합니다

 @ajax-yf8vb 6개월 전
23년 1회차 전기기능사 오전 시험에 80점으로 여유있게 합격했습니다.
새로운 문제와 어려운 계산문제를 제하고 정말 쉽게 해결했습니다.
대부분 문제를 읽는 순간 그냥 답이 보이더군요.
무료 인터넷강의 감사드립니다.
정말 최고입니다.

짧은시간 정말 필기 접수하고 3주 컷으로 집중해서 준비했습니다.
짬짬히 시간날 때 마다 강의 듣고 매일 2시간 이상 교재로 반복학습 했습니다.
이론 정독없이 시작해서 불안하고 어려운 부분이 있었지만 대부분 반복 학습으로 해결되었습니다.
시험날짜에 맞추어 강의 업로드 해주신거 다시 한 번 감사드립니다

 @mklee200 6개월 전
수포자인데 이해가 갑니다 이상하네요 ㅎㅎㅎ

 @ekibento5 6개월 전
파이팅혼공tv 정말 최고입니다 ㅠㅠㅠㅠㅠ
저번 시험에 57.33점 한문제 차로 떨어져서 낙심하고 있었는데 믿음을 가지고 3주간 교재 구입해서 공부한 결과 70점으로 무사히 합격했습니다 ㅠ
ㅠㅠ 최고의 강의 정말 감사드립니다!!!!!

 👍 2 👎 ❤️ 답글

  @user-qz1si3nu7q 6개월 전
2/1 필기 시험 합격했습니다. 늦게나마 파이팅혼공TV를 알게 되었지만, 간결하고 재미나고 알찬 설명덕에 더욱 유익하게 귀에 들어왔던 것 같습니다.
너무 감사드리고 많은 분들이 저처럼 도움 받고 꼭 합격하셨으면 좋겠습니다. 감사합니다!!

 👍 2 👎 ❤️ 답글

∨ 답글 1개

   @xorud8636 6개월 전
혼공선생님... 농업계고 재학중인 학생입니다. 일전에 올리신 조경기능사 영상들에 도움 많이 받아서 오늘 시험에서 좋은 성적 거두고왔습니다. 앞으로
도 좋은 영상 많이 올려주세요 감사합니다 ^0^

 👍 5 👎 ❤️ 답글

∨ 답글 1개

  @evergreen9189 6개월 전
오늘 시험보고 76.6점으로 합격했습니다.
틈나는대로 핵심만보니 너무 도움이 됐습니다.
다큐를 유머로 풀어주시는 센스.....큰 도움됐고 너무 감사합니다.^^

PART
I
전기설비
전기기능사

SS숏컷전략

전기설비 파트

STEP 01 유튜브 동영상과 무작정 함께 풀어본다! (적중 스피드 CBT 최신기출 문답암기 5회분)

자주 반복되는 문제들을 체크한다! **STEP 02**

STEP 03 모의고사를 통해 100% 자신감 충전! (실전 빈출 모의고사 5회분)

전기 설비 파트는 단순 암기력으로 100% 맞출 수 있는 평이한 파트입니다. 반드시 배정된 점수 33점을 모두 획득하시기 바랍니다.

SS1. 유튜브를 적극 활용하자!

혼자 해설을 읽으며 공부하셔도 되지만 유튜브 영상을 들으며 저와 같이 풀어 보신다면 훨씬 집중력이 유지하시면서 수월하게 공부하실 수 있으시리라 생각합니다.

SS2. 동일 출제 유형 정복!

기본적인 지식을 암기하게 되면 조금씩 보기유형을 바꿔 출제되는 문제가 많기 때문에 회차를 거듭할수록 점점 더 많은 내용이 머리속에 각인되리라 확신합니다.

SS3. 반복만이 살 길!

꼭 기억하십시오. 전기설비파트의 목표점수는 33점 중 27점입니다. 시험의 당락은 본 파트에서 결정된다는 것을 명심하시고, 운전 중이나 지하철로 이동 중 틈나실 때 마다 유튜브로 반복 학습을 권장합니다.

" 전기기능사 전기설비 파트는 비계산문제 : 계산문제 = 95% : 5%입니다 "

001

조명용 백열전등을 일반주택 및 아파트 각 호실에 설치할 때 현관등은 최대 몇 분 이내에 소등되는 타임스위치를 시설하여야 하는가?

① 1   ② 2
③ 3 ✓   ④ 4

圖 **타임스위치 소등 시간**
- **주택 및 아파트** : 3분 이내
- **관광업 및 숙박시설** : 1분 이내 소등

002

다음 중 과전류차단기를 시설해야 할 곳은?

① 접지공사의 접지선
② 인입선 ✓
③ 다선식 전로의 중성선
④ 저압가공전로의 접지측 전선

圖 과전류 차단기를 시설해야하는 곳은 인입선이다.
접지공사의 접지선, 다선식 전로의 중성선, 전로 일부에 접지공사를 한 저압 가공전선로의 접지측 전선에는 과전류차단기 설치가 제한된다.

Tip 접다접엔 과전류 차단기 설치 ✕

003

지선의 중간에 넣는 애자의 명칭은?

① 구형애자 ✓   ② 곡핀애자
③ 인류애자   ④ 핀애자

圖 지선에 사용하는 애자는 구형애자
[암기법] 지선이가 사랑하는 동그란 애자

004

금속관 공사를 할 때 엔트런스 캡의 사용으로 옳은 것은?

① 금속관이 고정되어 회전시킬 수 없을 때 사용
② 저압가공 인입선의 인입구에 사용 ✓
③ 배관의 직각의 굴곡부분에 사용
④ 조명기구가 무거울 때 조명기구 부착용으로 사용

圖 엔트런스(entrance)캡은 말그대로 저압 가공 인입선의 입구측, 인입구에 사용하는 캡을 뜻한다. (빗물방지 기능)

005

변전소의 역할로 볼 수 없는 것은?

① 전압의 변성   ② 전력 생산 ✓
③ 전력의 집중과 배분   ④ 전력 계통 보호

圖 **변전소의 역할**
전압변성, 전력집중 / 배분,
전력계통 보호, 역률개선
[암기법] 변집배보역

006

하나의 콘센트에 둘 또는 세 가지의 기계기구를 끼워서 사용할 때 사용되는 것은?

① 노출형 콘센트   ② 키이리스 소켓
③ 멀티 탭 ✓   ④ 아이언 플러그

007

금속관 끝에 나사를 내는 공구는?

① 오스터　　　　　② 파이프 커터

③ 리머　　　　　　④ 스패너

[해] 금속관 끝에 나사를 낼 때는 오스터를 사용한다.

오스터

008

전열전선을 동일 금속덕트 내에 넣을 경우 금속덕트의 크기는 전선의 피복절연물을 포함한 단면적의 총합계가 금속덕트 내 단면적의 몇 [%]이하가 되도록 선정하여야 하는가?

(단, 제어회로 등의 배선에 사용하는 전선만 넣는 경우 제외)

① 20%　　　　　② 40%

③ 50%　　　　　④ 60%

[해] 금속덕트[금속몰드] 공사에서 덕트 내에 들어 가는 전선의 단면적은 덕트 내 단면적의 20% 이하로 하여야 한다. 80% 여유공간이 있어야 한다. (형광표시, 제어회로용의 경우 50%)

009

충전되어 있는 활선을 움직이거나, 작업권 밖으로 밀어 낼 때 사용되는 활선장구는?

① 애자커버　　　　② 데드엔드 커버

③ 활선 커버　　　　④ 와이어 통

[해] 와이어 통은 충전된 활선을 움직일 때, 작업권 밖으로 밀어 낼 때 사용되는 활선장구다.

010

실내 전반 조명을 하고자 한다. 작업대로부터 광원의 높이가 2.4[m]인 위치에 조명기구를 배치할 때 벽에서 한 기구이상 떨어진 기구에서 기구간의 거리는 일반적인 경우 최대 몇 [m]로 배치하여 설치하는가?

(단, S ≤1.5[H]를 사용하여 구하도록 한다.)

① 1.8　　　　　② 2.4

③ 3.2　　　　　④ 3.6

[해] S ≤ 1.5[H]의 식이 주어져 있고 광원의 높이 [H]가 2.4 이므로 등기구간의 거리(S)는 S ≤ 1.5 × 2.4 S ≤ 3.6 즉, 최대 3.6[m] 이하 간격으로 배치한다.

011

절연전선 서로를 접속할 때 어느 접속기를 사용하면 접속 부분에 절연을 할 필요가 없는가?

① 전선 피박이　　　② 박스형 커넥터

③ 전선 커버　　　　④ 목대

[해] 절연전선 서로를 접속 시 박스형 커넥터를 사용하면 접속부에 절연 필요 없다.

012

합성수지관 공사에서 옥외 등 온도 차가 큰 장소에 노출 배관을 할 때 사용하는 커플링은?

① 신축커플링(0C)　　② 신축커플링(1C)

③ 신축커플링(2C)　　④ 신축커플링(3C)

[해] 온도차가 큰 장소에 노출 배관 시 적합한 커플링은 신축커플링(3C)

013

2종 금속몰드의 구성 부품으로 조인트 금속의 종류가 아닌 것은?

① L형　　　　　② T형
③ 플랫 엘보　　④ 크로스 형

해 2종 금속몰드 구성 조인트 부품에는 L형, T형, 크로스 형이 있다.
　암기법 몰드조인트 엘티크

014

다음 중 지중전선로의 매설 방법이 아닌 것은?

① 관로식　　　　② 암거식
③ 직접 매설식　④ 행거식

해 지중전선로 매설방법에는 관로식, 암거식, 직접 매설식이 있다.
　Tip 지중전선로 직관암 매설

015

자연 공기 내에서 개방할 때 접촉자가 떨어지면서 자연 소호되는 방식을 가진 차단기로 저압의 교류 또는 직류차단기로 많이 사용되는 것은?

① 유입차단기　　② 자기차단기
③ 가스차단기　　④ 기중차단기

해 소호란 차단기 동작 시 가동자와 고정자 사이에 발생하는 아크(ARC)를 없애 주는 것을 말한다. 공기 중 개방 시 자연소호되는 방식은 기중차단기다.

016

단면적 6[㎟]의 가는 단선의 직선 접속 방법은?

① 트위스트 접속
② 종단 접속
③ 종단 겹침용 슬리브 접속
④ 꽂음형 커넥터 접속

해 · 트위스트 접속 : 단면적 6[㎟] 이하의 단선 직선접속 및 분기접속에 사용
· 브리타니어 접속 : 10[㎟] 이상의 단선 직선접속 및 분기접속에 사용

017

다음 중 전선의 굵기를 측정할 때 사용되는 것은?

① 와이어 게이지　② 파이어 포트
③ 스패너　　　　　④ 프레셔 툴

해 전선 굵기 측정

와이어게이지

018

전선관 지지점 간의 거리에 대한 설명으로 옳은 것은?

① 합성수지관을 새들 등으로 지지하는 경우 그 지지점 간의 거리는 2.0[m] 이하로 한다.
② 금속관을 조영재에 따라서 시설하는 경우 새들 등으로 견고하게 지지하고 그 간격을 2.5[m] 이하로 하는 것이 바람직하다.
③ 합성수지제 가요관을 새들 등으로 지지하는 경우 그 지지점 간의 거리는 2.5[m] 이하로 한다.
④ 사람이 접촉될 우려가 있을 때 가요전선관을 새들 등으로 지지하는 경우 그 지지점 간의 거리는 1[m] 이하로 한다.

해 ③, ④ 가요전선관의 경우 그 지지점간 거리는 1[m] 이하로 한다.
　① 합성수지관 지지점간 거리는 2[m]가 아니라 1.5[m] 이하로 한다.
　② 금속관을 조영재에 붙이는 경우에는 금속관의 지지점간 거리는 2[m] 이하로 한다.

019

공장 내 등에서 대지전압이 150[V] 를 초과하고 300[V] 이하인 전로에 백열전등을 시설할 경우 다음 중 잘못된 것은?

① 백열전등은 사람이 접촉될 우려가 없도록 시설하여야 한다.

② 백열전등은 옥내배선과 직접 접속을 하지 않고 시설하였다.

③ 백열전등의 소켓은 키 및 점멸기구가 없는 것을 사용하였다.

④ 백열전등 회로에는 규정에 따라 누전 차단기를 설치하였다.

해 백열전등은 옥내배선과 직접 접속하여 시설해야 한다.

020

터널·갱도 기타 이와 유사한 장소에서 사람이 상시 통행하는 터널내의 배선방법으로 적절하지 않은 것은?

① 라이팅덕트 배선

② 금속제 가요전선관 배선

③ 합성수지관 배선

④ 애자사용 배선

해 라이팅덕트는 균일한 조도를 얻을 수 있으며 천장이 높은 대형 공장이나 주차장 전시장 등에 적합한 공사 방법이다. 터널·갱도 기타 이와 유사한 장소에서 사람이 상시 통행하는 터널내에 적합한 배선방법에는 금속제 가요전선관, 합성수지관, 금속관, 케이블 배선, 애자 배선 등이 있다.

암기법 터널에서 합, 금, 케, 가요, 애자

021

금속덕트에 전광표시장치·출퇴표시등 또는 제어회로 등의 배선에 사용하는 전선만을 넣을 경우 금속덕트의 크기는 전선의 피복절연물을 포함한 단면적의 총합계가 금속덕트 내 단면적의 몇 [%] 이하가 되도록 선정하여야 하는가?

① 20[%]　　　　② 30[%]

③ 40[%]　　　　④ 50[%]

해 금속덕트[금속몰드] 공사에서 덕트 내에 들어 가는 전선의 단면적은 일반적으로 덕트 내 단면적의 20% 이하로 하여야 하지만 전광표시, 제어회로용의 경우에는 50[%] 이하이다.

022

화약고에 시설하는 전기설비에서 전로의 대지전압은 몇 [V] 이하로 하여야 하는가?

① 100[V]　　　　② 150[V]

③ 300[V]　　　　④ 400[V]

해 화약고에 설치하는 전기설비의 대지전압은 300[V] 이하여야 한다.

023

두 개 이상의 회로에서 선행동작 우선회로 또는 상대동작 금지회로인 동력배선의 제어회로는?

① 자기유지회로　　　② 인터록회로

③ 동작지연회로　　　④ 타이머회로

해 인터록회로에 대한 설명이다. 선행동작 우선회로 또는 상대동작 금지회로

암기법 선우가 상금탄 인터록 대회

024

다음 그림 기호의 명칭은?

─────────────

① 천장은폐배선   ② 바닥은폐배선

③ 노출배선   ④ 바닥면노출배선

해 실선표시는 천장은폐 배선을 나타낸다.

그 밖에 바닥은폐배선은 ▬ ▬ ▬ ▬ ▬

노출배선은 ▬ ▬ ▬ ▬ ▬ ▬

025

다단의 크로스 암이 설치되고 또한 장력이 클 때와 H주일 때 보통 지선을 2단으로 부설하는 지선은?

① 보통지선   ② 공동지선

③ 궁지선   ④ Y지선

해 Y지선은 다수의 완철을 설치한 경우나 장력이 큰 경우 또는 H주에 시설하는 경우 아래 그림과 같이 지선을 2단으로 부설하는 것을 말한다.

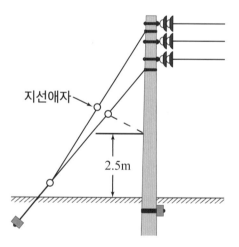

026

사람이 접촉될 우려가 있는 곳에 시설하는 경우 접지극은 지하 몇 cm이상의 깊이에 매설하여야 하는가?

① 30   ② 45

③ 50   ④ 75

해 사람이 접촉될 우려가 있는 곳의 접지극 지하매설 깊이는 75cm이상

027

다음 중 접지의 목적으로 알맞지 않은 것은?

① 감전의 방지

② 전로의 대지전압 상승

③ 보호 계전기의 동작확보

④ 이상 전압의 억제

해 접지는 감전 방지, 보호계전기 동작확보, 전로의 이상전압(Surge) 억제 및 노이즈방지, 화재 예방, 정전기 재해 방지 등의 목적으로 실시한다. 접지를 통해 대지로 흐르는 전류를 낮은 접지 저항값으로 분배하여 선로와 대지 간에 발생하는 전압상승을 억제한다.

028

전선을 기구 단자에 접속할 때 진동 등의 영향으로 헐거워질 우려가 있는 경우에 사용하는 것은?

① 압착단자   ② 코드 페스너

③ 십자머리 볼트   ④ 스프링 와셔

해 스프링 와셔는 스프링 장치를 활용하여 진동 등으로 헐거워질 우려가 있는 경우 사용한다.

029

다음 철탑의 사용목적에 의한 분류에서 서로 인접하는 경간의 길이가 크게 달라 지나친 불평형 장력이 가해지는 경우 등에는 어떤 형의 철탑을 사용하여야 하는가?

① 직선형   ② 각도형
③ 인류형   ④ 내장형

해 철탑을 사용 목적에 따라 분류하면 다음과 같다.
  ① **직선형**:선로의 직선 부분 또는 수평 각도 3°이내 장소에 사용, 현수 애자를 바로 현수상태로 내려서 사용할 수 있는 철탑 (기호:A형철탑)
  ② **각도형**:전부의 전선을 억류(deadend)에 견디도록 설계(기호:D형철탑)
  ③ **인류형**:전가섭선(지지물 위에 설치되는 전력선과 통신선 외 추가되는 전선)을 인류하는 곳에 사용, 보통 첫번째 철탑과 선로의 마지막 철탑에 인류형을 사용한다.(인류는 당긴다는 뜻)
  ④ **내장형**:선로의 보강용으로 서로 인접하는 경간의 길이가 서로 크게 달라서 전선에 지나친 불평형 장력이 가해질 경우에는 그 철탑을 내장형으로 한다.(E형 철탑)

030

저압배선 중의 전압강하는 간선 및 분기회로에서 각각 표준전압의 몇 [%] 이하로 하는 것을 원칙으로 하는가?

① 2   ② 4
③ 6   ④ 8

해 저압배선 중의 전압강하는 2[%] 이하가 원칙이다.

031

네온 검전기를 사용하는 목적은?

① 주파수 측정   ② 충전 유무조사
③ 전류 측정   ④ 조도를 조사

해 전압과 대지 간의 전위차로 인한 네온관 방전으로 충전 유무를 확인하는 것이다. 구조가 간단하고 저렴하며 취급이 용이하여 신뢰성이 높은 검전기라 할 수 있다.
    Tip 네온 – 충전

032

설비용량 600[Kw], 부등률 1.2, 수용률 0.6 일 때 합성최대전력[Kw]은?

① 240[Kw]   ② 300[Kw]
③ 432[Kw]   ④ 833[Kw]

해 합성최대전력 = (설비용량 × 수용률) / 부등률 이므로
   = (600 × 0.6) / 1.2
   = 300[kW]
   [암기법] 합성최대전력 = 설수퍼부

033

경질비닐전선관 1본의 표준 길이는?

① 3[m]   ② 3.6[m]
③ 4[m]   ④ 4.6[m]

034

사람이 접촉될 우려가 있는 곳에 시설하는 경우 접지극은 지하 몇[cm] 이상의 깊이에 매설하여야 하는가?

① 30   ② 45
③ 50   ④ 75

035

480[V] 가공인입선이 철도를 횡단할 때 레일면상의 최저 높이는 몇 [m] 인가?

① 4[m]　　　　　　② 4.5[m]

③ 5.5[m]　　　　　④ 6.5[m]

쾌 철도횡단 시 높이는 레알면상의 최저 6.5[m] 이상

036

저압 연접 인입선은 인입선에서 분기하는 점으로부터 몇 [m]를 넘지 않는 지역에 시설하고, 폭 몇 [m]를 넘는 도로를 횡단하지 않아야 하는가?

① 50[m], 4[m]　　　② 100[m], 5[m]

③ 150[m], 6[m]　　　④ 200[m], 8[m]

쾌 저압 연접 인입선은 인입선에서 분기하는 점으로부터 100[m]를 넘지 않아야 하고, 폭 5[m]를 넘는 도로를 횡단하지 않아야 한다.

037

합성수지제 가요전선관으로 옳게 짝지어진 것은?

① 후강전선관과 박강전선관

② PVC전선관과 PF전선관

③ PVC전선관과 제2종 가요전선관

④ PF전선관과 CD전선관

쾌 합성수지제 가요전선관은 PF전선관과 CD전선관이다.

038

케이블을 구부리는 경우는 피복이 손상되지 않도록 하고 그 굴곡부의 곡률반경은 원칙적으로 케이블이 단심인 경우 완성품 외경의 몇 배 이상이어야 하는가?

① 4　　　　　　　② 6

③ 8　　　　　　　④ 10

쾌 케이블 구부릴 경우
- 단심이면 곡률반경이 완성품 외경의 8배 이상
- 다심이면 곡률반경이 완성품 외경의 6배 이상

039

애자사용공사의 저압 옥내배선에서 전선 상호간의 간격은 얼마 이상으로 하여야 하는가?

① 2[cm]　　　　　② 4[cm]

③ 6[cm]　　　　　④ 8[cm]

쾌 애자사용공사의 저압 옥내배선에서 전선 상호간 간격은 6[cm], 고압일 경우에는 8[cm]

040

절연전선을 동일 금속덕트 내에 넣을 경우 금속덕트의 크기는 전선의 피복절연물을 포함한 단면적의 총합계가 금속덕트 내 단면적의 몇 [%] 이하가 되도록 선정하여야 하는가?

(단, 제어회로 등의 배선에 사용하는 전선만을 넣는 경우이다.)

① 30[%]　　　　　② 40[%]

③ 50[%]　　　　　④ 60[%]

쾌 금속덕트[금속몰드] 공사에서 덕트 내에 들어 가는 전선의 단면적은 일반적으로 덕트 내 단면적의 20[%] 이하로 하여야 하지만 전광표시, 제어회로용의 경우에는 50[%] 이하이다.

041

고압 전선로에서 사용되는 옥외용 가교폴리에틸렌 절연전선은?

① DV   ② OW

③ OC   ④ NR

🖩 옥외용 가교폴리에틸렌 절연전선은 OC (Outdoor Cross－linked polyethylene insulated wire)로 나타낸다.

042

전선 약호가 CN－CV－W인 케이블의 품명은?

① 동심 중성선 수밀형 전력케이블

② 동심 중성선 차수형 전력케이블

③ 동심 중성선 수밀형 저독성 난연 전력케이블

④ 동심 중성선 차수형 저독성 난연 전력케이블

🖩 동심 중성선 케이블 차수형의 약호는 CN－CV이다. 여기서 뒤에 W가 붙으면 동심 중성선 수밀형 케이블이 되고, 맨 앞에 저독성 난연을 뜻하는 FR이 붙으면 동심 중성선 수밀형 저독성 난연 전력케이블이 된다. (FR－CN－CV－W)

043

500[Kw]의 설비 용량을 갖춘 공장에서 정격전압 3상 24[kV], 역률 80[%]일 때의 차단기 정격 전류는 약 몇 [A]인가?

① 8[A]   ② 15[A]

③ 25[A]   ④ 30[A]

🖩 차단기의 정격전류를 구하는 문제이다. 기본 공식은 전체 설비용량(P)을 구하는 공식인

$P = \sqrt{3}\,VI\cos\theta$,

다시말해 $P = \sqrt{3}$ × 정격전압(V) × 정격전류(I) × 역률(이다.

문제에서 우리가 구해야 하는 것은 정격전류 I이므로

$I = \dfrac{P}{\sqrt{3}\,V\cos\theta} = \dfrac{500}{\sqrt{3} \times 24 \times 0.8} = 15.035$[A]

정답:약 15[A]

044

굵은 전선을 절단할 때 사용하는 전기공사용 공구는?

① 프레셔 툴   ② 녹 아웃 펀치

③ 파이프 커터   ④ 클리퍼

🖩 굵은 전선 절단할 때 사용하는 공구는 클리퍼이다.

045

무대, 무대 및, 오케스트라 박스, 영사실, 기타 사람이나 무대 도구가 접촉할 우려가 있는 장소에 시설하는 저압 옥내배선, 전구선 또는 이동전선은 사용 전압이 몇[V] 미만이어야 하는가?

① 60[V]   ② 110[V]

③ 220[V]   ④ 400[V]

🖩 무대, 오케스트라, 영사실 공연, 영화 시설의 이동전선 400[V] 이하

Tip 무대, 영화 → 400[V]

046

실내전체를 균일하게 조명하는 방식으로 광원을 일정한 간격으로 배치하며 공장, 학교, 사무실 등에서 채용되는 조명방식은?

① 국부조명   ② 전반조명

③ 직접조명   ④ 간접조명

🖩 실내전체를 균일하게 - 공장, 학교, 사무실 - 전반조명

047

다음의 심벌 명칭은 무엇인가?

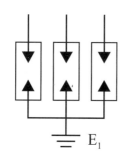

① 파워퓨즈   ② 단로기

③ 피뢰기   ④ 고압 컷아웃 스위치

📖 피뢰기를 나타낸다. 피뢰기(Lightning arrester)는 번개나 개폐 써지와 이상전압 발생 시 이를 대지로 방전하여 설비를 보호하는 장치로 고압 또는 특별고압 가공전선로에서 공급을 받는 수용 장소의 인입구 또는 이와 근접한 곳에 설치한다.

048

금속몰드 배선의 사용전압은 몇 [V] 미만이어야 하는가?

① 150   ② 220

③ 400   ④ 600

📖 금속몰드 공사, 합성수지 몰드 공사 시 사용전압은 400[V] 미만이어야 한다.

049

캡타이어 케이블을 조영재의 옆면에 따라 시설하는 경우 지지점 간의 거리는 얼마 이하로 하는가?

① 2[m]   ② 3[m]

③ 1[m]   ④ 1.5[m]

📖 캡타이어 케이블 - 조영재 옆면 따라 시설 - 지지점간 거리 1[m]
　암기법 캡 원

050

전로 이외의 공간을 흐르는 전류로서 전로의 절연체 내부 및 표면과 공간을 통하여 선간 또는 대지사이를 흐르는 전류를 무엇이라 하는가?

① 지락전류   ② 누설전류

③ 정격전류   ④ 영상전류

📖 전로 이외의 공간을 흐르는 전류 - 누설전류

051

폭발성 분진이 있는 위험장소에 금속관 배선에 의할 경우 관 상호 및 관과 박스 기타의 부속품이나 풀박스 또는 전기기계기구는 몇 턱 이상의 나사 조임으로 접속하여야 하는가?

① 2턱   ② 3턱

③ 4턱   ④ 5턱

📖 폭발성 분진이 존재하는 곳 / 화약류 분말 존재하는 곳
　→ 5턱 이상 나사 조임

052

금속관 공사에 사용되는 부품이 아닌 것은?

① 새들   ② 덕트

③ 로크너트   ④ 링 리듀서

📖 덕트는 전선관 공사에 이용되는 부품이지 금속관 공사에 사용되지 않는다.

053

구리 전선과 전기 기계기구 단자를 접속하는 경우에 진동 등으로 인하여 헐거워질 염려가 있는 곳에는 어떤 것을 사용하여 접속하여야 하는가?

① 평와셔 2개를 끼운다.

② 스프링 와셔를 끼운다. ✓

③ 코드 스패너를 끼운다.

④ 정 슬리브를 끼운다.

해 단자 접속 → 진동 등으로 헐거워질 우려 → 스프링와셔

054

화약류 저장장소의 배선공사에서 전용 개폐기에서 화약류 저장소의 인입구까지는 어떤 공사를 하여야 하는가?

① 케이블을 사용한 옥측 전선로

② 금속관을 사용한 지중 전선로

③ 케이블을 사용한 지중 전선로 ✓

④ 금속관을 사용한 옥측 전선로

해 화약류 저장장소의 배선공사에서 전용 개폐기에서 화약류 저장소의 인입구까지는 케이블을 사용한 지중 전선로 공사를 한다.

055

수·변전 설비에서 전력퓨즈의 용단 시 결상을 방지하는 목적으로 사용하는 것은?

① 자동 고장 구분 개폐기

② 선로 개폐기

③ 부하 개폐기 ✓

④ 기중 부하 개폐기

해 결상이란 3상 중 한 상이 끊어지는 것으로 전력계통에서 1상이 결상되면 불평형 전류가 흐르거나 단상전력이 공급되어 전력계통에 막대한 피해가 발생할 수 있으므로 기기와 회로를 보호하기 위해 수변전 설비에서 전력퓨즈 용단 시 결상을 방지할 목적으로 부하 개폐기를 사용한다.

056

합성수지관 상호 및 관과 박스는 접속 시에 삽입하는 깊이를 관 바깥지름의 몇 배 이상으로 하여야 하는가?

(단, 접착제를 사용하지 않은 경우이다.)

① 0.2 ② 0.5

③ 1 ④ 1.2 ✓

해 접착제 없이 합성수지관 상호 접속 시에는 관 바깥지름의 1.2배 이상으로 삽입한다.

(접착제 사용 시 0.8배)

057

합성 수지관 공사에서 관의 지지점간 거리는 최대 몇[m] 인가?

① 1 ② 1.2

③ 1.5 ✓ ④ 2

해 합성 수지관 공사에서 지지점간 거리는 최대 1.5[m]이다.

058

터널, 갱도 기타 이와 유사한 장소에서 사람이 상시 통행하는 터널내의 배선방법으로 적절하지 않은 것은? (단, 사용전압은 저압이다.)

① 라이팅덕트 배선 ✓

② 금속제 가요전선관 배선

③ 합성수지관 배선

④ 애자사용 배선

해 라이팅덕트는 균일한 조도를 얻을 수 있으며 천장이 높은 대형 공장이나 주차장 전시장 등에 적합한 공사 방법이다. 터널·갱도 기타 이와 유사한 장소에서 사람이 상시 통행하는 터널내에 적합한 배선방법에는 금속제 가요전선관, 합성수지관, 금속관, 케이블 배선, 애자 배선 등이 있다.

암기법 터널에서 합, 금, 케, 가요, 애자

059

폴리에틸렌 절연 비닐 시스 케이블의 약호는?

① DV   ② EE

③ EV   ④ OW

해 폴리에틸렌의 약호 E와 비닐 V를 합친 EV가
    폴리에틸렌 절연 비닐 시스 케이블의 약호이다.

060

옥내에 시설하는 사용전압이 400V 이상인
저압의 이동 전선을 0.6/1 kV EP 고무 절연
클로로프렌 캡타이어 케이블로서 단면적이 몇
[mm^2]이상 이어야 하는가?

① 0.75[mm^2]   ② 2[mm^2]

③ 5.5[mm^2]   ④ 8[mm^2]

해 저압 이동전선에 사용하는 캡타이어 케이블 단면적은
    0.75[mm^2] 이상이어야 한다.

001

한 수용장소의 인입선에서 분기하여 지지물을 거치지 아니하고 다른 수용장소의 인입구에 이르는 부분의 전선을 무엇이라 하는가?

① 연접인입선 ② 본딩선
③ 이동전선 ④ 지중 인입선

해 한 장소 인입선에서 분기 - (지지물 거치지 않음) - 다른 수용장소 인입구 - 연접인입선에 대한 설명이다.

002

전선로의 지선에 사용되는 애자는?

① 현수애자 ② 구형애자
③ 인류애자 ④ 핀애자

해 지선에 사용하는 애자는 구형애자
암기법 지선이가 사랑하는 동그란 애자

003

절연 전선으로 가선된 배전 선로에서 활선 상태인 경우 전선의 피복을 벗기는 것은 매우 곤란한 작업이다. 이런 경우 활선 상태에서 전선의 피복을 벗기는 공구는?

① 전선 피박기 ② 애자커버
③ 와이어 통 ④ 데드엔드 커버

해 활선 상태 피복 벗기는 - 전선 피박기

004

저압 가공 인입선의 인입구에 사용하며 금속관 공사에서 끝 부분의 빗물 침입을 방지하는데 적당한 것은?

① 엔드 ② 엔트런스 캡
③ 부싱 ④ 라미플

해 엔트런스(entrance)캡은 말그대로 저압 가공 인입선의 입구측, 인입구에 사용하는 캡을 뜻한다.(빗물방지 기능)

005

금속관 공사 시 관을 접지하는 데 사용하는 것은?

① 노출배관용 박스 ② 엘보우
③ 접지 클램프 ④ 터미널 캡

해 금속관 접지에는 접지 클램프를 사용한다.

006

폭연성 분진 또는 화약류의 분말이 전기설비가 발화원이 되어 폭발할 우려가 있는 곳에 시설하는 저압 옥내 전기 설비의 저압 옥내배선 공사는?

① 금속관 공사 ② 합성수지관 공사
③ 가요전선관 공사 ④ 애자 사용 공사

해 폭연성 분진 또는 화약류 분말 → 금속관 공사, 케이블 공사
Tip 폭연성 → 금케, 가연성 → 합금케
분진가루 → 합금케
합성수지관, 금속관, 케이블 공사

007

금속 전선관을 구부릴 때 금속관의 단면이 심하게 변형되지 않도록 구부려야 하며, 일반적으로 그 안측의 반지름은 관 안지름의 몇 배 이상이 되어야 하는가?

① 2배 ② 4배

③ 6배 ④ 8배

해 금속 전선관을 구부릴 때 안측의 반지름은 관 안지름의 6배 이상

008

진동이 심한 전기 기계·기구에 전선을 접속할 때 사용되는 것은?

① 스프링 와셔 ② 커플링

③ 압착단자 ④ 링 슬리브

009

연피케이블을 직접매설식에 의하여 차량 기타 중량물의 압력을 받을 우려가 있는 장소에 시설하는 경우 매설 깊이는 몇 [m] 이상이어야 하는가?

① 0.6[m] ② 1.0[m]

③ 1.2[m] ④ 1.6[m]

해 연피케이블 직접매설식 매설깊이
- 차량 기타 중량물의 압력을 받을 우려가 있을 경우 : 1[m]
- 그 밖의 경우 : 0.6[m]

010

가요전선관과 금속관의 상호 접속에 쓰이는 것은?

① 스프리트 커플링

② 콤비네이션 커플링

③ 스트레이트 복스커넥터

④ 앵클 복스커넥터

해 가요전선관과 금속관의 상호 접속에는 콤비네이션 커플링을 쓴다.
암기법 가금콤비

011

합성수지관을 새들 등으로 지지하는 경우 그 지지점간의 거리는 몇 [m] 이하로 하여야 하는가?

① 0.8[m] ② 1.0[m]

③ 1.2[m] ④ 1.5[m]

해 합성수지관을 새들 등으로 지지하는 경우 그 지지점간의 거리는 1.5[m] 이하로 해야한다.

012

배전용 기구인 COS(컷아웃스위치)의 용도로 알맞은 것은?

① 배전용 변압기의 1차측에 시설하여 변압기의 단락 보호용으로 쓰인다.

② 배전용 변압기의 2차측에 시설하여 변압기의 단락 보호용으로 쓰인다.

③ 배전용 변압기의 1차측에 시설하여 배전 구역 전환용으로 쓰인다.

④ 배전용 변압기의 2차측에 시설하여 배전 구역 전환용으로 쓰인다.

해 COS(컷아웃스위치)는 배전용 변압기의 1차측에 시설하여 변압기의 단락 보호용으로 쓰인다. 캐치홀더는 배전용 변압기 2차측 단락 보호용이다.

013

전선의 굵기를 측정할 때 사용되는 것은?

① 와이어 게이지　　②파이어 포트

③ 스패너　　④ 프레셔 툴

해 전선 굵기 측정은 와이어 게이지로 한다.

와이어게이지

014

가연성 가스가 새거나 체류하여 전기설비가 발화원이 되어 폭발할 우려가 있는 곳에 있는 저압 옥내전기설비의 시설 방법으로 가장 적합한 것은?

① 애자사용 공사　　② 가요전선관 공사

③ 셀룰러 덕트 공사　　④ 금속관 공사

해 가연성 가스가 새거나 체류하여 전기설비가 발화원이 되어 폭발할 우려가 있는 곳의 배선 방법에는 금속관 배선, 케이블 배선이 적합하다.

암기법 가연성 가스 - 금케

015

다음 중 교류 차단기의 단선도 심벌은?

①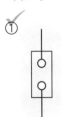

②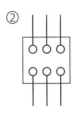

③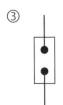

④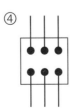

해 ① 차단기 기호 내에 동그라미가 칠해져 있으면 개폐기, 칠해져 있지 않으면 차단기이다.

016

애자 사용 공사에 의한 저압 옥내배선에서 일반적으로 전선 상호간의 간격은 몇[cm] 이상 이어야 하는가?

① 2.5[cm]　　② 6[cm]

③ 25[cm]　　④ 60[cm]

해 애자 사용 공사 저압 옥내 배선 전선 상호간 간격은 6[cm] 이상이어야 한다.

017

16[mm] 금속 전선관의 나사 내기를 할 때 반직각 구부리기를 한 곳의 나사산은 몇 산 정도로 하는가?

① 3 ~ 4산　　② 5 ~ 6산

③ 8 ~ 10산　　④ 11 ~ 12산

해 16[mm] 금속 전선관의 나사내기 시 반직각 구부리기를 한 곳은 나사산을 3 ~ 4개, 오프셋 구부리기를 한 곳은 나사산을 8 ~ 10개 정도로 낸다.

018

가정용 전등에 사용되는 점멸스위치를 설치하여야 할 위치에 대한 설명으로 가장 적당한 것은?

① 접지측 전선에 설치한다.

② 중성선에 설치한다.

③ 부하의 2차측에 설치한다.

④ 전압측 전선에 설치한다.

해 전등 스위치는 전압 측 전선에 설치한다.

암기법 전등스위치 → 전압측

019

수전 전력 500[kW]이상인 고압 수전 설비의 인입구에 낙뢰나 혼촉 사고에 의한 이상전압으로부터 선로와 기기를 보호할 목적으로 시설하는 것은?

① 단로기(DS)

② 배선용 차단기(MCCB)

③ 피뢰기(LA) ✓

④ 누전 차단기(ELB)

해 피뢰기(Lightning arrester)는 낙뢰나 혼촉사고에 의한 이상전압 발생 시 이를 대지로 방전하여 설비를 보호하는 장치로 고압 또는 특별고압 가공전선로에서 공급을 받는 수용 장소의 인입구 또는 이와 근접한 곳에 설치한다. 혼촉이란 고압부(혹은 특고압부)와 저압부가 접촉되는 것을 말한다.

020

박스에 금속관을 고정할 때 사용하는 것은?

① 유니언 커플링

② 로크너트 ✓

③ 부싱

④ C형 엘보

해 박스에 금속관 고정 → 로크너트

021

주상 변압기의 1차측 보호 장치로 사용하는 것은?

① 컷 아웃 스위치 ✓

② 유입 개폐기

③ 캐치홀더

④ 리클로저

해 주상 변압기 1차측 보호장치는 컷아웃 스위치, 2차측 보호장치는 캐치홀더

암기법 주상변압팀 ~ 1차 컷아웃시키고, 2차 포수캐치홀더 ~ 네 ~ 더블플레이 시켰네요!

022

저압 옥외 전기설비(옥측의 것을 포함한다)의 내염(耐鹽)공사에서 설명이 잘못된 것은?

① 바인드선은 철제의 것을 사용하지 말 것

② 계량기함 등은 금속제를 사용할 것 ✓

③ 철제류는 아연도금 또는 방청도장을 실시할 것

④ 나사못류는 동합금(놋쇠)제의 것 또는 아연도금한 것을 사용할 것

해 소금기로 인한 부식이 우려되는 곳에 실시하는 내염(耐鹽)공사에서는 부식방지를 위해 아연도금한 제품 및 부속을 사용하며 계량기함 등은 금속제를 사용하지 않는다.

023

인류하는 곳이나 분기하는 곳에 사용하는 애자는?

① 구형애자

② 가지애자

③ 새클애자

④ 현수애자 ✓

해 인류하는 곳이나 분기하는 곳에는 현수애자를 사용한다.
암기법 인분현수 똥현수

024

다음 중 저압개폐기를 생략하여도 좋은 개소는?

① 부하 전류를 단속할 필요가 있는 개소

② 인입구 기타 고장, 점검, 측정 수리 등에서 개로할 필요가 있는 개소

③ 퓨즈의 전원측으로 분기회로용 과전류차단기 이후의 퓨즈가 플러그퓨즈와 같이 퓨즈교환 시에 충전부에 접촉될 우려가 없을 경우 ✓

④ 퓨즈에 근접하여 설치한 개폐기인 경우의 퓨즈 전원측

해 저압개폐기는 퓨즈교환 시에 충전부에 접촉될 우려가 없을 경우 생략해도 좋다.

025

다음과 같은 그림기호의 명칭은?

━━━━━━━━━━━

① 천장은폐배선 ✓   ② 노출배선

③ 지중매설배선   ④ 바닥은폐배선

해 실선표시는 천장은폐 배선을 나타낸다.
그 밖에 바닥은폐배선은 ━ ━ ━ ━ ━
노출배선은 ▬ ▬ ▬ ▬ ▬ ▬

026

가공 인입선 중 수용장소의 인입선에서 분기하여 다른 수용장소의 인입구에 이르는 전선을 무엇이라 하는가?

① 소주인입선   ② 연접인입선 ✓

③ 본주인입선   ④ 인입간선

해 한 장소 인입선에서 분기 - (지지물 거치지 않음) -
다른 수용장소 인입구 - 연접인입선에 대한 설명이다.

027

변전소에 사용되는 주요 기기로서 **ABB**는 무엇을 의미 하는가?

① 유입차단기   ② 자기차단기

③ 공기차단기 ✓   ④ 진공차단기

해 ABB는 Air Blast circuit Breaker의 약호로 공기차단기를 뜻한다. 차단기 개방 시 발생되는 아크(Arc)를 압축공기를 이용하여 소호하는 방식 (소호하다 (消弧하다)는 "아크방전을 없애다"라는 뜻이다)

028

$\dfrac{부하의\,평균전력\,(1시간\,평균)}{최대수용전력\,(1시간\,평균)} \times 100[\%]$의

관계를 가지고 있는 것은?

① 부하율 ✓   ② 부등률

③ 수용률   ④ 설비율

해 부하율이란 일정 기간 중에 일어나는 최대 수용전력에 대한 부하의 평균전력을 말한다.

Tip 통상 "○○율" 이라고 하면 분자에 있는 이름을 딴다. 분모에 대한 분자의 비율이기 때문이다.

029

수·변전 설비의 인입구 개폐기로 많이 사용되고 있으며 전력 퓨즈의 용단 시 결상을 방지하는 목적으로 사용되는 개폐기는?

① 부하 개폐기 ✓

② 선로 개폐기

③ 자동 고장 구분 개폐기

④ 기중부하 개폐기

해 퓨즈 용단 시 결상 방지 목적으로 수·변전 설비의 인입구에 많이 사용하는 개폐기는 부하개폐기

030

주상변압기 설치 시 사용하는 것은?

① 완금밴드   ② 행거밴드 ✓

③ 지선밴드   ④ 암타이밴드

해 주상변압기는 지상의 전주에 변압기 본체에 설치되는 헹거브라킷과 행거밴드로 결속한다.

031

옥내배선의 박스(접속함)내에서 가는 전선을
접속할 때 주로 어떤 방법을 사용하는가?

① 쥐꼬리접속 　　　　② 슬리브접속
③ 트위스트접속 　　　④ 브리타니아접속

🄷 박스내 가는 전선 → 쥐꼬리 접속!

032

제1종 금속몰드 배선 공사를 할 때 동일 몰드 내에
넣는 전선의 최대는 몇 본 이하로 하여야 하는가?

① 3 　　　　　② 5
③ 10 　　　　 ④ 12

🄷 몰드 내에 넣는 전선 → 10본 이하

Tip 키워드만 찾아 간략히 암기한다.

033

가스 절연 개폐기나 가스 차단기에 사용되는
가스인 SF6의 성질이 아닌 것은?

① 연소하지 않는 성질이다.
② 색깔, 독성, 냄새가 없다.
③ 절연유의 1/140로 가볍지만 공기보다 5배
　무겁다.
④ 공기의 25배 정도로 절연 내력이 낮다.

🄷 **육불화황**(Sulfur Hexaflouride:SF₆)는 절연내력이
　공기의 2.3 ~ 3.7배로 대단히 우수하여 연소 최적의
　전력설비 절연물질로 사용된다.

034

금속관 공사에서 금속 전선관의 나사를 낼 때
사용하는 공구는?

① 밴더 　　　　② 커플링
③ 로크너트 　　④ 오스터

🄷 금속전선관에 나사를 내는 공구는 오스터다.

[암기법] 금속전선관 – 나사내기 – 오스터

035

철근 콘크리트주의 길이가 14[m]이고,
설계하중이 9.8[kN]이하 일 때, 땅에 묻히는 표준
깊이는 몇 [m]이어야 하는가?

① 2[m] 　　　　② 2.3[m]
③ 2.5[m] 　　　④ 2.7[m]

🄷 간단한 계산문제이다. 전주의 매설 깊이는 15[m]를
　기준으로 한다. 15[m] 이하 시 6으로 나눈 다음,
　그 수에 설계하중 9.8[kN] 이하 시 0.3[m]를
　가산하여, 그 깊이 이상으로 매설한다. 따라서,
　주어진 전주의 길이가 14[m] 이므로 6으로 나누면
　2.33333이다.
　여기에 0.3[m]를 더해주면 약 2.63[m]가 나온다.
- **계산식**: $14 \times \dfrac{1}{6} + 0.3 = $ 약 2.63[m]
- **정답**: 매설 표준 깊이는 2.7[m]가 가장 알맞다.

036

폭발성 분진이 존재하는 곳의 금속관 공사에
있어서 관 상호 및 관과 박스 기타의 부속품이나
풀박스 또는 전기기계기구와의 접속은 몇 턱
이상의 나사 조임으로 접속하여야 하는가?

① 2턱 　　　　② 3턱
③ 4턱 　　　　④ 5턱

🄷 폭발성 분진이 존재하는 곳 / 화약류 분말 존재하는 곳
　→ 5턱 이상 나사 조임

037

1종 가요 전선관을 구부릴 경우의 곡률 반지름은
관 안지름의 몇 배 이상으로 하여야 하는가?

① 3 　　　　　② 4
③ 5 　　　　　④ 6

해 1종 가요(可撓)전선관의 곡률 반지름은 관 안지름의 6배 이상으로 한다.

암기법 육가요 – 1종

038

성냥, 석유류, 셀룰로이드 등 기타 가연성 물질을 제조 또는 저장하는 장소의 배선 방법으로 적당하지 않은 것은?

① 케이블배선 공사
② 방습형 플렉시블배선 공사
③ 합성수지관공사
④ 금속관배선공사

해 성냥, 석유류, 셀룰로이드 등 가연성 물질 제조, 저장 장소의 배선 방법에는 합성수지관, 금속관, 케이블 배선 공사가 적당하다.

암기법 셀/성/석 가연성 합금케!

039

2종 금속 몰드의 구성 부품에서 조인트 금속 부품이 아닌 것은?

① 노멀밴드형
② L형
③ T형
④ 크로스형

해 2종 금속 몰드 조인트용 금속부품에는 L형, T형, 크로스형 있다.

암기법 몰드조인트 엘티크

040

합성수지관을 새들 등으로 지지하는 경우에는 그 지지점 간의 거리를 몇 [m] 이하로 하여야 하는가?

① 1.5[m] 이하
② 2.0[m] 이하
③ 2.5[m] 이하
④ 3.0[m] 이하

해 합성수지관 지지점 간 거리는 1.5[m] 이하로 한다.

041

다음 중 동전선의 접속에서 직선 접속에 해당하는 것은?

① 직선맞대기용 슬리브(B형)에 의한 압착 접속
② 비틀어 꽂는 형의 전선접속기에 의한 접속
③ 종단겹침용 슬리브(E형)에 의한 접속
④ 동선압착단자에 의한 접속

해 동전선 접속에서 직선 접속은 직선맞대기용 슬리브(B형)에 의한 압착 접속, 6[mm^2] 이하 가는 단선의 트위스트 접속이 있다.

042

2개의 입력 가운데 앞서 동작한 쪽이 우선하고, 다른 쪽은 동작을 금지시키는 회로는?

① 자기유지회로
② 한시운전회로
③ 인터록회로
④ 비상운전회로

해 인터록 회로는 한쪽 릴레이가 작동 시 반대 쪽은 작동하지 않도록하여 기기의 보호와 조작자의 안전을 목적으로 한 것을 말한다. (다른 표현으로 먼저 들어 온 신호가 있을 때 후 입력된 신호를 차단한다고 표현하기도 한다.) 따라서 전동기의 정역운전(모터의 구동력이 정방향과 역방향 모두 전달됨) 제어 회로에서 2개의 전자개폐기의 작동이 동시에 일어나지 않도록하는 회로는 인터록 회로이다.

043

교류 전등 공사에서 금속관 내에 전선을 넣어 연결한 방법 중 옳은 것은?

①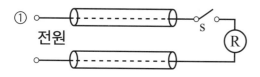

②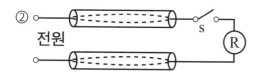

③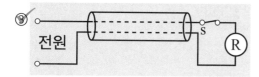

④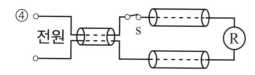

해 정답은 ③

044

흥행장의 저압 공사에서 잘못된 것은?

① 무대용의 콘센트 박스 플라이덕트 및 보더라이트의 금속제 외함에는 접지공사를 하여야 한다.

② 무대 마루밑 오케스트라 박스 및 영사실의 전로에는 전용 개폐기 및 과전류 차단기를 시설할 필요가 없다.

③ 플라이 덕트는 조영재 등에 견고하게 시설하여야 한다.

④ 플라이 덕트내의 전선을 외부로 인출할 경우는 제 1종 캡타이어 케이블을 사용한다.

해 흥행장 저압 공사 시 반드시 전용 개폐기 및 과전류 차단기를 시설해야 한다.

045

그림과 같은 심벌의 명칭은?

① 금속덕트   ② 버스덕트

③ 피드버스덕트   ④ 플러그인 버스덕트

해 MD는 금속덕트(Metal Duct)를 뜻한다. 피더버스덕트(Feeder bus duct)는 FBD, 플러그인 버스덕트 (Plug in bus duct)는 PBD로 나타낸다.

046

옥내배선의 접속함이나 박스 내에서 접속할 때 주로 사용하는 접속법은?

① 슬리브 접속   ② 쥐꼬리 접속

③ 트위스트 접속   ④ 브리타니아 접속

해 접속함이나 박스 내 접속 → 쥐꼬리 접속

047

MOF는 무엇의 약호인가?

① 계기용 변압기

② 전력수급용 계기용 변성기

③ 계기용 변류기

④ 시험용 변압기

해 MOF는 Metering Out Fit의 약자로 전력수급용 계기용 변성기를 뜻한다.

048

각 수용가의 최대 수용 전력이 각각 5[kW], 10[kW], 15[kW], 22[kW]이고, 합성 최대 수용전력이 50[kW]이다. 수용가 상호간의 부등률은 얼마인가?

① 1.04　　　　　② 2.34
③ 4.25　　　　　④ 6.94

해 부등률(Diversity Factor)이란 복수의 최대 수용전력 각각의 합을 합성 최대 수용전력으로 나눈 값으로 한 계통내에서 각각의 단위부하가 특성에 따라 변동할 때 부하마다 최대수용전력이 생기는 시각이 다르기 때문에 이 시각이 다른 정도를 나타내는 목적으로 사용되는 값이 부등률로 항상 1보다 큰 값을 나타낸다.

$$부등률 = \frac{개별\ 최대수용\ 전력}{합성\ 최대수용\ 전력}$$
$$= \frac{5+10+15+22}{50}$$
$$= \frac{52}{50} = 1.04$$

Tip 부등률은 각퍼합!

049

박스에 금속관을 고정할 때 사용하는 것은?

① 유니언 커플링　　② 로크너트
③ 부싱　　　　　　④ C형 엘보

해 박스에 금속관 고정 → 로크너트

050

가공 전선로의 지지물에 시설하는 지선의 안전율은 얼마 이상이어야 하는가?

① 2　　　　　　② 2.5
③ 3　　　　　　④ 3.5

해 지지물에 시설하는 지선의 안전율은 2.5 이상이어야 한다.

051

어미자와 아들자의 눈금을 이용하여 두께, 깊이, 안지름 및 바깥지름 측정용에 사용하는 것은?

① 버니어 캘리퍼스　　② 스패너
③ 와이어 스트리퍼　　④ 잉글리시 스패너

해 버니어 캘리퍼스는 어미자와 아들자를 이용 두께, 깊이, 안지름 및 바깥지름을 측정할 수 있다.

암기법 어미자, 아들자 – 버니어 캘리퍼스 ~

052

다음 그림 중 천장 은폐배선은?

① ────────────

② ─ ─ ─ ─ ─

③ ·············

④ ──────●──────

해 ① 천장은폐배선 ② 바닥은폐배선 ③ 노출배선
④ ● 비상용 조명등

053

다음 중 전선 및 케이블 접속 방법이 잘못된 것은?

① 전선의 세기를 30[%] 이상 감소시키지 않을 것
② 접속 부분은 접속관 기타의 기구를 사용하거나 납땜을 할 것
③ 코드 상호, 캡타이어 케이블 상호, 케이블 상호, 또는 이들 상호를 접속하는 경우에는 코드 접속기, 접속함 기타의 기구를 사용 할 것
④ 도체에 알루미늄을 사용하는 전선과 동을 사용하는 전선을 접속하는 경우에는 접속 부분에 전기적 부식이 생기지 않도록 할 것

해 전선의 세기를 20% 이상 감소시키지 않을 것

054

부식성 가스 등이 있는 장소에서 시설이 허용되는
것은?

① 과전류 차단기　　　②✓ 전등

③ 콘센트　　　　　　④ 개폐기

해 전등은 부식성 가스가 있어도 허용되지만 차단기,
　콘센트, 개폐기 등은 부식성 가스 존재 시 설치가
　제한된다.

055

가공 전선로의 지지물에 지선을 사용해서는
안되는 곳은?

① 목주　　　　　　　② A종 철근콘크리트주

③ A종 철주　　　　　④✓ 철탑

해 철탑에는 지선 설치 불가, 가공전선로의 지지물로
　사용하는 철탑은 지선을 사용하여 그 강도를 분담시
　켜서는 안된다.[KEC 지선 시설 규정]

056

고압 또는 특별고압 가공전선로에서 공급을 받는
수용 장소의 인입구 또는 이와 근접한 곳에는
무엇을 시설하여야 하는가?

① 계기용 변성기　　　② 과전류 계전기

③ 접지 계전기　　　　④✓ 피뢰기

해 피뢰기(Lightning arrester)는 번개나 개폐 써지와
　이상전압 발생 시 이를 대지로 방전하여 설비를 보호
　하는 장치로 고압 또는 특별고압 가공전선로에서
　공급을 받는 수용 장소의 인입구 또는 이와 근접한
　곳에 설치한다.

057

다음 중 방수형 콘센트의 심벌은?

① 　　　②

③✓ 　　　④

해 "wp"는 Water Proof(방수)의 약자로 정답은 ③번

058

케이블을 조영재에 지지하는 경우 이용되는
것으로 맞지 않는 것은?

① 새들　　　　　　　② 클리트

③ 스테플러　　　　　④✓ 터미널캡

해 터미널캡은 수평확장한 전선관 끝에서 전선을 보호하
　는 용도로 사용되는 전선관 부속재료로 케이블을 조
　영재에 지지하는 경우에는 적합하지 않다. 터미널캡은
　가공인입선에서 금속관 공사로 옮겨지는 경우, 금속
　관에서 전선을 꺼내어 전동기 단자에 접속하는 경우
　등에 이용된다.

059

과전류 차단기를 꼭 설치해야 하는 곳은?

① 접지 공사의 접지선

②✓ 저압 옥내 간선의 전원측 전로

③ 다선식 선로의 중성선

④ 전로의 일부에 접지 공사를 한 저압 가공 전로의
　접지측 전선

해 과전류 차단기는 저압 옥내 간선 전원 측 전로에는 꼭
　설치해야 한다. 반면에, 접지공사의 접지선,
　다선식 선로의 중성선, 전로의 일부에 접지 공사를 한
　저압 가공 전로의 접지측 전선에는 설치 제한된다.

　Tip 접다접엔 과전류 차단기 설치 ✕

060

다음 중 접지의 목적으로 알맞지 않은 것은?

① 감전의 방지

② 전로의 대지전압 상승

③ 보호 계전기의 동작확보

④ 이상 전압의 억제

해 접지는 감전 방지, 보호계전기 동작확보, 전로의 이상
전압(Surge) 억제 및 노이즈방지, 화재 예방, 정전기
재해 방지 등의 목적으로 실시한다. 접지를 통해 대지
로 흐르는 전류를 낮은 접지 저항값으로 분배하여 선
로와 대지 간에 발생하는 전압상승을 억제한다.

001

철근 콘크리트주에 완금을 고정시키려면 어떤 밴드를 사용하는가?

① 암밴드
② 지선 밴드
③ 래크밴드
④ 행거 밴드

해 완금 고정에는 암밴드!

002

저압 연접인입선 시설에서 제한 사항이 아닌 것은?

① 인입선의 분기점에서 100[m]를 초과하는 지역에 미치지 아니할 것
② 폭 5[m]를 넘는 도로를 횡단하지 말 것
③ 다른 수용가의 옥내를 관통하지 말 것
④ 지름 2.0[mm] 이하의 경동선을 사용하지 말 것

해 연접인입선 제한사항(연접인입선은 저압에만 사용)
① 인입선의 분기점에서 100[m]를 초과하는 지역에 미치지 아니할 것
② 폭 5[m]를 넘는 도로를 횡단하지 말 것
③ 다른 수용가의 옥내를 관통하지 말 것
④ 전선은 지름 2.6[mm]경동선을 사용한다.(단, 경간이 15[m] 이하인 경우 2.0[mm] 경동선 사용)

003

노출장소 또는 점검 가능한 장소에서 제2종 가요전선관을 시설하고 제거하는 것이 자유로운 경우의 곡률 반지름은 안지름의 몇 배 이상으로 하여야 하는가?

① 2배
② 3배
③ 4배
④ 6배

해 노출가능 / 점검가능 / 시설 및 제거 자유로운 경우 제2종 가요(可撓)전선관의 곡률 반지름은 관 안지름의 3배 이상으로 한다. (시설 및 제거 부자유/불가능 시에는 6배)
암기법 삼가요자유 – 2종

004

불연성 먼지가 많은 장소에 시설할 수 없는 저압 옥내 배선의 방법은?

① 금속관 배선
② 두께가 1.2[mm]인 합성수지관 배선
③ 금속제 가요 전선관 배선
④ 애자 사용 배선

해 불연성 먼지가 많은 장소에서는 두께가 2.0[mm] 미만의 합성수지관 배선은 할 수 없다.

005

저압 전로의 접지측 전선을 식별하는 데 애자의 빛깔에 의하여 표시하는 경우 어떤 빛깔의 애자를 접지측으로 하여야 하는가?

① 백색　　　　　　② 청색 ✓

③ 갈색　　　　　　④ 황갈색

해 접지측 애자는 청색

006

전기공사에 사용하는 공구와 작업내용이 잘못된 것은?

① 토오치 램프 – 합성 수지관 가공하기

② 홀소 – 분전반 구멍 뚫기

③ 와이어 스트리퍼 – 전선 피복 벗기기

④ 피시 테이프 – 전선관 보호 ✓

해 피시 테이프(fish tape)는 벽체나 전선관에 여러 가닥의 전선을 쉽게 넣도록 돕는 공구이다.

007

다음 중 단선의 브리타니아 직선 접속에 사용되는 것은?

① 조인트선 ✓　　　② 파라핀선

③ 바인드선　　　　④ 에나멜선

해 브리타니아 직선접속에는 조인트선이 사용된다.
　암기법 브리타니아랑 조인트하자!

008

셀룰로이드, 성냥, 석유류 등 기타 가연성 위험물질을 제조 또는 저장하는 장소의 배선으로 잘못된 것은?

① 금속관 배선　　　② 합성수지관 배선

③ 플로어덕트 배선 ✓　④ 케이블 배선

해 가연성 위험물질을 제조 또는 저장하는 장소의 배선 방법에는 금속관 배선, 합성수지관 배선, 케이블 배선은 적합하나 플로어덕트 배선은 시공작업이 불편하고, 화재 우려가 있다.
　암기법 셀/성/석 가연성 합금케!
　　　합성수지관, 금속관, 케이블

009

지선의 중간에 넣는 애자의 종류는?

① 저압 핀 애자　　　② 구형애자 ✓

③ 인류애자　　　　④ 내장애자

해 지선에 사용하는 애자는 구형애자
　암기법 지선이가 사랑하는 동그란 애자

010

주상 변압기를 철근 콘크리트주에 설치할 때 사용되는 것은?

① 앵커　　　　　　② 암밴드

③ 암타이밴드　　　④ 행거밴드 ✓

해 주상변압기 - 철근 콘크리트주 - 행거밴드

011

배전 선로 보호를 위하여 설치하는 보호 장치는?

① 기중 차단기　　　② 진공차단기

③ 자동 재폐로 차단기 ✓　④ 누전 차단기

해 자동 재폐로 차단기는 누전발생 시나 지락, 단락 등의 고장 발생 시 자동차단 및 재폐로를 수행하여 배전 선로를 안전하게 보호하는 장치를 말한다.

012

부식성가스 등이 있는 장소에서 시설이 허용되는 것은?

① 개폐기   ② 콘센트
③ 과전류 차단기   ④ 전등 ✓

🖍 전등은 부식성 가스가 있어도 허용되지만 차단기, 콘센트, 개폐기 등은 부식성 가스 존재 시 설치가 제한된다.

013

돌침부에서 이온 또는 펄스를 발생시켜 뇌운의 전하와 작용토록 하여 멀리 있는 뇌운의 방전을 유도하여 보호범위를 넓게 하는 방식은?

① 돌침 방식
② 용마루 위 도체방식
③ 이온 방사형 피뢰방식 ✓
④ 게이지 방식

🖍 뇌격(번개)에 대한 피뢰방식과 관련된 문제이다. 이온 방사형 피뢰방식은 돌침부에서 이온 또는 펄스를 발생시켜 뇌운의 전하와 작용토록 하여 멀리 있는 뇌운의 방전을 유도하여 보호범위를 넓게 하는 방식이다.

014

일정 값 이상의 전류가 흘렀을 때 동작하는 계전기는?

① OCR ✓   ② OVR
③ UVR   ④ GR

🖍 일정 값 이상의 전류(Current)는 "과전류(Over Current)"이므로 일정 값 이상의 전류가 흘렀을 때 동작하는 계전기는 과전류계전기(OCR:Over Current Relay)이다. OVR은 과전압계전기(Over Voltage Relay), UVR은 부족전압계전기(Under Voltage Relay), GR은 지락계전기(Ground Relay)를 뜻한다.

015

한 분전반에서 사용전압이 각각 다른 분기회로가 있을 때 분기 회로를 쉽게 식별하기 위한 방법으로 가장 적합한 것은?

① 차단기별로 분리해 놓는다.
② 과전류 차단기 가까운 곳에 각각 전압을 ✓ 표시하는 명판을 붙여 놓는다.
③ 왼쪽은 고압측 오른쪽은 저압측으로 분류해 놓고 전압 표시는 하지 않는다.
④ 분전반을 철거하고 다른 분전반을 새로 설치한다.

🖍 전압 표시 명판으로 분기회로 사용전압 식별

016

600[V] 이하의 저압 회로에 사용하는 비닐절연 비닐시스 케이블의 약칭으로 옳은 것은?

① VV ✓   ② EV
③ FP   ④ CV

🖍 비닐절연 비닐시스 케이블의 약칭은 VV(insulated Vinyl Sheathed Cable)
• CV:가교 PE절연 PVC시스 케이블
• CN/CV:동심중심선 CV(Concentric Neutral CV Cable)
• CVV:PVC절연 PVC시스 제어용 케이블

017

나전선 상호 또는 나전선과 절연전선, 캡타이어 케이블 또는 케이블과 접속하는 경우 바르지 못한 방법은?

① 전선의 세기를 20[%] 이상 감소시키지 않을 것
② 알루미늄 전선과 구리전선을 접속하는 경우에는 접속 부분에 전기적 부식이 생기지 않도록 할 것
③ 코드 상호, 캡타이어 케이블 상호, 케이블 상호, 또는 이들 상호를 접속하는 경우에는 코드 접속기, 접속함 기타의 기구를 사용할 것
④ 알루미늄 전선을 옥외에 사용하는 경우에는 반드시 트위스트 접속을 할 것

해 한국전기설비규정(KEC)에 따라 나전선 상호 또는 나전선과 절연전선, 캡타이어 케이블 또는 케이블과 접속하는 경우 전선 접속 시 접속기를 사용, 납땜, KS(한국산업표준규격)에 적합한 접속관 및 기타 기구를 사용하도록 되어 있다. 따라서 단면적 6[mm²] 이하의 가는 단선을 접속하는 방법인 트위스트 접속은 부적당하다. (실무에서 접속기를 사용하지 않고 직접접속 후 절연테이프만 감는 것은 잘못된 방법이다.)

018

다음 중 전선의 굵기를 측정하는 것은?

① 프레셔 툴
② 스패너
③ 파이어 포트
④ 와이어 게이지

해 전선 굵기 측정 → 와이어게이지

와이어게이지

019

다음 중 전선의 접속방법에 해당되지 않는 것은?

① 슬리브 접속
② 직접 접속
③ 트위스트 접속
④ 커넥터 접속

해 직접 접속은 전선 접속 방법에 해당되지 않는다.

020

고압 가공 전선로의 지지물로 철탑을 사용하는 경우 경간은 몇 [m]이하이어야 하는가?

① 150
② 300
③ 500
④ 600

해 철탑을 지지물로 사용할 경우 경간은 600[m] 이하이어야 한다.
   • A종 철근 콘크리트주:250[m] 이하
   • B종 철근 콘크리트주, 목주:150[m] 이하

021

다음 중 애자사용공사에 사용되는 애자의 구비조건과 거리가 먼 것은?

① 광택성
② 절연성
③ 난연성
④ 내수성

해 광택성은 애자의 구비조건이 아니다.

022

고압 가공 전선로의 전선의 조수가 3조일 때 완금의 길이는?

① 1200[mm]
② 1400[mm]
③ 1800[mm]
④ 2400[mm]

해 완금의 길이
   • 전선조수 2 조 일 때 → 특고압:1,800 고압:1,400 저압:900
   • 전선조수 3조 일 때 → 특고압:2,400 고압:1800 저압:1,400

023

가스증기 위험 장소의 배선 방법으로 적합하지 않은 것은?

① 옥내배선은 금속관 배선 또는 합성수지관 배선으로 할 것

② 전선관 부속품 및 전선 접속함에는 내압 방폭 구조의 것을 사용할 것

③ 금속관 배선으로 할 경우 관 상호 및 관과 박스는 5턱 이상의 나사 조임으로 견고하게 접속할 것

④ 금속관과 전동기의 접속 시 가요성을 필요로 하는 짧은 부분의 배선에는 안전증가방폭 구조의 플렉시블피팅을 사용할 것

해 가스증기 위험장소 배선 시에는 화재에 취약한 합성 수지관 배선은 부적합하다. 금속관 또는 케이블 공사를 실시한다.

024

금속관을 가공할 때 절단된 내부를 매끈하게 하기 위하여 사용하는 공구의 명칭은?

① 리머   ② 프레셔툴

③ 오스터   ④ 녹아웃 펀치

해 리머(reamer)는 금속관 가공 시 날카롭게 절단된 내부를 매끈하게(낮은 조도로) 다듬는 공구이다.

025

자동화재탐지 설비는 화재의 발생을 초기에 자동적으로 탐지하여 소방대상물의 관계자에게 화재의 발생을 통보해 주는 설비이다. 이러한 자동화재 탐지설비의 구성요소가 아닌 것은?

① 수신기   ② 비상경보기

③ 발신기   ④ 중계기

해 자동화재탐지설비는 수신기와 발신기, 중계기, 감지기로 구성되어 있다.

026

가요 전선관의 상호접속은 무엇을 사용하는가?

① 컴비네이션 커플링   ② 스플릿 커플링

③ 더블 커넥터   ④ 앵글 커넥터

해 가요 전선관 상호접속에는 스플릿 커플링을 사용한다.

027

어느 수용가의 설비용량이 각각 1[kW], 2[kW], 3[kW], 4[kW]인 부하설비가 있다. 그 수용률이 60[%]인 경우 그 최대 수용전력은 몇 [kW]인가?

① 3   ② 6

③ 30   ④ 60

해 수용률 = $\dfrac{\text{최대 수용전력}}{\text{각 부하설비용량의 합}}$ 에서

최대수용전력 = 각 부하 설비용량의 합 × 수용률 이므로

최대 수용전력[kW] = (1 + 2 + 3 + 4) × 0.6
= 6[kW]

028

다음 중 덕트 공사의 종류가 아닌 것은?

① 금속 덕트공사   ② 버스 덕트공사

③ 케이블 덕트공사   ④ 플로어 덕트공사

해 덕트공사에는 금속 덕트공사, 버스 덕트공사, 플로어 덕트공사는 있으나 케이블 덕트공사는 없다.

암기법 금속으로 된 버스 플로어(바닥)에 덕트공사 한다!

029

건물의 모서리(직각)에서 가요 전선관을 박스에 연결할 때 필요한 접속기는?

① 스플릿 박스 커넥터   ② 앵글 박스 커넥터

③ 플렉시블 커플링   ④ 콤비네이션 커플링

🖉 가요 전선관을 박스에 연결할 때는 앵글 박스 커넥터를 쓴다. 가요 전선관 상호간 연결에는 스플릿 커플링, 가요전선관과 금속관 연결에는 콤비네이션 커플링을 사용한다.

030

조명기구의 용량 표시에 관한 사항이다. 다음 중 F40의 설명으로 알맞은 것은?

① 수은등 40[W]

② 나트륨등 40[W]

③ 메탈 헬라이드등 40[W]

④ 형광등 40[W]

🖉 F40은 형광등(Fluorescent lamp) 40[W]를 의미한다. 수은등은 H, 나트륨등은 N, 메탈 할라이드등은 M으로 나타낸다.

031

아웃렛 박스 등의 녹아웃의 지름이 관의 지름보다 클 때에 관을 박스에 고정시키기 위해 쓰는 재료의 명칭은?

① 터미널 캡   ② 링 리듀서

③ 엔트렌스 캡   ④ C형 엘보

🖉 링 리듀서(ring – reducer)는 지름이 각기 다른 두 물체를 고정시킬 때 쓰이는 연결부속이다.

032

전주의 길이별 땅에 묻히는 표준 깊이에 관한 사항이다. 전주의 길이가 16[m]이고, 설계하중이 6.8[kN] 이하의 철근 콘크리트주를 시설할 때 땅에 묻히는 표준 깊이는 최소 얼마 이상이어야 하는가?

① 1.2[m]   ② 1.4[m]

③ 2.0[m]   ④ 2.5[m]

🖉 전주의 매설 깊이는 15[m]를 기준으로 한다. 길이 15[m] 이하 설계하중 6.8[kN] 이하 시 전주길이의 1/6을 매설하고, 전주의 길이가 15[m]를 초과 시에는 2.5[m] 이상 매설한다.

033

전선을 접속할 때 전선의 강도를 몇 [%] 이상 감소시키지 않아야 하는가?

① 10[%]   ② 20[%]

③ 30[%]   ④ 40[%]

🖉 전선 접속 시 전선의 강도를 20[%] 이상 감소시켜서는 안된다.

034

저압 가공전선과 고압 가공전선을 동일 지지물에 시설하는 경우 상호 이격거리는 몇 [cm] 이상이어야 하는가?

① 20[cm]   ② 30[cm]

③ 40[cm]   ④ 50[cm]

🖉 저압 가공전선과 고압 가공전선을 동일 지지물에 시설하는 경우 상호 이격거리는 50[cm] 이상으로 해야 한다.

035

가공전선로의 지지물에 시설하는 지선의 시설에서 맞지 않는 것은?

① 지선의 안전율은 2.5 이상일 것

② 지선의 안전율이 2.5 이상일 경우 허용 인장하중의 최저는 4.31[kN]으로 할 것

③ 소선의 지름이 1.6[mm] 이상의 동선을 사용한 것일 것

④ 지선에 연선을 사용할 경우에는 소선 3가닥 이상의 연선 일 것

해 지선 시설 기준은 다음과 같다.
- 지선의 안전율은 2.5 이상일 것
- **지선의 허용 인장하중**:최저 4.31[kN]
- 소선은 지름 2.6[mm] 이상의 금속선을 사용한 것일 것
- 소선수는 3가닥 이상의 연선일 것

036

변류비 100/5[A]의 변류기(C.T)와 5[A]의 전류계를 사용하여 부하전류를 측정한 경우 전류계의 지시가 4[A] 이었다. 이 때 부하전류는 몇[A]인가?

① 30[A]　　　　② 40[A]

③ 60[A]　　　　④ 80[A]

해 간단히 구하자! 부하전류 공식

[암기법] 너! 부하니까 아니꼽지 변곱지!

부하전류 = 변류비 × 전류계 지시값
= 100/5 × 4 = 80 [A]

037

다음 중 굵은 Al 선을 박스 안에서 접속하는 방법으로 적합한 것은?

① 링 슬리브에 의한 접속

② 비틀어 꽂는 형의 전선 접속기에 의한 방법

③ C형 접속기에 의한 접속

④ 맞대기용 슬리브에 의한 압착접속

해 굵은 Al 선을 박스안에서 접속 → C형 접속기 사용

C형 접속기

038

애자사용 공사를 건조한 장소에 시설하고자 한다. 사용 전압이 400[V] 이하인 경우 전선과 조영재 사이의 이격 거리는 최소 몇 [cm] 이상 이어야 하는가?

① 2.5[cm] 이상　　　② 4.5[cm] 이상

③ 6.0[cm] 이상　　　④ 12[cm] 이상

해 애자사용 공사 시 전선과 조영재 이격거리
- 400[V] 이하(건조한 장소):2.5[cm] 이상
- 400[V] 초과:4.5[cm] 이상

039

금속덕트 공사에 관한 사항이다. 다음 중 금속
덕트의 시설로서 옳지 않은 것은?

① 덕트의 끝부분은 열어 놓을 것
② 덕트를 조영재에 붙이는 경우에는 덕트의
지지점간의 거리를 3m 이하로 하고 견고하게
붙일 것
③ 덕트의 뚜껑은 쉽게 열리지 않도록 시설할 것
④ 덕트 상호간은 견고하고 또한 전기적으로
완전하게 접속할 것

해 금속덕트 공사 시 덕트의 말단은 폐쇄시킨다.

040

다음 중 과전류 차단기를 설치하는 곳은?

① 간선의 전원측 전선
② 접지공사의 접지선
③ 다선식 전로의 중성선
④ 접지공사를 한 저압 가공 전선로의 접지측 전선

해 과전류 차단기를 시설해야 하는 곳은 간선의 전원측
전선이다. 접지공사의 접지선, 다선식 전로의 중성선,
전로 일부에 접지공사를 한 저압 가공전선로의
접지측 전선에는 과전류차단기 설치가 제한된다.
Tip 접다접엔 과전류 차단기 설치 ×

041

1종 가요전선관을 구부릴 경우의 곡률 반지름은
관 안지름의 몇 배 이상으로 하여야 하는가?

① 3배　　② 4배
③ 5배　　④ 6배

해 1종 가요(可撓)전선관의 곡률 반지름은 관 안지름의
6배 이상으로 한다.
[암기법] 육가요 – 1종

042

다음 중 금속전선관 공사에서 나사내기에
사용되는 공구는?

① 토치램프　　② 벤더
③ 리머　　④ 오스터

해

오스터

043

2종 금속몰드 공사에서 같은 몰드 내에 들어가는
전선은 피복 절연물을 포함하여 단면적의 총합이
몰드 내의 내면 단면적의 몇 [%] 이하로 하여야
하는가?

① 20[%] 이하　　② 30[%] 이하
③ 40[%] 이하　　④ 50[%] 이하

해 2종 금속몰드[금속덕트] 공사에서 몰드 내에 들어 가
는 전선의 단면적은 몰드 내면 단면적의 20[%] 이하
로 하여야 한다. 여유공간이 있어야 한다. (형광표시,
제어회로용의 경우 50[%])

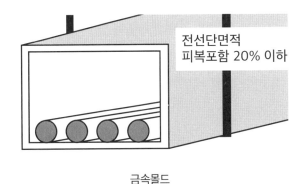
전선단면적
피복포함 20% 이하

금속몰드

044

PVC(Polyvinyl chloride pipe) 전선관의 표준 규격품 1본의 길이는 몇 [m]인가?

① 3.0[m]
② 3.6[m]
③ 4.0[m]
④ 4.5[m]

해 PVC 합성수지관은 1본 길이 4[m]를 표준으로 한다.

045

가연성 분진(소맥분, 전분, 유황 기타 가연성 먼지 등)으로 인하여 폭발한 우려가 있는 저압 옥내 설비 공사로 적절하지 않은 것은?

① 케이블 공사
② 금속관 공사
③ 합성수지관 공사
④ 플로어 덕트 공사

해 가연성 분진(소맥분, 전분, 유황 기타 가연성 먼지 등)으로 인하여 폭발한 우려가 있는 저압 옥내 설비 공사 방법에는 금속관 배선, 합성수지관 배선, 케이블 배선은 적합하나 플로어덕트 배선은 시공작업이 불편하고, 화재 우려가 있다.

암기법 분진가루 – 합금케!
합성수지관, 금속관, 케이블

046

합성수지관 상호 및 관과 박스는 접속 시에 삽입하는 깊이를 관 바깥지름의 몇 배 이상으로 하여야 하는가?
(단, 접착제를 사용하는 경우이다.)

① 0.6배
② 0.8배
③ 1.2배
④ 1.6배

해 합성수지관 상호 및 관과 박스는 접속 시에 삽입하는 깊이는 관 바깥 지름의 1.2배 이상으로 해야 한다. 단, 접착제를 사용 시에는 0.8배 이상으로 하는 것에 주의한다.

047

일반적으로 저압가공 인입선이 도로를 횡단하는 경우 노면상 높이는?

① 4[m] 이상
② 5[m] 이상
③ 6[m] 이상
④ 3[m] 이상

해 • 저압 가공인입선 노면상 높이:도로횡단 5[m], 횡단보도교 3[m], 철도횡단 6.5[m]
• 고압 가공인입선의 경우:도로횡단 6[m], 위험표시 3.5[m], 철도횡단 6.5[m]

048

지선을 사용 목적에 따라 형태별로 분류한 것으로, 비교적 장력이 적고 다른 종류의 지선을 시설할 수 없는 경우에 적용하며, 지선용 근가를 지지물 근원 가까이 매설하여 시설하는 것은?

① 수평지선
② 공통지선
③ 궁지선
④ Y지선

해 궁지선에 대한 설명이다.
암기법 장력이 적고 다른 지선을 시설할 수 없어서 궁지에 몰렸다! 근가?

049

도로를 횡단하여 시설하는 지선의 높이는 몇 [m]이상 이어야 하는가?

① 5[m]
② 6[m]
③ 8[m]
④ 10[m]

해 지선의 도로횡단 시 높이는 지표상 5[m] 이상 이어야 한다. (단, 교통에 지장을 줄 우려가 없는 경우 4.5[m] 이상)

050

점착성은 없으나 절연성, 내온성 및 내유성이

있어 연피 케이블 접속에 사용되는 테이프는?

① 고무 테이프　　　② 리노 테이프

③ 비닐 테이프　　　④ 자기 융착 테이프

해 리노 테이프(lino tape)는 면테이프 양면에 바니스
　(니스)를 칠해서 건조시킨 것으로 점착성은 없으나
　절연성, 내온성 및 내유성이 있어 연피 케이블 접속에
　사용된다.

051

다음 그림과 같이 금속관을 구부릴 때 일반적으로

A와 B의 관계식은?

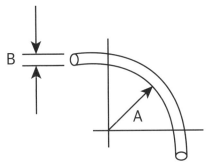

A : 구부러지는 금속관 안측의 반지름
B : 금속관 안지름

① A = 2B　　　　② A ≥ B

③ A ≥ 5B　　　　④ A ≥ 6B

해 금속관을 구부릴 때 구부러지는 금속관 안측의 반지
　름(A)의 금속관 안지름(B)의 6배 이상이어야 한다.

052

박스 내에서 가는 전선을 접속할 때의

접속방법으로 가장 적합한 것은?

① 트위스트 접속　　② 쥐꼬리 접속

③ 브리타니어 접속　④ 슬리브 접속

해 박스 내 가는 전선 접속 시에는 쥐꼬리 접속이 사용
　된다.

053

경질 비닐 전선관의 호칭으로 맞는 것은?

① 굵기는 관 안지름의 크기에 가까운 짝수의 [mm]로

　나타낸다.

② 굵기는 관 안지름의 크기에 가까운 홀수의 [mm]로

　나타낸다.

③ 굵기는 관 바깥지름의 크기에 가까운 짝수의

　[mm]로 나타낸다.

④ 굵기는 관 바깥지름의 크기에 가까운 홀수의

　[mm]로 나타낸다.

해 경질 비닐 전선관의 호칭은 관 안지름의 크기에 가까
　운 짝수의 [mm]로 나타낸다.

　암기법 경질비닐전선관 – 관안짝

054

동력배선에서 경보를 표시하는 램프의 일반적인

색상은?

① 백색　　　　　　② 오렌지색

③ 적색　　　　　　④ 녹색

해 오렌지색은 경보, 백색은 전원, 적색은 운전중, 녹색은
　정지중 표시이다.

055

전선의 접속에 대한 설명으로 틀린 것은?

① 접속 부분의 전기저항을 20[%] 이상 증가

② 접속 부분의 인장강도를 80[%] 이상 유지

③ 접속 부분에 전선 접속 기구를 사용함

④ 알루미늄전선과 구리선의 접속 시 전기적인

　부식이 생기지 않도록 함

해 전기저항은 낮을수록 좋다. 전선의 접속부는 전기적
　저항이 증가하지 않는 것이 좋으므로 1번은 틀린 답이
　다. 전선 접속 시 유의사항으로는 전선의 세기를
　20[%] 이상 감소시키지 않을 것, 인장강도 80[%]
　이상 유지, 접속 부분은 전선 접속기구를 이용할 것,
　전기적 부식이 생기지 않도록 할 것 등이 있다.

056

기중기로 200[t]의 하중을 1.5[m/min]의 속도로 권상할 때 소요되는 전동기 용량은?
(단, 권상기의 효율은 70[%] 이다.)

① 약 35[kW]　　　② 약 50[kW]

③ 약 70[kW]　　　④ 약 75[kW]

해 전동기 용량은 (하중 × 속도)를 (6.12 × 효율)로 나누어 구한다. 이 때 6.12는 기중기의 분(min)단위 권상 시 계산에 적용되는 상수이다. 계산해 보면,

전동기 용량 $= \dfrac{200(하중) \times 1.5(속도)}{6.12(상수) \times 0.7(효율)}$

$= 70.03[kW]$

[암기법] 하속 퍼 6.12효

057

코일 주위에 전기적 특성이 큰 에폭시 수지를 고진공으로 침투시키고, 다시 그 주위를 기계적 강도가 큰 에폭시 수지로 몰딩한 변압기는?

① 건식 변압기　　　② 유입 변압기

③ 몰드 변압기　　　④ 타이 변압기

해 화재예방 기능의 몰드 변압기에 대한 설명이다.

058

부식성 가스 등이 있는 장소에 시설할 수 없는 배선은?

① 금속관 배선

② 제1종 금속제 가요전선관 배선

③ 케이블 배선

④ 캡타이어 케이블 배선

해 부식성 가스가 있는 장소에 시설할 수 있는 배선은 금속관 배선, (캡타이어) 케이블 배선, 2종 금속제 가요전선관 배선 등이다.

059

가공 전선로의 지지물에 시설하는 지선에 연선을 사용할 경우 소선수는 몇 가닥 이상이어야 하는가?

① 3가닥　　　② 5가닥

③ 7가닥　　　④ 9가닥

해 지선으로 사용하는 연선의 경우 소선수는 3가닥 이상이다. 안전율 2.5 이상, 허용인장하중 최저 4.31kN 도 지선의 기준으로 함께 암기한다.

060

상설 공연장에 사용하는 저압 전기설비 중 이동전선의 사용전압은 몇 [V] 미만이어야 하는가?

① 100[V]　　　② 200[V]

③ 400[V]　　　④ 600[V]

해 상설 공연장 이동전선 사용전압은 400[V] 이하

001

저압 가공 인입선의 인입구에 사용하는 것은?

① 플로어 박스　　　② 링리듀서

③ 엔트런스 캡　　　④ 노멀밴드

🖼 엔트런스 캡(Entrance cap)은 저압 가공 인입선의 인입구에 설치하여 빗물의 침입을 방지하는 전선관 부속 재료이다.

002

어미자와 아들자의 눈금을 이용하여 두께, 깊이, 안지름 및 바깥지름 측정용으로 사용하는 것은?

① 버니어 캘리퍼스　　② 채널 지그

③ 스트레인 게이지　　④ 스태핑 머신

🖼 버니어 캘리퍼스는 어미자와 아들자를 이용 두께, 깊이, 안지름 및 바깥지름을 측정할 수 있다.

[암기법] 어미자, 아들자 – 버니어 캘리퍼스 ~

003

지선의 중간에 넣는 애자는?

① 저압 핀 애자　　　② 구형 애자

③ 인류 애자　　　　④ 내장 애자

🖼 지선에 사용하는 애자는 구형애자

[암기법] 지선이가 사랑하는 동그란 애자

004

역률개선의 효과로 볼 수 없는 것은?

① 감전사고 감소

② 전력손실 감소

③ 전압강하 감소

④ 설비 용량의 이용률 증가

🖼 역률이란 전류가 단위시간에 하는 일의 비율로 피상전력에 대한 유효전력의 비율로 나타내는데, 역률을 개선한다는 말은 일하지 않고 소모되어버리는 무효전력을 최소화시킨다는 의미이다. 역률개선의 효과로 전력손실 감소, 전압강하 감소, 설비 용량 이용률 증가 등은 적합하나 감전사고 감소와는 관련이 없다.

005

전선과 기구 단자 접속 시 나사를 덜 죄었을 경우 발생할 수 있는 위험과 거리가 먼 것은?

① 누전　　　　　② 화재 위험

③ 과열 발생　　　④ 저항 감소

🖼 단자 접속 시 나사를 덜 죄어 접속불량이 발생하면 누전과 과열로 인한 화재 위험이 발생한다.
저항 감소와는 관련이 없다.

006

PVC 전선관의 표준 규격품의 길이는?

① 3[m]　　　　　② 3.6[m]

③ 4[m]　　　　　④ 4.5[m]

🖼 PVC 전선관의 표준 규격품은 4[m]가 1본 당 길이 기준이다.

007

아웃렛 박스 등의 녹아웃의 지름이 관의 지름보다 클 때에 관을 박스에 고정시키기 위해 쓰는 재료의 명칭은?

① 터미널캡   ✓② 링리듀서

③ 엔트랜스캡   ④ 유니버설 엘보

해 링리듀서(ring – reducer)는 지름이 각기 다른 두 물체를 고정시킬 때 쓰이는 연결부속이다.

008

폭발성 분진이 있는 위험장소에 금속관 배선에 의할 경우 관 상호 및 관과 박스 기타의 부속품이나 풀박스 또는 전기기계기구는 몇 턱 이상의 나사 조임으로 접속하여야 하는가?

① 2턱   ② 3턱

③ 4턱   ✓④ 5턱

해 턱이란 나사선의 1회전 조임량을 뜻하며 폭발 위험장소 등에서의 금속관 배선 시 관 상호간 5턱 이상의 나사조임으로 접속한다.

009

Ⅳ전선을 사용한 옥내배선 공사 시 박스 안에서 사용되는 전선 접속 방법은?

① 브리타니어 접속   ✓② 쥐꼬리 접속

③ 복권 직선 접속   ④ 트위스트 접속

해 Ⅳ전선을 사용한 옥내배선 공사 시 박스 안 접속은 쥐꼬리 접속(동일한 굵기의 두 단선 접속)으로 한다.

010

변전소의 역할에 대한 내용이 아닌 것은?

① 전압의 변성   ✓② 전력생산

③ 전력의 집중과 배분   ④ 역률개선

해 변전소의 역할:전압변성, 전력집중/배분, 전력개통 보호, 역률개선

암기법 변집배보역

011

애자사용 공사를 건조한 장소에 시설하고자 한다. 사용 전압이 400[V] 이하인 경우 전선과 조영재 사이의 이격 거리는 최소 몇 [cm] 이상 이어야 하는가?

✓① 2.5[cm] 이상   ② 4.5[cm] 이상

③ 6[cm] 이상   ④ 12[cm] 이상

해 애자사용 공사 시 전선과 조영재 이격거리
- 400[V] 이하 (건조한 장소):2.5[cm] 이상
- 400[V] 초과:4.5[cm] 이상

012

금속관에 여러 가닥의 전선을 넣을 때 매우 편리하게 넣을 수 있는 방법으로 쓰이는 것은?

① 비닐전선   ✓② 철망 그리프

③ 접지선   ④ 호밍사

해 철망 그리프를 사용하면 금속관에 여러 가닥 전선을 편리하게 넣을 수 있다.

013

전선에 압착단자 접속 시 사용되는 공구는?

① 와이어 스트리퍼   ✓② 프레셔 툴

③ 클리퍼   ④ 니퍼

해 프레셔 툴은 전선 접속 시 압착단자 등을 압착시키기 위한 공구다.

Tip "압착"에서 프레셔(pressure)를 떠올린다.

014

목장의 전기울타리에 사용하는 경동선의 지름은 최소 몇 [㎜] 이상 이어야 하는가?

① 1.6   ② 2.0
③ 2.6   ④ 3.2

해 전기울타리의 전선은 2[mm] 이상 굵기의 경동선을 사용해야 하며, 전선은 수목과 30[cm] 이상, 전선 지지기둥과는 2.5[cm] 이상 이격거리를 두어야 한다.

015

콘크리트 직매용 케이블 배선에서 일반적으로 케이블을 구부릴 때는 피복이 손상되지 않도록 그 굴곡부 안쪽의 반경은 케이블 외경의 몇 배 이상으로 하여야 하는가?

(단, 단심인 경우이다.)

① 4   ② 8
③ 10   ④ 14

해 콘크리트 직매용 케이블의 굴곡부 안쪽반경은 외경의 8배 이상으로 한다.

016

차단기에서 ELB의 용어는?

① 유입차단기   ② 진공차단기
③ 배전용차단기   ④ 누전차단기

해 ELB는 Electric Leakage Breaker의 약자로 누전차단기를 뜻한다.

017

합성수지관 상호간을 연결하는 접속재가 아닌 것은?

① 로크너트   ② TS커플링
③ 컴비네이션 커플링   ④ 2호 커넥터

해 로크너트(lock nut)는 금속관을 박스 등에 고정 시킬 때 사용되는 부품이다. 커플링(coupling), 커넥터 (connecter)는 단어 의미에서 이미 상호 연결의 뜻을 알 수 있다.

018

가공전선로의 지지물에 시설하는 지선에서 맞지 않는 것은?

① 지선의 안전율은 2.5 이상일 것
② 지선의 안전율이 2.5 이상일 경우에 허용 인장하중의 최저는 4.31[kN]으로 한다.
③ 소선의 지름이 1.6[㎜] 이상의 동선을 사용한 것일 것
④ 지선에 연선을 사용할 경우에는 소선 3가닥 이상의 연선일 것

해 지선을 연선으로 사용하는 경우 소선의 지름은 2.6[mm] 이상의 금속선으로 해야한다.
가공전선로의 지지물에 시설하는 지선은 다음 기준을 만족시켜야 한다.
① 안전율 2.5 이상
② 허용 인장하중 4.31[kN] 이상
③ 소선 수 3가닥 이상
④ 소선은 지름 2.6[mm] 이상의 금속선 사용
⑤ 지중부분 및 지표상 30[cm]까지의 부분 내식성이 있는 철봉 사용
⑥ 도로를 횡단하여 시설하는 지선의 높이는 지표상 5[m] 이상

019

전선 접속에 관한 설명으로 틀린 것은?

① 접속부분의 전기저항을 증가시켜서는 안 된다.

② 전선의 세기를 20[%] 이상 유지해야 한다.

③ 접속부분은 납땜을 한다.

④ 절연을 원래의 절연효력이 있는 테이프로
충분히 한다.

해 ② 전선을 접속할 때는 전선의 세기(인장 하중(引張荷重))를 20[%] 이상 감소시키지 아니할 것

020

박스 내에서 가는 전선을 접속할 때에는 어떤

방법으로 접속하는가?

① 트위스트 접속　　　② 쥐꼬리 접속

③ 브리타니어 접속　　④ 슬리브 접속

해 박스 내 가는 전선 접속 시에는 쥐꼬리 접속이 사용된다.

021

다음 중 충전되어 있는 활선을 움직이거나 작업권

밖으로 밀어낼 때 또는 활선을 다른 장소로 옮길

때 사용하는 절연봉은?

① 애자커버　　　　　② 전선커버

③ 와이어통　　　　　④ 전선피박기

해 활선 이동 시 사용하는 절연봉은 와이어통!

022

금속제 가요전선관 공사 방법의 설명으로 옳은

것은?

① 가요전선관과 박스와의 직각부분에 연결하는
부속품은 앵글박스 커넥터이다.

② 가요전선관과 금속관의 접속에 사용하는
부속품은 스트레이트박스 커넥터이다.

③ 가요전선관 상호접속에 사용하는 부속품 은
콤비네이션 커플링이다.

④ 스위치박스에는 콤비네이션 커플링을 사용하여
가요전선관과 접속한다.

해 가요전선관과 박스와의 직각부분에 연결하는 부속품은 앵글박스 커넥터이다.

023

가로등, 경기장, 공장, 아파트 단지 등의

일반조명을 위하여 시설하는 고압방전등의

효율은 몇 [lm/W] 이상의 것이어야 하는가?

① 3[lm/W]　　　　　② 5[lm/W]

③ 70[lm/W]　　　　 ④ 120[lm/W]

해 에너지의 효율적 사용을 위해 가로등, 경기장, 공장, 아파트 단지 등의 일반조명을 위한 고압방전등의 효율은 70[lm/W] 이상이어야 한다.

024

옥내에 시설하는 사용전압이 400[V] 이상인

저압의 이동 전선은 0.6/1kV EP 고무 절연

클로로프렌 캡타이어 케이블로서 단면적이 몇

[mm²] 이상 이어야 하는가?

① 0.75[mm²]　　　　② 2[mm²]

③ 5.5[mm²]　　　　 ④ 8[mm²]

해 0.6/1[kV] EP 고무 절연 클로로프렌 캡타이어 케이블로서 단면적 0.75[mm²] 이상

025

무대, 무대마루 및 오케스트라 박스, 영사실 기타 사람이나 무대 도구가 접촉할 우려가 있는 곳에 시설하는 저압 옥내배선, 전구선 또는 이동전선은 사용 전압이 몇 [V] 이하여야 하는가?

① 100[V]   ② 200[V]

③ 300[V]   ④ 400[V]

해 무대, 오케스트라, 영사실 공연, 영화 시설의 이동전선 400[V] 이하

암기법 무대, 영화 400[V]

026

일반적으로 저압 가공 인입선이 도로를 횡단하는 경우 노면상 설치 높이는 몇 [m] 이상 이어야 하는가?

① 3[m]   ② 4[m]

③ 5[m]   ④ 6.5[m]

해 • 저압 가공인입선 노면상 높이 : 도로횡단 5[m], 횡단보도교 3[m], 철도횡단 6.5[m]
  • 고압 가공인입선의 경우 도로횡단 6[m], 위험표시 3.5[m], 철도횡단 6.5[m]

027

합성수지관이 금속관과 비교하여 장점으로 볼 수 없는 것은?

① 누전의 우려가 없다.

② 온도 변화에 따른 신축 작용이 크다.

③ 내식성이 있어 부식성 가스 등을 사용하는 사업장에 적당하다.

④ 관 자체를 접지할 필요가 없고, 무게가 가벼우며 시공하기 쉽다.

해 온도 변화(열)에 따른 신축 작용(변형)이 큰 것은 맞으나 이는 합성수지관의 단점에 해당한다.

028

철근콘크리트주가 원형의 것인 경우 갑종 풍압하중 [Pa]은?

① 588[Pa]   ② 882[Pa]

③ 1039[Pa]   ④ 1412[Pa]

해 원형 철근콘크리트주, 목주, 원형 철주의 갑종 풍압하중 588[Pa]이다. 풍압하중은 바람에 의해 작용하는 하중으로 갑종, 을종, 병종으로 구분하며 갑종은 여름부터 가을에 풍속이 34.6[m/s]의 바람이 있다고 가정할 때의 풍압하중(기본값)을 뜻하며 을종은 빙설지역, 병종은 인가가 많은 지역에 적용한다.

029

단선의 브리타니아(britania) 직선 접속 시 전선 피복을 벗기는 길이는 전선 지름의 약 몇 배로 하는가?

① 5배   ② 10배

③ 20배   ④ 30배

해 브리타니아 접속은 단면적 10[mm²] 이상 굵은 단선 전선을 접속할 때 사용하며 단선을 직접 서로 꼬아서 접속하는 형태가 아니라 별도의 조인트선과 첨선을 이용하여 접속한다. 이 때 피복을 벗기는 길이는 전선 지름의 약 20배로 한다.[반면에 트위스트 접속은 단면적 6[mm²] 이하의 단선에 적용하며 피복을 벗기고 직접 맞대어 꼬아 접속시키는 방법이다.

030

배전용 전기기계기구인 COS(컷아웃스위치)의 용도로 알맞은 것은?

① 배전용 변압기의 1차측에 시설하여 변압기의 단락 보호용으로 쓰인다.

② 배전용 변압기의 2차측에 시설하여 변압기의 단락 보호용으로 쓰인다.

③ 배전용 변압기의 1차측에 시설하여 배전 구역 전환용으로 쓰인다.

④ 배전용 변압기의 2차측에 시설하여 배전 구역 전환용으로 쓰인다.

🖩 COS(컷아웃스위치)의 용도:배전용 변압기 1차측에 시설 변압기의 단락 보호용
2차측에 시설하는 변압기 단락보호용 배전용 기구는 캐치홀더이다.

031

금속 덕트에 넣은 전선의 단면적
(절연피복의 단면적 포함)의 합계는 덕트 내부 단면적의 몇 [%] 이하로 하여야 하는가?
(단, 전광표시 장치·출퇴 표시등 기타 이와 유사한 장치 또는 제어회로 등의 배선만을 넣는 경우가 아니다.)

① 20[%]　　　　② 40[%]

③ 60[%]　　　　④ 80[%]

🖩 2종 금속몰드[금속덕트] 공사에서 몰드 내에 들어 가는 전선의 단면적은 몰드 내면 단면적의 20[%] 이하로 하여야 한다. 여유공간이 있어야 한다.(전광표시장치, 제어회로용의 경우 50[%])

032

애자사용 공사에 의한 저압 옥내배선에서 전선 상호간의 간격은 몇 [cm] 이상이어야 하는가?

① 2.5　　　　②6

③ 10　　　　④ 12

🖩 애자 사용 공사 저압 옥내 배선 전선 상호간 간격은 6[cm] 이상이어야 한다.

033

합성수지제 가요전선관(PF관 및 CD관)의 호칭에 포함되지 않는 것은?

① 16　　　　② 28

③ 38　　　　④ 42

🖩 합성수지제 가요전선관(PF관 및 CD관)의 호칭:14, 16, 22, 28, 36, 42mm

034

가공 전선로의 지지물에 하중이 가하여지는 경우에 그 하중을 받는 지지물의 기초의 안전율은 일반적으로 얼마 이상이어야 하는가?

① 1.5　　　　② 2.0

③ 2.5　　　　④ 4.0

🖩 가공 전선로 지지물 기초의 안전율은 2 이상이어야 한다.

035

일반적으로 가공전선로의 지지물에 취급자가 오르고 내리는데 사용하는 발판 볼트 등은 지표상 몇 [m] 미만에 시설하여서는 아니 되는가?

① 0.75　　　　② 1.2

③ 1.8　　　　④ 2.0

🖩 가공전선로의 지지물에 취급자가 오르고 내리는데 사용하는 발판 볼트는 1.8[m] 미만에 설치해서는 안된다.

036

금속 전선관을 직각 구부리기 할 때 굽힘 반지름 r은?

(단, d는 금속 전선관의 안지름, D는 금속 전선관의 바깥지름이다.)

① $r = 6d + \dfrac{D}{2}$ ② $r = 6d + \dfrac{D}{4}$

③ $r = 2d + \dfrac{D}{6}$ ④ $r = 4d + \dfrac{D}{2}$

해 금속전선관 굽힘반지름은 안지름의 6배에 바깥지름의 반을 더해준다.

$$r = 6d + \dfrac{D}{2}$$

037

코드 상호, 캡타이어 케이블 상호 접속 시 사용하여야 하는 것은?

① 와이어 커넥터   ② 코드 접속기

③ 케이블 타이   ④ 테이블 탭

해 코드 상호, 캡타이어 케이블 상호 접속 시에는 코드 접속기를 사용한다.

038

녹아웃펀치(knockout punch)와 같은 용도의 것은?

① 리머(reamer)   ② 벤더(bender)

③ 클리퍼(cliper)   ④ 홀쏘(hole saw)

해 녹아웃펀치는 전선관을 인출할 때 구멍을 뚫는 공구이다. 홀쏘(hole saw)역시 구멍을 뚫는 공구이다.

039

수전설비의 저압 배전반은 배전반 앞에서 계측기를 판독하기 위하여 앞면과 최소 몇 [m] 이상 유지하는 것을 원칙으로 하고 있는가?

① 0.6   ② 1.2

③ 1.5   ④ 1.7

해 저압 배전반은 계측기를 판독하기 위하여 앞면과 최소 1.5[m] 이상 유지하는 것을 원칙으로 한다.

040

전동기의 정역운전을 제어하는 회로에서 2개의 전자개폐기의 작동이 동시에 일어나지 않도록 하는 회로는?

① Y − △ 회로   ② 자기유지 회로

③ 촌동 회로   ④ 인터록 회로

해 인터록 회로는 한쪽 릴레이가 작동 시 반대 쪽은 작동하지 않도록하여 기기의 보호와 조작자의 안전을 목적으로 한 것을 말한다. (다른 표현으로 먼저 들어 온 신호가 있을 때 후 입력된 신호를 차단한다고 표현하기도 한다.) 따라서 전동기의 정역운전(모터의 구동력이 정방향과 역방향 모두 전달됨) 제어 회로에서 2개의 전자개폐기의 작동이 동시에 일어나지 않도록하는 회로는 인터록 회로이다.

041

가스 절연 개폐기나 가스 차단기에 사용되는 가스인 SF_6의 성질이 아닌 것은?

① 같은 압력에서 공기의 2.5 ~ 3.5배의 절연 내력이 있다.

② 무색, 무취, 무해 가스이다.

③ 가스압력 3 ~ 4[kgf/㎠]에서는 절연내력은 절연유 이상이다.

④ 소호능력은 공기보다 2.5배 정도 낮다.

해 소호능력이란 차단기 동작 시 가동자와 고정자 사이에 발생하는 아크(ARC)를 없애 주는 것을 말한다. SF_6의 소호능력은 공기의 100배 이상이다.

042

옥내에서 두 개 이상의 전선을 병렬로 사용하는 경우 동선은 각 전선의 굵기가 몇 [㎟] 이상이어야 하는가?

① 50　　　　　　　② 70

③ 95　　　　　　　④ 150

혜 두 개 이상의 전선을 병렬로 사용 시 전선의 굵기는 동선:50[㎟], 알루미늄선:70[㎟]

043

특고압 수전설비의 결선기호와 명칭으로 잘못된 것은?

① CB – 차단기　　　② DS – 단로기

③ LA – 피뢰기　　　④ LF – 전력퓨즈

혜 전력퓨즈는 PF(Power Fuse)로 나타낸다.

044

플로어덕트 부속품 중 박스의 플러그 구멍을 메우는 것의 명칭은?

① 덕트서포트　　　② 아이언플러그

③ 덕트플러그　　　④ 인서트마커

혜 박스의 플러그 구멍을 메우는 것은 아이언 플러그 이다.

045

기구 단자에 전선 접속 시 진동 등으로 헐거워지는 염려가 있는 곳에 사용되는 것은?

① 스프링 와셔　　　② 2중 볼트

③ 삼각볼트　　　　④ 접속기

046

가요전선관 공사 방법에 대한 설명으로 잘못된 것은?

① 전선은 옥외용 비닐 절연전선을 제외한 절연전선을 사용한다.

② 일반적으로 전선은 연선을 사용한다.

③ 가요전선관 안에는 전선의 접속점이 없도록 한다.

④ 사용전압 400[V] 이하의 저압의 경우에만 사용한다.

혜 가요전선관은 고압에서도 사용 가능하다.

047

금속덕트 배선에서 금속덕트를 조영재에 붙이는 경우 지지점 간의 거리는?

① 0.3[m] 이하　　　② 0.6[m] 이하

③ 2.0[m] 이하　　　④ 3.0[m] 이하

혜 금속덕트 배선에서 금속덕트를 조영재에 붙이는 경우 지지점 간의 거리는 3[m] 이하로 해야 한다.

048

금속전선관의 종류 중 후강 전선관의 규격이 아닌 것은?

① 16　　　　　　　② 28

③ 30　　　　　　　④ 42

혜 후강 전선관의 규격은 16, 22, 28, 36, 42, 54, 70, 82, 92, 104이다.
여러 번 적어보며 반드시 암기하도록 한다.

049

합성수지전선관의 장점이 아닌 것은?

① 절연이 우수하다.　　② 기계적 강도가 높다.

③ 내부식성이 우수하다.　④ 시공하기 쉽다.

해 합성수지전선관은 절연이 우수하고, 내부식성이 우수하며, 시공이 쉬우나, 기계적 강도가 약하고, 온도변화(열에 따른 팽창 수축)에 취약하다.

050

화약류 저장소에서 백열전등이나 형광등 또는 이들에 전기를 공급하기 위한 전기설비를 시설하는 경우 전로의 대지전압은?

① 100[V] 이하　　② 150[V] 이하

③ 220[V] 이하　　④ 300[V] 이하

해 화약류 저장소 대지전압 → 300[V] 이하

051

다음 중 접지의 목적이 아닌 것은?

① 전로의 대지 전압 감소 방지

② 이상 전압 상승 억제

③ 보호 계전기의 동작 확보

④ 이상 전압 상승으로 인한 감전사고 방지

해 ① 전로의 대지 전압 감소 방지가 아니라 대지 전위의 상승을 방지하는 목적으로 접지를 한다.

052

전압 22.9[kV − Y] 이하의 배전선로에서 수전하는 설비의 피뢰기 정격전압은 몇 [kV]로 적용하는가?

① 18[kV]　　② 24[kV]

③ 144[kV]　　④ 288[kV]

해 배전선로의 전압에 따라 피뢰기의 정격전압도 달라진다. 전압 22.9[kV − Y] 이하의 배전선로에서 수전하는 설비의 피뢰기 정격전압은 18[kV]이다.

053

부식성 가스 등이 있는 장소에 전기설비를 시설하는 방법으로 적합하지 않은 것은?

① 애자사용배선 시 부식성 가스의 종류에 따라 절연전선인 DV전선을 사용한다.

② 애자사용배선에 의한 경우에는 사람이 쉽게 접촉될 우려가 없는 노출장소에 한 한다.

③ 애자사용배선 시 부득이 나전선을 사용하는 경우에는 전선과 조영재와의 거리를 4.5[cm] 이상으로 한다.

④ 애자사용배선 시 전선의 절연물이 상해를 받는 장소는 나전선을 사용할 수 있으며, 이 경우는 바닥 위 2.5[m] 이상 높이에 시설한다.

해 애자사용배선 시에는 절연전선을 사용해야 하지만 DV전선이나 옥외용 비닐 절연전선(OW)는 사용하지 않는다.

054

전선의 도체 단면적이 2.5[㎟]인 전선 3본을 동일 관내에 넣는 경우의 2종 가요전선관의 최소 굵기는?

① 10[mm]　　② 15[mm]

③ 17[mm]　　④ 24[mm]

해 도체단면적과 전선 본수에 따른 2종 가요 전선관 굵기 선정

도체 단면적	전선 본수								
	1	2	3	4	5	6	7	8	9
2.5	2종 가요 전선관 굵기								
	10	15	15	17	24	24	24	30	30

055

가요전선관과 금속관의 상호 접속에 쓰이는

재료는?

① 스프리트 커플링

✓② 콤비네이션 커플링

③ 스트레이트 복스커넥터

④ 앵글 복스커넥터

🖽 가요전선관과 금속관 연결에는 콤비네이션 커플링을 사용한다. 가요 전선관 상호간 연결에는 스플릿 커플링을 사용하며 가요 전선관을 박스에 연결할 때는 앵글 박스 커넥터를 쓴다.

056

고압 또는 특고압 가공전선로에서 공급을 받는

수용장소의 인입구 또는 이와 근접한 곳에

시설해야 하는 것은?

① 계기용 변성기　　② 과전류 계전기

③ 접지 계전기　　✓④ 피뢰기

🖽 피뢰기(Lightning arrester)는 번개나 개폐 써지(Surge)와 이상전압 발생 시 이를 대지로 방전하여 설비를 보호하는 장치로 고압 또는 특별고압 가공전선로에서 공급을 받는 수용 장소의 인입구 또는 이와 근접한 곳에 설치한다.

057

전자 개폐기에 부착하여 전동기의 소손 방지를

위하여 사용되는 것은?

① 퓨즈　　✓② 열동 계전기

③ 배선용 차단기　　④ 수은 계전기

🖽 열동계전기의 내부에는 바이메탈이 들어 있다. 바이메탈은 두 금속 간 서로 다른 열팽창계수를 이용(동일한 열에도 늘어나는 길이가 다른 성질을 이용) 전자 개폐기에 부착하여 과부하 또는 단락으로 인한 과전류 발생 시 전동기의 소손을 방지하는 역할을 한다.

058

무효전력을 조정하는 전기기계기구는?

✓① 조상설비　　② 개폐설비

③ 차단설비　　④ 보상설비

🖽 조상설비는 전단 전압을 일정하게 유지하기 위해 무효전력을 조정하는 전기기계기구다.
무효전력을 조정 전압 조정 / 역률 조정 → 송전손실 최소화 및 안정도 향상

059

저·고압 가공전선이 도로를 횡단하는 경우

지표상 몇 [m] 이상으로 시설하여야 하는가?

① 4[m]　　✓② 6[m]

③ 8[m]　　④ 10[m]

🖽 저압 가공인입선 도로횡단은 5[m], 고압 가공인입선의 경우는 6[m]이므로 저고압 가공전선은 지표상 6[m] 이상으로 시설한다.

060

애자사용공사에 사용하는 애자가 갖추어야 할

성질과 가장 거리가 먼 것은?

① 절연성　　② 난연성

③ 내수성　　✓④ 내유성

🖽 애자는 절연성, 난연성, 내수성을 갖추어야 하지만 내유성과는 거리가 멀다.

001

링리듀서의 용도는?

① 박스내의 전선 접속에 사용

② 녹아웃 직경이 접속하는 금속관보다 큰 경우 사용

③ 녹아웃 구멍을 막는데 사용

④ 로크너트를 고정하는데 사용

해 링리듀서(ring – reducer)는 지름이 각기 다른 두 물체를 고정시킬 때 쓰이는 연결부속이다.

002

지중 또는 수중에 시설되는 금속체의 부식을 방지하기 위한 전기부식방지용 회로의 사용전압은?

① 직류 60[V] 이하

② 교류 60[V] 이하

③ 직류 750[V] 이하

④ 교류 600[V] 이하

해 전기부식 방지 회로의 사용전압은 직류 60[V] 이하

암기법 지중 수중엔 찍륙(직류육십)이하로 부식방지

003

피시 테이프(fish tape)의 용도는?

① 전선을 테이핑하기 위해서 사용

② 전선관의 끝마무리를 위해서 사용

③ 전선관에 전선을 넣을 때 사용

④ 합성수지관을 구부릴 때 사용

해 피시 테이프(fish tape)는 벽체나 전선관에 여러 가닥의 전선을 쉽게 넣도록 돕는 공구이다.

004

지중전선로를 직접매설식에 의하여 시설하는 경우 차량, 기타 중량물의 압력을 받을 우려가 있는 장소의 매설 깊이는?

① 0.6[m] 이상

② 1.0[m] 이상

③ 1.5[m] 이상

④ 2.0[m] 이상

해 • 직접매설식 → 차량이 지날 우려 → 1[m] 이상 깊이에 매설

• 기타의 경우:0.6[m] 이상 깊이에 매설

005

건물의 모서리(직각)에서 가요 전선관을 박스에 연결할 때 필요한 접속기는?

① 스플릿 박스 커넥터

② 앵글 박스 커넥터

③ 플렉시블 커플링

④ 콤비네이션 커플링

해 가요 전선관을 박스에 연결할 때는 앵글 박스 커넥터를 쓴다. 가요 전선관 상호간 연결에는 스플릿 커플링, 가요전선관과 금속관 연결에는 콤비네이션 커플링을 사용한다.

006

연피 케이블의 접속에 반드시 사용되는 테이프는?

① 고무 테이프

② 비닐 테이프

③ 리노 테이프

④ 자기융착 테이프

해 리노 테이프(lino tape)는 면테이프 양면에 바니스(니스)를 칠해서 건조시킨 것으로 점착성은 없으나 절연성, 내온성 및 내유성이 있어 연피 케이블 접속에 사용된다.

007

아래 그림기호가 나타내는 것은?

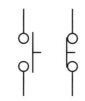

① 한시 계전기 접점
② 전자 접촉기 접점
③ 수동 조작 접점
④ 조작 개폐기 잔류 접점

해 수동조작으로 개로 또는 폐로 할 수 있는 수동조작 접점을 뜻한다.

008

수·변전 설비의 고압회로에 걸리는 전압을 표시하기 위해 전압계를 시설할 때 고압회로와 전압계 사이에 시설하는 것은?

① 관통형 변압기　　② 계기용 변류기
③ 계기용 변압기　　④ 권선형 변류기

해 전압계라는 계기를 시설할 때 고압회로와 전압계 사이에 시설하는 것은 계기용 변압기이다.

009

단선의 굵기가 6[㎟] 이하인 전선을 직선접속할 때 주로 사용하는 접속법은?

① 트위스트 접속　　② 브리타니아 접속
③ 쥐꼬리 접속　　　④ T형 커넥터 접속

해 • 트위스트 접속 : 단면적 6[㎟] 이하의 단선 직선접속 및 분기접속에 사용
　 • 브리타니어 접속 : 10[㎟] 이상의 단선 직선접속 및 분기접속에 사용

010

폭연성 분진이 존재하는 곳의 금속관 공사의 전동기에 접속하는 부분에서 가요성을 필요로 하는 부분의 배선에는 방폭형의 부속품 중 어떤 것을 사용하여야 하는가?

① 플렉시블 피팅
② 분진 플렉시블 피팅
③ 분진 방폭형 플렉시블 피팅
④ 안전 증가 플렉시블 피팅

해 문제속에 답이 있다. 폭연성 분진이 존재하는 곳이며 가요성(플렉시블:flexibility)을 필요로 하는 방폭형의 부속품에는 분진 방폭형 플렉시블 피팅을 사용한다.

011

주위온도가 일정 상승률 이상이 되는 경우에 작동하는 것으로서 일정한 장소의 열에 의하여 작동하는 화재 감지기는?

① 차동식 스포트형 감지기
② 차동식 분포형 감지기
③ 광전식 연기 감지기
④ 이온화식 연기 감지기

해 차동식 스포트형 감지기는 주위 온도가 일정 상승률 이상으로 상승하면 감지기는 온도상승으로 공기가 팽창하여 다이어프램(주사기형태)을 상부로 올려 동작되는 방식이다.

012

폭발성 분진이 존재하는 곳의 금속관 공사에 있어서 관 상호 및 관과 박스 기타의 부속품이나 풀박스 또는 전기 기계기구와의 접속은 몇 턱 이상의 나사 조임으로 접속하여야 하는가?

① 2턱　　　　　　② 3턱
③ 4턱　　　　　　④ 5턱

해 폭발성 분진이 존재하는 곳 / 화약류 분말 존재하는 곳
　 → 5턱 이상 나사 조임

013

저압 연접인입선의 시설 방법으로 틀린 것은?

① 인입선에 분기되는 점에서 150[m]를 넘지 않도록 할 것

② 일반적으로 인입선 접속점에서 인입구장치까지의 배선은 중도에 접속점을 두지 않도록 할 것

③ 폭 5[m]를 넘는 도로를 횡단하지 않도록 할 것

④ 옥내를 통과하지 않도록 할 것

🎯 저압 연접인입선은 인입선에 분기되는 점에서 100[m]를 넘어서는 안된다.

014

금속덕트 배선에 사용하는 금속덕트의 철판 두께는 몇 [mm] 이상 이어야 하는가?

① 0.8   ② 1.2

③ 1.5   ④ 1.8

🎯 금속덕트 철판두께는 1.2[mm] 이상이어야 한다.

015

논이나 기타 지반이 약한 곳에 건주 공사 시 전주의 넘어짐을 방지하기 위해 시설하는 것은?

① 완금   ② 근가

③ 완목   ④ 행거밴드

🎯 근가란 전주나 지선를 묻을 때 땅속에 전주를 지지하여 넘어짐을 방지하기 위하여 부착하는 콘크리트블럭 등을 말한다.

016

60[cd]의 점광원으로부터 2[m]의 거리에서 그 방향과 직각인 면과 30° 기울어진 평면위의 조도[lx]는?

① 11   ② 13

③ 15   ④ 19

🎯 조도의 계산:점광원의 "평균광도(cd)"를 "거리의 제곱"으로 나눈값에 "직각면과 이루는 각도의 cos값"을 곱하여 구한다. (cd는 광도의 단위 칸델라, cos30° = 0.866…주어지지 않으므로 암기하거나 생각이 나지 않을 시 준비한 계산기로 cos30°값을 구해야 한다.)

$$조도(E) = \frac{광도}{거리^2}\cos\theta = \frac{I}{r^2}\cos\theta = \frac{60}{2^2}\cos30° = 15$$

$$\times 0.866\cdots = 12.99\cdots \text{ 약 } 13[lx]$$

017

합성수지관 공사의 특징 중 옳은 것은?

① 내열성   ② 내한성

③ 내부식성   ④ 내충격성

🎯 합성수지관은 금속이 아니므로 녹이 슬지 않는 내부식성이 있다. 충격과 온도변화에 취약하므로 내열성, 내한성, 내충격성은 떨어진다.

018

절연 전선을 서로 접속할 때 사용하는 방법이 아닌 것은?

① 커플링에 의한 접속

② 와이어 커넥터에 의한 접속

③ 슬리브에 의한 접속

④ 압축 슬리브에 의한 접속

🎯 커플링에 의한 접속은 전선관의 접속에 사용한다.

019

가공 전선로의 지지물이 아닌 것은?

① 목주 　　　　　　②✓ 지선

③ 철근 콘크리트주　④ 철탑

해 목주, 철근 콘크리트주, 철탑은 전선을 직접 지지하지만 지선은 지지물을 보강하는 용도로 사용되는 것을 말한다.

020

사용전압이 35[kV] 이하인 특고압 가공전선과 220[V] 가공 전선을 병가할 때, 가공선로간의 이격거리는 몇 [m] 이상이어야 하는가?

① 0.5 　　　　　　② 0.75

③✓ 1.2 　　　　　　④ 1.5

해 병가란 전압이 다른 전력선을 동일 지지물에 별개의 완금류 위에 시설하는 것을 말하며, 병가를 하는 경우에 전압이 높은 전선로가 상부에 위치하도록 시설해야 한다.
- 저압가공전선과 고압 가공전선 사이의 이격거리는 50[cm] 이상이어야 한다.
- 고압 가공전선에 케이블을 사용하면 이격거리는 30 [cm] 이상이어야 한다.
- 사용전압 35[kV] 이하 특고압 가공전선과 저압 또는 고압 가공전선 사이의 이격거리는 1.2[m] 이상,
- 사용전압 35[kV] 초과 특고압 가공전선 사용전압이 35[kV] 초과하고 100[kV] 미만인 특고압가공전선과 저압 또는 고압 가공전선 사이의 이격거리는 2[m] 이상이어야 한다.

021

애자사용공사에 대한 설명 중 틀린 것은?

① 사용전압이 400[V] 미만이면 전선과 조영재의 간격은 2.5[cm] 이상일 것

② 사용전압이 400[V] 미만이면 전선 상호간의 간격은 6[cm] 이상일 것

③ 사용전압이 220[V]이면 전선과 조영재의 이격거리는 2.5[cm] 이상일 것

④✓ 전선을 조영재의 옆면을 따라 붙일 경우 전선 지지점 간의 거리는 3[m] 이하일 것

해 애자사용공사 기술기준
- 전선 상호간의 간격은 6[cm] 이상일 것
- 전선과 조영재 사이의 이격거리는 사용전압이 400V 미만인 경우에는 2.5[cm] 이상, 400[V] 이상인 경우에는 4.5[cm] (건조한 장소에 시설하는 경우에는 2.5[cm]) 이상일 것
- 전선의 지지점간의 거리는 전선을 조영재의 윗면 또는 옆면에 따라 붙일 경우에는 2[m] 이하일 것

022

합성수지제 가요전선관의 규격이 아닌 것은?

① 14 　　　　　　② 22

③ 36 　　　　　　④✓ 52

해 합성수지제 가요전선관(PF관 및 CD관)의 호칭:14, 16, 22, 28, 36, 42mm

023

간선에 접속하는 전동기의 정격전류의 합계가 50[A] 이하인 경우에는 그 정격전류 합계의 몇 배에 견디는 전선을 선정하여야 하는가?

① 0.8 　　　　　　② 1.1

③✓ 1.25 　　　　　④ 3

해 합계가 50[A] 이하이면 간선은 분기선의 전류의 합의 1.25배를 견디는 전선을 사용한다. 반면에, 합계가 50[A]를 초과하는 경우에는 그 정격전류의 합계의 1.1배를 견디는 전선을 사용한다.

024

저압 가공전선로의 지지물이 목주인 경우 풍압하중의 몇 배에 견디는 강도를 가져야 하는가?

① 2.5   ② 2.0

③ 1.5   ④ 1.2 ✓

🔠 저압 가공 전선로의 지지물은 목주인 경우에는 풍압 하중의 1.2배의 하중에 견디는 강도를 가지는 것이어야 한다.

025

220[V] 옥내 배선에서 백열전구를 노출로 설치할 때 사용하는 기구는?

① 리셉터클 ✓   ② 테이블 탭

③ 콘센트   ④ 코드 커넥터

🔠 리셉터클(receptacle)은 백열전구를 노출시킬 경우 사용하는 기구이다.(스위치가 있으면 소켓, 스위치가 없으면 리셉터클)

026

금속덕트 공사에 있어서 전광표시장치, 출퇴표시장치 등 제어회로용 배선만을 공사할 때 절연전선의 단면적은 금속 덕트내 몇 [%] 이하이어야 하는가?

① 80   ② 70

③ 60   ④ 50 ✓

🔠 금속덕트[금속몰드] 공사에서 덕트 내에 들어 가는 전선의 단면적은 일반적으로 덕트 내 단면적의 20% 이하로 하여야 하지만 전광표시, 제어회로용의 경우에는 50% 이하이다.

027

주상 작업을 할 때 안전 허리띠용 로프는 허리 부분보다 위로 약 몇 [°] 정도 높게 걸어야 가장 안전한가?

① 5 ~ 10°   ② 10 ~ 15° ✓

③ 15 ~ 20°   ④ 20 ~ 30°

🔠 주상작업 시 안전 허리띠용 로프는 허리 부분보다 약 10 ~ 15도 정도 높게 걸어야 가장 안전하다.

028

저압 가공 인입선의 인입구에 사용하며 금속관 공사에서 끝 부분의 빗물 침입을 방지하는데 적당한 것은?

① 플로어 박스   ② 엔트런스 캡 ✓

③ 부싱   ④ 터미널 캡

🔠 엔트런스(entrance)캡은 말그대로 저압 가공 인입선의 입구측, 인입구에 사용하는 캡을 뜻한다.(빗물방지 기능)

029

옥내 분전반의 설치에 관한 내용 중 틀린 것은?

① 분전반에서 분기회로를 위한 배관의 상승 또는 하강이 용이한 곳에 설치한다.

② 분전반에 넣는 금속제의 함 및 이를 지지하는 구조물은 접지를 하여야 한다.

③ 각 층마다 하나 이상을 설치하나, 회로수가 6이하인 경우 2개층을 담당할 수 있다.

④ 분전반에서 최종 부하까지의 거리는 40[m] 이내로 하는 것이 좋다. ✓

🔠 분전반에서 최종 부하까지의 거리는 50[m] 이내로 하는 것이 좋다.

030

합성수지제 전선관의 호칭은 관 굵기의 무엇으로 표시하는가?

① 홀수인 안지름
② 짝수인 바깥지름
③ 짝수인 안지름 ✓
④ 홀수인 바깥지름

🖩 합성수지관의 호칭은 짝수인 안지름으로 표시한다.
[암기법] 합성수지 – 관안짝

031

철근 콘크리트주에 완금을 고정시키려면 어떤 밴드를 사용하는가?

① 암 밴드 ✓
② 지선밴드
③ 래크밴드
④ 암타이밴드

🖩 완금을 철근 콘크리트주에 고정시키는 밴드는 암 밴드이다.

032

전선 단면적 2.5[㎟], 접지선 1본을 포함한 전선가닥 수 6본을 동일 관내에 넣는 경우의 제2종 가요 전선관의 최소 굵기로 적당한 것은?

① 10[mm]
② 15[mm]
③ 17[mm]
④ 24[mm] ✓

🖩 제2종 가요 전선관의 최소 굵기는 전선가닥수에 따라 달라지는데 1본은 10[mm], 2 ~ 3본은 15[mm], 4본은 17[mm], 5 ~ 6본은 24[mm]를 사용한다. 문제에서는 전선가닥 수 6본이므로 24[mm]가 적당하다.
도체단면적과 전선 보수에 따른 2종 가요 전선관 굵기 선정

도체 단면적	전선본수								
	1	2	3	4	5	6	7	8	9
2.5	2종 가요 전선관 굵기								
	10	15	15	17	24	24	24	30	30

033

지선의 시설에서 가공 전선로의 직선부분이란 수평각도 몇 도까지 인가?

① 2
② 3
③ 5 ✓
④ 6

🖩 지선 시설에서 가공 전선로의 직선부분이란 수평각도 5도까지가 해당한다.

034

접착력은 떨어지나 절연성, 내온성, 내유성이 좋아 연피 케이블의 접속에 사용되는 테이프는?

① 고무 테이프
② 리노 테이프 ✓
③ 비닐 테이프
④ 자기 융착 테이프

🖩 리노 테이프(lino tape)는 면테이프 양면에 바니스(니스)를 칠해서 건조시킨 것으로 점착성은 없으나 절연성, 내온성 및 내유성이 있어 연피 케이블 접속에 사용된다.

035

간선에서 분기하여 분기 과전류차단기를 거쳐서 부하에 이르는 사이의 배선을 무엇이라 하는가?

① 간선
② 인입선
③ 중성선
④ 분기회로 ✓

🖩 간선에서 분기 → 과전류차단기 → 부하에 이르는 배선을 분기회로라 한다.

036

저압 옥내 간선으로부터 분기하는 곳에 설치하여야 하는 것은?

① 지락 차단기
② 과전류 차단기 ✓
③ 누전 차단기
④ 과전압 차단기

🖩 옥내 간선으로부터 분기하는 곳에는 반드시 과전류 차단기를 설치해야 한다.

037

전등 1개를 2개소에서 점멸하고자 할 때 필요한 3로 스위치는 최소 몇 개인가?

① 1개 　　　　　 ② 2개
③ 3개 　　　　　 ④ 4개

해 전등 1개를 2개소에서 점멸하고자 할 때 필요한 3로 스위치는 최소 2개여야 한다.

038

그림의 전자계전기 구조는 어떤 형의 계전기인가?

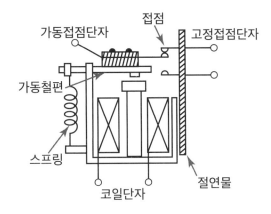

① 힌지형 　　　　　 ② 플런저형
③ 가동코일형 　　　　　 ④ 스프링형

해 전자계전기는 릴레이(relay)라고도 하며, 어떤 값 이상의 전기적 신호를 인식하여 다른 전기회로의 개폐를 제어하는 기기를 말한다. 전자계전기는 접점의 물리적인 구성에 따라 힌지형과 플런저형으로 나뉘며 힌지형은 철심에 코일을 감은 전자석을 이용 직접 또는 간접적으로 접점의 개폐를 하는 계전기이다. 플런저형은 접촉부를 플런저형 전자석으로 구동하여 접점의 개폐를 하는 계전기를 말한다.

039

해안지방의 송전용 나전선에 가장 적당한 것은?

① 철선 　　　　　 ② 강심알루미늄선
③ 동선 　　　　　 ④ 알루미늄합금선

해 해안지방의 송전용 나전선으로는 염분에 상대적으로 강한 동선이 적당하며 온천지역에서는 동선보다는 강심알루미늄선이 적합하다.

040

성냥을 제조하는 공장의 공사 방법으로 적당하지 않는 것은?

① 금속관 공사 　　　　　 ② 케이블 공사
③ 합성수지관 공사 　　　　　 ④ 금속 몰드 공사

해 셀룰로이드/성냥/석유류 등 가연성물질을 제조, 저장하는 곳에는 합성수지관, 금속관, 케이블 공사가 적합하다.
암기법 셀/성/석 가연성 공장, 저장 합금케

041

하향 광속으로 직접 작업면에 직사하고 상부방향으로 향한 빛이 천장과 상부의 벽을 부분 반사하여 작업면에 조도를 증가시키는 조명방식은?

① 직접조명 　　　　　 ② 간접조명
③ 반간접조명 　　　　　 ④ 전반확산조명

해 전반 확산 조명방식에 대한 설명이다. 하향광속으로 직접 작업면에 직사시킴으로써 상향광속의 반사광으로 작업면의 조도를 증가시키는 방식으로 발산되는 광속이 모든 방향으로 고르게 확산된다.

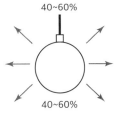

042

피뢰 시스템에 접지도체가 접속된 경우 접지선의 굵기는 구리선의 경우 최소 몇 [mm²] 이상이어야 하는가?

① 6 　　　　　 ② 10
③ 16 　　　　　 ④ 24

해 피뢰 시스템에 접지도체가 접속된 경우 접지선의 굵기
- **구리선** : 16[mm²] 이상
- **철선** : 50[mm²] 이상

043

전선의 공칭단면적에 대한 설명으로 옳지 않은 것은?

① 소선 수와 소선의 단면적의 합으로 나타낸다.

② 단위는 [㎟]로 표시한다.

③ 전선의 실제 단면적과 같다.

④ 연선의 굵기를 나타내는 것이다.

해 공칭단면적은 전선을 구성하는 연선(撚線) 또는 소선(素線)의 각 단면적을 합한 면적으로 규격화하여 표기하는 방법으로 전선의 실제 단면적과 일치하지 않는다.

044

주로 저압 가공전선로 또는 인입선에서 사용되는 애자로서 주로 앵글베이스 스트랩과 스트랩볼트 인류바인드선(비닐절연 바인드선)과 함께 사용하는 애자는?

① 저압 핀 애자　　　② 라인포스트 애자

③ 고압 핀 애자　　　④ 저압 인류 애자

해 앵글베이스 스트랩과 스트랩볼트 인류바인드선(비닐절연 바인드선)과 함께 사용하는 애자는 저압 인류 애자이다.

라인포스트 애자　스트랩볼트　인류바인드

045

저압옥내 분기회로에 개폐기 및 과전류 차단기를 시설하는 경우 원칙적으로 분기점에서 몇 [m] 이하에 시설하여야 하는가?

① 3　　　　　　　② 5

③ 8　　　　　　　④ 12

해 저압옥내 분기회로에 개폐기 및 과전류 차단기를 시설하는 경우 원칙적으로 분기점에서 3[m] 이하에 설치해야 한다.

046

저압 옥내전로에서 전동기의 정격전류가 60[A]인 경우 전선의 허용전류[A]는 얼마 이상이 되어야 하는가?

① 66　　　　　　② 75

③ 78　　　　　　④ 90

해 저압 옥내전로에서 전선의 허용전류[A]는
- 전동기 정격전류가 50[A] 초과하는 경우:
  전동기의 정격전류 × 1.1
- 전동기 정격전류가 50[A] 이하인 경우:
  전동기의 정격전류 × 1.25

047

옥내 배선에서 주로 사용하는 직선 접속 및 분기 접속 방법은 어떤 것을 사용하여 접속하는가?

① 동선압착단자　　　② 슬리브

③ 와이어커넥터　　　④ 꽂음형 커넥터

해 옥내배선에서 직선 및 분기 접속은 슬리브를 이용한 슬리브접속을 주로 사용한다.

048

금속 전선관 공사에서 사용되는 후강 전선관의 규격이 아닌 것은?

① 16　　　　　　② 28

③ 36　　　　　　④ 50

해 후강(두터울 厚)전선관의 규격에는 16, 22, 28, 36, 42, 54, 70, 82, 92, 104[mm]가 있다. 강도를 요하는 경우나 폭발성, 부식성가스가 있는 장소에 주로 사용하며 관의 호칭은 안지름의 근사값을 짝수로 표시한다.

049

다음 중 금속 전선관 부속품이 아닌 것은?

① 록너트　　　　　② 노말 밴드

③ 커플링　　　　　④ 앵글 커넥터

해 앵글 커넥터는 가요 전선관 공사에 사용된다.

050

금속관 공사를 노출로 시공할 때 직각으로
구부러지는 곳에는 어떤 배선기구를 사용하는가?

① 유니버설 엘보우　　② 아웃렛 박스

③ 픽스쳐 히키　　　　④ 유니온 커플링

해 금속관 공사를 노출로 시공할 때 직각으로 구부러지는 곳에는 유니버설 엘보우를 사용한다.

051

다음 〈보기〉 중 금속관, 애자, 합성수지 및
케이블공사가 모두 가능한 특수 장소를 옳게
나열한 것은?

〈보기〉

ㄱ. 화약고 등의 위험장소

ㄴ. 부식성 가스가 있는 장소

ㄷ. 위험물 등이 존재하는 장소

ㄹ. 불연성 먼지가 많은 장소

ㅁ. 습기가 많은 장소

① ㄱ, ㄴ, ㄷ　　　　② ㄱ, ㄹ, ㅁ

③ ㄴ, ㄷ, ㄹ　　　　④ ㄴ, ㄹ, ㅁ

052

저압 가공인입선이 횡단보도교 위에 시설되는
경우 노면상 몇 [m] 이상의 높이에 설치되어야
하는가?

① 3　　　　　　　② 4

③ 5　　　　　　　④ 6

해 • 저압 가공인입선 노면상 높이:횡단보도교 3[m], 도로횡단 5[m], 철도횡단 6.5[m]
　• 고압 가공인입선의 경우:도로횡단 6[m], 위험표시 3.5[m], 철도횡단 6.5[m]

053

한 개의 전등을 두 곳에서 점멸할 수 있는
배선으로 옳은 것은?

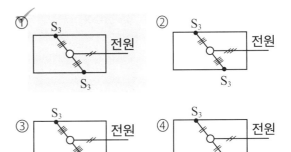

해 전등 1개를 2개소에서 점멸하고자 할 때 필요한 3로
스위치는 최소 2개여야 한다.
　(빗금의 개수로 파악한다.) 정답은 ①번이다.

054

설계하중 6.8[kN] 이하인 철근 콘크리트 전주의
길이가 7[m]인 지지물을 건주하는 경우 땅에
묻히는 깊이로 가장 옳은 것은?

① 1.2[m]　　　　　② 1.0[m]

③ 0.8[m]　　　　　④ 0.6[m]

해 전주의 매설 깊이는 15[m]를 기준으로 한다. 길이
15[m] 이하 설계하중 6.8[kN] 이하 시 전주길이의 1/6
이상 매설하고, 전주의 길이가 15[m]를 초과 시에는
2.5[m] 이상 매설한다. 문제에서 전주의 길이는 7[m]
이므로 7/6 = 약 1.17[m]이다. 이보다 약간 깊은
1.2[m]가 적합하다.

055

물체의 두께, 깊이, 안지름 및 바깥지름 등을 모두
측정할 수 있는 공구의 명칭은?

① 와이어 게이지　　② 마이크로미터

③ 다이얼 게이지　　④ 버니어 캘리퍼스

056

코드 상호간 또는 캡타이어 케이블 상호간을 접속하는 경우 가장 많이 사용되는 기구는?

① 코드 접속기 ✓
② T형 접속기
③ 와이어 커넥터
④ 박스용 커넥터

🔷 코드 상호간 또는 캡타이어 케이블 상호간을 접속에는 코드 접속기가 가장 많이 사용된다.

057

가스 차단기에 사용되는 가스인 SF₆의 성질이 아닌 것은?

① 같은 압력에서 공기의 2.5 ~ 3.5배의 절연내력이 있다.

② 가스 압력 3 ~ 4[kgf/cm²]에서 절연내력은 절연유 이상이다.

③ 소호능력은 공기보다 2.5배 정도 낮다. ✓

④ 무색, 무취, 무해 가스이다.

🔷 육불화황(Sulfur Hexaflouride:SF₆)는 무색, 무취, 무해한 가스로 절연내력이 공기의 2.3 ~ 3.7배로 아주 우수하다. 소호능력은 공기의 약 100배 정도로 연소 최적의 전력설비 절연물질로 사용된다.

058

일반적으로 과전류 차단기를 설치하여야 할 곳은?

① 다선식 전로의 중성선

② 송배전선의 보호용, 인입선 등 분기선을 보호하는 곳 ✓

③ 저압 가공 전로의 접지측 전선

④ 접지공사의 접지선

🔷 과전류 차단기를 시설해야하는 곳은 인입선이다. 접지공사의 접지선, 다선식 전로의 중성선, 전로 일부에 접지공사를 한 저압 가공전선로의 접지측 전선에는 과전류차단기 설치가 제한된다.

Tip 접다접엔 과전류 차단기 설치 ✕

059

부식성 가스 등이 있는 장소에서 전기설비를 시설하는 방법으로 적합하지 않은 것은?

① 애자사용 배선 시 부식성 가스의 종류에 따라 절연전선인 DV전선을 사용한다. ✓

② 애자사용배선에 의한 경우에는 사람이 쉽게 접촉될 우려가 없는 노출장소에 한 한다.

③ 애자사용배선시 부득이 나전선을 사용하는 경우에는 전선과 조영재와의 거리를 4.5[cm] 이상으로 한다.

④ 애자사용배선시 전선의 절연물이 상해를 받는 장소는 나전선을 사용할 수 있으며, 이 경우는 바닥 위 2.5[m] 이상 높이에 시설한다.

🔷 애자사용 배선 시에는 옥외용 절연전선(OW) 또는 인입용 절연전선(DV)은 제외한 전선을 사용한다.

060

셀룰러 덕트 공사 시 덕트 상호간을 접속하는 것과 셀룰러 덕트 끝에 접속하는 부속품에 대한 설명으로 적합하지 않은 것은?

① 알루미늄 판으로 특수 제작할 것 ✓

② 부속품의 판 두께는 1.6[mm] 이상일 것

③ 덕트 끝과 내면은 전선의 피복이 손상하지 않도록 매끈한 것일 것

④ 덕트의 내면과 외면은 녹을 방지하기 위하여 도금 또는 도장을 한 것일 것

🔷 셀룰러덕트 및 부속품은 다음의 각 호에 적합하여야 한다.

① 셀룰러덕트 및 부속품의 재료는 강판 또는 이와 동등 이상의 것일 것

② 셀룰러덕트의 끝부분 및 내면은 전선의 피복을 손상하지 아니하도록 매끈한 것일 것

③ 셀룰러덕트의 내면과 외면에는 녹을 방지하기 위하여 도금 또는 도장을 한 것일 것

④ 셀룰러덕트의 판 두께는 셀룰러덕트의 최대폭에 따라 다음 표에 의한다. 또 한 부속품의 판 두께는 1.6[mm] 이상일 것

실전 빈출 모의고사 1회

001

다음 중 배전반 및 분전반의 설치 장소로 적합하지 않은 곳은?

① 전기 회로를 쉽게 조작할 수 있는 장소

② 개폐기를 쉽게 개폐할 수 있는 장소

③ 노출된 장소

④ 사람이 쉽게 조작할 수 없는 장소

002

옥내배선공사 중 금속관 공사에 사용되는 공구의 설명 중 잘못된 것은?

① 전선관의 굽힘 작업에 사용하는 공구는 토치램프나 스프링 벤더를 사용한다.

② 전선관의 나사를 내는 작업에 오스터를 사용한다.

③ 전선관을 절단하는 공구에는 쇠톱 또는 파이프 커터를 사용한다.

④ 아웃트렛 박스의 천공작업에 사용되는 공구는 녹아웃 펀치를 사용한다.

해 금속관 공사에서 사용되는 공구는 히키 밴더(hickey bender) 혹은 파이프벤더(pipe bender)를 사용한다.

003

석유류를 저장하는 장소의 공사 방법 중 틀린 것은?

① 케이블 공사   ② 애자사용 공사

③ 금속관 공사   ④ 합성수지관 공사

해 애자사용 공사는 석유류 등 가연성 물질 저장 장소에 적합하지 않다.

암기법 셀룰로이드, 성냥, 석유류(셀/성/석) 제조, 저장 장소에는 합금케!

004

지중전선로에 사용되는 케이블 중 고압용 케이블은?

① 콤바인덕트(CD) 케이블

② 폴리에틸렌 외장 케이블

③ 클로로프렌 외장 케이블

④ 비닐 외장 케이블

해 콤바인덕트(CD) 케이블은 고압용으로 가장 적합한 케이블이다.

005

금속몰드 배선시공 시 사용전압은 몇 [V] 미만이어야 하는가?

① 100   ② 200

③ 300   ④ 400

해 금속몰드 공사, 합성수지 몰드 공사 시 사용전압은 400[V] 미만이어야 한다.

006

교통신호등의 제어장치로부터 신호등의
전구까지의 전로에 사용하는 전압은 몇 [V]
이하인가?

① 60　　　　　　② 100

③ 300　　　　　　④ 440

해 **교통신호등의 제어장치 전로에 사용하는 전압:**
　300[V] 이하

007

무대, 무대밑, 오케스트라 박스, 영사실 기타
사람이나 무대 도구가 접촉될 우려가 있는 장소에
시설하는 저압 옥내 배선, 전구선 또는
이동전선은 사용전압이 몇 [V] 미만 이어야
하는가?

① 400　　　　　　② 500

③ 600　　　　　　④ 700

해 무대, 무대밑, 오케스트라 박스, 영사실 → 사용전압
　400[V] 미만

008

단선의 직선접속 방법 중에서 트위스트
직선접속을 할 수 있는 최대 단면적은 몇 [㎟]
이하인가?

① 2.5　　　　　　② 4

③ 6　　　　　　④ 10

해 • **트위스트 접속**:단면적 6[㎟] 이하의 단선 직선접속
　및 분기접속에 사용
　• **브리타니어 접속**:10[㎟] 이상의 단선 직선접속 및
　분기접속에 사용

009

가로등, 경기장, 공장, 아파트 단지 등의
일반조명을 위하여 시설하는 고압방전등의
효율은 몇 [lm/W] 이상의 것이어야 하는가?

① 30　　　　　　② 70

③ 90　　　　　　④ 120

해 에너지의 효율적 사용을 위해 가로등, 경기장, 공장,
　아파트 단지 등의 일반조명을 위한 고압방전등의
　효율은 70[lm/W] 이상이어야 한다.

010

금속관 내의 같은 굵기의 전선을 넣을 때는
절연전선의 피복을 포함한 총 단면적이 금속관
내부 단면적의 몇 [%] 이하 이어야 하는가?

① 16　　　　　　② 24

③ 32　　　　　　④ 48

해 금속관 내의 같은 굵기의 전선을 넣을 때는 절연피복
　포함 총 단면적이 금속관 내부 단면적의 48[%] 이하,
　다른 굵기의 전선을 넣을 때는 32[%]이다.

011

전주의 길이가 16[m]인 지지물을 건주하는
경우에 땅에 묻히는 최소 깊이는 몇 [m]인가?
(단, 설계하중이 6.8[kN] 이하이다.)

① 1.5　　　　　　② 2.0

③ 2.5　　　　　　④ 3.5

해 전주의 매설 깊이는 15[m]를 기준으로 한다. 길이
　15[m] 이하 설계하중 6.8[kN] 이하 시 전주길이의 1/6
　을 매설하고, 전주의 길이가 15[m]를 초과 시에는
　2.5[m] 이상 매설한다.

012

OW 전선을 사용하는 저압 구내
가공인입전선으로 전선의 길이가 15[m]를
초과하는 경우 그 전선의 지름은 몇 [㎜] 이상을
사용하여야 하는가?

① 1.6

② 2.0

③ 2.6

④ 3.2

🖫 저압 구내인입선의 OW전선의 굵기는 전선길이
15[m] 이하 시에는 2.0[mm] 이상, 15[m] 초과 시에는
2.6[mm] 이상을 사용한다.

013

16[㎜] 합성수지 전선관을 직각 구부리기 할 경우
구부림 부분의 길이는 약 몇 [㎜]인가?

(단, 16[㎜] 합성수지관의 안지름은 18[㎜],

바깥지름은 22[㎜]이다.)

① 119

② 132

③ 187

④ 220

🖫 합성수지 공사 시 구부림 부분(L)은 먼저 굽힘 반지름
r을 구한 다음, r을 반지름으로 하는 원의 둘레에 1/4
을 해줘서 구한다.

- r (굽힘반지름) = 6 × 안지름 (d) + 바깥지름 (D) /
2
- r = 6 × 18 + 22 / 2 = 119[mm]
- 구부림 부분(L) = 2πr × 1/4 = 2 × 3.14 × 119 ×
1/4
= 186.83   약 187[mm]

014

아래 심벌이 나타내는 것은?

① 저항

② 진상용 콘덴서

③ 유입 개폐기

④ 변압기

🖫 진상용 콘덴서의 심벌이다. 콘덴서는 전동기나 변압기
에서 코일에 흐르는 리엑턴스 전류를 상쇄시켜 역률
을 개선하는 역할을 한다. 참고로 진상은 전류의 위상
이 앞선다는 의미이고, 지상은 전류의 위상이 뒤진다
는 의미이다.

015

옥내의 저압전로와 대지 사이의 절연저항 측정에
알맞은 계기는?

① 회로 시험기

② 접지 측정기

③ 네온 검전기

④ 메거 측정기

🖫 절연저항계[絶緣抵抗計, megger]는 메거라고도 부르
며 옥내의 저압전로와 대지 사이 절연 저항 또는 전기
기기의 절연 저항을 측정할 때 사용하는 기구이다.
400[V] 이하 옥내배선 절연저항 측정에는 500[V]
메거를 사용한다.

016

도면과 같은 단상 3선식의 옥외 배선에서
중성선과 양 외선 간에 각각 20[A], 30[A]의
전등 부하가 걸렸을 때 인입 개폐기의 × 점에서
단자가 빠졌을 경우 발생하는 현상은?

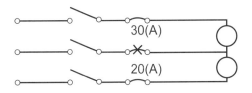

① 별 이상이 일어나지 않는다.

② 20[A] 부하의 단자전압이 상승한다.

③ 30[A] 부하의 단자전압이 상승한다.

④ 양쪽 부하에 전류가 흐르지 않는다.

🖫 단상 3선식 배선에서 중성선이 단선되었을 경우에는
부하가 적은 쪽 20[A] 경부하 측의 단자전압이 상승
한다.

017

경질 비닐 전선관의 설명으로 틀린 것은?

① 1본의 길이는 3.6[m]가 표준이다.

② 굵기는 관 안지름의 크기에 가까운 짝수[mm]로
   나타낸다.

③ 금속관에 비해 절연성이 우수하다.

④ 금속관에 비해 내식성이 우수하다.

🖩 경질 비닐 전선관은 1본당 4[m]를 표준으로 한다.

018

애자사용 공사에서 전선의 지지점 간의 거리는
전선을 조영재의 윗면 또는 옆면에 따라 붙이는
경우에는 몇 [m] 이하인가?

① 1   ② 1.5

③ 2   ④ 3

🖩 애자사용 공사에서 조영재의 윗면 또는 옆면에 따라
   붙이는 경우에는 지지점 간거리 2[m] 이하를 적용
   한다.

019

배전선로 기기설치 공사에서 전주에 승주 시
발판볼트는 지상 몇 [m] 지점에서 180° 방향에
몇 [m]씩 양쪽으로 설치하여야 하는가?

① 1.5[m], 0.3[m]   ② 1.5[m], 0.45[m]

③ 1.8[m], 0.3[m]   ④ 1.8[m], 0.45[m]

🖩 전주에 승주 시 발판볼트는 지상 몇 1.8[m] 지점에서
   180° 방향에 0.45[m]씩 양쪽으로 설치

020

캡타이어 케이블을 조영재에 시설하는 경우 그
지지점의 거리는 얼마 이하로 하여야 하는가?

① 1[m] 이하   ② 1.5[m] 이하

③ 2.0[m] 이하   ④ 2.5[m] 이하

🖩 캡타이어 케이블을 조영재에 시설하는 경우 그 지지
   점의 거리는 1[m] 이하로 한다.

021

가요 전선관의 상호접속은 무엇을 사용하는가?

① 컴비네이션 커플링   ② 스플릿 커플링

③ 더블 커넥터   ④ 앵글 커넥터

🖩 가요 전선관 상호간 연결에는 스플릿 커플링을 사용
   한다. 가요 전선관을 박스에 연결할 때는 앵글 박스 커
   넥터를 쓴다. 가요전선관과 금속관 연결에는 콤비네이
   션 커플링을 사용한다.

022

버스덕트 공사에서 덕트를 조영재에 붙이는
경우에 덕트의 지지점간의 거리를 몇 [m] 이하로
하여야 하는가?

① 3   ② 4.5

③ 6   ④ 9

🖩 버스덕트 공사에서 덕트를 조영재에 붙이는 경우에
   덕트의 지지점간의 거리를 3[m] 이하로 하여야 한다.

023

엘리베이터장치를 시설할 때 승강기 내에서
사용하는 전등 및 전기기계기구에 사용할 수 있는
최대 전압은?

① 110[V] 이하   ② 220[V] 이하

③ 400[V] 이하   ④ 440[V] 이하

🖩 엘리베이터장치를 시설할 때 전등 및 전기기구 최대
   전압은 400[V] 이하로 한다.

024

연접인입선 시설 제한규정에 대한 설명으로 잘못된 것은?

① 분기하는 점에서 100[m]를 넘지 않아야 한다.

② 폭 5[m]를 넘는 도로를 횡단하지 않아야 한다.

③ 옥내를 통과해서는 안 된다.

④ 분기하는 점에서 고압의 경우에는 200[m]를 넘지 않아야 한다.

해 **연접인입선 제한사항**
- 연접인입선은 저압에만 사용
- 인입선의 분기점에서 100[m]를 초과하는 지역에 미치지 아니할 것
- 폭 5[m]를 넘는 도로를 횡단하지 말 것
- 다른 수용가의 옥내를 관통하지 말 것
- 전선은 지름 2.6[mm]경동선을 사용한다.(단, 경간이 15[m] 이하인 경우 2.0[mm] 경동선 사용)

025

배전반 및 분전반을 넣은 강판제로 만든 함의 최소 두께는?

① 1.2[mm] 이상　② 1.5[mm] 이상

③ 2.0[mm] 이상　④ 2.5[mm] 이상

해 배전반 및 분전반을 넣은 강판제로 만든 함의 최소 두께는 1.2[mm] 이상

026

각 수용가의 최대 수용전력이 각각 5[Kw], 10[Kw], 15[Kw], 22[Kw]이고, 합성 최대 수용전력이 50[Kw]이다. 수용가 상호간의 부등률은 얼마인가?

① 1.04　② 2.34

③ 4.25　④ 6.94

해 부등률(Diversity Factor)이란 복수의 최대 수용전력 각각의 합을 합성 최대 수용전력으로 나눈값으로 한 계통내에서 각각의 단위부하가 특성에 따라 변동할 때 부하마다 최대수용전력이 생기는 시각이 다르기 때문에 이 시각이 다른 정도를 나타내는 목적으로 사용되는 값이 부등률로 항상 1보다 큰 값을 나타낸다.

$$부등률 = \frac{개별\ 최대수용\ 전력}{합성\ 최대수용전력}$$

$$= \frac{5 + 10 + 15 + 22}{50}$$

$$= \frac{52}{50} = 1.04$$

[암기법] 부등률은 각퍼합!

027

폭연성 분진이 존재하는 곳의 금속관 공사에 있어서 관 상호 간 및 관과 박스의 접속은 몇 턱 이상의 나사 조임으로 시공하여야 하는가?

① 3턱　② 5턱

③ 7턱　④ 9턱

해 폭연성(폭발성) 분진이 존재하는 곳 / 화약류 분말 존재하는 곳 → 5턱 이상 나사 조임

028

지중 또는 수중에 시설하는 양극과 피방식체간의 전기부식방지 시설에 대한 설명으로 틀린 것은?

① 사용 전압은 직류 60[V] 초과 일 것

② 지중에 매설하는 양극은 75[㎝] 이상의 깊이일 것

③ 수중에 시설하는 양극과 그 주위 1[m] 안의 임의의 점과의 전위차는 10[V]를 넘지 않을 것

④ 지표에서 1[m] 간격의 임의의 2점간의 전위차가 5[V]를 넘지 않을 것

해 지중 또는 수중에 시설하는 양극과 피방식체간의 전기부식방지 시설의 사용전압은 직류 60[V]를 초과해서는 안된다. 사용전압은 직류 60[V] 이하로 해야 한다.

029

전주의 길이가 15[m] 이하인 경우 땅에 묻히는 깊이는 전주 길이의 얼마 이상으로 하여야 하는가?

① 1/2
② 1/3
③ 1/5
④ 1/6

🔲 전주의 매설 깊이는 15[m]를 기준으로 한다. 길이 15[m] 이하 설계하중 6.8[kN] 이하 시 전주길이의 1/6을 매설하고, 전주의 길이가 15[m]를 초과 시에는 2.5[m] 이상 매설한다.

030

단면적 6[㎟] 이하의 가는 단선(동전선)의 트위스트조인트에 해당되는 전선접속법은?

① 직선접속
② 분기접속
③ 슬리브접속
④ 종단접속

🔲 트위스트 조인트는 단면적 6[㎟] 이하의 가는 단선(동전선)의 직선접속법에 해당이다.

031

수변전 설비에서 차단기의 종류 중 가스 차단기에 들어가는 가스의 종류는?

① CO_2
② LPG
③ SF_6
④ LNG

🔲 육불화황(Sulfur Hexaflouride:SF_6)은 절연내력이 공기의 2.3 ~ 3.7배로 대단히 우수하여 연소 최적의 전력설비 절연물질로 사용된다.

032

정션 박스내에서 절연 전선을 쥐꼬리 접속한 후 접속과 절연을 위해 사용되는 재료는?

① 링형 슬리브
② S형 슬리브
③ 와이어 커넥터
④ 터미널 러그

🔲 정션 박스내에서 절연 전선을 쥐꼬리 접속한 후 접속과 절연을 확실하게 하기 위해서 사용하는 재료는 와이어 커넥터이다.

033

지중에 매설되어 있는 금속제 수도관로는 접지공사의 접지극으로 사용할 수 있다. 이때 수도관로는 대지와 전기저항치가 얼마 이하여야 하는가?

① 1[Ω]
② 2[Ω]
③ 3[Ω]
④ 4[Ω]

🔲 지중 매설 금속제 수도관로의 접지는 대지와 전기 저항치를 3[Ω] 이하로 하여야 한다.

034

케이블 공사에 의한 저압 옥내배선에서 케이블을 조영재의 아랫면 또는 옆면에 따라 붙이는 경우에는 전선의 지지점간 거리는 몇 [m] 이하이어야 하는가?

① 0.5
② 1
③ 1.5
④ 2

🔲 케이블 공사, 애자공사 시 케이블을 조영재의 아랫면 또는 옆면에 따라 붙이는 경우에는 전선의 지지점간 거리는 2[m] 이하여야 한다. 금속관, 금속덕트, 버스덕트를 조영재에 붙이는 경우에는 금속관의 지지점간 거리는 3[m] 이하

035

분전반 및 배전반은 어떤 장소에 설치하는 것이 바람직한가?

① 전기회로를 쉽게 조작할 수 있는 장소
② 개폐기를 쉽게 개폐할 수 없는 장소
③ 은폐된 장소
④ 이동이 심한 장소

해 분전반 및 배전반은 눈에 쉽게 띄는 곳, 전기회로 조작을 쉽게 할 수 있는 곳이 적당하며, 은폐되거나 이동이 심한 장소는 부적당하다.

036

합성수지 몰드 공사는 사용전압이 몇 [V] 미만의 배선을 사용하는가?

① 200[V]　　　　　② 400[V]

③ 600[V]　　　　　④ 800[V]

해 합성수지 몰드 공사는 사용전압이 몇 400[V] 미만인 것을 말한다.

037

천장에 작은 구멍을 뚫어 그 속에 등기구를 매입시키는 방식으로 건축의 공간을 유효하게 하는 조명방식은?

① 코브방식　　　　② 코퍼방식

③ 밸런스방식　　　④ 다운라이트방식

해 다운라이트 방식에 대한 설명이다. 코브방식은 간접조명의 일종으로 천정 등박스를 이용한 간접조명방식이며 코퍼방식은 천장면에 매입된 등기구 하부에 주로 플라스틱 판을 부탁하여 천장 중앙에 반 간접형 등기구를 설치하는 방식이다.

038

동전선의 접속방법에서 종단접속 방법이 아닌 것은?

① 비틀어 꽂는 형의 전선접속기에 의한 접속

② 종단겹침용 슬리브(E형)에 의한 접속

③ 직선 맞대기용 슬리브(B)형에 의한 압착접속

④ 직선 겹침용 슬리브(P형)에 의한 접속

해 전선 접속 방법에는 일자로 길게 접속하는 직선 접속, 두 전선의 끝을 겹쳐서 접속하는 종단 접속, 그리고 분기접속이 있다. ③번 직선 맞대기용 슬리브(B)형에 의한 압착접속은 직선접속이며 나머지는 종단접속에 속한다.

039

가연성 가스가 존재하는 저압 옥내전기설비 공사 방법으로 옳은 것은?

① 가요 전선관 공사　　② 합성 수지관 공사

③ 금속관 공사　　　　④ 금속 몰드 공사

해 가연성 가스가 새거나 체류하여 전기설비가 발화원이 되어 폭발할 우려가 있는 곳의 배선 방법에는 금속관 배선, 케이블 배선이 적합하다.

암기법 가연성 가스 - 금케

040

라이팅 덕트 공사에 의한 저압 옥내배선 시 덕트의 지지점간의 거리는 몇 [m] 이하로 해야 하는가?

① 1.0　　　　　② 1.2

③ 2.0　　　　　④ 3.0

해 라이팅 덕트 공사 시 덕트 지지점간 거리는 2[m]이다.

041

소맥분, 전분 기타 가연성의 분진이 존재하는 곳의 저압 옥내 배선공사 방법에 해당되지 않는 것은?

① 케이블 공사　　　② 금속관 공사

③ 애자사용 공사　　④ 합성수지관 공사

해 가연성 분진(소맥분, 전분, 유황 기타 가연성 먼지 등)으로 인하여 폭발한 우려가 있는 저압 옥내 설비 공사 방법에는 금속관 배선, 합성수지관 배선, 케이블 배선은 적합하나 플로어덕트 배선은 시공작업이 불편하고, 화재 우려가 있다.

암기법 분진가루 – 합금케!
　　　　합성수지관, 금속관, 케이블

042

가요 전선관 공사에 다음의 전선을 사용하였다.

맞게 사용한 것은?

① 알루미늄 35[㎟]의 단선

② 절연전선 16[㎟]의 단선

③ 절연전선 10[㎟]의 연선

④ 알루미늄 25[㎟]의 단선

해 2종 금속 가요전선관 굵기는 관의 안지름에 가까운
크기로
10, 12, 15, 17, 24, 30, 38, 50, 63, 76, 83, 101[mm]
이다.

043

철근 콘크리드 건물에 노출 금속관 공사를 할 때

직각으로 굽히는 곳에 사용되는 금속관 재료는?

① 엔트런스 캡   ② 유니버셜엘보

③ 4각 박스   ④ 터미널 캡

해 배관의 직각 굴곡부분에는 유니버설 엘보 또는 노멀
밴드를 사용한다. 둘 다 관을 직각으로 굽히는 곳에
사용되는 부품으로 유니버설 엘보는 노출배관공사 시,
노멀밴드는 매입배관공사 시 주로 사용된다.

044

전주의 길이가 16[m]인 지지물을 건주하는

경우에 땅에 묻히는 최소 깊이는 몇 [m] 인가?

(단, 설계하중이 6.8[kN] 이하이다.)

① 1.5   ② 2

③ 2.5   ④ 3

해 전주의 매설 깊이는 15[m]를 기준으로 한다. 길이
15[m] 이하 설계하중 6.8[kN] 이하 시 전주길이의 1/6
을 매설하고, 전주의 길이가 15[m]를 초과 시에는
2.5[m] 이상 매설한다.

045

하나의 수용장소의 인입선 접속점에서 분기하여

지지물을 거치지 아니하고 다른 수용장소의

인입선 접속점에 이르는 전선은?

① 가공 인입선   ② 구내 인입선

③ 연접 인입선   ④ 옥측배선

해 한 장소 인입선에서 분기 - (지지물 거치지 않음) -
다른 수용장소 인입구 – 연접인입선에 대한 설명이다.

046

가공전선로의 지선에 사용되는 애자는?

① 노브 애자   ② 인류 애자

③ 현수 애자   ④ 구형 애자

해 지선에 사용하는 애자는 구형애자
암기법 지선이가 사랑하는 동그란 애자

047

전기공사에서 접지저항을 측정할 때 사용하는

측정기는 무엇인가?

① 검류기   ② 변류기

③ 메거   ④ 어스테스터

해 접지 저항 측정에 사용되는 측정기는 어스터스터
(earth resistance tester) 메거는 절연저항계[絶緣抵
抗計, megger]로 저압전로와 대지 사이 절연 저항 또
는 전기 기기의 절연 저항을 측정할 때 사용하는 기구
이다. 400[V] 이하 옥내배선 절연저항 측정에는
500[V] 메거를 사용한다.

048

다음 중 3로 스위치를 나타내는 그림 기호는?

① ●EX   ② ●3

③ ●2P   ④ ●15A

해 3로 스위치는 3

049

최대 사용전압이 70[kV]인 중성점 직접 접지식 전로의 절연내력 시험전압은 몇 [V]인가?

① 35,000[V]
② 42,000[V]
③ 44,800[V]
④ 50,400[V]

🔽 중성점 직접 접지식 전로의 절연내력 시험전압
- 170[kV] 이하 시 사용전압의 0.72배
- 170[kV] 초과 시 사용전압의 0.64배
최대사용전압 70[kV]은 170[kV] 이하이므로,
70[kV] × 0.72 = 50.4[kV] = 50,400[V]

050

자동화재탐지설비는 화재의 발생을 초기에 자동적으로 탐지하여 소방대상물의 관계자에게 화재의 발생을 통보해 주는 설비이다. 이러한 자동화재 탐지설비의 구성요소가 아닌 것은?

① 수신기
② 비상경보기
③ 발신기
④ 중계기

🔽 수신기, 발신기, 중계기는 자동화재 탐지설비의 구성 요소지만, 비상경보기는 포함되지 않는다.

051

전력용 콘덴서를 회로로부터 개방하였을 때 전하가 잔류함으로써 일어나는 위험의 방지와 재투입 할 때 콘덴서에 걸리는 과전압의 방지를 위하여 무엇을 설치하는가?

① 직렬 리액터
② 전력용 콘덴서
③ 방전 코일
④ 피뢰기

🔽 방전 코일(DC)은 콘덴서의 잔류전하를 방전하여 감전 사고를 예방한다. 콘덴서 극판에 쌓인 전하량은 곧 콘 덴서 전압으로 볼 수 있고 이 잔류전하를 방출하여 콘 덴서의 전압을 낮춰 과전압을 방지한다.

052

지중배전선로에서 케이블을 개폐기와 연결하는 몸체는?

① 스틱형 접속단자
② 엘보 커넥터
③ 절연 캡
④ 접속플러그

053

전동기 과부하 보호장치에 해당되지 않는 것은?

① 전동기용 퓨즈
② 열동 계전기
③ 전동기보호용 배선용차단기
④ 전동기 기동장치

🔽 전동기(모터) 기동장치는 모터의 시동을 위한 장치이 지 과부하 보호장치가 아니다.
전동기 과부하 보호장치는 전동기용 퓨즈, 열동 계전 기, 전동기보호용 배선용차단기

054

저압개폐기를 생략하여도 무방한 개소는?

① 부하 전류를 끊거나 흐르게 할 필요가 있는 개소
② 인입구 기타 고장, 점검, 측정 수리 등에서 개로할 필요가 있는 개소
③ 퓨즈의 전원측으로 분기회로용 과전류차단기 이후의 퓨즈가 플러그퓨즈와 같이 퓨즈교환 시에 충전부에 접촉될 우려가 없을 경우
④ 퓨즈에 근접하여 설치한 개폐기인 경우의 퓨즈 전원측

🔽 저압개폐기는 퓨즈교환 시에 충전부에 접촉될 우려가 없을 경우 생략해도 좋다.

055

전주의 길이가 15[m] 이하인 경우 땅에 묻히는 깊이는 전장의 얼마 이상인가?

① 1/8 이상 ② 1/6 이상

③ 1/4 이상 ④ 1/3 이상

해 전주의 매설 깊이는 15[m]를 기준으로 한다. 길이 15[m] 이하 설계하중 6.8[kN] 이하 시 전주길이의 1/6 을 매설하고, 전주의 길이가 15[m]를 초과 시에는 2.5[m] 이상 매설한다.

056

전선과 기구 단자 접속 시 나사를 덜 죄었을 경우 발생할 수 있는 위험과 거리가 먼 것은?

① 누전 ② 화재 위험

③ 과열 발생 ④ 저항 감소

해 ④ 나사를 덜 죄는 것과 관계없을 뿐만 아니라 저항 감소는 위험요인이 아니다.

057

다음 중 금속관공사의 설명으로 잘못된 것은?

① 교류회로는 1회로의 전선 전부를 동일관내에 넣는 것을 원칙으로 한다.

② 교류회로에서 전선을 병렬로 사용하는 경우에는 관내에 전자적 불평형이 생기지 않도록 시설한다.

③ 금속관 내에서는 절대로 전선접속점을 만들지 않아야 한다.

④ 관의 두께는 콘크리트에 매입하는 경우 1[mm]이상이어야 한다.

해 금속관공사 시 관의 두께는 콘크리트에 매입하는 경우 1.2[mm] 이상이어야 한다.

058

후강전선관의 종류(규격)에는 총 몇 종이 있는가?

① 5종 ② 10종

③ 15종 ④ 20종

해 16, 22, 28, 36, 42, 54, 70, 82, 92, 104[mm] 총 10종.

059

옥내 배선의 은폐, 또는 건조하고 전개된 곳의 노출공사에 사용하는 애자는?

① 현수 애자 ② 놉(노브) 애자

③ 장간 애자 ④ 구형 애자

해 은폐, 건조하고 전개된 곳 노출공사에는 놉애자를 사용한다.

[암기법] 애자야! 은폐해 ~ 노출 놉!

060

가공 전선로의 지지물을 지선으로 보강하여서는 안되는 것은?

① 목주

② A종 철근콘크리트주

③ B종 철근콘크리트주

④ 철탑

해 철탑에는 지선 설치 불가, 가공전선로의 지지물로 사용하는 철탑은 지선을 사용하여 그 강도를 분담시켜 서는 안된다.[KEC 지선 시설 규정]

001

접착제를 사용하여 합성수지관을 삽입해 접속할 경우 관의 깊이는 합성수지관 외경의 최소 몇 배인가?

① 0.8배　　　　② 1.2배

③ 1.5배　　　　④ 1.8배

 합선수지관 공사 시 접착제를 사용하여 접속할 경우 관의 깊이는 합성수지관 외경의 최소 0.8배 이상으로 한다.

002

설치 면적과 설치비용이 많이 들지만 가장 이상적이고 효과적인 진상용 콘덴서 설치 방법은?

① 수전단 모선에 설치

② 수전단 모선과 부하 측에 분산하여 설치

③ 부하 측에 분산하여 설치

④ 가장 큰 부하 측에만 설치

圆 콘덴서 설치방법 중 면적과 비용이 많이 들지만 가장 이상적이고 효과적인 것은 부하 측에 분산 설치하는 방법이다.

003

옥내배선에서 전선접속에 관한 사항으로 옳지 않은 것은?

① 전기저항을 증가시킨다.

② 전선의 강도를 20[%]이상 감소시키지 않는다.

③ 접속슬리브, 전선접속기를 사용하여 접속한다.

④ 접속부분의 온도상승 값이 접속부 이외의 온도상승 값을 넘지 않도록 한다.

圆 전선 접속 시 전기적 저항은 증가시키지 않아야 한다.

004

다음 중 옥내에 시설하는 저압 전로와 대지 사이의 절연 저항 측정에 사용되는 계기는?

① 멀티 테스터　　② 메거

③ 어스 테스터　　④ 훅 온 미터

圆 절연저항계[絕緣抵抗計, megger]는 메거라고도 부르며 옥내의 저압전로와 대지 사이 절연 저항 또는 전기 기기의 절연 저항을 측정할 때 사용하는 기구이다. 400[V] 이하 옥내배선 절연저항 측정에는 500[V] 메거를 사용한다.

암기법 절연저항계 – 메거

005

화약고 등의 위험장소의 배선 공사에서 전로의 대지 전압은 몇 [V] 이하이어야 하는가?

① 300　　　　② 400

③ 500　　　　④ 600

圆 화약고 등 위험장소 → 대지전압 300[V] 이하

006

금속전선관 공사에서 금속관과 접속함을 접속하는 경우 녹아웃 구멍이 금속관보다 클 때 사용하는 부품은?

① 록너트(로크너트)　　② 부싱

③ 새들　　　　　　　　④ 링 리듀서

🗐 링리듀서(ring – reducer)는 지름이 각기 다른 두 물체를 고정시킬 때 쓰이는 연결부속이다.

007

플로어덕트 공사에서 금속제 박스는 강판이 몇 [㎜] 이상되는 것을 사용하여야 하는가?

① 2.0　　　　　　　　② 1.5

③ 1.2　　　　　　　　④ 1.0

🗐 플로어덕트 공사에서 금속제 박스는 두께가 2[mm] 이상인 강판으로 견고하게 제작해야 하며 아연도금을 하거나 에나멜 등으로 피복한 것일 것

008

일반적으로 분기회로의 개폐기 및 과전류 차단기는 저압 옥내 간선과의 분기시점에 전선의 길이가 몇[m] 이하의 곳에 시설하여야 하는가?

① 3[m]　　　　　　　② 4[m]

③ 5[m]　　　　　　　④ 8[m]

🗐 개폐기 및 과전류 차단기는 저압 옥내 간선과의 분기시점에 전선의 길이가 3[m] 이하의 곳에 시설하여야 한다.

009

가공전선의 지지물에 승탑 또는 승강용으로 사용하는 발판 볼트 등은 지표상 몇 [m] 미만에 설치하여서는 안되는가?

① 1.2[m]　　　　　　② 1.5[m]

③ 1.6[m]　　　　　　④ 1.8[m]

🗐 승탑 또는 승강용으로 사용하는 발판 볼트의 지표상 높이는 1.8[m] 미만에 설치해서는 안된다.

010

전선과 기구단자 접속 시 누름나사를 덜 죌 때 발생할 수 있는 현상과 거리가 먼 것은?

① 과열　　　　　　　　② 화재

③ 절전　　　　　　　　④ 전파잡음

🗐 절전은 전기 절약을 말하므로 누름나사 덜 죄는 것과 전혀 상관이 없다.

011

나전선 상호를 접속하는 경우 일반적으로 전선의 세기를 몇 [%] 이상 감소시키지 아니하여야 하는가?

① 2[%]　　　　　　　② 3[%]

③ 20[%]　　　　　　　④ 80[%]

🗐 전선의 접속 시 전선의 세기를 20[%] 이상 감소시켜서는 안된다.

012

전동기에 공급하는 간선의 굵기는 그 간선에 접속하는 전동기의 정격전류의 합계가 50[A]를 초과하는 경우 그 정격전류 합계의 몇 배 이상의 허용전류를 갖는 전선을 사용하여야 하는가?

① 1.1배　　　　　　　② 1.25배

③ 1.3배　　　　　　　④ 2배

🗐 저압 옥내전로에서 전선의 허용전류[A]는
- **전동기 정격전류가 50[A] 초과하는 경우:**
  전동기의 정격전류 × 1.1
- **전동기 정격전류가 50[A] 이하인 경우:**
  전동기의 정격전류 × 1.25

013

저압 연접 인입선의 시설과 관련된 설명으로 틀린 것은?

① 옥내를 통과하지 아니할 것

② 전선의 굵기는 1.5[㎟] 이하 일 것

③ 폭 5[m]를 넘는 도로를 횡단하지 아니할 것

④ 인입선에서 분기하는 점으로부터 100[m]를 넘는 지역에 미치지 아니할 것

[해] **연접인입선 제한사항**

- 연접인입선은 저압에만 사용
- 인입선의 분기점에서 100[m]를 초과하는 지역에 미치지 아니할 것
- 폭 5[m]를 넘는 도로를 횡단하지 말 것
- 옥내를 관통하지 말 것
- 전선은 지름 2.6[mm]경동선을 사용한다.

014

금속관공사에서 금속관을 콘크리트에 매설할 경우 관의 두께는 몇 [mm] 이상의 것이어야 하는가?

① 0.8[mm]

② 1.0[mm]

③ 1.2[mm]

④ 1.5[mm]

[해] 금속관을 콘크리트에 매설할 경우 두께는 1.2[mm] 이상, 그 밖의 경우에는 1.0[mm] 이상으로 한다.

015

절연 전선으로 가선된 배전 선로에서 활선 상태인 경우 전선의 피복을 벗기는 것은 매우 곤란한 작업이다. 이런 경우 활선 상태에서 전선의 피복을 벗기는 공구는?

① 전선 피박기

② 애자커버

③ 와이어 통

④ 데드엔드 커버

016

전선로의 직선부분을 지지하는 애자는?

① 핀애자

② 지지애자

③ 가지애자

④ 구형애자

[해] 직선부분 지지 → 핀애자

[암기법] 직 지 핀! 지지애자가 답이 아닌 것에 주의!

017

저압옥외조명시설에 전기를 공급하는 가공전선 또는 이중 전선에서 분기하여 전등 또는 개폐기에 이르는 배선에 사용하는 절연전선의 단면적은 몇 [㎟] 이상 이어야 하는가?

① 2.0[㎟]

② 2.5[㎟]

③ 6[㎟]

④ 16[㎟]

[해] 전등 또는 개폐기에 이르는 배선에 사용하는 절연전선의 단면적은 2.5[㎟] 이상이어야 한다.

018

사람이 접촉될 우려가 있는 것으로서 가요전선관을 새들 등으로 지지하는 경우 지지점간의 거리는 얼마 이하이어야 하는가?

① 0.3[m] 이하

② 0.5[m] 이하

③ 1[m] 이하

④ 1.5[m] 이하

[해] 가요전선관의 경우 그 지지점간 거리는 1[m]이하로 한다.

019

녹아웃 펀치와 같은 용도로 배전반이나 분전반 등에 구멍을 뚫을 때 사용하는 것은?

① 클리퍼(Cliper)

② 홀 소(hole saw)

③ 프레스 툴(pressure tool)

④ 드라이브이트 툴(driveit tool)

020

콘크리트 직매용 케이블 배선에서 일반적으로 케이블을 구부릴 때 피복이 손상되지 않도록 그 굴곡부 안쪽의 반경은 케이블 외경의 몇 배 이상으로 하여야 하는가?

(단, 단심이 아닌 경우이다.)

① 2배 ② 3배
③ 6배 ④ 12배

🖎 콘크리트 직매용 케이블 배선에서 케이블을 구부릴 때 단심의 경우 그 굴곡부 안쪽의 반경은 케이블 외경의 8배이나 문제에서는 단심이 아닌 경우라 했으므로 6배를 적용한다.

021

조명용 백열전등을 호텔 또는 여관 객실의 입구에 설치할 때나 일반 주택 및 아파트 각 실의 현관에 설치할 때 사용되는 스위치는?

① 타임스위치 ② 누름버튼스위치
③ 토글스위치 ④ 로터리스위치

🖎 타임스위치는 일반 스위치의 ON/OFF 기능에 더하여 원하는 시간에 ON/OFF를 할 수 있는 기능을 가지고 있다.

022

소맥분, 전분 기타 가연성의 분진이 존재하는 곳의 저압 옥내 배선 공사 방법 중 적당하지 않은 것은?

① 플로어덕트 공사 ② 합성수지관 공사
③ 케이블 공사 ④ 금속관 공사

🖎 가연성 분진(소맥분, 전분, 유황 기타 가연성 먼지 등)으로 인하여 폭발할 우려가 있는 저압 옥내 설비 공사 방법에는 금속관 배선, 합성수지관 배선, 케이블 배선은 적합하나 플로어덕트 배선은 시공작업이 불편하고, 화재 우려가 있다.

[암기법] 분진가루 – 합금케!
　　　　합성수지관, 금속관, 케이블

023

절연전선을 동일 플로어덕트 내에 넣을 경우 플로어덕트 크기는 전선의 피복절연물을 포함한 단면적의 총합계가 플로어덕트 내 단면적의 몇 [%] 이하가 되도록 선정하여야 하는가?

① 12[%] ② 22[%]
③ 32[%] ④ 42[%]

🖎 플로어덕트 내에 절연전선을 넣을 경우 전선 피복을 포함 단면적 총합계는 플로어덕트 내 단면적의 32[%] 이하가 되어야 한다.

024

전압의 구분에서 고압에 대한 설명으로 가장 옳은 것은?

① 직류는 1.5[kV]를, 교류는 1[kV] 이하인 것
② 직류는 1.5[kV]를 초과하고 7[kV] 이하, 교류는 1[kV] 이상인 것
③ 직류는 1[kV]를, 교류는 1.5[V]를 초과하고 7[kV] 이하인 것
④ 7[kV]를 초과하는 것

🖎 • 저압: 교류는 1[kV] 이하, 직류는 1.5[kV] 이하인 것
　• 고압: 교류는 1[kV] 이상, 직류는 1.5[kV]를 초과하고, 7[kV] 이하인 것
　• 특고압: 7[kV]를 초과하는 것

025

옥외용 비닐 절연 전선의 약호(기호)는?

① VV ② DV
③ OW ④ NR

🖎 옥외용 비닐 절연 전선의 약호는 OW(Outdoor Weather – proof PVC Insulated Wire)

026

변압기의 보호 및 개폐를 위해 사용되는 특고압 컷아웃 스위치는 변압기 용량 몇 [kVA]이하에 사용되는가?

① 100[kVA]
② 200[kVA]
③ 300[kVA]
④ 400[kVA]

🖥 특고압 컷아웃 스위치:변압기 용량 300[kVA] 이하
고압 컷아웃 스위치:변압기 용량 150[kVA] 이하

027

부식성 가스 등이 있는 장소에 시설할 수 없는 배선은?

① 애자사용 배선
② 제1종 금속제 가요전선관 배선
③ 케이블 배선
④ 캡타이어 케이블 배선

🖥 제1종 금속제 가요전선관 배선은 금속제 부식우려로 인해 부식성 가스 등이 있는 장소에 시설할 수 없다.

028

화약류 저장소 안에는 백열전등이나 형광등 또는 이에 전기를 공급하기 위한 공작물에 한하여 전로의 대지 전압은 몇 [V] 이하의 것을 사용하는가?

① 100[V]
② 200[V]
③ 300[V]
④ 400[V]

🖥 화약고 시설의 대지 전압 → 300[V] 이하

029

진열장 안에 400[V]미만인 저압 옥내배선 시 외부에서 보기 쉬운 곳에 사용하는 전선은 단면적이 몇 [㎟] 이상의 코드 또는 캡타이어 케이블이어야 하는가?

① 0.75[㎟]
② 1.25[㎟]
③ 2[㎟]
④ 3.5[㎟]

🖥 진열장 안에 400[V] 미만에 사용하는 전선은 단면적 0.75[㎟]의 캡타이어 케이블

030

금속관에 나사를 내기 위한 공구는?

① 오스터
② 토치램프
③ 펜치
④ 유압식 벤더

031

배관의 직각 굴곡 부분에 사용하는 것은?

① 락너트
② 절연부싱
③ 플로어박스
④ 노멀밴드

🖥 배관의 직각 굴곡부분에는 노멀밴드나 유니버설 엘보 등을 사용한다. 둘 다 관을 직각으로 굽히는 곳에 사용되는 부품으로 노멀밴드는 매입배관공사 시, 유니버설 엘보는 노출배관공사 시 주로 사용된다.

032

절연 전선의 피복에 "154[kV] NRV"라고 표기되어 있다. 여기서"NRV"는 무엇을 나타내는 약호인가?

① 형광등 전선
② 고무 절연 폴리에틸렌 시스 네온전선
③ 고무절연 비닐 시스 네온전선
④ 폴리에틸렌절연 비닐 시스 네온전선

🖥 N(네온전선) R(고무절연) V(비닐시스)

033

한 수용 장소의 인입선에서 분기하여 지지물을 거치지 아니하고 다른 수용 장소의 인입구에 이르는 부분의 전선을 무엇이라 하는가?

① 가공전선　　　　　② 가공지선
③ 가공인입선　　　　④ 연접인입선

🗊 한 장소 인입선에서 분기 - (지지물 거치지 않음) -
　다른 수용장소 인입구 – 연접인입선에 대한 설명이다.

034

다음 중 금속 전선관을 박스에 고정시킬 때 사용되는 것은 어느 것인가?

① 새들　　　　　　　② 부싱
③ 로크너트　　　　　④ 클램프

🗊 금속 전선관을 박스에 고정시킬 때는 로크너트
　(lock – nut)를 사용한다.

035

지지물의 지선에 연선을 사용하는 경우 소선 몇 가닥 이상의 연선을 사용하는가?

① 1　　　　　　　　② 2
③ 3　　　　　　　　④ 4

🗊 지선에 연선을 사용하는 경우 소선 3가닥 이상의 연선
　을 사용한다.

036

조명기구의 배광에 의한 분류 중 40 ~ 60% 정도의 빛이 위쪽과 아래쪽으로 고루 향하고 가장 일반적인 용도를 가지고 있으며 상·하 좌우로 빛이 모두 나오므로 부드러운 조명이 되는 조명 방식은?

① 직접조명방식　　　② 반 직접 조명방식
③ 전반 확산 조명방식　④ 반 간접 조명방식

🗊 전반 확산 조명방식에 대한 설명이다. 하향광속으로 직접 작업면에 직사시킴으로써 상향광속의 반사광으로 작업면의 조도를 증가시키는 방식으로 발산되는 광속이 모든 방향으로 고르게 확산된다.

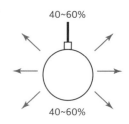

037

다음 중 인류 또는 내장주의 선로에서 활선공법을 할 때 작업자가 현수애자 등에 접촉되어 생기는 안전사고를 예방하기 위해 사용하는 것은?

① 활선커버　　　　　② 가스개폐기
③ 데드엔드커버　　　④ 프로텍터차단기

🗊 (암기법) 현수야! 죽으면 안돼! 형이 데드엔드커버
　쳐 줄게

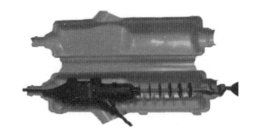

※데드앤드커버는 활선 작업용 현수애자 커버를 말한다.

038

다음 중 전선의 슬리브 접속에 있어서 펜치와 같이 사용되고 금속관 공사에서 로크너트를 조일 때 사용하는 공구는 어느 것인가?

① 펌프 플라이어(pump plier)

② 히키(hickey)

③ 비트 익스텐션(bit extension)

④ 클리퍼(clipper)

해 보통 집게모양 지렛대로 조여서 물건을 잡거나 누르는 공구를 플라이어(plier)라 부른다.
펌프 플라이어는 금속관 공사에서 로크너트를 조일 때 사용하며 녹슨 나사, 강하게 조여져 있는 나사들을 간단하게 풀 수 있어 주로 배관공사에 이용된다.

039

고압 가공 전선로의 전선의 조수가 3조일 때 완금의 길이는?

① 1,200[mm]   ② 1,400[mm]

③ 1,800[mm]   ④ 2,400[mm]

해 완금의 길이
- 전선조수 2 조 일 때 → 특고압:1,800 고압:1,400 저압:900
- 전선조수 3조 일 때 → 특고압:2,400 고압:1800 저압:1,400

040

합성수지관 공사에 대한 설명 중 옳지 않은 것은?

① 습기가 많은 장소 또는 물기가 있는 장소에 시설하는 경우에는 방습 장치를 한다.

② 관 상호간 및 박스와는 관을 삽입하는 깊이를 관의 바깥지름의 1.2배 이상으로 한다.

③ 관의 지지점 간의 거리는 3[m] 이상으로 한다.

④ 합성 수지관 안에는 전선에 접속점이 없도록 한다.

해 합성수지관 공사 시 관의 지지점 간의 거리는 1.5[m] 이하로 하여야 한다.

041

600[V] 이하의 저압 회로에 사용하는 비닐절연 비닐시스 케이블의 약칭으로 맞는 것은?

① VV   ② EV

③ FP   ④ CV

해 비닐절연 비닐시스 케이블의 약칭은 VV(insulated Vinyl Sheathed Cable)
- CV:가교 PE절연 PVC시스 케이블
- CN/CV:동심중심선 CV(Concentric Neutral CV Cable)
- CVV:PVC절연 PVC시스 제어용 케이블

042

구리 전선과 전기 기계 기구 단자를 접속하는 경우에 진동 등으로 인하여 헐거워질 염려가 있는 곳에는 어떤 것을 사용하여 접속하여야 하는가?

① 평와셔 2개를 끼운다.

② 스프링 와셔를 끼운다.

③ 코드 패스너를 끼운다.

④ 정 슬리브를 끼운다.

해

스프링와셔

043

다음 중 접지 저항의 측정에 사용되는 측정기의 명칭은?

① 회로시험기   ② 변류기

③ 검류기   ④ 어스테스터

해 접지 저항 측정에 사용되는 측정기는 어스터스터 (earth resistance tester)

044

폭발성 분진이 존재하는 곳의 금속관 공사에 있어서 관 상호 및 관과 박스 기타의 부속품이나 풀 박스 또는 전기 기계기구와의 접속은 몇 턱 이상의 나사 조임으로 접속하여야 하는가?

① 2턱
② 3턱
③ 4턱
④ 5턱

📖 폭발성 분진이 존재하는 곳 / 화약류 분말 존재하는 곳
→ 5턱 이상 나사 조임

045

셀룰로이드, 성냥, 석유류 등 기타 가연성 위험물질을 제조 또는 저장하는 장소의 배선으로 잘못된 배선은?

① 금속관 배선
② 합성수지관 배선
③ 플로어덕트 배선
④ 케이블 배선

📖 가연성 위험물질을 제조 또는 저장하는 장소의 배선 방법에는 금속관 배선, 합성수지관 배선, 케이블 배선은 적합하나 플로어덕트 배선은 시공작업이 불편하고, 화재 우려가 있다.

(암기법) 셀/성/석 가연성 합금케!
합성수지관, 금속관, 케이블

046

저압 가공 인입선의 인입구에 사용하는 부속품은?

① 플로어 박스
② 링리듀서
③ 엔트런스 캡
④ 노말밴드

📖 엔트런스 캡(Entrance cap)은 저압 가공 인입선의 인입구에 설치하여 빗물의 침입을 방지하는 전선관 부속 재료이다.

엔트런스 캡

047

수변전 설비에서 차단기의 종류 중 가스 차단기에 들어가는 가스의 종류는?

① CO_2
② LPG
③ SF_6
④ LNG

📖 **육불화황**(Sulfur Hexaflouride:SF_6)는 전기적 절연성능이 우수해 최적의 전력설비 절연물질로 사용된다. 하지만 SF_6는 대표적인 지구온난화 온실가스로 대기 중 잔존 기간이 3,200년으로 배출량 대비 지구 온난화에 미치는 영향이 매우 크다.

048

2종 금속 가요전선관의 굵기(관의 호칭)가 아닌 것은?

① 10[mm]
② 12[mm]
③ 16[mm]
④ 24[mm]

📖 2종 금속 가요전선관 굵기는 관의 안지름에 가까운 크기로 10, 12, 15, 17, 24, 30, 38, 50, 63, 76, 83, 101[mm]이다.

049

전선 6[㎟] 이하의 가는 단선을 직선 접속할 때 어느 방법으로 하여야 하는가?

① 브리타니어 접속
② 트위스트 접속
③ 슬리브 접속
④ 우산형 접속

📖 • **트위스트 접속**:단면적 6[㎟] 이하의 단선 직선접속 및 분기접속에 사용
• **브리타니어 접속**:10[㎟] 이상의 단선 직선접속 및 분기접속에 사용

050

금속 전선관 공사에 필요한 공구가 아닌 것은?

① 파이프 바이스
② 스트리퍼
③ 리머
④ 오스터

혜 스트리퍼는 전선의 절연 피복을 벗길 때 쓰이는 공구이다.

051

습기가 많은 장소 또는 물기가 있는 장소의 바닥 위에서 사람이 접촉될 우려가 있는 장소에 시설하는 사용 전압이 400[V] 미만인 전구선 및 이동전선은 단면적이 최소 몇 [㎟] 이상인 것을 사용하여야 하는가?

① 0.75
② 1.25
③ 2.0
④ 3.5

혜 400[V] 미만 저압 옥내 전구선 및 이동전선은 단면적이 최소 0.75[㎟] 이상인 것을 사용해야 한다.

052

다음 중 변류기의 약호는?

① CB
② CT
③ DS
④ COS

혜 변류기의 약호는 Current Transformer를 줄인 CT이다.

053

배선용 차단기의 심벌은?

① | B |
② | E |
③ | BE |
④ | S |

혜 ① 배선용 차단기는 약호로 MCCB(Molded Case Circuit Breaker) 심벌은 | B |로 나타낸다.

054

다음 중 금속덕트 공사 방법과 거리가 가장 먼 것은?

① 덕트의 말단은 열어 놓을 것
② 금속덕트는 3[m] 이하의 간격으로 견고하게 지지할 것
③ 금속덕트의 뚜껑은 쉽게 열리지 않도록 시설할 것
④ 금속덕트 상호는 견고하고 또한 전기적으로 완전하게 접속할 것

혜 금속덕트 공사 시 덕트의 말단은 폐쇄시킨다.

055

합성수지 몰드 배선의 사용전압은 몇 [V] 미만이어야 하는가?

① 400
② 600
③ 750
④ 800

혜 합성수지 몰드 배선의 사용전압은 400[V] 미만이어야 한다.

056

다음 중 과전류 차단기를 설치하는 곳은?

① 간선의 전원측 전선
② 접지 공사의 접지선
③ 다선식 전로의 중성선
④ 접지공사를 한 전압가공 전선의 접지측 전선

혜 과전류 차단기를 시설해야 하는 곳은 간선의 전원측 전선이다. 접지공사의 접지선, 다선식 전로의 중성선, 전로 일부에 접지공사를 한 저압 가공전선로의 접지측 전선에는 과전류차단기 설치가 제한된다.
Tip 접다접엔 과전류 차단기 설치 ✕

057

한 분전반에서 사용전압이 각각 다른 분기회로가 있을 때 분기회로를 쉽게 식별하기 위한 방법으로 가장 적합한 것은?

① 차단기별로 분리해 놓는다.

② 차단기나 차단기 가까운 곳에 각각 전압을 표시하는 명판을 붙여놓는다.

③ 왼쪽은 고압측 오른쪽은 저압측으로 분류해 놓고 전압은 표시하지 않는다.

④ 분전반을 철거하고 다른 분전반을 새로 설치한다.

해 전압 표시 명판으로 분기회로 사용전압 식별

058

가연성 가스가 존재하는 장소의 저압시설 공사 방법으로 옳은 것은?

① 가요 전선관 공사

② 합성 수지관 공사

③ 금속관 공사

④ 금속 몰드 공사

해 가연성 가스 등 폭발우려 및 인화성 물질이 존재하는 장소에서는 금속관 공사 또는 케이블 공사가 적합하다.

암기법 가연성 가스 - 금케

059

가공 전선로의 지지물이 아닌 것은?

① 목주　　　　　　② 지선

③ 철근 콘크리트주　　④ 철탑

해 목주, 철근 콘크리트주, 철탑은 전선을 직접 지지하지만 지선은 지지물을 보강하는 용도로 사용되는 것을 말한다.

060

합성수지관 배선에 대한 설명으로 틀린 것은?

① 합성수지관 배선은 절연전선을 사용하여야 한다.

② 합성수지관 내에서 전선의 접속점을 만들어서는 안 된다.

③ 합성수지관 배선은 중량물의 압력 또는 심한 기계적 충격을 받는 장소에 시설하여서는 안 된다.

④ 합성수지관의 배선에 사용되는 관 및 박스, 기타 부속품은 온도변화에 의한 신축을 고려할 필요가 없다.

해 합성수지관 배선에 사용되는 박스 및 부속품은 외부 충격 및 온도변화에 따른 열변형과 내구성을 고려해야 한다.

실전 빈출 모의고사 3회

001

가요 전선관 공사에서 가요 전선관의 상호 접속에 사용하는 것은?

① 유니언 커플링

② 2초 커플링

③ 콤비네이션 커플링

④ 스플릿 커플링

해 가요 전선관 상호간 연결에는 스플릿 커플링을 사용한다. 가요 전선관을 박스에 연결할 때는 앵글 박스 커넥터를 쓴다. 가요전선관과 금속관 연결에는 콤비네이션 커플링을 사용한다.

002

다음 중 방수형 콘센트의 심벌은?

① 　②

③ 　④

해 "wp"는 Water Proof(방수)의 약지로 정답은 ③번

003

아래의 그림 기호가 나타내는 것은?

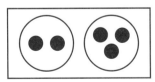

① 비상 콘센트

② 형광등

③ 점멸기

④ 접지저항 측정용 단자

004

분전반에 대한 설명으로 틀린 것은?

① 배선과 기구는 모두 전면에 배치하였다.

② 두께 1.5[mm] 이상의 난연성 합성수지로 제작하였다.

③ 강판제의 분전함은 두께 1.2[mm] 이상의 강판으로 제작하였다.

④ 배선은 모두 분전반 이면으로 하였다.

해 분전반 설치 원칙
- 분전반의 이면에는 배선 및 기구를 배치하지 말 것
- 난연성 합성수지로 제작된 것은 두께 1.5[mm] 이상의 내아크일 것
- 강판제인 경우 두께 1.2[mm] 이상일 것
- 차단기 등에 전압 표시 명판을 붙일 것

005

비교적 장력이 적고 다른 종류의 지선을 시설할 수 없는 경우에 적용하며 지선용 근가를 지지물 근원 가까이 매설하여 시설하는 지선은?

① Y지선

② 궁지선

③ 공동지선

④ 수평지선

해 궁지선에 대한 설명이다.

암기법 장력이 적고 다른 지선을 시설할 수 없어서 궁지에 몰렸다! 근가?

006

가공전선에 케이블을 사용하는 경우에는

케이블은 조가용선에 행거를 사용하여 조가 한다.

사용전압이 고압일 경우 그 행거의 간격은?

① 50[cm] 이하　　　　② 50[cm] 이상

③ 75[cm] 이하　　　　④ 75[cm] 이상

해 인장강도가 낮은 통신선이나 전압전선 등을 전주를
거쳐서 시설하는 경우 통신선이나 전압전선을 바로
아래에서 지지하기 위한 선을 조가용선이라 한다. 조
가용선의 설비 조건은 인장강도 5.93[kN] 이상의 연선
또는 단면적 22[mm^2] 이상의 아연도금철연선을 사용
하고 행거간격은 50[cm] 이하로 한다.

007

절연전선을 동일 금속 덕트내에 넣을 경우

금속덕트의 크기는 전선의 피복절연물을 포함한

단면적의 총합계가 금속덕트 내 단면적의 몇 [%]

이하로 하여야 하는가?

① 10　　　　　　　② 20

③ 32　　　　　　　④ 48

해 금속덕트[금속몰드] 공사에서 덕트 내에 들어 가는
전선의 단면적은 덕트 내 단면적의 20[%] 이하로
하여야 한다. 80[%] 여유공간이 있어야 한다.(형광표
시, 제어회로용의 경우 50[%])

008

400[V] 이하 옥내배선의 절연저항 측정에 가장

알맞은 절연저항계는?

① 250[V] 메거　　　　② 500[V] 메거

③ 1000[V] 메거　　　　④ 1500[V] 메거

해 절연저항계[絶緣抵抗計, megger]는 메거라고도
부르며 옥내 배선 또는 전기 기기의 절연 저항을 측정
할 때 사용하는 기구이다. 400[V] 이하 옥내배선 절연
저항 측정에는 500[V] 매거를 사용한다.

009

고압 가공 인입선이 일반적인 도로 횡단 시 설치

높이는?

① 3[m] 이상　　　　② 3.5[m] 이상

③ 5[m] 이상　　　　④ 6[m] 이상

해 고압 가공 인입선이 도로 횡단 시 설치높이는 6[m]
이상으로 한다.

010

금속 전선관과 비교한 합성수지 전선관 공사의

특징으로 거리가 먼 것은?

① 내식성이 우수하다.　　② 배관 작업이 용이하다.

③ 열에 강하다.　　　　④ 절연성이 우수하다.

해 합성수지 전선관은 열에 취약한 단점이 있다.

011

권상기, 기중기 등으로 물건을 내릴 때와 같이

전동기가 가지는 운동에너지로 발전기를

동작시켜 발생한 전력을 반환시켜서 제동하는

방식은?

① 역전제동　　　　　② 발전제동

③ 회생제동　　　　　④ 와류제동

해 회생제동은 전동기(모터)를 발전기 기능으로 작동하
게 함으로써 운동 에너지를 전기 에너지로 변환해 회
수하여 제동하는 방식을 말한다.

012

전선 접속 방법 중 트위스트 직선 접속의 설명으로 옳은 것은?

① 6[㎟] 이하의 가는 단선인 경우에 적용된다.

② 6[㎟] 이상의 굵은 단선인 경우에 적용된다.

③ 연선의 직선 접속에 적용된다.

④ 연선의 분기 접속에 적용된다.

해 • 트위스트 직선 접속 : 6[㎟] 이하의 가는 단선인 경우에 적용된다.
• 브리타니어 접속 : 10[㎟] 이상의 단선 직선접속 및 분기접속에 사용한다.

013

합성수지몰드 공사의 시공에서 잘못된 것은?

① 사용 전압이 400[V] 미만에 사용

② 점검할 수 있고 전개된 장소에 사용

③ 베이스를 조영재에 부착하는 경우 1[m] 간격마다 나사 등으로 견고하게 부착한다.

④ 베이스와 캡이 완전하게 결합하여 충격으로 이탈되지 않을 것

해 합성수지 몰드의 베이스를 조영재에 부착할 경우 40 ~ 50[cm] 간격마다 나사못 또는 접착제를 이용하여 견고히 부착해야 한다.

014

저압 인입선의 접속점 선정으로 잘못된 것은?

① 인입선이 옥상을 가급적 통과하지 않도록 시설할 것

② 인입선은 약전류 전선로와 가까이 시설할 것

③ 인입선은 장력에 충분히 견딜 것

④ 가공배전선로에서 최단거리로 인입선이 시설될 수 있을 것

해 인입선은 타 전선로 또는 약전류 전선로와 충분히 이격해야 한다.

015

저압 가공전선 또는 고압 가공전선이 도로를 횡단하는 경우 전선의 지표상 최소 높이는?

① 2[m] ② 3[m] ③ 5[m] ④ 6[m]

해 저압 가공전선 또는 고압 가공전선이 도로를 횡단하는 경우 전선의 지표상 높이는 6[m] 이상이어야 한다.

016

손작업 쇠톱날의 크기(치수 : ㎜)가 아닌 것은?

① 200 ② 250 ③ 300 ④ 550

해 손작업 쇠톱날 길이는 200, 250, 300[mm]는 있으나 550[mm]는 없다.

017

금속관을 구부리는 경우 굴곡의 안측 반지름은?

① 전선관 안지름의 3배 이상

② 전선관 안지름의 6배 이상

③ 전선관 안지름의 8배 이상

④ 전선관 안지름의 12배 이상

해 금속관을 구부리는 경우 안측 반지름은 전선관 안지름의 6배 이상

018

전기 난방 기구인 전기담요나 전기장판의 보호용으로 사용되는 퓨즈는?

① 플러그퓨즈 ② 온도퓨즈 ③ 절연퓨즈 ④ 유리관퓨즈

해 전기담요나 전기장판 등 온열기구에 사용되는 퓨즈는 온도퓨즈이다.

019

금속 전선관 공사 시 노크아웃 구멍이 금속관보다 클 때 사용되는 접속 기구는?

① 부싱   ② 링 리듀서
③ 로크너트   ④ 엔트런스 캡

해 링리듀서(ring – reducer)는 지름이 각기 다른 두 물체를 고정시킬 때 쓰이는 연결부속이다.

020

다음 중 차단기를 시설해야 하는 곳으로 가장 적당한 것은?

① 고압에서 저압으로 변성하는 2차측의 저압측 전선
② 접지 공사를 한 저압 가공 전로의 접지측 전선
③ 다선식 전로의 중성선
④ 접지공사의 접지선

해 과전류 차단기를 시설해야하는 곳은 인입선이다. 접지 공사의 접지선, 다선식 전로의 중성선, 전로 일부에 접지공사를 한 저압 가공전선로의 접지측 전선에는 과전류차단기 설치가 제한된다.

Tip 접다접엔 과전류 차단기 설치 ✕

021

전등 한 개를 2개소에서 점멸하고자 할 때 옳은 배선은?

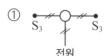 ① S₃ ──○── S₃   전원

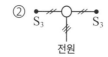 ② S₃ ──○── S₃   전원

 ③ S₃ ──○── S₃   전원

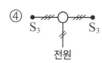 ④ S₃ ──○── S₃   전원

해 3로 스위치 2개와 전구1개의 연결은 ④번이 옳다.

022

케이블을 조영재에 지지하는 경우에 이용되는 것이 아닌 것은?

① 터미널 캡   ② 클리트(Cleat)
③ 스테이플   ④ 새들

해 터미널캡은 수평확장한 전선관 끝에서 전선을 보호하는 용도로 사용되는 전선관 부속재료로 케이블을 조영재에 지지하는 경우에는 적합하지 않다.
터미널캡은 가공인입선에서 금속관 공사로 옮겨지는 경우, 금속관에서 전선을 꺼내어 전동기 단자에 접속하는 경우 등에 이용된다.

023

배전반을 나타내는 그림 기호는?

 ①
 ②
 ③
 ④ S

해 배전반의 기호는 ②번이다. ① 분전반 ③ 제어반 ④ 개폐기 또는 단락계전기

024

A종 철근 콘트리트주의 전장이 15[m]인 경우에 땅에 묻히는 깊이는 최소 몇 [m] 이상으로 해야 하는가? (단, 설계하중은 6.8[kN] 이하이다.)

① 2.5   ② 3.0
③ 3.5   ④ 4.0

해 전주의 매설 깊이는 15[m]를 기준으로 한다. 길이 15[m] 이하 설계하중 6.8[kN] 이하 시 전주길이의 1/6을 매설하고, 전주의 길이가 15[m]를 초과 시에는 2.5[m] 이상 매설한다. 그러므로 문제에서 전장이 15[m]인 콘크리트주는 15/6 = 2.5[m] 이상으로 한다.

025

정션 박스 내에서 전선을 접속할 수 있는 것은?

① S형 슬리브
② 꽂음형 커넥터
③ 와이어 커넥터
④ 매킹타이어

해 정션박스(Junction Box)는 전기배선과 유지 관리 목적으로 전선을 와이어 커넥터로 접속하고 이를 보호하는 박스장치를 말한다.

026

흥행장의 저압 공사에서 잘못된 것은?

① 무대, 무대 밑, 오케스트라 박스 및 영사실의 전로에는 전용 개폐기 및 과전류 차단기를 시설할 필요가 없다.
② 무대용의 콘센트, 박스, 플라이 덕트 및 보더 라이트의 금속제 외함에는 제3종 접지를 하여야 한다.
③ 플라이 덕트는 조영재 등에 견고하게 시설하여야 한다.
④ 사용전압 400[V] 미만의 이동전선은 0.6/1kV EP 고무절연 클로로프렌 캡타이어케이블을 사용한다.

해 흥행장 저압 공사 시 반드시 전용 개폐기 및 과전류 차단기를 시설해야 한다.

027

티탄을 제조하는 공장으로 먼지가 쌓여진 상태에서 착화된 때에 폭발할 우려가 있는 곳에 저압 옥내배선을 설치하고자 한다. 알맞은 공사 방법은?

① 합성수지 몰드공사
② 라이팅 덕트공사
③ 금속몰드공사
④ 금속관공사

해 티탄 제조 공장 폭발 우려 금속관공사, 케이블공사
[암기법] 티금케!

028

가요전선관에 대한 설명으로 잘못된 것은?

① 가요전선관 상호접속은 커플링으로 하여야 한다.
② 가요전선관과 금속관 배선 등과 연결하는 경우 적당한 구조의 커플링으로 완벽하게 접속하여야 한다.
③ 가요전선관을 조영재의 측면에 새들로 지지하는 경우 지지점간 거리는 1[m] 이하이어야 한다.
④ 1종 가요전선관을 구부리는 경우의 곡률 반지름은 관안지름의 10배 이상으로 하여야 한다.

해 1종 가요전선관을 구부리는 경우의 곡률 반지름은 관안지름의 6배 이상으로 하여야 한다.
[암기법] 육가요 – 1종

029

고압 보안공사 시 고압 가공전선로의 경간은 철탑의 경우 얼마 이하이어야 하는가?

① 100[m]
② 150[m]
③ 400[m]
④ 600[m]

해 고압보안 공사 시 지지물 종류에 따른 고압 가공전선로의 경간은 다음과 같다.

지지물의 종류	경간
목주, A종 철주 또는 A종 철근 콘크리트주	100[m]
B종 철주 또는 B종 철근 콘크리트주	150[m]
철탑	400[m]

• 보안공사 시 표준경간보다 경간을 좁게 한다. (저압, 고압 동일)
• 표준경간은 목주 A종주 150m, B종주 250m, 철탑 600m 이다.

030

기구 단자에 전선 접속 시 진동 등으로 헐거워지는 염려가 있는 곳에 사용되는 것은?

① 스프링와셔
② 2중 볼트
③ 삼각 볼트
④ 접속기

해 기구단자에 전선접속 시 헐거워질 염려 → 스프링와셔

031

합성수지 전선관 공사에서 관 상호간 접속에 필요한 부속품은?

① 커플링　　　　　　② 커넥터

③ 리머　　　　　　　④ 노멀 밴드

해 ・관 상호간 접속 → 커플링

　・관과 박스연결 → 커넥터

　・금속관 안쪽 다듬기 → 리머

　・관의 직각 연결 → 노멀밴드

032

다음 중 배선기구가 아닌 것은?

① 배전반　　　　　　② 개폐기

③ 접속기　　　　　　④ 배선용차단기

해 배전반(配電盤)은 배선기구가 아니라 발전소·변전소 등의 운전이나 제어, 전동기의 운전 등을 위해 각종 스위치, 계기, 릴레이(계전기) 등을 배치하여 관리하는 반(盤)을 뜻한다.

033

전기설비기술기준의 판단기준에서 가공전선로의 지지물에 하중이 가하여지는 경우에 그 하중을 받는 지지물 기초의 안전율은 얼마 이상인가?

① 0.5　　　　　　　② 1

③ 1.5　　　　　　　④ 2

해 가공전선로의 지지물에 하중이 가하여지는 경우에 그 하중을 받는 지지물 기초의 안전율은 2 이상이어야 한다.

034

최대 사용 전압이 220[V]인 3상 유도전동기가 있다. 이것의 절연 내력 시험 전압은 몇 V로 하여야 하는가?

① 330　　　　　　　② 500

③ 750　　　　　　　④ 1050

해 전동기, 발전기, 조상기 등의 절연내력 시험전압은

　・**최대사용전압 7[kV] 이하**:1.5배 (500[V] 미만은 500[V])

　・**최대사용전압 7[kV] 초과**:1.25배 (10,500[V] 미만은 10,500[V])

035

피뢰기의 약호는?

① LA　　　　　　　② PF

③ SA　　　　　　　④ COS

해 피뢰기(Lightning Arrester)는 번개나 개폐 써지와 이상전압 발생 시 이를 대지로 방전하여 설비를 보호하는 장치로 고압 또는 특별고압 가공전선로에서 공급을 받는 수용 장소의 인입구 또는 이와 근접한 곳에 설치한다. PF는 전력퓨즈(Power Fuse), SA는 서지흡수기(Surge Absorber), COS는 컷아웃스위치(Cut out Switch)

036

진열장 안에 400[V] 미만인 저압 옥내배선 시 외부에서 보기 쉬운 곳에 사용하는 전선은 단면적이 몇 [mm²] 이상의 코드 또는 캡타이어 케이블로 해야하는가?

① 0.75[mm²]　　　　② 1.25[mm²]

③ 2[mm²]　　　　　④ 3.5[mm²]

해 진열장 안에 400[V] 미만인 저압 옥내배선 시 사용 전선은 0.75[mm²] 이상의 코드 또는 캡타이어 케이블이어야 한다.

037

조명공학에서 사용되는 칸델라(cd)는 무엇의 단위인가?

① 광도　　　　　　　　② 조도

③ 광속　　　　　　　　④ 휘도

해 칸델라는 광도의 단위이다.

038

누전차단기의 설치목적은 무엇인가?

① 단락　　　　　　　　② 단선

③ 지락　　　　　　　　④ 과부하

해 누전차단기는 지락사고로 누전이 발생할 경우 전원 측 전류를 자동 차단하여 감전사고, 전기화재 및 전기 기계기구의 손상을 방지하기 위한 목적으로 설치한다.

039

절연물 중에서 가교폴리에틸렌(XLPE)과 에틸렌 프로필렌고무혼합물(EPR)의 허용온도(℃)는?

① 70(전선)　　　　　　② 90(전선)

③ 95(전선)　　　　　　④ 105(전선)

해 가교폴리에틸렌(XLPE)과 에틸렌 프로필렌고무혼합 물(EPR)의 허용온도(℃)는 90도(℃)이며, 염화비닐은 70도(℃), 무기물의 경우에는 105도(℃)이다.

040

금속 전선관 공사에서 사용되는 후강 전선관의 규격이 아닌 것은?

① 16　　　　　　　　　② 28

③ 36　　　　　　　　　④ 50

해 후강(두터울 厚)전선관의 규격에는 16, 22, 28, 36, 42, 54, 70, 82, 92, 104[mm]가 있다. 강도를 요하는 경우나 폭발성, 부식성가스가 있는 장소에 주로 사용 하며 관의 호칭은 안지름의 근사값을 짝수로 표시 한다.

041

완전 확산면은 어느 방향에서 보아도 무엇이 동일한가?

① 광속　　　　　　　　② 휘도

③ 조도　　　　　　　　④ 광도

해 휘도는 어떤 광원의 단위 면적당의 광도(cd), 즉 광원 의 단위 면적에서 단위 입체각으로 발산하는 광선속 을 의미하며 완전 확산면은 어느 방향에서 보아도 휘 도가 동일한 반사면 또는 투과면으로 반사율이 1인 이 상적인 경우를 말한다.

042

전기설비기술기준의 판단기준에서 교통신호등 회로의 사용전압이 몇 [V]를 초과하는 경우에는 지락 발생 시 자동적으로 전로를 차단하는 장치를 시설하여야 하는가?

① 50　　　　　　　　　② 100

③ 150　　　　　　　　④ 200

해 교통신호등 회로의 사용전압이 150[V]를 초과하는 경우에는 지락 발생 시 자동적으로 전로를 차단하는 장치를 시설하여야 한다.

043

옥내 배선을 합성수지관 공사에 의하여 실시할 때 사용할 수 있는 단선의 최대 굵기(㎟)는?

① 4　　　　　　　　　② 6

③ 10　　　　　　　　④ 16

해 옥내 배선을 합성수지관 공사 시 단선의 최대 굵기 (㎟)는 10(㎟)

044

450/750[V] 일반용 단심 비닐절연전선의 약호는?

① NRI   ② NF

③ NFI   ④ NR

해 • 450/750[V] 일반용 단심 비닐절연전선:NR
 • 기기 배선용 단심 비닐절연전선:NRI
 • 일반용 유연성 비닐절연전선:NF
 • 기기 배선용 유연성 단심 비닐절연전선:NFI

045

차단기 문자 기호 중 "OCB"는?

① 진공 차단기   ② 기중 차단기

③ 자기 차단기   ④ 유입 차단기

해 OCB는 Oil Circuit Breaker의 문자 기호로 유입차단기를 뜻한다. 진공차단기는 VCB, 기중차단기는 ACB, 자기차단기는 MBB로 나타낸다.

046

역률개선의 효과로 볼 수 없는 것은?

① 전력손실 감소

② 전압강하 감소

③ 감전사고 감소

④ 설비 용량의 이용률 증가

해 역률이란 전류가 단위시간에 하는 일의 비율로 피상전력에 대한 유효전력의 비율로 나타내는데, 역률을 개선한다는 말은 일하지 않고 소모되어버리는 무효전력을 최소화시킨다는 의미이다. 역률개선의 효과로 전력손실 감소, 전압강하 감소, 설비 용량 이용률 증가 등은 적합하나 감전사고 감소와는 관련이 없다.

047

옥내배선 공사에서 절연전선의 피복을 벗길 때 사용하면 편리한 공구는?

① 드라이버   ② 플라이어

③ 압착펜치   ④ 와이어스트리퍼

048

전기설비기술기준의 판단기준에 의하여 애자사용공사를 건조한 장소에 시설하고자 한다. 사용 전압이 400[V] 이하인 경우 전선과 조영재 사이의 이격거리는 최소 몇 [cm] 이상 이어야 하는가?

① 2.5   ② 4.5

③ 6.0   ④ 12

해 애자사용 공사 시 전선과 조영재 이격거리
 • 400[V] 이하 (건조한 장소):2.5[cm] 이상
 • 400[V] 초과:4.5[cm] 이상

049

전선 접속 방법 중 트위스트 직선 접속의 설명으로 옳은 것은?

① 연선의 직선 접속에 적용된다.

② 연선의 분기 접속에 적용된다.

③ 6[㎟] 이하의 가는 단선인 경우에 적용된다.

④ 6[㎟] 초과의 굵은 단선인 경우에 적용된다.

해 트위스트 직선 접속 6[㎟] 이하의 가는 단선

050

건축물에 고정되는 본체부와 제거할 수 있거나 개폐할 수 있는 커버로 이루어지며 절연전선, 케이블 및 코드를 완전하게 수용할 수 있는 구조의 배선설비의 명칭은?

① 케이블 래더
② 케이블 트레이
③ 케이블 트렁킹
④ 케이블 브라킷

해 케이블 트렁킹에 대한 설명이다. 본부체와 커버로 구성 전선, 케이블, 코드를 완전히 수용할 수 있는 구조이다.

(암기법) 완전하게 수용 트렁크에 모두 집어넣자! → 케이블 트렁킹!

051

성냥을 제조하는 공장의 공사 방법으로 틀린 것은?

① 금속관 공사
② 케이블 공사
③ 금속 몰드 공사
④ 합성수지관 공사(두께 2[㎜] 미만 및 난연성이 없는 것은 제외)

해 성냥, 석유류, 셀룰로이드 등 가연성 물질 제조, 저장 장소의 배선 방법에는 합성수지관, 금속관, 케이블 배선 공사가 적당하다.

(암기법) 셀/성/석 가연성 합금케!

052

콘크리트 조영재에 볼트를 시설할 때 필요한 공구는?

① 파이프 렌치
② 볼트 클리퍼
③ 노크아웃 펀치
④ 드라이브 이트

해 조영재란 건축물을 구성하는 천장, 기둥, 벽 등을 말한다. 드라이브 비트(drive bit)는 콘크리트는 다양한 용도로 전동공구에 끼워 사용되며 콘크리트 조영재에 볼트를 시설할 때 적합한 공구라 할 수 있다.

053

실내 면적 100[㎡]인 교실에 전광속이 2500[lm]인 40W 형광등을 설치하여 평균조도를 150[lx]로 하려면 몇 개의 등을 설치하면 되겠는가? (단, 조명률은 50[%], 감광보상률은 1.25로 한다.)

① 15개
② 20개
③ 25개
④ 30개

해 전등의 개수를 구하는 계산문제이다. 공식은 다음과 같다.

$$\text{전등의 개수} = \frac{\text{감광보상율} \times \text{조도} \times \text{면적}}{\text{전광속} \times \text{조명률}}$$

$$= \frac{1.25 \times 150 \times 100}{2500 \times 0.5} = 15$$

(암기법) 전등의 개수 = 감조면 퍼 속명률!

054

교류 배전반에서 전류가 많이 흘러 전류계를 직접 주 회로에 연결할 수 없을 때 사용하는 기기는?

① 전류 제한기
② 계기용 변압기
③ 계기용 변류기
④ 전류계용 절환 개폐기

해 계기용 변류기는 전력계통의 큰 전류를 측정하고 보호시스템 구성을 위해 절연을 유지하면서 안전하게 소전류로 변환하는 장치로 교류 배전반에서 전류가 많이 흘러 전류계를 직접 주 회로에 연결할 수 없을 때 사용한다.

055

진동이 심한 전기 기계·기구의 단자에 전선을 접속할 때 사용되는 것은?

① 커플링
② 압착단자
③ 링 슬리브
④ 스프링 와셔

해 단자 접속 → 진동 등으로 풀릴 염려 → 스프링와셔

056

전기설비기술기준의 판단기준에 의하여 가공전선에 케이블을 사용하는 경우 케이블은 조가용 선에 행거로 시설하여야 한다. 이 경우 사용전압이 고압인 때에는 그 행거의 간격은 몇 [cm] 이하로 시설하여야 하는가?

① 50 　　　　　　② 60

③ 70 　　　　　　④ 80

📖 인장강도가 낮은 통신선이나 전압전선 등을 전주를 거쳐서 시설하는 경우 통신선이나 전압전선을 바로 아래에서 지지하기 위한 선을 조가용선이라 한다. 조가용선의 설비 조건은 인장강도 5.93[kN] 이상의 연선 또는 단면적 22[mm²] 이상의 아연도철연선을 사용하고 행거간격은 50[cm] 이하로 한다.

057

라이팅 덕트 공사에 의한 저압 옥내배선의 시설 기준으로 틀린 것은?

① 덕트의 끝부분은 막을 것

② 덕트는 조영재에 견고하게 붙일 것

③ 덕트의 개구부는 위로 향하여 시설할 것

④ 덕트는 조영재를 관통하여 시설하지 아니할 것

📖 덕트의 개구부는 먼지나 이물질이 들어가지 않도록 아래로 향하여 시설한다.

058

전기설비기술기준의 판단기준에 의한 고압가공전선로 철탑의 경간은 몇 [m] 이하로 제한하고 있는가?

① 150 　　　　　② 250

③ 500 　　　　　④ 600

📖 [저압, 고압 가공전선로 경간 제한]
 • 목주, A종 철주 또는 A종 철근 콘크리트주 : 150m 이하
 • B종 철주 또는 B종 철근 콘크리트주 : 250m 이하

059

A종 철근 콘크리트주의 길이가 9[m]이고, 설계 하중이 6.8[kN]인 경우 땅에 묻히는 깊이는 최소 몇 [m] 이상이어야 하는가?

① 1.2 　　　　　② 1.5

③ 1.8 　　　　　④ 2.0

📖 전주의 매설 깊이는 15[m]를 기준으로 한다. 길이 15[m] 이하 설계하중 6.8[kN] 이하 시 전주길이의 1/6 을 매설하고, 전주의 길이가 15[m]를 초과 시에는 2.5[m] 이상 매설한다. 문제에서 전주의 길이가 9[m] 이므로 9/6 = 1.5[m] 이상의 깊이로 매설한다.

　　주의 보안공사 시에는 목주, A종주 100m, B종주 150m, 철탑 400m이하이다.

060

전선의 접속법에서 두 개 이상의 전선을 병렬로 사용하는 경우의 시설기준으로 틀린 것은?

① 각 전선의 굵기는 구리인 경우 50[mm²] 이상이어야 한다.

② 각 전선의 굵기는 알루미늄인 경우 70[mm²] 이상이어야 한다.

③ 병렬로 사용하는 전선은 각각에 퓨즈를 설치할 것

④ 동극의 각 전선은 동일한 터미널러그에 완전히 접속할 것

📖 병렬로 사용하는 전선은 각각에 퓨즈를 설치해서는 안된다.

001

서로 다른 굵기의 절연전선을 동일 관내에 넣는 경우 금속관의 굵기는 전선의 피복절연물을 포함한 단면적의 총합계가 관의 내 단면적의 몇 % 이하가 되도록 선정하여야 하는가?

① 32

② 38

③ 45

④ 48

🔲 **금속관 공사의 경우**
서로 다른 굵기의 절연전선을 동일 관내에 넣는 경우 전선의 피복절연물을 포함한 단면적의 총합계가 관의 내 단면적의 32[%] 이하가 되도록 선정 (동일 굵기일 경우에는 48[%])

002

3상 4선식 380/220[V] 전로에서 전원의 중성극에 접속된 전선을 무엇이라 하는가?

① 접지선

② 중성선

③ 전원선

④ 접지측선

🔲 전원의 중성극에 접속된 전선을 중성선이라 한다.

003

플로어덕트 배선의 사용전압은 몇 [V] 미만으로 제한되어지는가?

① 220

② 400

③ 600

④ 700

🔲 플로어덕트 배선의 사용전압은 400[V] 미만으로 제한된다.

004

자동화재탐지설비의 구성 요소가 아닌 것은?

① 비상콘센트

② 발신기

③ 수신기

④ 감지기

🔲 **자동화재탐지설비 구성요소**:발신기, 수신기, 감지기
〔암기법〕 발수감!

005

셀룰로이드, 성냥, 석유류 등 기타 가연성 위험물질을 제조 또는 저장하는 장소의 배선으로 틀린 것은?

① 금속관 배선

② 케이블 배선

③ 플로어덕트 배선

④ 합성수지관(CD관 제외) 배선

🔲 성냥, 석유류, 셀룰로이드 등 가연성 물질 제조, 저장 장소의 배선 방법에는 합성수지관, 금속관, 케이블 배선 공사가 적당하다.
〔암기법〕 셀/성/석 가연성 합금케!

006

금속관 공사를 할 경우 케이블 손상방지용으로 사용하는 부품은?

① 부싱

② 엘보

③ 커플링

④ 로크너트

🔲 금속관 공사 시 케이블 손상방지용으로 사용하는 부품은 부싱이다.

007

부하의 역률이 규정 값 이하인 경우 역률 개선을 위하여 설치하는 것은?

① 저항
② 리액터
③ 컨덕턴스
④ 진상용 콘덴서

🖩 진상용 콘덴서는 전동기나 변압기에서 코일에 흐르는 리액턴스 전류를 상쇄시켜 역률을 개선하는 역할을 한다. 참고로 진상은 전류의 위상이 앞선다는 의미이고, 지상은 전류의 위상이 뒤진다는 의미이다.

008

전선을 종단겹침용 슬리브에 의해 종단 접속할 경우 소정의 압축공구를 사용하여 보통 몇 개소를 압착하는가?

① 1
② 2
③ 3
④ 4

🖩 전선을 종단겹침용 슬리브에 의해 종단 접속할 경우 보통 2개소 압착

009

사람이 상시 통행하는 터널 내 배선의 사용 전압이 저압일 때 배선 방법으로 틀린 것은?

① 금속관 배선
② 금속덕트 배선
③ 합성수지관 배선
④ 금속제 가요전선관 배선

🖩 사람이 상시 통행하는 터널 내 배선
[암기법] 합/금/케/가요/애자

010

어느 가정집이 40[W] LED등 10개, 1[kW] 전자레인지 1개, 100[W] 컴퓨터 세트 2대, 1[kW] 세탁기 1대를 사용하고, 하루 평균 사용 시간이 LED등은 5시간, 전자레인지 30분, 컴퓨터 5시간, 세탁기 1시간이라면 1개월(30일)간의 사용 전력량(kWh)은?

① 115
② 135
③ 155
④ 175

🖩 각 기기별 일일사용 전력량을 구한 다음 한달(30일)을 곱해주면 된다.
일일사용전력량은 다음 공식으로 구한다. (단위를 [kW]로 통일한다.)
일일사용 전력량 = 소비전력[W] × 기기의 수 × 사용 시간 이므로,
 • LED등의 일일사용 전력량은
   $0.04[kW] × 10개 × 5시간 = 2[kW]$
 • 전자레인지의 일일사용 전력량은
   $1[kW] × 1대 × 0.5시간 = 0.5[kW]$
 • 컴퓨터의 일일사용 전력량은
   $0.1[kW] × 2대 × 5시간 = 1[kW]$
 • 세탁기의 일일사용 전력량은
   $1[kW] × 1대 × 1시간 = 1[kW]$이다.
따라서, 모든 기기의 하루 일일사용 전력량을 더한 값은 4.5[kW]이며, 한달 간의 사용 전력량은 $4.5[kW] × 30 = 135[kW]$ 이다.

011

금속관 구부리기에 있어서 관의 굴곡이 3개소가 넘거나 관의 길이가 30[m]를 초과하는 경우 적용하는 것은?

① 커플링
② 풀박스
③ 로크너트
④ 링 리듀서

🖩 금속관 구부리기에 있어서 관의 굴곡이 3개소가 넘거나 관의 길이가 30[m]를 초과하는 경우에는 풀박스(pull box)를 설치해야 한다. 풀박스는 말그대로 전선이나 관의 길이가 길어 당길 때 전선 통과를 용이하기 위해 설치하는 박스를 말한다.

012

옥내 배선공사를 할 때 연동선을 사용할 경우
전선의 최소 굵기(㎟)는?

① 1.5　　　　　　　② 2.5

③ 4　　　　　　　　④ 6

해 옥내 배선 공사 시 연동선을 사용할 경우 최소 굵기는
2.5[㎟] 이상으로 한다.

013

연선 결정에 있어서 중심 소선을 뺀 층수가
3층이다. 전체 소선수는?

① 91　　　　　　　② 61

③ 37　　　　　　　④ 19

해 소선수는 중심 소선을 뺀 층수를 n이라 할 때, 다음
공식을 이용한다.
전체 소선의 수 = $3n(n + 1) + 1$
문제에서 중심 소선을 뺀 층수를 3층이라 했으므로,
전체 소선 수는 $3 \times 3(3 + 1) + 1 = 37$

014

접지전극의 매설 깊이는 몇 [m] 이상인가?

① 0.6　　　　　　　② 0.65

③ 0.7　　　　　　　④ 0.75

해 접지전극의 매설 깊이는 0.75[m] 이상으로 한다.

015

금속관 절단구에 대한 다듬기에 쓰이는 공구는?

① 리머　　　　　　② 홀쏘

③ 프레셔 툴　　　　④ 파이프 렌치

해 금속관 절단구 안쪽을 다듬는 공구로는 리머를 사용
한다.

016

동전선의 종단접속 방법이 아닌 것은?

① 동선압착단자에 의한 접속

② 종단겹침용 슬리브에 의한 접속

③ C형 전선접속기 등에 의한 접속

④ 비틀어 꽂는 형의 전선접속기에 의한 접속

해 전선 접속 방법에는 일자로 길게 접속하는 직선 접속,
두 전선의 끝을 겹쳐서 접속하는 종단 접속, 그리고
분기접속이 있다. ③번 C형 전선접속기에 의한 접속은
알루미늄전선 접속에 사용되며 나머지는 종단접속에
해당한다.

017

합성수지관 상호 접속 시에 관을 삽입하는 깊이는
관 바깥지름의 몇 배 이상으로 하여야 하는가?

① 0.6　　　　　　　② 0.8

③ 1.0　　　　　　　④ 1.2

해 접착제 없이 합성수지관 상호 접속 시에는 관 바깥지
름의 1.2배 이상으로 삽입한다. (접착제 사용 시 0.8
배)

018

전선을 접속할 경우의 설명으로 틀린 것은?

① 접속 부분의 전기 저항이 증가되지 않아야 한다.

② 전선의 세기를 80[%] 이상 감소시키지 않아야
한다.

③ 접속 부분은 접속 기구를 사용하거나 납땜을
하여야 한다.

④ 알루미늄 전선과 동선을 접속하는 경우, 전기적
부식이 생기지 않도록 해야 한다.

해 전선의 세기는 20[%] 이상 감소시키지 않아야 한다.
(80[%] 이상 유지)

019

가연성 가스가 존재하는 저압 옥내전기설비 공사 방법으로 옳은 것은?

① 가요전선관 공사
② 애자사용 공사
③ 금속관 공사
④ 금속 몰드 공사

헤 가연성 가스가 새거나 체류하여 전기설비가 발화원이 되어 폭발할 우려가 있는 곳의 배선 방법에는 금속관 배선, 케이블 배선이 적합하다.

[암기법] 가연성 가스 - 금케

020

합성수지관 공사의 설명 중 틀린 것은?

① 관의 지지점 간의 거리는 1.5[m] 이하로 할 것
② 합성 수지관 안에는 전선에 접속점이 없도록 할 것
③ 전선은 절연 전선(옥외용 비닐 절연전선을 제외한다) 일 것
④ 관 상호간 및 박스와는 관을 삽입하는 깊이를 관의 바깥지름의 1.5배 이상으로 할 것

헤 관 상호간 및 박스와는 관을 삽입하는 깊이를 관의 바깥지름의 1.2배 이상으로 할 것

021

저압 연접 인입선의 시설규정으로 적합한 것은?

① 분기점으로부터 90[m] 지점에 시설
② 6[m] 도로를 횡단하여 시설
③ 수용가 옥내를 관통하여 시설
④ 지름 1.5[㎜] 인입용 비닐절연전선을 사용

헤 **저압 연접 인입선의 시설규정**
  • 분기점으로부터 100[m] 이내 지점에 시설
  • 폭 5[m] 넘는 도로를 횡단하여 시설하지 말 것
  • 수용가 옥내를 관통하지 말 것
  • 지름 1.5[㎜] 인입용 비닐절연전선을 사용하지 말 것

022

다음 중 버스 덕트가 아닌 것은?

① 플로어 버스 덕트
② 피더 버스 덕트
③ 트롤리 버스 덕트
④ 플러그인 버스 덕트

헤 덕트공사에는 금속 덕트공사, 버스 덕트공사, 플로어 덕트공사가 있으며 버스 덕트 공사는 다시 버스 덕트에는 피더 버스 덕트, 트롤리 버스 덕트, 플러그인 버스 덕트가 있다. 플로어 버스 덕트는 버스 덕트의 종류가 아니다.

023

큰 건물의 공사에서 콘크리트에 구멍을 뚫어 드라이브 핀을 경제적으로 고정하는 공구는?

① 스패너
② 드라이브이트 툴
③ 오스터
④ 록 아웃 펀치

024

동전선의 직선 접속에서 단선 및 연선에 적용되는 접속 방법은?

① 직선맞대기용 슬리브에 의한 압착접속
② 가는단선(2.6[㎜] 이상)의 분기접속
③ S형 슬리브에 의한 분기접속
④ 터미널 러그에 의한 분기접속

헤 동전선 접속에서 직선 접속은 직선맞대기용 슬리브(B형)에 의한 압착 접속, 6[㎟] 이하 가는 단선의 트위스트 접속이 있다.

025

지중전선로를 직접매설식에 의하여 시설하는 경우 차량, 기타 중량물의 압력을 받을 우려가 있는 장소의 매설 깊이 [m]는?

① 0.6[m] 이상
② 1.0[m] 이상
③ 1.5[m] 이상
④ 2.0[m] 이상

해 • 직접매설식 → 차량이 지날 우려 → 1[m] 이상 깊이에 매설
 • **기타의 경우**: 0.6[m] 이상 깊이에 매설

026

접지저항 측정방법으로 가장 적당한 것은?

① 절연저항계   ② 전력계

③ 교류의 전압, 전류계   ④ 코올라우시 브리지

해 코올라우시 브리지법(kohlrаush bridge)은 접지저항 측정방법의 하나이다.

027

전자접촉기 2개를 이용하여 유도전동기 1대를 정·역운전하고 있는 시설에서 전자접촉기 2대가 동시에 여자 되어 상간 단락되는 것을 방지하기 위하여 구성하는 회로는?

① 자기유지회로   ② 순차제어회로

③ Y - △ 기동 회로   ④ 인터록 회로

해 인터록 회로는 한쪽 릴레이가 작동 시 반대 쪽은 작동하지 않도록하여 기기의 보호와 조작자의 안전을 목적으로 한 것을 말한다. (다른 표현으로 먼저 들어 온 신호가 있을 때 후 입력된 신호를 차단한다고 표현하기도 한다.) 따라서 전동기의 정역운전(모터의 구동력이 정방향과 역방향 모두 전달됨) 제어 회로에서 2개의 전자개폐기의 작동이 동시에 일어나지 않도록하는 회로는 인터록 회로이다.

028

연피가 없는 케이블을 배선할 때 직각 구부리기(L형)는 대략 굴곡 반지름을 케이블의 바깥지름의 몇 배 이상으로 하는가?

① 3   ② 4

③ 6   ④ 10

029

금속관을 구부릴 때 금속관의 단면이 심하게 변형되지 아니하도록 구부려야 하며, 그 안쪽의 반지름은 관 안지름의 몇 배 이상이 되어야 하는가?

① 6   ② 8

③ 10   ④ 12

해 금속관을 구부릴 때 구부려지는 금속관 안측 반지름은 금속관 안지름의 6배 이상이어야 한다.

030

금속관 배관공사를 할 때 금속관을 구부리는데 사용하는 공구는?

① 히키(hickey)

② 파이프렌치(pipe wrench)

③ 오스터(oster)

④ 파이프 커터(pipe cutter)

해 히키(hickey)는 금속관을 구부리는데 사용하는 공구다.

히키

031

접지 저항값에 가장 큰 영향을 주는 것은?

① 접지선 굵기   ② 접지전극 크기

③ 온도   ④ 대지저항

해 접지저항은 토양의 수분과 온도에 따라 크게 달라지므로 접지저항 값은 토지 고유의 대지저항에 의해 큰 영향을 받는다.

032

애자 사용 배선공사 시 사용할 수 없는 전선은?

① 고무 절연전선

② 폴리에틸렌 절연전선

③ 플루오르 수지 절연전선

④ 인입용 비닐 절연전선

해 애자 사용 공사 시 인입용 비닐 절연전선 및 옥외용 비닐 절연전선은 부적당하다.

033

전선의 재료로서 구비해야 할 조건이 아닌 것은?

① 기계적 강도가 클 것

② 가요성이 풍부할 것

③ 고유저항이 클 것

④ 비중이 작을 것

해 전선의 고유저항은 작아야 한다.

034

화재 시 소방대가 조명 기구나 파괴용 기구, 배연기 등 소화 활동 및 인명 구조 활동에 필요한 전원으로 사용하기 위해 설치하는 것은?

① 상용전원장치　　　② 유도등

③ 비상용 콘센트　　　④ 비상등

035

가공 전선 지지물의 기초 강도는 주체(主體)에 가하여지는 곡하중(曲荷重)에 대하여 안전율은 얼마 이상으로 하여야 하는가?

① 1.0　　　　　② 1.5

③ 1.8　　　　　④ 2.0

해 가공 전선 지지물의 기초 안전율은 2.0 이상이어야 한다.

036

전주 외등 설치 시 백열전등 및 형광등의 조명기구를 전주에 부착하는 경우 부착한 점으로부터 돌출되는 수평거리는 몇 [m] 이내로 하여야 하는가?

① 0.5　　　　　② 0.8

③ 1.0　　　　　④ 1.2

해 전주 외등 설치 시 조명기구를 전주에 부착하는 경우 돌출되는 수평거리는 1.0 m 이내로 한다.

037

전선 약호가 VV인 케이블의 종류로 옳은 것은?

① 0.6/1[kV] 비닐절연 비닐시스 케이블

② 0.6/1[kV] EP 고무절연 클로로프렌시스 케이블

③ 0.6/1[kV] EP 고무절연 비닐시스 케이블

④ 0.6/1[kV] 비닐절연 비닐캡타이어 케이블

해 VV는 비닐절연 비닐시스 케이블의 약칭이다.
(insulated Vinyl Sheathed Cable)
비닐절연 비닐캡타이어 케이블은 VCT이다.

038

저압 2조의 전선을 설치 시, 크로스 완금의 표준 길이[㎜]는?

① 900　　　　　② 1,400

③ 1,800　　　　④ 24,00

해 • 저압 2조일 때 크로스 완금의 표준길이:900[mm], 3조 일 때는 1,400[mm]
　 • 고압 2조일 때 크로스 완금의 표준길이:1,400[mm]

039

수변전설비 구성기기의

계기용변압기(PT)설명으로 맞는 것은?

① 높은 전압을 낮은 전압으로 변성하는 기기이다.

② 높은 전류를 낮은 전류로 변성하는 기기이다.

③ 회로에 병렬로 접속하여 사용하는 기기이다.

④ 부족전압 트립코일의 전원으로 사용된다.

해 계기용 변압기는 "변압" 즉, 높은 전압을 낮은 전압으로 변성하는 기기로 전압계를 시설할 때 고압회로와 전압계 사이에 시설한다.

040

폭연성 분진이 존재하는 곳의 저압 옥내배선 공사 시 공사 방법으로 짝지어진 것은?

① 금속관 공사, MI 케이블 공사, 개장된 케이블 공사

② CD 케이블 공사, MI 케이블 공사, 금속관 공사

③ CD 케이블 공사, MI 케이블 공사, 제1종 캡타이어 케이블 공사

④ 개장된 케이블 공사, CD 케이블 공사, 제1종 캡타이어 케이블 공사

해 폭연성 분진 또는 화약류 분말 → 금속관 공사, 케이블 공사

암기법 폭연성 금케, 가연성 합금케

비교 분진가루 합금케! 합성수지관, 금속관, 케이블 공사

041

22.9kV − y 가공전선의 굵기는 단면적이 몇 [㎟] 이상 이어야 하는가? (단, 동선의 경우이다.)

① 22　　　　② 32

③ 40　　　　④ 50

해 22.9V − y 특고압 가공전선의 경우 굵기는 단면적 22[㎟] 이상이어야 한다.

• 400[V] 이하 저압일 경우：지름 2.6[mm] 이상 (단, 나전선 3.2[mm] 이상)

• 400[V] 초과 경우：시가지 내는 지름 5[mm] 이상

시가지 외는 지름 4[mm] 이상

• 고압일 경우：지름 5[mm] 이상

• 특고압일 경우：22[㎟] 이상

042

화약고의 배선공사시 개폐기 및

과전류차단기에서 화약고 인입구까지는 어떤

배선공사에 의하여 시설하여야 하는가?

① 합성수지관 공사로 지중선로

② 금속관 공사로 지중선로

③ 합성수지몰드 지중선로

④ 케이블사용 지중선로

해 화약고 배선 공사 시에는 케이블을 사용한 지중선로로 시설하여야 한다.

043

애자사용 공사에서 전선 상호 간의 간격은 몇 [cm] 이상이어야 하는가?

① 4　　　　② 5

③ 6　　　　④ 8

해 애자사용 공사에서 전선 상호 간의 간격은 6[cm]

044

금속몰드의 지지점간의 거리는 몇 [m] 이하로 하는 것이 가장 바람직한가?

① 1 　　　　　② 1.5

③ 2 　　　　　④ 3

해 금속몰드 지지점간 거리는 1.5[m] 이하가 바람직하다.

045

화약류의 분말이 전기설비가 발화원이 되어 폭발할 우려가 있는 곳에 시설하는 저압 옥내배선의 공사 방법으로 가장 알맞은 것은?

① 금속관 공사 　　　　② 애자 사용 공사

③ 버스덕트 공사 　　　④ 합성수지몰드 공사

해 폭연성 분진 또는 화약류 분말 → 금속관 공사, 케이블 공사

Tip 분진가루 합금케! 합성수지관, 금속관, 케이블 공사

암기법 폭연성 금케, 가연성 합금케

046

위험물 등이 있는 곳에서의 저압 옥내배선 공사 방법이 아닌 것은?

① 케이블 공사 　　　　② 합성수지관 공사

③ 금속관 공사 　　　　④ 애자사용 공사

해 위험물 등이 있는 장소의 배선 방법에는 금속관 배선, 합성수지관 배선, 케이블 배선이 적합하다.

047

저압가공전선이 철도 또는 궤도를 횡단하는 경우에는 레일면상 몇 [m] 이상이어야 하는가?

① 3.5 　　　　　② 4.5

③ 5.5 　　　　　④ 6.5

해 철도횡단 시 높이는 레일면상의 최저 6.5[m] 이상

048

가공전선의 지지물에 승탑 또는 승강용으로 사용하는 발판 볼트 등은 지표상 몇 [m] 미만에 시설하여서는 안 되는가?

① 1.2 　　　　　② 1.5

③ 1.6 　　　　　④ 1.8

해 승탑 또는 승강용으로 사용하는 발판 볼트의 지표상 높이는 1.8[m] 미만에 설치해서는 안된다.

049

합성수지 몰드 공사에서 틀린 것은?

① 전선은 절연 전선일 것

② 합성수지 몰드 안에는 접속점이 없도록 할 것

③ 합성수지 몰드는 홈의 폭 및 깊이가 6.5[cm] 이하일 것

④ 합성수지 몰드와 박스 기타의 부속품과는 전선이 노출되지 않도록 할 것

해 합성수지 몰드 공사는 홈의 폭 및 깊이는 3.5[cm] 이하여야 한다.

050

금속관을 절단할 때 사용되는 공구는?

① 오스터 　　　　　② 녹 아웃 펀치

③ 파이프 커터 　　　④ 파이프 렌치

해 금속관 절단 시는 파이프 커터를 쓴다. 오스터는 금속관 끝에 나사를 낼 때 사용하며, 녹아웃펀치는 구멍을 뚫을 때, 파이프 렌치는 금속관을 커플링을 이용하여 접속할 때 조이는 공구이다.

051

배전반 및 분전반을 넣은 강판제로 만든 함의 두께는 몇 [㎜]이상인가? (단, 가로 세로의 길이가 30[cm] 초과한 경우이다.)

① 0.8 ② 1.2

③ 1.5 ④ 2.0

해 배전반 및 분전반을 넣은 강판제로 만든 함의 두께는 최소 1.2[mm] 이상이다.

052

실링·직접부착등을 시설하고자 한다. 배선도에 표기할 그림기호로 옳은 것은?

①

②

③

④

해 실링, 직접부착등은 천장(ceiling)에 직접 부착하는 조명으로 기호는 ③번이다.

053

지중전선로 시설 방식이 아닌 것은?

① 직접 매설식 ② 관로식

③ 트라이식 ④ 암거식

해 지중전선로 매설방법에는 관로식, 암거식, 직접 매설식이 있다.

암기법 지중전선로 직관암 매설

054

조명기구를 배광에 따라 분류하는 경우 특정한 장소만을 고조도로 하기 위한 조명 기구는?

① 직접 조명기구 ② 전반확산 조명기구

③ 광천장 조명기구 ④ 반직접 조명기구

해 직접 조명기구는 특정한 장소만을 고조도로 하기 위한 조명

055

과전류차단기로 저압전로에 사용하는 퓨즈를 수평으로 붙인 경우 퓨즈는 정격전류의 몇 배의 전류에 견디어야 하는가?

① 2.0 ② 1.6

③ 1.25 ④ 1.1

해 과전류 차단기로 저압전로에 사용하는 퓨즈는 수평으로 붙인 경우 정격 전류의 1.1배의 전류에 견딜 것

056

S형 슬리브를 사용하여 전선을 접속하는 경우의 유의사항이 아닌 것은?

① 전선은 연선만 사용이 가능하다.

② 전선의 끝은 슬리브의 끝에서 조금 나오는 것이 좋다.

③ 슬리브는 전선의 굵기에 적합한 것을 사용한다.

④ 도체는 샌드페이퍼 등으로 닦아서 사용한다.

해 S형 슬리브를 사용하는 접속법은 연선과 단선 모두 사용 가능하다.

057

인입용 비닐절연전선을 나타내는 약호는?

① OW ② EV

③ DV ④ NV

해 인입용 비닐절연전선은 DV로 나타낸다. 옥외용 비닐 절연전선은 OW

058

고압 이상에서 기기의 점검, 수리 시 무전압, 무전류 상태로 전로에서 단독으로 전로의 접속 또는 분리하는 것을 주목적으로 사용되는 수·변전기기는?

① 기중부하 개폐기   ② 단로기

③ 전력퓨즈   ④ 컷아웃 스위치

해 단로기는 전로나 기기의 점검 또는 수리 시에 정상계통에서 분리하여 작업의 안전 확보를 위해 정격전압에서 충전된 전로(電路)에서 무전압, 무전류 상태로 단독으로 접속 분리하기 위하여 사용된다.

059

배전반 및 분전반과 연결된 배관을 변경하거나 이미 설치되어 있는 캐비닛에 구멍을 뚫을 때 필요한 공구는?

① 오스터   ② 클리퍼

③ 토치램프   ④ 녹아웃펀치

해 캐비닛에 구멍을 뚫을 때 필요한 공구는 녹아웃 펀치이다. 클리퍼는 굵은 전선 절단할 때 사용하는 공구이다.

060 고압 및 특고압용 기계기구의 시설에 있어 고압은 지표상 (㉠   ) 이상(시가지에 시설하는 경우), 특고압은 지표상 (㉡   )이상의 높이에 설치하고 사람이 접촉될 우려가 없도록 시설하여야 한다. 괄호 안에 알맞은 내용은?

① ㉠ 3.5[m]   ㉡ 4[m]

② ㉠ 4.5[m]   ㉡ 5[m]

③ ㉠ 5.5[m]   ㉡ 6[m]

④ ㉠ 5.5[m]   ㉡ 7[m]

해 고압 및 특고압용 고압은 지표상 4.5[m], 특고압은 지표상 5[m] 이상 높이에 설치한다.

001

옥내의 건조하고 전개된 장소에서 사용전압이 400[V] 이상인 경우에는 시설할 수 없는 배선공사는?

① 애자사용공사　　　② 금속덕트공사

③ 버스덕트공사　　　④ 금속몰드공사

📖 옥내의 건조하고 전개된 장소 – 사용전압이 400[V] 이상인 경우 → 애자공사, 금속덕트, 버스덕트 모두 가능하지만 금속몰드공사는 사용전압 400[V] 이상인 경우 사용 불가능하다.

002

저압 구내 가공인입선으로 DV전선 사용 시 전선의 길이가 15[m] 이하인 경우 사용할 수 있는 최소 굵기는 몇 [㎜] 이상인가?

① 1.5　　　　　　② 2.0

③ 2.6　　　　　　④ 4.0

📖 저압 구내 가공인입선으로 DV전선 사용 시 전선 길이 15[m] 이하인 경우 최소 굵기는 2.0[mm] 이상으로 한다.

003

조명기구를 반간접 조명방식으로 설치하였을 때 위(상방향)로 향하는 광속의 양[%]은?

① 0 ~ 10　　　　② 10 ~ 40

③ 40 ~ 60　　　　④ 60 ~ 90

📖 반간접 조명방식은 위(상방향)로 향하는 광속이 전체의 60 ~ 90[%]이며, 하향 광속이 10 ~ 40[%] 정도이다.

004

가연성 가스가 새거나 체류하여 전기설비가 발화원이 되어 폭발할 우려가 있는 곳에 있는 저압 옥내전기설비의 시설 방법으로 가장 적합한 것은?

① 애자사용 공사　　　② 가요전선관 공사

③ 셀룰러 덕트 공사　　　④ 금속관 공사

📖 가연성 가스가 새거나 체류하여 전기설비가 발화원이 되어 폭발할 우려가 있는 곳의 배선 방법에는 금속관 배선, 케이블 배선이 적합하다.

암기법 가연성 가스 - 금케

005

150kW의 수전설비에서 역률을 80[%]에서 95[%]로 개선하려고 한다. 이때 전력용 콘덴서의 용량은 약 몇 [kVA]인가?

① 63.2　　　　　　② 126.4

③ 133.5　　　　　　④ 157.6

📖 전력용 콘덴서의 용량(Q)을 구하는 공식은 아래와 같다.

콘덴서의 용량(Q) = 설비의 부하용량(kW) ×

$$\frac{\sqrt{1 - (\text{개선전 역률})^2}}{\text{개선전 역률}} - \frac{\sqrt{1 - (\text{개선후 역률})^2}}{\text{개선후 역률}}$$

$$= 150 \times \left(\frac{\sqrt{1 - 0.8^2}}{0.8} - \frac{\sqrt{1 - 0.95^2}}{0.95} \right)$$

$$= 약 63.2[kVA]$$

006

나전선 등의 금속선에 속하지 않는 것은?

① 경동선(지름 12[mm] 이하의 것)

② 연동선

③ 동합금선(단면적 35[mm²] 이하의 것)

④ 경알루미늄선(단면적 35[mm²] 이하의 것)

🖩 동합금선은 단면적 5[mm²] 이하의 것만 나전선에 속한다.

007

금속관 공사에 의한 저압 옥내배선에서 잘못된 것은?

① 전선은 절연 전선일 것

② 금속관 안에서는 전선의 접속점이 없도록 할 것

③ 알루미늄 전선은 단면적 16[mm²] 초과 시 연선을 사용할 것

④ 옥외용 비닐절연전선을 사용할 것

🖩 저압 옥내배선에서는 옥외용 비닐절연전선을 사용해서는 안된다.

008

수·변전 설비의 고압회로에 걸리는 전압을 표시하기 위해 전압계를 시설할 때 고압회로와 전압계 사이에 시설하는 것은?

① 수전용 변압기　　② 계기용 변류기

③ 계기용 변압기　　④ 권선형 변류기

🖩 전압계라는 계기를 시설할 때 고압회로와 전압계 사이에 시설하는 것은 계기용 변압기이다.

009

알루미늄전선의 접속방법으로 적합하지 않은 것은?

① 직선접속　　　　② 분기접속

③ 종단접속　　　　④ 트위스트접속

🖩 알루미늄 전선 접속 시에는 트위스트 접속을 해서는 안된다.

010

하나의 콘센트에 두 개 이상의 플러그를 꽂아 사용할 수 있는 기구는?

① 코드 접속기　　　② 멀티탭

③ 테이블 탭　　　　④ 아이언 플러그

011

배선용 차단기의 심벌은?

① $\boxed{\text{B}}$

② $\boxed{\text{E}}$

③ $\boxed{\text{BE}}$

④ $\boxed{\text{S}}$

🖩 ① 배선용 차단기는 약호로 MCCB(Molded Case Circuit Breaker) 심벌은 $\boxed{\text{B}}$ 로 나타낸다.

012

화약고 등의 위험장소의 배선 공사에서 전로의 대지 전압은 몇 [V] 이하로 하도록 되어 있는가?

① 300　　　　　　② 400

③ 500　　　　　　④ 600

🖩 화약고 등의 위험장소의 대지 전압은 300[V] 이하로 해야 한다.

013

전기공사 시공에 필요한 공구사용법 설명 중 잘못된 것은?

① 콘크리트의 구멍을 뚫기 위한 공구로 타격용 임팩트 전기드릴을 사용한다.

② 스위치박스에 전선관용 구멍을 뚫기 위해 녹아웃 펀치를 사용한다.

③ 합성수지 가요전선관의 굽힘 작업을 위해 토치램프를 사용한다.

④ 금속 전선관의 굽힘 작업을 위해 파이프 밴더를 사용한다.

해 토치램프의 경우 전선 접속 시 합성수지관, 경질 염화 비닐전선관 가공 시 열을 가하는 용도로 쓰이나 가요 전선관의 경우 토치램프가 필요없다.

014

화약고 등의 위험장소에서 전기설비 시설에 관한 내용으로 옳은 것은?

① 전로의 대지전압을 400[V] 이하 일 것

② 전기기계기구는 전폐형을 사용할 것

③ 화약고내의 전기설비는 화약고 장소에 전용개폐기 및 과전류차단기를 시설할 것

④ 개폐기 및 과전류차단기에서 화약고 인입구까지의 배선은 케이블 배선으로 노출로 시설할 것

해 화약고 등 위험장소에서는 전기기계기구는 전폐형을 사용해야 한다. 대지전압은 300[V] 이하로 하며, 전용 개폐기 및 과전류차단기는 반드시 화약고 이외의 장소에 시설하며, 이들 기기까지는 케이블을 사용한 지중선로로 시설하여야 한다.

015

특고압(22.9kV −Y) 가공전선로의 완금 접지 시 접지선은 어느 곳에 연결하여야 하는가?

① 변압기　　　　　② 전주

③ 지선　　　　　④ 중성선

해 특고압(22.9kV − Y) 가공전선로의 완금 접지 시 접지선은 중성선에 연결해야 한다.

016

고압 가공전선로의 지지물 중 지선을 사용해서는 안 되는 것은?

① 목주　　　　　② 철탑

③ A종 철주　　　　　④ A종 철근콘크리트주

해 철탑에는 지선 설치 불가, 가공전선로의 지지물로 사용하는 철탑은 지선을 사용하여 그 강도를 분담시켜서는 안 된다.[KEC 지선 시설 규정]

017

고압전로에 지락사고가 생겼을 때 지락전류를 검출하는데 사용하는 것은?

① CT　　　　　② ZCT

③ MOF　　　　　④ PT

해 지락사고 → 지락검출 → ZCT (Zero − phase Current: 영상변류기)

018

라이팅덕트를 조영재에 따라 부착할 경우 지지점간의 거리는 몇 [m] 이하로 하여야 하는가?

① 1.0　　　　　② 1.2

③ 1.5　　　　　④ 2.0

해 라이팅 덕트 공사 시 덕트 지지점간 거리는 2[m]이다.

019

인입용 비닐절연전선의 공칭단면적 8[㎟] 되는 연선의 구성은 소선의 지름이 1.2[㎜] 일 때 소선 수는 몇 가닥으로 되어 있는가?

① 3
② 4
③ 6
④ 7

해 소선의 총 수는 연선의 단면적을 소선의 단면적으로 나누어 구한다.

총 소선 수 = $\dfrac{\text{연선의 단면적(공칭단면적)}}{\text{소선의 단면적}}$

소선의 단면적 = 반지름 × 반지름 × 3.14
　　　　　　 = 0.6 × 0.6 × 3.14 = 1.1304
　　　　　　 = 약 1.13

총 소선 수 = $\dfrac{8}{1.13}$ = 약 7가닥

020

전선접속 시 S형 슬리브 사용에 대한 설명으로 틀린 것은?

① 전선의 끝은 슬리브의 끝에서 조금 나오는 것이 바람직하다.
② 슬리브 전선의 굵기에 적합한 것을 선정한다.
③ 열린 쪽 홈의 측면을 고르게 눌러서 밀착시킨다.
④ 단선은 사용가능하나 연선 접속 시에는 사용하지 않는다.

해 S형 슬리브는 단선, 연선 접속에 모두 사용 가능하다.

021

저압 연접인입선의 시설과 관련된 설명으로 잘못된 것은?

① 옥내를 통과하지 아니할 것
② 전선의 굵기는 1.5[㎟] 이하 일 것
③ 폭 5[m]를 넘는 도로를 횡단하지 아니할 것
④ 인입선에서 분기하는 점으로부터 100[m]를 넘는 지역에 미치지 아니할 것

해 연접인입선 제한사항(연접인입선은 저압에만 사용)
- 전선은 지름 2.6[㎜]경동선을 사용한다.
  (단, 경간이 15[m] 이하인 경우 2.0[mm] 경동선 사용)
- 인입선의 분기점에서 100[m]를 초과하는 지역에 미치지 아니할 것
- 폭 5[m]를 넘는 도로를 횡단하지 말 것
- 다른 수용가의 옥내를 관통하지 말 것

022

알루미늄전선과 전기기계기구 단자의 접속 방법으로 틀린 것은?

① 전선을 나사로 고정하는 경우 나사가 진동 등으로 헐거워질 우려가 있는 장소는 2중 너트 등을 사용할 것
② 전선에 터미널러그 등을 부착하는 경우는 도체에 손상을 주지 않도록 피복을 벗길 것
③ 나사 단자에 전선을 접속하는 경우는 전선을 나사의 홈에 가능한 한 밀착하여 3/4 바퀴 이상 1바퀴 이하로 감을 것
④ 누름나사단자 등에 전선을 접속하는 경우는 전선을 단자 깊이의 2/3 위치까지만 삽입할 것

해 누름나사단자에 전선을 접속 시 전선을 2/3만 삽입 시 접촉이 불량하거나 헐거워질 우려가 있다.

023

사용전압 400[V] 초과, 건조한 장소로 점검할 수 있는 은폐된 곳에 저압 옥내배선 시 공사할 수 있는 방법은?

① 합성수지 몰드공사
② 금속 몰드공사
③ 버스 덕트공사
④ 라이팅 덕트공사

해 사용전압 400[V] 초과, 건조한 장소로 점검할 수 있는 은폐된 곳에 가능한 공사는 애자공사, 금속덕트공사, 버스덕트공사 3종류이다.

[암기법] 400초과 건조장소 – 애자, 금덕, 버덕

024

단선의 직선접속 시 트위스트 접속을 할 경우 적합하지 않은 전선규격[㎟]은?

① 2.5　　　　　　② 4.0

③ 6.0　　　　　　④ 10

헤 트위스트 접속:단면적 6[㎟] 이하의 단선 직선접속 및 분기접속에 사용

025

저압 옥내배선에서 애자사용 공사를 할 때 올바른 것은?

① 전선 상호간의 간격은 6[㎝] 이상

② 440V 초과하는 경우 전선과 조영재 사이의 이격거리는 2.5[㎝] 미만

③ 전선의 지지점간의 거리는 조영재의 위면 또는 옆면에 따라 붙일 경우에는 3[m] 이상

④ 애자사용공사에 사용되는 애자는 절연성·난연성 및 내수성과 무관

헤 애자사용 공사 시 전선 상호간은 6[cm] 이상
전선과 조영재 이격거리
　• 400[V] 이하 건조한 장소:2.5[cm] 이상
　• 400[V] 초과:4.5[cm] 이상

026

제1종 가요전선관을 구부를 경우의 곡률 반지름은 관안지름의 몇 배 이상으로 하여야 하는가?

① 3배　　　　　　② 4배

③ 6배　　　　　　④ 8배

헤 1종 가요전선관을 구부리는 경우의 곡률 반지름은 관 안지름의 6배 이상으로 하여야 한다.
[암기법] 육가요 - 1종

027

가공배전선로 시설에는 전선을 지지하고 각종 기기를 설치하기 위한 지지물이 필요하다. 이 지지물 중 가장 많이 사용되는 것은?

① 철주　　　　　　② 철탑

③ 강관 전주　　　　④ 철근콘크리트주

헤 철근콘크리트주는 외관이 좋고 경제적이고 수명이 길어 국내에서 가장 많이 사용하는 지지물이다.

028

지중에 매설되어 있는 금속제 수도관로는 대지와의 전기 저항 값이 얼마 이하로 유지되어야 접지극으로 사용할 수 있는가?

① 1[Ω]　　　　　　② 3[Ω]

③ 4[Ω]　　　　　　④ 5[Ω]

헤 대지와의 전기 저항값이 3[Ω] 이하로 유지되는 경우 지중에 매설된 금속제 수도관로를 접지극으로 사용할 수 있다.

029

가공케이블 시설 시 조가용선에 금속테이프 등을 사용하여 케이블 외장을 견고하게 붙여 조가하는 경우 나선형으로 금속테이프를 감는 간격은 몇 [cm] 이하를 확보하여 감아야 하는가?

① 50　　　　　　② 30

③ 20　　　　　　④ 10

헤 인장강도가 낮은 통신선이나 전압전선 등을 전주를 거쳐서 시설하는 경우 통신선이나 전압전선을 바로 아래에서 지지하기 위한 선을 조가용선이라 한다. 조가용선에 금속테이프 등을 사용하여 케이블 외장을 견고하게 붙여 조가하는 경우에는 나선형으로 금속테이프를 20[cm] 간격으로 감는다.

030

일반적으로 저압가공 인입선이 도로를 횡단하는

경우 노면상 시설하여야 할 높이는?

① 4[m] 이상   ② 5[m] 이상

③ 6[m] 이상   ④ 6.5[m] 이상

해 • 저압 가공인입선 노면상 높이:<u>도로횡단 5[m],</u>
횡단보도교 3[m], 철도횡단 6.5[m] 이상
• 고압 가공인입선의 경우:도로횡단 6[m],
위험표시 3.5[m], 철도횡단 6.5[m] 이상

031

폭연성 분진이 존재하는 곳의 금속관 공사에 관

상호 및 관과 박스의 접속은 몇 턱 이상의

죔 나사로 시공하여야 하는가?

① 6턱   ② 5턱

③ 4턱   ④ 3턱

해 턱이란 나사선의 1회전 조임량을 뜻하며 폭연성 분진,
위험장소 등에서의 금속관 배선 시 관 상호간 5턱
이상의 나사조임으로 접속한다.

032

사람의 접촉 우려가 있는 합성수지제 몰드는 홈의

폭 및 깊이가 (㉠   )[cm] 이하로 두께는

(㉡   )[mm] 이상의 것이어야 한다.

(   )안에 들어갈 내용으로 알맞은 것은?

① ㉠ 3.5   ㉡ 1

② ㉠ 5   ㉡ 1

③ ㉠ 3.5   ㉡ 2

④ ㉠ 5   ㉡ 2

해 합성수지 몰드공사 시 몰드는 폭 및 깊이 3.5[cm] 이하
로, 두께는 2[mm] 이상의 것으로 해야한다.

033

전기 배선용 도면을 작성할 때 사용하는 콘센트

도면 기호는?

①   ②

③   ④

해 콘센트 도면은 ①번이다.

034

인입 개폐기가 아닌 것은?

① ASS   ② LBS

③ LS   ④ UPS

해 UPS는 무정전 전원 공급장치(Uninterruptible Power
Supply system)를 뜻한다. ASS(Automatc section
switch)는 자동고장구분개폐기, LBS(Load break
Switch)는 부하개폐기, (Line switch) 선로개폐기를
뜻한다.

035

전선 접속 시 사용되는 슬리브(Sleeve)의 종류가

아닌 것은?

① D형   ② S형

③ E형   ④ P형

해 슬리브의 종류에는 S형(매킹타이어 슬리브), E형(종
단겹침용 슬리브), P형(직선겹침용 슬리브) C형(압착
슬리브) 등이 있다.

036

조명설계 시 고려해야 할 사항 중 틀린 것은?

① 적당한 조도일 것

② 휘도 대비가 높을 것

③ 균등한 광속 발산도 분포일 것

④ 적당한 그림자가 있을 것

해 휘도 대비는 일반적으로 보는 대상물과 그 주위와의 휘도를 비교하는 것으로 휘도대비가 높으면 불쾌하게 느껴진다.

037

수변전 설비 중에서 동력설비 회로의 역률을 개선할 목적으로 사용되는 것은?

① 전력 퓨즈　　② MOF

③ 지락 계전기　　④ 진상용 콘덴서

해 진상용 콘덴서는 전동기나 변압기에서 코일에 흐르는 리액턴스 전류를 상쇄시켜 역률을 개선하는 역할을 한다. 참고로 진상은 전류의 위상이 앞선다는 의미이고, 지상은 전류의 위상이 뒤진다는 의미이다.

038

금속 전선관의 종류에서 후강 전선관 규격[㎜]이 아닌 것은?

① 16　　② 19

③ 28　　④ 36

해 후강(두터울 厚)전선관의 규격에는 16, 22, 28, 36, 42, 54, 70, 82, 92, 104[mm]가 있다. 강도를 요하는 경우나 폭발성, 부식성가스가 있는 장소에 주로 사용하며 관의 호칭은 안지름의 근사값을 짝수로 표시한다.

039

다음 중 300/500[V] 기기 배선용 유연성 단심 비닐절연전선을 나타내는 약호는?

① NFR　　② NFI

③ NR　　④ NRC

해 • 기기 배선용 유연성 단심 비닐절연전선 : NFI
　• 일반용 단심 비닐절연전선 : NR
　• 기기 배선용 단심 비닐절연전선 : NRI
　• 일반용 유연성 비닐절연전선 : NF
　• 고무절연 클로로프렌 외장 네온전선 : NRC

040

접지저항 저감 대책이 아닌 것은?

① 접지봉의 연결개수를 증가시킨다.

② 접지판의 면적을 감소시킨다.

③ 접지극을 깊게 매설한다.

④ 토양의 고유저항을 화학적으로 저감시킨다.

해 접지판의 면적이 넓을 경우 방전면적이 넓어져 대지로의 방전이 쉽게 일어난다.
　접지저항을 줄이기 위한 방법
　• 접지봉의 연결개수를 증가시킨다.
　• 접지극을 깊게 매설한다.
　• 토양의 고유저항을 화학적으로 저감시킨다.
　• 도전율이 양호한 접지 재료를 사용한다.
　• 심타공법, 메쉬 접지법, 매설지선법, 접지극의 병렬 접속법을 이용한다.

041

가공전선로의 지지물에 시설하는 지선은 지표상 몇 [㎝]까지의 부분에 내식성이 있는 것 또는 아연도금을 한 철봉을 사용하여야 하는가?

① 15　　② 20

③ 30　　④ 50

해 지선은 지표상 30[㎝]까지의 부분에 내식성이 있는 것 또는 아연도금을 한 철봉을 사용해야 한다.

042

저압 옥배내선 시설 시 캡타이어 케이블을 조영재의 아랫면 또는 옆면에 따라 붙이는 경우 전선의 지지점 간의 거리는 몇 [m] 이하로 하여야 하는가?

① 1 　　　　　② 1.5
③ 2 　　　　　④ 2.5

🔲 캡타이어 케이블을 조영재의 아랫면 또는 옆면에 따라 붙이는 경우 전선의 지지점 간의 거리는 1[m] 이하로 한다.

043

저압크레인 또는 호이스트 등의 트롤리선을 애자사용 공사에 의하여 옥내의 노출장소에 시설하는 경우 트롤리선의 바닥에서의 최소 높이는 몇 [m] 이상으로 설치하는가?

① 2 　　　　　② 2.5
③ 3 　　　　　④ 3.5

🔲 트롤리선이란 전차나 전기 기관차, 혹은 저압크레인이나 호이스트의 전동기에 전력을 공급하는 전선으로 트롤리선을 애자사용 공사에 의하여 옥내의 노출장소에 시설하는 경우 안전을 위해 트롤리선의 바닥에서의 최소 높이는 3.5[m] 이상으로 설치한다.

044

관을 시설하고 제거하는 것이 자유롭고 점검 가능한 은폐장소에서 가요전선관을 구부리는 경우 곡률 반지름은 2종 가요전선관 안지름의 몇 배 이상으로 하여야 하는가?

① 10 　　　　　② 9
③ 6 　　　　　④ 3

🔲 노출가능 / 점검가능 / 시설 및 제거 자유로운 경우 제2종 가요(可撓)전선관의 곡률 반지름은 관 안지름의 3배 이상으로 한다. (시설 및 제거 부자유/불가능 시에는 6배)
　　(암기법) 삼가요자유 - 2종

045

자가용 전기설비의 보호 계전기의 종류가 아닌 것은?

① 과전류계전기　　　② 과전압계전기
③ 부족전압계전기　　④ 부족전류계전기

🔲 자가용 전기설비의 보호 계전기 주로 전기 계통, 전기 기기의 이상 상태를 신속히 검출 및 제거하여 인명의 안전과 설비보호를 목적으로 하는 계전기를 말하며 과전류계전기, 과전압계전기, 부족전압계전기는 모두 자가용 전기설비의 보호용 계전기라 할 수 있다. 하지만 부족전류계전기(under current relay)는 전류의 크기가 일정치 이하가 되었을 때 동작하는 계전기로 일반적으로 보호 목적보다는 제어목적으로 사용되는 경우가 많다.

046

불연성 먼지가 많은 장소에서 시설할 수 없는 옥내 배선 공사 방법은?

① 금속관 공사
② 금속제 가요 전선관 공사
③ 두께가 1.2[mm] 인 합성수지관 공사
④ 애자 사용 공사

🔲 시멘트 공장, 제분소 등과 같이 불연성 먼지가 많은 장소에서는 먼지가 열 발산을 방해하여 열화가 일어나 절연성능 및 개폐기구 기능이 저하될 우려가 있으므로 저압 옥내 배선공사 시 애자 사용 공사, 두께 2[mm] 이상의 합성수지관 공사, 금속 전선관 공사, 금속제 가요 전선관 공사, 금속 덕트 공사, 버스 덕트 공사 또는 케이블 공사에 의하여 시설한다. 따라서 두께 1.2[mm] 합성수지관 공사는 부적합하다.

047

펜치로 절단하기 힘든 굵은 전선의 절단에 사용되는 공구는?

① 파이프 렌치　　　② 파이프 커터
③ 클리퍼　　　　　④ 와이어 게이지

🔲 굵은 전선 절단에는 클리퍼를 사용한다.

048

연선 결정에 있어서 중심 소선을 뺀 층수가 2층이다. 소선의 총수 N은 얼마인가?

① 45   ② 39

③ 19   ④ 9

해 중심 소선 뺀 층수를 n이라 할 때, 소선의 총수(N)를 구하는 공식
$N = 3n(n + 1) + 1 = 3 \times 2 \times (2 + 1) + 1 = 19$

049

최대사용전압이 70[kV]인 중성점 직접 접지식 전로의 절연내력 시험전압은 몇 [V]인가?

① 35,000[V]   ② 42,000[V]

③ 44,800[V]   ④ 50,400[V]

해 중성점 직접 접지식 전로의 절연내력 시험전압
- 170[kV] 이하 시 사용전압의 0.72배
- 170[kV] 초과 시 사용전압의 0.64배
최대사용전압 70[kV]은 170[kV] 이하이므로,
$70[kV] \times 0.72 = 50.4[kV] = 50,400[V]$

050

교류 차단기에 포함되지 않는 것은?

① GCB   ② HSCB

③ VCB   ④ ABB

해 유입차단기, 가스차단기, 진공차단기, 기중차단기, 공기차단기 등 대부분은 교류차단기이다. GCB는 가스차단기(Gas Circuit Breaker), VCB는 진공차단기(Vacuum Circuit Breaker), ABB는 공기차단기(Air Blast Circuit Breaker)이다. HSCB는 직류 고속 차단기로 교류차단기에 포함되지 않는다.

051

옥내배선 공사 작업 중 접속함에 쥐꼬리 접속을 할 때 필요한 것은?

① 커플링   ② 와이어커넥터

③ 로크너트   ④ 부싱

해 쥐꼬리 접속 시 와이어 커넥터가 필요하다.

052

일반적으로 학교 건물이나 은행 건물 등의 간선의 수용률은 얼마인가?

① 50[%]   ② 60[%]

③ 70[%]   ④ 80[%]

해 학교 건물이나 은행 건물 등의 간선의 수용률은 70[%]이다.

053

사용전압 15[kV] 이하의 특고압 가공전선로의 중성선의 접지선을 중성선으로부터 분리하였을 경우 1[km] 마다의 중성선과 대지 사이의 합성 전기저항값은 몇 [Ω] 이하로 하여야 하는가?

① 30   ② 100

③ 150   ④ 300

해 사용전압 15[kV] 이하 특고압 가공전선로의 중성선의 접지선을 중성선으로부터 분리하였을 경우 1[km] 마다의 중성선과 대지 사이의 합성 전기저항값은 30 [Ω] 이하로 하여야 한다.

054

저압 옥외 전기설비(옥측의 것을 포함한다)의 내염(耐鹽)공사에서 설명이 잘못된 것은?

① 바인드선은 철제의 것을 사용하지 말 것
② 계량기함 등은 금속제를 사용할 것
③ 철제류는 아연도금 또는 방청도장을 실시할 것
④ 나사못류는 동합금(놋쇠)제의 것 또는 아연도금한 것을 사용할 것

해 소금기로 인한 부식이 우려되는 곳에 실시하는 내염(耐鹽)공사에서는 부식방지를 위해 아연도금한 제품 및 부속을 사용하며 계량기함 등은 금속제를 사용하지 않는다.

055

상설 공연장에 사용하는 저압 전기설비 중 이동전선의 사용전압은 몇 [V] 미만이어야 하는가?

① 100[V]   ② 200[V]
③ 400[V]   ④ 600[V]

해 상설 공연장 이동전선 사용전압은 400[V] 이하

056

실내 전반 조명을 하고자 한다. 작업대로부터 광원의 높이가 2.4[m]인 위치에 조명기구를 배치할 때 벽에서 한 기구이상 떨어진 기구에서 기구간의 거리는 일반적인 경우 최대 몇 [m]로 배치하여 설치하는가?

(단, S ≤ 1.5[H]를 사용하여 구하도록 한다.)

① 1.8   ② 2.4
③ 3.2   ④ 3.6

해 S ≤ 1.5[H]의 식이 주어져 있고 광원의 높이 [H]가 2.4이므로 등기구간의 거리(S)는 S ≤ 1.5 × 2.4 S ≤ 3.6 즉, 최대 3.6[m] 이하 간격으로 배치한다.

057

일정 값 이상의 전류가 흘렀을 때 동작하는 계전기는?

① OCR   ② OVR
③ UVR   ④ GR

해 일정 값 이상의 전류(Current)는 "과전류(Over Current)"이므로 일정 값 이상의 전류가 흘렀을 때 동작하는 계전기는 과전류계전기(OCR;Over Current Relay)이다. OVR은 과전압계전기(Over Voltage Relay), UVR은 부족전압계전기(Under Voltage Relay), GR은 지락계전기(Ground Relay)를 뜻한다.

058

철근 콘크리트주에 완금을 고정시키려면 어떤 밴드를 사용하는가?

① 암 밴드   ② 지선밴드
③ 래크밴드   ④ 암타이밴드

해 완금을 철근 콘크리트주에 고정시키는 밴드는 암 밴드이다.

059

해안지방의 송전용 나전선에 가장 적당한 것은?

① 철선   ② 강심알루미늄선
③ 동선   ④ 알루미늄합금선

해 해안지방의 송전용 나전선으로는 염분에 상대적으로 강한 동선이 적당하며 온천지역에서는 동선보다는 강심알루미늄선이 적합하다.

060

수변전 설비에서 차단기의 종류 중 가스 차단기에 들어가는 가스의 종류는?

① CO_2 ② LPG

③ SF_6 ④ LNG

해 **육불화황**(Sulfur Hexaflouride:SF_6)는 전기적 절연성능이 우수해 최적의 전력설비 절연물질로 사용된다. 하지만 SF_6는 대표적인 지구온난화 온실가스로 대기 중 잔존 기간이 3,200년으로 배출량 대비 지구 온난화에 미치는 영향이 매우 크다.

PART
II
전기기기
전기기능사

STEP 01 비(非)계산문제]부터 100% 정복한다!(적중 스피드 CBT 최신기출 문답암기 5회분 300문제)

공식찾기 계산문제!(난이도 별 정리로 한번에 정복한다!) **STEP 02**

전기기기 파트는 비계산문제가 80%를 차지하고 내용도 평이한 수준이므로 반드시 좋은 점수를 받아야하는 파트이다.

동일유형의 문제가 보기를 조금씩 달리하여 매 시험마다 출제되고 있으므로 해설에 포함된 이론 내용을 꼼꼼하게 암기한다면 비슷한 유형의 문제에도 자신있게 대처할 수 있다.

전기기기파트의 공식암기 및 계산문제는 복잡한 이론을 통해 이미 계산된 수치를 암기하여 푸는 문제가 많다. 따라서 무엇을 묻고 있는지를 빠르게 파악하여 암기한 수치를 떠올릴 수 있다면 대부분 빠르게 해결된다. 계산 문제에 너무 부담을 갖지 말자. 전기기기파트의 계산(공식)문제 비중은 불과 20% 약 7점 정도이므로 4문제 중 2문제만 맞추어도 성공이다.

SS1. 80% 이상 차지하는 [비계산문제]와 [공식 찾기]에 중점을 두고 회독 수를 늘려가야 합니다!

전기기기 파트 CBT 기출 분석과 문제 구성

기출	기출 문항수			합계	출제비중	매 회차 출제 문항수
비(非)계산문제	300			300	80%	16문항
공식찾기	19					1문항
계산문제	난이도 하	난이도 중	난이도 상	75	20%	3문항
	25	21	10			

SS2. 비슷한 유형의 문제들이 보기만 살짝 변경하여 출제되므로!

해설을 꼼꼼하게 읽고 기본내용을 반드시 정확히 이해해야 합니다.

SS3. 반복만이 살 길!

처음보실 때는 시간이 걸리더라도 풀이과정 전체를 이해하는 방식으로 공부하시고, 반복하실 때에는 문제의 포인트와 답이 되는 보기만을 연결해서 빠른 속도로 회독 수를 늘려가야 합니다.

" 전기기능사 전기기기 파트는 비계산문제 : 계산문제 80% : 20%입니다 "

적중 스피드 CBT 최신기출 문답암기 1회

001

농형 유도 전동기의 기동법이 아닌 것은?

① 전전압기동법

② 저저항 2차 권선기동법

③ 기동보상기법

④ Y − △ 기동법

🔧 농형 유도전동기는 전전압 기동법, Y − △ 기동법,
기동보상기에 의한 기동법, 리엑터 기동법,
1차 저항기동법 등을 사용하며, 권선형 유도전동기는
2차 저항기동법을 사용한다.

암기법 농형 보리일전와델

002

실리콘 제어 정류기(SCR)에 대한 설명으로
적합하지 않은 것은?

① 정류 작용을 할 수 있다.

② P − N − P − N 구조로 되어 있다.

③ 정방향 및 역방향의 제어 특성이 있다.

④ 인버터 회로에 이용될 수 있다.

🔧 실리콘 제어 정류기(SCR) 역방향(역저지, 역병렬)
제어 특성의 단방향성 3단자 사이리스터 (Thyristor)
이다.

003

유도 전동기의 회전자에 슬립 주파수의 전압을
공급하여 속도 제어를 하는 것은?

① 2차 저항법

② 2차 여자법

③ 자극수 변환법

④ 인버터 주파수 변환법

🔧 2차여자법은 회전자 기전력과 같은 주파수의 적당 크
기와 위상의 전압을 외부에서 가해주는 속도제어법이
다. 권선형 전동기에 한해 이용된다.

004

동기 전동기의 전기자 전류가 최소일 때 역률은?

① 0.5

② 0.707

③ 0.866

④ 1.0

🔧 역률이란 전압(유기기전력)과 전류(전기자 전류)의
위상차를 말한다. 아래의 동기 전동기의
특성곡선(V곡선)을 보면, 일정한 단자전압과 출력
하에서 계자 전류(I_f)를 변화시키면 역률이 진상 또는
지상으로 변화하는 것을 알 수 있다. 전기자 전류가
최소일 때는 역률이 1일 때이다.

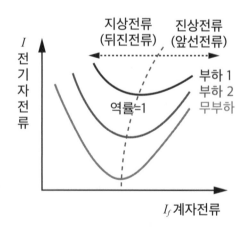

동기전동기 특성곡선(V곡선)

005

단상 전파 정류 회로에서 교류 입력이 100[V]이면 직류 출력은 약 몇 [V]인가?

① 45

② 67.5

③ 90 ✓

④ 135

해 단상 전파 정류회로 직류출력은 $E_d = 0.9E$[V]
(E : 교류입력)

006

기동 토크가 대단히 작고 역률과 효율이 낮으며 전축, 선풍기 등 수 [kW] 이하의 소형 전동기에 널리 사용되는 단상 유도 전동기는?

① 반발 기동형

② 세이딩 코일형 ✓

③ 모노사이클릭형

④ 콘덴서형

해 세이딩 코일형 전동기의 특징
- 전력손실이 커서 효율과 역률, 속도변동율이 모두 낮다.
- 기동토크가 매우 작기 때문에 가정용 선풍기, 헤어 드라이어 등 소용량에만 사용된다.
- 역회전이 불가하다.

007

직류 전동기의 최저 절연저항 값은?

① $\dfrac{정격전압[V]}{1000 + 정격출력[kW]}$ ✓

② $\dfrac{정출력압[V]}{1000 + 정격입력[kW]}$

③ $\dfrac{정격입력[V]}{1000 + 정격전압[kW]}$

④ $\dfrac{정격전압[V]}{1000 + 정격입력[kW]}$

해 직류 전동기의 최저 절연저항 값
$= \dfrac{정격전압[V]}{1000 + 정격출력[kW]}$

008

농형 회전자에 비뚤어진 홈을 쓰는 이유는?

① 출력을 높인다.

② 회전수를 증가시킨다.

③ 소음을 줄인다. ✓

④ 미관상 좋다.

해 비뚤어진 홈 → 소음감소

009

직류 전동기의 속도 제어 방법 중 속도 제어가 원활하고 정 토크 제어가 되며 운전 효율이 좋은 것은?

① 계자제어

② 병렬 저항제어

③ 직렬 저항제어

④ 전압제어 ✓

해 직류 전동기 속도제어법에는 전압제어법, 계자제어법, 저항제어법이 있는데 이 중 속도 제어가 원활하고 정 토크 제어가 되며 운전 효율이 좋아 가장 광범위하게 이용되는 것은 전압제어법이다. 저항제어법은 효율이 나쁘다.

010

동기 전동기를 송전선의 전압 조정 및 역률 개선에 사용한 것을 무엇이라 하는가

① 동기 이탈

② 동기 조상기 ✓

③ 댐퍼

④ 제동권선

해 송전선로에서 부하변동에 의한 전압변동을 조정하여 수전단(받는 쪽) 전압을 일정하게 유지시켜 주는 설비를 조상설비라 한다. 한편 동기전동기를 사용하면 무부하 상태에서 여자전류를 가감하여 과여자 시 진상전류, 부족여자 시 지상전류가 되는 특성이 있는데 이러한 동기전동기의 특성을 이용하여 전력계통의 전압조정 및 역률개선에 사용하는 것이 동기조상기이다.

011

변압기의 자속에 관한 설명으로 옳은 것은?

① 전압과 주파수에 반비례한다.

② 전압과 주파수에 비례한다.

③ 전압에 반비례하고 주파수에 비례한다.

④ 전압에 비례하고 주파수에 반비례한다.

해 변압기의 자속은 전압에 비례하고 주파수에 반비례한다.

012

직류전동기 운전 중에 있는 기동 저항기에서 정전이 되거나 전원 전압이 저하되었을 때 핸들을 기동 위치에 두어 전압이 회복될 때 재기동할 수 있도록 역할을 하는 것은?

① 무전압계전기   ② 계자제어기

③ 기동저항기   ④ 과부하개방기

해 무전압계전기(No Voltage Relay)에 대한 설명이다. 정전이 되거나 전원 전압이 저하되었을 때 핸들을 기동 위치에 두어 전압이 회복될 때 재기동할 수 있도록 역할

013

직류전동기의 전기자에 가해지는 단자전압을 변화하여 속도를 조정하는 제어법이 아닌 것은?

① 워드 레오나드 방식   ② 일그너 방식

③ 직·병렬 제어   ④ 계자 제어

해 워드레오나드 방식, 일그너 방식, 직병렬 제어는 전압 제어를 통해 속도를 조절하는 방법이지만 계자제어는 말그대로 계자의 자속값을 조절하여 속도를 제어하는 방법이다.

014

다음 중 거리 계전기의 설명으로 틀린 것은?

① 전압과 전류의 크기 및 위상차를 이용한다.

② 154[kV] 계통 이상의 송전선로 후비 보호를 한다.

③ 345[kV] 변압기의 후비 보호를 한다.

④ 154[kV] 및 345[kV] 모선 보호에 주로 사용한다.

해 ② 154[kV] 계통 이상 또는 345[kV] 변압기 및 송전선로 후비 보호에 사용되며 모선보호에는 주로 비율차동계전기가 많이 쓰인다.

015

다음 중 턴오프(소호)가 가능한 소자는?

① GTO   ② TRIAC

③ SCR   ④ LASCR

해 소호가능소자 → GTO [Gate turn off]
(자기소호기능이 없는 SCR의 단점을 보완한 것이다.)

016

3상 유도전동기의 회전원리를 설명한 것 중 틀린 것은?

① 회전자의 회전속도가 증가하면 도체를 관통하는 자속수는 감소한다.

② 회전자의 회전속도가 증가하면 슬립도 증가한다.

③ 부하를 회전시키기 위해서는 회전자의 속도는 동기속도 이하로 운전되어야 한다.

④ 3상 교류전압을 고정자에 공급하면 고정자 내부에서 회전 자기장이 발생된다.

해 슬립은 동기속도에 대한 동기속도와 회전자속도의 차이를 말한다.

$$S = \frac{N_s - N}{N_s} = \frac{동기속도 - 회전자속도}{동기속도}$$

이 식에서 회전자속도가 커질수록 슬립은 작아지는 것을 알 수 있다.

017

직류 분권발전기를 동일 극성의 전압을 단자에

인가하여 전동기로 사용하면?

①✓ 동일 방향으로 회전한다.

② 반대 방향으로 회전한다.

③ 회전하지 않는다.

④ 소손된다.

해 직류발전기와 직류 전동기(모터)는 구조가 동일하다. 직류 분권발전기를 동일 극성의 전압을 인가하여 분권 전동기로 사용하면 플레밍의 왼손법칙에 의해 전류의 방향만 반대가 되고 동일 방향으로 회전한다.

018

변압기 절연물의 열화 정도를 파악하는

방법으로서 적절하지 않은 것은?

① 유전정접

② 유중가스분석

③✓ 접지저항측정

④ 흡수전류나 잔류전류측정

해 접지저항측정은 절연물 열화 정도 파악과 관계 없다.
    Tip 변압기 절연물 열화는 유유흡잔으로 파악!

019

복권 발전기의 병렬 운전을 안전하게 하기 위해서

두 발전기의 전기자와 직권 권선의 접촉점에

연결해야 하는 것은?

①✓ 균압선   ② 집전환

③ 안정저항   ④ 브러시

해 두 복권 발전기 병렬운전 안전을 위해 전기자와 직권 권선 접촉점에 균압선을 연결한다.

020

E종 절연물의 최고 허용온도는 몇 ℃인가?

① 40   ② 60

③✓ 120   ④ 125

해 절연물의 종별 허용온도는 다음과 같다.

절연 종별	Y종	A종	E종	B종	F종	H종	C종
허용 온도	90도	105도	120도	130도	155도	180도	180도 초과

021

변압기유의 열화방지와 관계가 가장 먼 것은?

① 브리더   ② 컨서베이터

③ 불활성 질소   ④✓ 부싱

해 브리더는 변압기의 호흡작용으로 인해 유입되어 절연 내력을 저하시키는 습기를 흡수하는 장치이다. 컨서베이터는 변압기 절연유 탱크 위에 위치하고 유면 위에 불활성 질소를 넣어 절연유가 공기와 접촉하여 열화되는 것을 방지한다. 하지만 부싱은 마찰하는 부위에 끼워 마찰에너지를 감소시키고 충격으로 볼트 등이 마모되거나 헐거워지는 것을 방지하는 부품으로 변압기유의 열화방지와는 관계가 멀다.

022

급정지 하는데 가장 좋은 제동법은?

① 발전제동   ② 회생제동

③ 단상제동   ④✓ 역전제동

해 직류전동기의 제동 중 전원을 접속한 채로 전기자의 접속을 바꿔 회전방향과 반대의 토크를 일으켜 급제동시키는 것을 역전제동[plugging , counter − current braking , 逆轉制動]이라 한다.

023

8극 파권 직류발전기의 전기자 권선의 병렬 회로수 a는 얼마로 하고 있는가?

① 1
② 2
③ 6
④ 8

🔟 전기자 권선 감는 방법은 병렬권인 중권과 직렬권인 파권으로 나뉜다. 어떠한 경우라도 파권은 병렬회로수가 2라는 것을 기억한다.

초빈출
024

3상 유도전동기의 회전방향을 바꾸기 위한 방법으로 가장 옳은 것은?

① △ - Y 결선으로 결선법을 바꾸어 준다.
② 전원의 전압과 주파수를 바꾸어 준다.
③ 전동기의 1차 권선에 있는 3개의 단자 중 어느 2개의 단자를 서로 바꾸어 준다.
④ 기동 보상기를 사용하여 권선을 바꾸어 준다.

025

직류를 교류로 변환하는 기기는?

① 변류기
② 정류기
③ 초퍼
④ 인버터

🔟 직류를 교류로 → 인버터, 교류를 직류로 → 컨버터, 직 - 교 인버터 / 교 - 직 컨버터
〔암기법〕 직교인, 교직컨

026

다음 중 변압기의 원리와 관계있는 것은?

① 전기자 반작용
② 전자 유도 작용
③ 플레밍의 오른손 법칙
④ 플레밍의 왼손 법칙

🔟 변압기는 1차측에서 유입된 전력을 전자유도작용에 의해 전압을 변성하여 2차측에 공급하는 기기로 변압기에 의한 전압의 변성은 전자 유도작용과 관계가 있다.

027

2대의 동기 발전기가 병렬운전하고 있을 때 동기화 전류가 흐르는 경우는?

① 기전력의 크기에 차가 있을 때
② 기전력의 위상에 차가 있을 때
③ 부하분담에 차가 있을 때
④ 기전력의 파형에 차가 있을 때

🔟 동기발전기의 병렬운전 조건은 주·파·크·위상 모두 해당하나 동기화 전류가 흐르는 경우는 기전력의 위상 차가 있을 때이다.

028

3상 유도전동기의 슬립의 범위는?

① $0 < S < 1$
② $-1 < S < 0$
③ $1 < S < 2$
④ $0 < S < 2$

🔟 유도전동기의 슬립 범위는 0과 1사이이다.

029

직류 발전기 전기자의 구성으로 옳은 것은?

① 전기자 철심, 정류자
② 전기자 권선, 전기자 철심
③ 전기자 권선, 계자
④ 전기자 철심, 브러시

🔟 직류 발전기 전기자는 전기자 권선과 전기자 철심으로 구성되어 있다.
〔암기법〕 직류 발전기 전기자는 권철!

030

동기조상기를 과여자로 사용하면?

① 리액터로 작용
② 저항손의 보상
③ 일반부하의 뒤진 전류 보상
④ 콘덴서로 작용

해 과여자(앞선 여자) → 콘덴서로 작용
부족여자 → 리액터로 작용
[암기법] 앞선여자 → (춤추는) (콘)댄서!
부족여자 → 반응한다.(리액터)

031

단상 전파 정류회로에서 직류 전압의 평균값으로
가장 적당한 것은? (단, E는 교류 전압의 실효값)

① 1.35E[V]　　　　② 1.17E[V]
③ 0.9E[V]　　　　④ 0.45E[V]

해 Ed = 0.9E[V]인 회로는 단상 전파 정류회로이고,
Ed = 0.45E[V]인 회로는 단상 반파 정류회로이다.

032

보극이 없는 직류기 운전 중 중성점의 위치가
변하지 않는 경우는?

① 과부하　　　　② 전부하
③ 중부하　　　　④ 무부하

해 보극은 전기자 반작용을 막아주는 역할을 하는데
무부하 상태에서는 전기자 전류가 없으므로 보극이
없어도 중성점의 위치가 변하지 않는다.

033

3상 동기기에 제동 권선을 설치하는 주된 목적은?

① 출력증가　　　　② 효율증가
③ 역률개선　　　　④ 난조방지

해 동기기에 제동권선(Damper Winding)은 회전자 표면
에 특수한 바(bar)를 넣고 각 끝을 단락시켜 난조
(Hunting)를 방지하고 고른 회전을 유지시킨다.

034

동기조상기를 부족여자로 운전하면 어떻게
되는가?

① 콘덴서로 작용　　　② 뒤진역률 보상
③ 리액터로 작용　　　④ 저항손의 보상

해 부족여자는 리액터로 작용, 앞선 여자는 콘덴서로
작용
[암기법] 앞선여자(춤추는) (콘)댄서! 부족여자반응
한다.(리액터)

035

변압기 내부 고장 보호에 쓰이는 계전기로서 가장
적당한 것은?

① 차동계전기　　　　② 접지계전기
③ 과전류계전기　　　④ 역상계전기

해 변압기 내부 고장 보호에 쓰이는 계전기 : 부흐홀쯔,
비율차동, 차동계전기
[암기법] 부 – 비 – 차 마시고 (변비예방?) 변압기 고장
보호 하자!

036

3상 동기 발전기에 무부하 전압보다 90도 뒤진
전기자 전류가 흐를 때 전기자 반작용은?

① 감자작용을 한다.

② 증자작용을 한다.

③ 교차 자화 작용을 한다.

④ 자기 여자 작용을 한다.

해 동기 발전기에서 전류의 위상이 앞서는(진상) 경우
증자작용, 뒤지는(지상) 경우 감자작용
[암기법] 발전기 – 뒤진 감자

037

전기자 전압을 전원 전압으로 일정히 유지하고, 계자 전류를 조정하여 자속 ϕ[Wb]를 변화시킴으로써 속도를 제어하는 제어법은?

① 계자제어법 ② 전기자전압제어법
③ 저항제어법 ④ 전압제어법

해 계자 전류를 조정하여 자속을 변화시켜 속도를 제어하는 계자제어법

038

각각 계자 저항기가 있는 직류분권 전동기와 직류분권 발전기가 있다. 이것을 직렬하여 전동발전기로 사용하고자 한다. 이것을 기동할 때 계자 저항기의 저항은 각각 어떻게 조정하는 것이 가장 적합한가?

① 전동기 : 최대, 발전기 : 최소
② 전동기 : 중간, 발전기 : 최소
③ 전동기 : 최소, 발전기 : 최대
④ 전동기 : 최소, 발전기 : 중간

해 전동기와 발전기 직렬로 연결하여 계자 전류를 크게 하기 위해서는 계자저항기 저항을 전동기는 최소, 발전기는 최대로 조정한다.
  암기법 전소발대

039

농형유도 전동기의 기동법이 아닌 것은?

① 기동보상기에 의한 기동법
② 2차 저항기법
③ 리액터 기동법
④ Y − △ 기동법

해 농형 유도 전동기 기동법에는 기동보상 기동법, 리액터 기동법, Y − △ 기동법, 전 전압 기동법 등이 있으나 2차 저항기법은 없다.

동기발전기를 병렬 운전하는데 필요한 조건이 아닌 것은?

① 기전력의 파형이 작을 것
② 기전력의 위상이 같을 것
③ 기전력의 주파수가 같을 것
④ 기전력의 크기가 같을 것

해 발전기 병렬운전을 위해서는 기전력의 주파수, 파형, 크기, 위상이 모두 같아야 한다.
  Tip 주파크위상

041

제어 정류기의 용도는?

① 교류 − 교류 변환 ② 직류 − 교류 변환
③ 교류 − 직류 변환 ④ 직류 − 직류 변환

해 제어 정류기는 교류를 직류로 변환하는 용도이다.
  암기법 교직 정류기!

단락비가 큰 동기 발전기를 설명하는 것으로 옳지 않은 것은?

① 동기 임피던스가 작다.
② 단락전류가 크다.
③ 전기자 반작용이 크다.
④ 공극이 크고 전압 변동률이 작다.

해 단락비란 동기발전기의 성능지표로 부하 측을 단락했을 때와 개방했을 때 각각 정격전류와 정격전압을 가지게 하는 계자전류의 비율을 말한다. 단락비가 크다는 의미는 다음과 같다.

• 동기 임피던스가 작다.	• 단락전류가 크다.
• 전기자 반작용이 작다.	• 전압강하가 작다.
• 안정도가 높다.	• 공극이 크다.
• 전압변동률이 작다.	• 계자철심이 크고 발전기가 대형이다.

043

변압기의 여자 전류가 일그러지는 이유는 무엇 때문인가?

① 와류(맴돌이 전류) 때문에

② 자기 포화와 히스테리시스 현상 때문에

③ 누설 리액턴스 때문에

④ 선간 정전용량 때문에

해 변압기의 여자 전류는 자기 포화와 히스테리시스 현상 때문에 일그러진다.

044

다음 중 기동 토크가 가장 큰 전동기는?

① 분상기동형　　　② 콘덴서모터형

③ 셰이딩코일형　　④ 반발기동형

해 토크가 큰 것부터 반발기동형 > 콘덴서기동형 > 분상기동형 > 셰이딩코일형 순이다.

암기법 반콘분세

045

직류 전동기의 제어에 널리 응용되는 직류 - 직류 전압제어장치는?

① 인버터　　　　　② 컨버터

③ 초퍼　　　　　　④ 전파정류

해 직류 전동기의 제어에 널리 응용되는 직류 - 직류 전압제어장치는 초퍼이다.

암기법 찍찍초초! 초퍼!

046

직류 전동기의 속도 제어에서 자속을 2배로 하면 회전수는?

① 1/2로 줄어든다.　　② 변함이 없다.

③ 2배로 증가한다.　　④ 4배로 증가한다.

해 직류 전동기에서 자속은 회전수에 반비례하므로 자속을 2배로 하면 회전수는 1/2로 줄어든다.

047

동기 전동기에 대한 설명으로 옳지 않은 것은?

① 정속도 전동기로 비교적 회전수가 낮고 큰 출력이 요구되는 부하에 이용된다.

② 난조가 발생하기 쉽고 속도제어가 간단하다.

③ 전력계통의 전류세기, 역률 등을 조정할 수 있는 동기조상기로 사용된다.

④ 가변 주파수에 의해 정밀속도 제어 전동기로 사용된다.

해 동기전동기는 난조가 발생하기 쉽고 속도 제어가 어렵다.

048

다중 중권의 극수 P인 직류기에서 전기자 병렬 회로수 a는 어떻게 되는가?

① a = P　　　　　② a = 2

③ a = 2P　　　　④ a = 3P

해 중권 병렬 회로수 a = P

비교 파권 병렬 회로수 2

049

3상 유도 전동기의 공급 전압이 일정하고 주파수가 정격 값보다 수 [%] 감소할 때 다음 현상 중 옳지 않은 것은?

① 동기 속도가 감소한다.

② 철손이 증가한다.

③ 누설 리액턴스가 증가한다.

④ 역률이 나빠진다.

해 주파수 감소 시 동기속도 감소, 철손 증가, 역률 나빠지고 누설 리액턴스는 감소한다.

동기 전동기에서 난조를 방지하기 위하여

자극면에 설치하는 권선을 무엇이라 하는가?

① 제동권선 ② 계자권선

③ 전기자권선 ④ 보상권선

해 난조방지 → 제동권선

051

변압기유로 쓰이는 절연유에 요구되는 성질이

아닌 것은?

① 점도가 클 것

② 비열이 커 냉각 효과가 클 것

③ 절연재료 및 금속재료에 화학작용을 일으키지

　않을 것

④ 인화점이 높고 응고점이 낮을 것

해 점도는 끈적끈적한 정도로 변압기 절연유는 점도가
　낮아야 한다.

052

교류 동기 서보 모터에 비하여 효율이 훨씬 좋고

큰 토크를 발생하여 입력되는 각 전기 신호에

따라 규정된 각도만큼씩 회전하며 회전자는 축

방향으로 자화된 영구 자석으로서 보통 50개

정도의 톱니로 만들어져 있는 것은?

① 전기 동력계 ② 유도 전동기

③ 직류스테핑모터 ④ 동기전동기

해 직류스테핑모터(DC stepping motor)는 서보 모터보
　다 효율이 훨씬 좋고 큰
　토크를 내며, 축 방향으
　로 자화된 영구 자석으
　로 보통 50개 정도의
　톱니로 만들어져 있다.

50개 정도의 톱니

직류스테핑모터

053

직류 전동기의 회전 방향을 바꾸는 방법으로 옳은

것은?

① 전기자 회로의 저항을 바꾼다.

② 전기자 권선의 접속을 바꾼다.

③ 정류자의 접속을 바꾼다.

④ 브러시의 위치를 조정한다.

해 직류 전동기에서는 전기자 권선의 접속을 바꾸면
　전기자 전류의 방향이 바뀌어져 반대방향으로 회전한
　다. 하지만 전원의 극성을 바꾸면 전기자 전류와 계자
　전류의 방향이 모두 바뀌게 되어 전동기의 회전방향
　이 바뀌지 않는다. 즉, 직류 전동기의 회전 방향을
　바꾸려면 전기자와 계자 전류 중 하나의 방향만 바뀌
　어야 한다.

054

동기 전동기를 자기 기동법으로 기동시킬 때 계자

회로는 어떻게 하여야 하는가?

① 단락시킨다. ② 개방시킨다.

③ 직류를 공급한다. ④ 단상교류를 공급한다.

해 계자권선을 연결한 채 전원을 가할 시에는 계자 회로
　가 전기자 회전 자계를 끊고 고전압을 유기하여 회로
　가 망가질 수 있으므로 반드시 계자회로는 저항을
　통해 단락시킨다.

055

직류 복권 발전기를 병렬 운전할 때 반드시

필요한 것은?

① 과부하 계전기

② 균압선

③ 용량이 같을 것

④ 외부특성 곡선이 일치할 것

해 균압선은 직류발전기의 병렬운전 조건 중 하나로 직
　권이 포함된 직권발전기와 복권(평복권, 과복권) 발전
　기는 병렬연결을 하려면 균압선이 필요하다.

056

유도 전동기에 대한 설명 중 옳은 것은

① 유도 발전기일 때의 슬립은 1보다 크다.

② 유도 전동기의 회전자 회로의 주파수는 슬립에 반비례한다.

③ 전동기 슬립은 2차 동손을 2차 입력으로 나눈 것과 같다.

④ 슬립은 크면 클수록 2차 효율은 커진다.

🖩 ① 발전기로 동작 시 슬립은 음수이다.

② 유도 전동기 회전자 회로의 주파수는 슬립에 비례한다.

③ $P_{c2} = sP_2$ $s = \dfrac{P_{c2}}{P_2}$ 이므로 슬립은 2차 동손 (P_{c2})을 2차 입력(P_2)으로 나눈 것과 같다.

④ $\eta_2 = 1 - s$ 이므로 슬립은 크면 클수록 2차 효율은 작아진다.

057

동기 전동기의 특징으로 잘못된 것은?

① 일정한 속도로 운전이 가능하다.

② 난조가 발생하기 쉽다.

③ 역률을 조정하기 힘들다.

④ 공극이 넓어 기계적으로 견고하다.

🖩 동기전동기의 장점

• 역률이 좋으며 조절 가능하다.

• 효율이 좋다.

• 출력이 크다.

• 속도가 일정하다. (슬립 = 0)

• 공극이 넓어 기계적으로 견고하다.

058

계자 권선이 전기자와 접속되어 있지 않은 직류기는?

① 직권기　　　　　② 분권기

③ 복권기　　　　　④ 타여자기

🖩 직류기에는 자여자기인 직권기, 분권기, 복권기와 타여자기로 나눈다. 자여자기는 별도 전원 없이 계자권선이 전기자와 접속되어 자기력선속을 발생시키는데 반해, 타여자기는 여자 전류를 외부에서 공급받는 방식으로 권선계자와 전기자가 연결되어 있지 않다.

059

용량이 작은 변압기의 단락 보호용으로 주 보호방식으로 사용되는 계전기는?

① 차동전류 계전 방식　　② 과전류 계전 방식

③ 비율차동 계전 방식　　④ 기계적 계전 방식

🖩 용량이 작은 변압기의 단락 보호용으로 주 보호방식으로 사용되는 계전기는 과전류 계전방식이며 용량이 큰 변압기 내부고장 보호용으로는 비율 차동 계전기가 사용된다.

초빈출
060

부흐홀츠 계전기의 설치 위치는?

① 변압기 본체와 콘서베이터 사이

② 콘서베이터 내부

③ 변압기의 고압측 부싱

④ 변압기 주탱크 내부

🖩 부흐홀츠 계전기는 변압기 본체와 콘서베이터 사이에 설치한다.

적중 스피드 CBT 최신기출 문답암기 2회

001

유도전동기의 슬립을 측정하는 방법으로 옳은 것은?

① 전압계법　　　　② 전류계법

③ 평형 브리지법　　④ 스트로보법 ✓

🖩 유도전동기의 슬립 측정 방법에는 DC볼트미터법, 수화기법, <u>스트로보법</u> 등이 있다.

002

다음 정류 방식 중에서 맥동 주파수가 가장 많고 맥동률이 가장 작은 정류 방식은 어느 것인가?

① 단상 반파식　　　② 단상 전파식

③ 3상 반파식　　　④ 3상 전파식 ✓

🖩 3상 전파식은 맥동률이 4[%]로 보기 중 맥동 주파수가 가장 많고 맥동률은 가장 작은 정류 방식이다.

초빈출
003

다음 중 단락비가 큰 동기 발전기를 설명하는 것으로 옳은 것은?

① 동기 임피던스가 작다. ✓

② 단락 전류가 작다.

③ 전기자 반작용이 크다.

④ 전압변동률이 크다.

🖩 단락비란 동기발전기의 성능지표로 부하 측을 단락했을 때와 개방했을 때 각각 정격전류와 정격전압을 가지게 하는 계자전류의 비율을 말한다. <u>단락비가 크다</u>는 의미는 다음과 같다.

- 동기 임피던스가 작다. · 단락전류가 크다.
- 전기자 반작용이 작다. · 전압강하가 작다.
- 안정도가 높다. · 공극이 크다.
- 전압변동률이 작다. · 계자철심이 크고 발전기가 대형이다.

004

직류발전기의 정류를 개선하는 방법 중 틀린 것은?

① 코일의 자기 인덕턴스가 원인이므로 접촉저항이 작은 브러시를 사용한다. ✓

② 보극을 설치하여 리액턴스 전압을 감소시킨다.

③ 보극 권선은 전기자 권선과 직렬로 접속한다.

④ 브러시를 전기적 중성축을 지나서 회전방향으로 약간 이동시킨다.

🖩 정류개선 → 접촉저항 큰 브러시 사용

005

직류 발전기 중 무부하 전압과 전부하 전압이 같도록 설계된 직류 발전기는?

① 분권 발전기　　　② 직권 발전기

③ 평복권 발전기 ✓　④ 차동복권 발전기

🖩 평복권 발전기는 무부하 전압과 전부하 전압이 같도록 설계된 직류 발전기이다.

(암기법) <u>무전같다 무전평!</u>

006

동기발전기의 공극이 넓을 때의 설명으로 잘못된 것은?

① 안정도 증대　　　② 단락비가 크다.

③ 여자전류가 크다.　④ 전압변동이 크다. ✓

🖩 공극은 고정자와 회전자 사이의 공간으로 <u>공극이 넓으면</u> 전기자에서 발생한 자장이 계자권선쪽으로 넘어가기 힘들기 때문에 <u>전기자 반작용이 작아지고 안정도는 증대된다.</u> 또한 <u>단락비와 여자전류는 커지며 전압변동률은 작아진다.</u>

007

동기 발전기의 병렬운전 중에 기전력의 위상차가 생기면?

① 위상이 일치하는 경우보다 출력이 감소한다.

② 부하 분담이 변한다.

③ 무효 순환전류가 흘러 전기자 권선이 과열된다.

④ 동기화력이 생겨 두 기전력의 위상이 동상이 되도록 작용한다.

해 동기 발전기의 병렬운전 중에 기전력의 위상차가 생기면 동기화력이 생겨 두 기전력의 위상이 동상이 되도록 작용한다.

Tip 동기 발전기 병렬운전 조건 [주파크위상 같을 것]을 생각하면 쉽다.

008

반송보호 계전방식의 이점을 설명한 것으로 맞지 않는 것은?

① 다른 방식에 비해 장치가 간단하다.

② 고장 구간의 고속도 동시 차단이 가능하다.

③ 고장 구간의 선택이 확실하다.

④ 동작을 예민하게 할 수 있다.

해 반송보호 계전방식은 고장 구간 선택이 확실하여 동작을 예민하게 할 수 있으며, 고장 고간의 고속도 동시 차단 가능하다. 하지만 다른 방식에 비해 장치가 다소 복잡하다.

009

직류기에서 전기자 반작용을 방지하기 위한 보상권선의 전류 방향은 어떻게 되는가?

① 전기자 권선의 전류방향과 같다.

② 전기자 권선의 전류방향과 반대이다.

③ 계자권선의 전류 방향과 같다.

④ 계자권선의 전류 방향과 반대이다.

해 전기자 반작용 방지를 위한 보상권선 방향은 전기자 권선 전류방향과 반대이다.

010

단락비가 큰 동기기에 대한 설명으로 옳은 것은?

① 기계가 소형이다.　　② 안정도가 높다.

③ 전압 변동률이 크다.　④ 전기자 반작용이 크다.

해 단락비가 큰 동기기의 특징
  • 안정도가 높다.
  • 전압변동률이 작다.
  • 전기자 반작용이 작다.(동기 임피던스가 작다)
  • 동(구리)의 함량보다 철의 함량이 많다. (주로 대형의 철기계다)

011

속도를 광범위하게 조정할 수 있으므로 압연기나 엘리베이터 등에 사용되는 직류 전동기는?

① 직권 전동기　　　② 분권 전동기

③ 타여자 전동기　　④ 가동 복권 전동기

해 직류전동기는 여자방식에 따라 자여자인 직권, 분권, 복권 전동기와 타여자 전동기로 나눈다.
  타여자 전동기는 전원의 극성을 반대로 하면 회전방향을 바꿀 수 있고, 속도를 광범위하게 조정할 수 있어 압연기나 엘리베이터 등에 사용된다.
  암기법 엘리베이터 타!여자

012

3상 동기 전동기의 특징이 아닌 것은?

① 부하의 변화로 속도가 변하지 않는다.

② 부하의 역률을 개선할 수 있다.

③ 전부하 효율이 양호하다.

④ 공극이 좁으므로 기계적으로 견고하다.

해 동기전동기의 장점
  • 역률이 좋으며 조절 가능하다.
  • 효율이 좋다.
  • 출력이 크다.
  • 속도가 일정하다. (슬립 = 0)
  • 공극이 넓어 기계적으로 견고하다.

013

동기 발전기의 병렬운전에 필요한 조건이 아닌 것은?

① 기전력의 주파수가 같을 것

② 기전력의 크기가 같을 것

③ 기전력의 용량이 같을 것 ✓

④ 기전력의 위상이 같을 것

해 발전기 병렬운전을 위해서는 기전력의 주파수, 파형, 크기, 위상 모두 같아야 한다.

Tip 주파크위상 같을 것!

014

유도 전동기에서 비례추이를 적용할 수 없는 것은?

① 토크   ② 1차 전류

③ 부하 ✓   ④ 역률

해 비례추이 적용 가능한 것은, 역률 전류(1차, 2차), 토크

Tip 역전토크에는 비례추이 적용 가능!
효율, 출력, 부하, 동손(2차)에는 적용 불가능

015

유도 전동기에서 원선도 작성 시 필요하지 않은 시험은?

① 무부하시험   ② 구속시험

③ 저항측정   ④ 슬립측정 ✓

해 원선도 작성 시 무부하 시험, 구속시험, 저항측정이 필요하다.

암기법 원선도 → 무구저!

016

동기 전동기를 송전선의 전압 조정 및 역률 개선에 사용한 것을 무엇이라 하는가?

① 동기이탈   ② 동기조상기 ✓

③ 댐퍼   ④ 제동권선

해 동기조상기 → 과여자 또는 부족여자로 운전하여 → 역률개선에 사용

017

다음 중 변압기의 원리와 가장 관계가 있는 것은?

① 전자유도 작용 ✓   ② 표피 작용

③ 전기자 반작용   ④ 편자 작용

해 변압기의 원리는 전자유도 작용과 가장 관계가 있다. 변압기는 전자기 유도 현상을 이용하여 회로 사이에 에너지를 전달하는 장치로 보통 교류 전압을 변환할 때 사용한다. 변압기에는 하나의 철심이 있는데 이 철심은 코일에서 형성된 자기력선을 모아서 다른 코일로 전달하는 역할을 한다. 여기에 전기적으로 분리된 두 개의 코일이 감겨 있으며 한쪽 코일에 교류 전류를 흘리면, 철심 내의 자기선속의 변화가 발생하고 패러데이의 전자기 유도 법칙에 따라 각 코일에 유도 기전력이 발생하여 다른 쪽 코일에 교류 전류가 흐르게 되며, 이와 연결된 장치에 전기에너지가 전달되는 원리이다.

018

다음 중 자기 소호 제어용 소자는?

① SCR   ② TRIAC

③ DIAC   ④ GTO ✓

해 소호능력이란 아크발생을 없애주는 능력으로 자기 소호 능력을 가진 소자에는 GTO(Gate turn off)소자가 해당된다.

019

고장 시의 불평형 차전류가 평형 전류의 어떤 비율 이상으로 되었을 때 동작하는 계전기는?

① 과전압 계전기　　② 과전류 계전기

③ 전압 차동 계전기　④ 비율 차동 계전기 ✓

🖎 어떤 비율 이상으로 되었을 때 동작!
　→ 비율 차동 계전기

020

변압기 내부 고장 시 발생하는 기름의 흐름변화를 검출하는 브흐홀츠 계전기의 설치위치로 알맞은 것은?

① 변압기 본체

② 변압기의 고압측 부싱

③ 컨서베이터 내부

④ 변압기 본체와 컨서베이터를 연결하는 파이프 ✓

021

전압을 일정하게 유지하기 위해서 이용되는 다이오드는?

① 발광 다이오드　　② 포토 다이오드

③ 제너 다이오드 ✓　④ 바리스터 다이오드

🖎 전압 일정 유지 → 제너 다이오드

022

단상 유도 전동기의 기동 방법 중 기동 토크가 가장 큰 것은?

① 반발 기동형 ✓　　② 분상 기동형

③ 반발 유도형　　　④ 콘덴서 기동형

🖎 단상 유도전동기 토크 크기 순서
　큰 것부터 반발 기동형 → 반발 유도형 → 콘덴서 기동형 → 분상 기동형 → 셰이딩 코일형 순이다.
　[암기법] 토크 크기순서 - 반콘분세

023

직류기의 파권에서 극수에 관계없이 병렬회로수 a는 얼마인가?

① 1　　　　　　② 2 ✓

③ 4　　　　　　④ 6

🖎 전기자 권선 감는 방법은 병렬권인 중권과 직렬권인 파권으로 나뉜다. 어떠한 경우라도 파권은 병렬회로수가 2라는 것을 기억한다.

024

변압기의 무부하 시험, 단락 시험에서 구할 수 없는 것은?

① 동손　　　　　② 철손

③ 절연내력 ✓　　④ 전압 변동률

🖎 절연내력은 무부하시험, 단락시험으로 구할 수 없다. 동손과 전압변동률은 단락시험, 철손은 무부하 시험을 통해 구할 수 있다.

025

동기 발전기의 병렬 운전 중 기전력의 크기가 다를 경우 나타나는 현상이 아닌 것은?

① 권선이 가열된다.

② 동기화 전력이 생긴다. ✓

③ 무효 순환 전류가 흐른다.

④ 고압 측에 감자 작용이 생긴다.

🖎 병렬 운전 중 기전력의 크기가 다를 경우 권선 가열, 무효순환 전류, 고압 측 감자작용이 생긴다. 하지만 동기화 전력은 두 발전기의 위상차로 인해 발생하는 것이지 기전력 크기차이로 발생하는 것이 아니다.

026

그림은 트랜지스터의 스위칭 작용에 의한 직류 전동기의 속도제어 회로이다. 전동기의 속도가 $N = K\dfrac{V - IaRa}{\phi}$ [rpm]이라고 할 때, 이 회로에서 사용한 전동기의 속도제어법은?

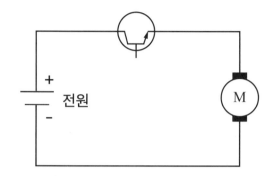

① 전압제어법　　　　② 계자제어법

③ 저항제어법　　　　④ 주파수제어법

해 직류 전동기 속도제어법에는 전압제어법, 계자제어법, 저항제어법이 있으며, 회로도는 트랜지스터를 이용한 전압제어법을 나타낸다.

027

직류 발전기의 무부하 특성 곡선은?

① 부하전류와 무부하 단자전압과의 관계이다.

② 계자전류와 부하전류와의 관계이다.

③ 계자전류와 무부하 단자전압과의 관계이다.

④ 계자전류와 회전력과의 관계이다.

해 무부하 특성 곡선은 계자전류와 무부하 단자전압과의 관계를 나타낸 곡선이다.

　Tip 무부하 특성곡선 → 계자전류 - 무부하 단자전압

　암기법 무계무

028

계자 권선이 전기자에 병렬로만 접속된 직류기는?

① 타여자기　　　　② 직권기

③ 분권기　　　　④ 복권기

해 직류기 중에 분권 직류기는 계자권선이 전기자에 병렬로만 접속되어 있고, 직권 직류기는 계자권선이 전기자에 직렬로 접속되어 있다.

★★★
초빈출
029

동기발전기의 병렬운전에 필요한 조건이 아닌 것은?

① 유기기전력의 주파수　② 유기기전력의 위상

③ 유기기전력의 역률　④ 유기기전력의 크기

해 동기발전기 병렬운전 조건은 주파수, 파형, 크기, 위상 같을 것!

　Tip 주파크위상 같을 것!

030

다음 중 특수 직류기가 아닌 것은?

① 고주파 발전기　　　　② 단극 발전기

③ 승압기　　　　④ 전기 동력계

해 고주파 발전기는 직류기가 아니라 동기기이다.

031

애벌런치 항복 전압은 온도 증가에 따라 어떻게 변화하는가?

① 감소한다.　　　　② 증가한다.

③ 증가했다 감소한다.　④ 무관하다.

해 애벌런치 항복은 전자가 강한 전기장에 의해 큰 에너지를 얻어 낮은 역전압 상태에서도 큰 역방향 전류가 흐르게 되는 현상을 말한다. 애벌런치 항복 전압은 온도 증가에 따라 증가한다.

032

계자 권선이 전기자와 접속되어 있지 않은 직류기는?

① 직권기　　　　② 분권기

③ 복권기　　　　④ 타여자기 ✓

해 타여자기는 여자 전류를 외부에서 공급받는 방식으로 권선계자와 전기자가 연결되어 있지 않다.

033

대전류·고전압의 전기량을 제어할 수 있는 자기소호형 소자는?

① FET　　　　② Diode

③ Triac　　　　④ IGBT ✓

해 IGBT(Insulated Gate Bipolar Transistor 절연 게이트 양극성 트랜지스터) 대전류, 고전압의 전기량을 제어할 수 있는 자기소호형 반도체 소자이다.

034

교류 전동기를 기동할 때 그림과 같은 기동 특성을 가지는 전동기는? (단, 곡선 (1) ~ (5)는 기동 단계에 대한 토크 특성 곡선이다.)

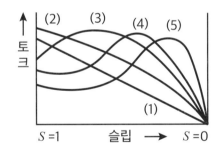

① 반발 유도 전동기

② 2중 농형 유도 전동기

③ 3상 분권 정류자 전동기

④ 3상 권선형 유도 전동기 ✓

해 그림은 권선형 유도 전동기의 회전자 권선(2차권선)의 저항과 토크, 슬립의 관계를 나타낸 것이다.
이 특성을 비례추이(Proportional Shifting)라고 하고 이는 권선형 유도전동기의 큰 특성이다.

035

3상 유도전동기의 회전방향을 바꾸기 위한 방법으로 옳은 것은?

① 전원의 전압과 주파수를 바꾸어 준다.

② Δ－Y 결선으로 결선법을 바꾸어 준다.

③ 기동보상기를 사용하여 권선을 바꾸어 준다.

④ 전동기의 1차 권선에 있는 3개의 단자 중 어느 2개의 단자를 서로 바꾸어 준다. ✓

036

동기조상기의 계자를 부족여자로 하여 운전하면?

① 콘덴서로 작용　　② 뒤진역률 보상

③ 리액터로 작용 ✓　④ 저항손의 보상

해 부족여자(지상)리액터로 작용, 앞선 (과)여자(진상)콘덴서로 작용

암기법 앞선여자 (춤추는) (콘)덴서! 부족여자 반응한다.(리액터)

037

3상 교류 발전기의 기전력에 대하여 $\pi/2[\text{rad}]$ 뒤진 전기자 전류가 흐르면 전기자 반작용은?

① 횡축 반작용으로 기전력을 증가시킨다.

② 증자 작용을 하여 기전력을 증가시킨다.

③ 감자 작용을 하여 기전력을 감소시킨다. ✓

④ 교차 자화작용으로 기전력을 감소시킨다.

해 전류의 위상이 앞서는(진상) 경우 증자작용, 뒤지는(지상) 경우 감자작용을 하여 기전력을 감소시킨다.

암기법 발전기 － 뒤진 깜깜!

038

전압변동률이 작고 자여자이므로 다른 전원이 필요 없으며, 계자저항기를 사용한 전압조정이 가능하므로 전기 화학용, 전지의 충전용 발전기로 가장 적합한 것은?

① 타여자 발전기
② 직류 복권발전기
③ 직류 분권발전기
④ 직류 직권발전기

해 • 전압변동률이 작고 자여자이므로 별도의 여자 전원이 필요 없다. → 직류 분권발전기의 특징이다.
 • 직류 분권발전기는 또한 계자저항기를 사용한 전압조정이 가능하므로 전기 화학용, 전지의 충전용, 동기기 직류 여자장치 등으로 사용된다.

039

인버터(inverter)란?

① 교류를 직류로 변환
② 직류를 교류로 변환
③ 교류를 교류로 변환
④ 직류를 직류로 변환

해 직류 → 교류 인버터, 교류 → 직류 컨버터,
직 – 교 인버터 / 교 – 직 컨버터
암기법 직교인, 교직컨

040

전기기기의 철심 재료로 규소 강판을 많이 사용하는 이유로 가장 적당한 것은?

① 와류손을 줄이기 위해
② 구리손을 줄이기 위해
③ 맴돌이 전류를 없애기 위해
④ 히스테리시스손을 줄이기 위해

해 히스테리시스손 줄이기 위해 규소 강판을 철심재료로 많이 사용한다. 그리고 와류손(맴돌이 전류)를 없애기 위해 성층철심을 사용한다.
암기법 히규와썽 ~

041

역병렬 결합의 SCR의 특성과 같은 반도체 소자는?

① PUT
② UJT
③ Diac
④ Triac

해 역병렬 3단자 → Triac

042

다음 중 제동권선에 의한 기동토크를 이용하여 동기전동기를 기동시키는 방법은?

① 저주파 기동법
② 고주파 기동법
③ 기동 전동기법
④ 자기 기동법

해 제동권선에 의한 기동토크 이용 → 자기 기동법
(동기전동기에 유도전동기를 이용한 기동 → 유도 전동기법)

043

무부하 전압과 전부하 전압이 같은 값을 가지는 특성의 발전기는?

① 직권 발전기
② 차동 복권 발전기
③ 평복권 발전기
④ 과복권 발전기

해 무부하 전압과 전부하 전압이 같은 값을 가지는 발전기는 평복권 발전기이다.

044

동기 전동기의 특징과 용도에 대한 설명으로 잘못된 것은?

① 진상, 지상의 역률 조정이 된다.
② 속도 제어가 원활하다.
③ 시멘트 공장의 분쇄기 등에 사용된다.
④ 난조가 발생하기 쉽다.

해 동기 전동기의 가장 큰 특징은 바로 입력 주파수에 따라 동기속도로 회전한다는데 있다. 주파수와 극수로 결정되는 동기속도는 주파수가 변하지 않는 한 전압 변동과 관계없이 항상 일정하게 유지된다.
- **장점** : 진상, 지상의 역율을 자유롭게 조정 가능하다. 전부하 효율이 좋다. 출력이 커서 분쇄기 등에 사용된다.
- **단점** : 직류 여자가 필요하다. 속도제어가 어렵고, 난조발생이 쉽다. 기동토크가 없어 스스로 시동이 불가한 것 또한 유도전동기와 비교한 동기전동기의 단점이다.

045

직류 발전기에서 브러시와 접촉하여 전기자 권선에 유도되는 교류기전력을 정류해서 직류로 만드는 부분은?

① 계자 　　　　　 ✓② 정류자
③ 슬립링 　　　　　 ④ 전기자

해 브러시와 정류자는 서로 접촉하여 전기자 권선에 유도되는 교류기전력을 정류해서 직류로 만든다.

046

회전 계자형인 동기 전동기에 고정자인 전기자 부분도 회전자의 주위를 회전할 수 있도록 2중 베어링 구조로 되어 있는 전동기로 부하를 건 상태에서 운전하는 전동기는?

✓① 초·동기 전동기
② 반작용 전동기
③ 동기형 교류 서보전동기
④ 교류 동기 전동기

해 2중 베어링 구조 → 초·동기 전동기

047

세이딩코일형 유도전동기의 특징을 나타낸 것으로 틀린 것은?

✓① 역률과 효율이 좋고 구조가 간단하여 세탁기 등 가정용 기기에 많이 쓰인다.
② 회전자는 농형이고 고정자의 성층철심은 몇 개의 돌극으로 되어있다.
③ 기동 토크가 작고 출력이 수 10[kW]이하의 소형 전동기에 주로 사용된다.
④ 운전 중에서도 세이딩코일에 전류가 흐르고 속도변동률이 크다.

해 세이딩 코일형은 회전자는 농형이고 고정자의 성층철심은 몇 개의 돌극으로 이루어진 구조로 자극 일부에 슬롯을 만들어 세이딩 코일을 끼워 넣어 기동하는 방식이다.
- 전력손실이 커서 효율과 역률, 속도변동율이 모두 낮다.
- 기동토크가 매우 작기 때문에 가정용 선풍기, 헤어 드라이어 등 소용량에만 사용된다.
- 역회전이 불가하다.

초빈출
048

직류기에서 정류를 좋게 하는 방법 중 전압 정류의 역할은?

✓① 보극 　　　　　 ② 탄소
③ 보상권선 　　　　 ④ 리액턴스 전압

해 전압 정류는 전기자 반작용 효과가 있는 보극을 설치하여 정류를 좋게 한다.

049

선풍기, 가정용 펌프, 헤어 드라이기 등에 주로

사용되는 전동기는?

① 단상 유도전동기 ✓   ② 권선형 유도전동기

③ 동기전동기   ④ 직류직권전동기

해 단상 유도전동기는 역률, 효율, 성능이 동일 정격 3상
유도전동기보다 나쁘지만, 간단히 사용가능하기 때문
에 주로 출력 400[W] 이하 소형가전제품에 사용된다.
(특징 : 단상 유도전동기에는 회전자계가 형성되지 않
기 때문에 스스로 기동토크를 발생시킬 수 없다.)

050

직류 분권전동기의 기동방법 중 가장 적당한

것은?

① 기동 토크를 작게 한다.

② 계자 저항기의 저항값을 크게 한다.

③ 계자 저항기의 저항값을 0으로 한다. ✓

④ 기동 저항기를 전기자와 병렬접속 한다.

해 직류 분권 전동기 기동 시 회전력을 크게하기 위해서
는 계자 저항기 저항값을 0으로 한다.

051

변압기유의 구비조건으로 틀린 것은?

① 냉각효과가 클 것

② 응고점이 높을 것 ✓

③ 절연내력이 클 것

④ 고온에서 화학반응이 없을 것

해 응고점이 높다는 것은 높은 온도에서 벌써 굳어버린
다는 의미로 틀린 답이다. 변압기유는 응고점이 낮아
야 하며, 인화점은 높아야 한다.

052

3상 권선형 유도 전동기의 기동 시 2차측에

저항을 접속하는 이유는?

① 기동 토크를 크게 하기 위해 ✓

② 회전수를 감소시키기 위해

③ 기동 전류를 크게 하기 위해

④ 역률을 개선하기 위해

해 3상 권선형 유도 전동기의 기동 시 2차측에 저항을 접
속하면 회전자의 전체 저항값을 증가시켜 기동 토크
를 크게 할 수 있다. (저항에 비례하여 슬립이 이동,
이를 비례추이라 한다.)

053

정속도 전동기로 공작기계 등에 주로 사용되는

전동기는?

① 직류 분권 전동기 ✓

② 직류 직권 전동기

③ 직류 차동 복권 전동기

④ 단상 유도 전동기

해 정속도 전동기 → 공작기계에 주로 이용
　　→ 분권 전동기

054

동기 발전기의 병렬운전 중에 기전력의 위상차가

생기면?

① 위상이 일치하는 경우보다 출력이 감소한다.

② 부하 분담이 변한다.

③ 무효 순환전류가 흘러 전기자 권선이 과열된다.

④ 동기화력이 생겨 두 기전력의 위상이 동상이 ✓
되도록 작용한다.

해 동기 발전기의 병렬운전 중에 기전력의 위상차가 생
기면 동기화력이 생겨 두 기전력의 위상이 동상이 되
도록 작용한다.

055

다음 설명 중 **틀린** 것은?

① 3상 유도 전압조정기의 회전자 권선은 분로 권선이고, Y결선으로 되어 있다.

② 디이프 슬롯형 전동기는 냉각 효과가 좋아 기동 정지가 빈번한 중.대형 저속기에 적당하다.

③ 누설 변압기가 네온사인이나 용접기의 전원으로 알맞은 이유는 수하특성 때문이다.

④ 계기용 변압기의 2차 표준은 110/220[V]로 되어 있다.

해 계기용 변압기 2차 표준은 110[V]로 되어 있다.

056

동기 전동기에 대한 설명으로 **틀린** 것은?

① 정속도 전동기 이고, 저속도에서 특히 효율이 좋다.

② 역률을 조정할 수 있다.

③ 난조가 일어나기 쉽다.

④ 직류 여자기가 필요하지 않다.

해 동기 전동기는 입력 주파수에 따라 동기속도로 회전한다. 따라서 주파수와 극수로 결정되는 동기속도는 주파수가 변하지 않는 한 전압 변동과 관계없이 항상 일정하게 유지된다

- **장점** : 전부하 효율이 좋다. 역률과 효율이 좋다. 출력이 커서 분쇄기 등에 사용된다.
- **단점** : 직류 여자가 필요하다. 속도제어가 어렵고, 난조발생이 쉽고, 기동토크가 없어 스스로 시동이 불가한 것 또한 유도전동기와 비교한 동기전동기의 단점이다.

초빈출
057

역률이 좋아 가정용 선풍기, 세탁기, 냉장고 등에 주로 사용되는 것은?

① 분상 기동형　　② 콘덴서 기동형

③ 반발기동형　　④ 세이딩 코일형

해 콘덴서 기동형 전동기는 역률과 효율이 좋아서 기동 토크가 크고 소음이 적어 가정용 선풍기, 전기세탁기, 냉장고 등에 주로 사용된다.

058

변압기의 결선에서 **제3고조파를 발생**시켜 통신선에 유도장해를 일으키는 3상 결선은?

① Y − Y　　　　② △ − △

③ Y − △　　　　④ △ − Y

해 Y − Y 결선은 선간전압과 상전압 사이의 위상차 때문에 제3고조파를 발생시켜 통신선에 유도장해를 일으키는데 반해 △ − △ 결선은 내부에 3고조파를 외부로 나가지 않고 순환하게 만들어 파형이 일그러지지 않는다.

059

부흐홀츠 계전기의 설치위치로 가장 적당한 곳은?

① 콘서베이터 내부

② 변압기 고압측 부싱

③ 변압기 주 탱크 내부

④ 변압기 주 탱크와 콘서베이터 사이

해 부흐홀츠 계전기의 설치위치는 변압기 주 탱크와 콘서베이터 사이

암기법 탱콘사이다 탱콘사!

060

3상 유도전동기의 운전 중 급속 정지가 필요할 때 사용하는 제동방식은?

① 단상 제동　　② 회생 제동

③ 발전 제동　　④ 역상 제동

해 역상 제동은 유도 전동기 운전 중 급속 정지가 필요할 때 사용한다. 운전 중 전동기의 1차 권선 3개의 단자 중 임의의 2개 단자의 접속을 바꾸면, 상의 회전의 순서가 반대가 되어 회전자에 작용하는 토크 방향이 역으로 작용하여 급속히 감속시킬 수 있다.

적중 스피드 CBT 최신기출 문답암기 3회

001

3상 교류 발전기의 기전력에 대하여 $90°$ 늦은 전류가 통할 때의 반작용 기자력은?

① 자극축과 일치하고 감자작용

② 자극축보다 90° 빠른 증자작용

③ 자극축보다 90° 늦은 감자작용

④ 자극축과 직교하는 교차자화작용

해 감자작용은 전기자 자속이 계자의 자극축과 일치하며 이 때문에 직축반작용이라고도 한다.

002

직류 분권전동기의 회전방향을 바꾸기 위해 일반적으로 무엇의 방향을 바꾸어야 하는가?

① 전원 　　　　② 주파수

③ 계자저항 　　④ 전기자전류

해 직류 분권전동기 또는 직류 직권 전동기는 전원의 극성을 바꾸면 전기자전류와 계자전류의 방향이 모두 역방향으로 바뀌어 전동기의 회전방향은 바뀌지 않고 그대로이다. 따라서 전기자전류의 방향을 바꾸어야 전동기의 회전방향이 바뀌게 된다.

003

직류 전동기의 전기적 제동법이 아닌 것은?

① 발전 제동 　　② 회생 제동

③ 역전 제동 　　④ 저항 제동

해 직류 전동기의 전기적 제동법에는 회생, 발전, 역전제동이 있다.
[암기법] 전기제동 회발역

004

전기 기기의 철심 재료로 규소 강판을 많이 사용하는 이유로 가장 적당한 것은?

① 와류손을 줄이기 위해

② 맴돌이 전류를 없애기 위해

③ 히스테리시스손을 줄이기 위해

④ 구리손을 줄이기 위해

해 규소강판 → 히스테리시스손 감소
성층철심 → 와류손 감소
[암기법] 히규와성 ~

005

변압기 V결선의 특징으로 틀린 것은?

① 고장시 응급처치 방법으로 쓰인다.

② 단상변압기 2대로 3상 전력을 공급한다.

③ 부하증가 시 예상되는 지역에 시설한다.

④ V결선 시 출력은 △결선 시 출력과 그 크기가 같다.

해 변압기 V결선의 출력은 △결선 시 출력의 57.7%
V결선출력 : △결선출력 = $1 : \sqrt{3}$

006

아래 회로에서 부하의 최대 전력을 공급하기 위해서 저항 R 및 콘덴서 C의 크기는?

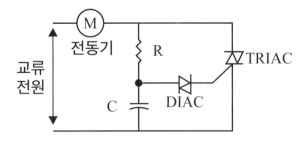

① R은 최대, C는 최대로 한다.

② R은 최소, C는 최소로 한다.

③ R은 최대, C는 최소로 한다.

④ R은 최소, C는 최대로 한다.

해 최대 부하 전력값의 조건은 저항 R과 콘덴서 C 값을 모두 최소로 했을 때이다. 이 때 콘덴서 C의 양단에 걸리는 전압값이 커지고, 부하에 최대 전력이 공급된다.

007

권선형 유도전동기의 회전자에 저항을 삽입하였을 경우 틀린 사항은?

① 기동전류가 감소된다.

② 기동전압은 증가한다.

③ 역률이 개선된다.

④ 기동 토크는 증가한다.

해 권선형 유도전동기의 회전자에 저항 삽입 → 기동 전류 감소, 기동 토크 증가, 역률 개선

008

인견 공업에 사용되는 포트 전동기의 속도 제어는?

① 극수 변환에 의한 제어

② 1차 회전에 의한 제어

③ 주파수 변환에 의한 제어

④ 저항에 의한 제어

해 인견 공업용 포트 전동기 속도제어 → 주파수 제어

009

부흐홀쯔 계전기로 보호되는 기기는?

① 발전기　　　　② 변압기

③ 전동기　　　　④ 회전 변류기

해 • 부흐홀쯔 계전기는 변압기 내부 고장 보호에 사용된다.
　• 변압기 내부 고장 보호에 쓰이는 계전기 : 부흐홀쯔, 비율차동, 차동계전기
　암기법 부 – 비 – 차 마시고 (변비예방?) 변압기 고장 보호 하자!

010

농형 유도전동기의 기동법이 아닌 것은?

① 전전압 기동

② △ – △ 기동

③ 기동보상기에 의한 기동

④ 리액터 기동

해 우리가 일반적으로 사용하는 농형 유도전동기는 전전압 기동법, Y – △ 기동법, 기동보상기에 의한 기동법, 리엑터 기동법, 1차 저항기동법 등을 사용하며, 권선형 유도전동기는 2차 저항기동법을 사용한다.
　암기법 농형 보리일전와델

011

기중기, 전기 자동차, 전기 철도와 같은 곳에 가장 많이 사용되는 전동기는?

① 가동 복권 전동기　　② 차동 복권 전동기

③ 분권 전동기　　　　④ 직권 전동기

해 큰 토크가 필요한 곳에는 직권전동기!

012

동기 전동기를 송전선의 전압 조정 및 역률 개선에 사용한 것을 무엇이라 하는가?

① 댐퍼　　　　　　② 동기이탈

③ 제동권선　　　　④ 동기 조상기

해 동기 조상기는 전압조정 및 역률 개선 목적으로 사용한다.

013

3상 동기 발전기의 상간 접속을 Y결선으로 하는 이유 중 틀린 것은?

① 중성점을 이용할 수 있다.

② 선간전압이 상전압의 $\sqrt{3}$ 배가 된다.

③ 선간전압에 제3고조파가 나타나지 않는다.

④ ✓ 같은 선간전압의 결선에 비하여 절연이 어렵다.

🔓 Y 결선은 상전압은 선간전압의 $1/\sqrt{3}$ 이므로 절연이 용이하고, 상대적으로 고전압에 유리하다.

014

동기기의 손실에서 고정손에 해당되는 것은?

① ✓ 계자철심의 철손

② 브러시의 전기손

③ 계자 권선의 저항손

④ 전기자 권선의 저항손

🔓 고정손은 다른 말로 무부하손이다. 무부하손에는 철손 (히스테리시스손, 와류손)과 풍손, 베어링 마찰손 등이 해당되지만 전기자 동손, 표류부하손 등은 부하손 (가변손)이다.

015

발전기 권선의 층간단락보호에 가장 적합한 계전기?

① ✓ 차동 계전기   ② 방향 계전기

③ 온도 계전기   ④ 접지 계전기

🔓 차동 계전기는 발전기 권선의 층간단락보호에 가장 적합하다.

[암기법] 층간 – 차동 ㅊ – ㅊ

016

다음 중 (   )속에 들어갈 내용은?

> 유입변압기에 많이 사용되는 목면, 명주, 종이 등의 절연재료는 내열등급 (ㄱ)으로 분류되고, 장시간 지속하여 최고 허용온도 (ㄴ)도씨를 넘어서는 안된다.

① ㄱ:Y종 ㄴ:90   ② ✓ ㄱ:A종 ㄴ:105

③ ㄱ:E종 ㄴ:120   ④ ㄱ:B종 ㄴ:130

017

다음 중 자기소호 기능이 가장 좋은 소자는?

① SCR   ② ✓ GTO

③ TRIAC   ④ LASCR

🔓 소호능력이란 아크발생을 없애주는 능력으로 자기 소호 능력을 가진 소자에는 GTO(Gate turn off)소자가 해당된다.

018

직류기의 손실 중 기계손에 속하는 것은?

① ✓ 풍손   ② 와전류손

③ 히스테리시스손   ④ 표유 부하손

🔓 기계손에는 풍손, 마찰손, 베어링손이 있다.

[암기법] 기계손엔 풍마베

019

직류발전기를 구성하는 부분 중 정류자란?

① 전기자와 쇄교하는 자속을 만들어 주는 부분

② 자속을 끊어서 기전력을 유기하는 부분

③ ✓ 전기자 권선에서 생긴 교류를 직류로 바꾸어 주는 부분

④ 계자 권선과 외부 회로를 연결시켜 주는 부분

🔓 직류 발전기에서 브러시와 접촉하여 전기자 권선에 유도되는 교류기전력을 정류해서 직류로 만드는 부분이다.

초빈출
020

단락비가 큰 동기 발전기에 대한 설명으로 틀린

것은?

① 단락 전류가 크다.

② 동기 임피던스가 작다.

③ 전기자 반작용이 크다. ✓

④ 공극이 크고 전압 변동률이 작다.

해 단락비란 동기발전기의 성능지표로 부하 측을 단락했
을 때와 개방했을 때 각각 정격전류와 정격전압을 가
지게 하는 계자전류의 비율을 말한다. 단락비가 크다
는 의미는 다음과 같다.

- 동기 임피던스가 작다. · 단락전류가 크다.
- 전기자 반작용이 작다. · 전압강하가 작다.
- 안정도가 높다. · 공극이 크다.
- 전압변동률이 작다. · 계자철심이 크고 발전기가 대형이다.

021

분상기동형 단상 유도전동기 원심개폐기의 작동

시기는 회전자 속도가 동기속도의 몇 [%]

정도인가?

① 10 ~ 30[%]　　② 40 ~ 50[%]

③ 60 ~ 80[%] ✓　　④ 90 ~ 100[%]

해 원심개폐기의 작동 시기는 회전자 속도가 동기속도의
60 ~ 80[%] 정도 일 때이다.

022

직류기의 전기자 철심을 규소 강판으로 성층하여

만드는 이유는?

① 가공하기 쉽다.

② 가격이 염가이다.

③ 철손을 줄일 수 있다. ✓

④ 기계손을 줄일 수 있다.

해 철손인 히스테리시스손과 와류손(맴돌이 전류)을 없
애기 위해 철심을 규소 강판으로 성층하여 사용한다.

023

다음 중 절연저항을 측정하는 것은?

① 캘빈더블 브리지법　　② 전압전류계법

③ 휘이스톤 브리지법　　④ 메거 ✓

해 절연저항을 측정하는 절연저항계를 메거(megger)라
한다.

024

3상 유도전동기의 속도제어 방법 중

인버터(inverter)를 이용한 속도 제어법은?

① 극수 변환법　　② 전압 제어법

③ 초퍼 제어법　　④ 주파수 제어법 ✓

해 인버터(inverter)를 이용한 속도 제어법은 주파수 제
어법이다.

025

회전 변류기의 직류측 전압을 조정하려는 방법이

아닌 것은?

① 직렬 리액턴스에 의한 방법

② 여자 전류를 조정하는 방법 ✓

③ 동기 승압기를 사용하는 방법

④ 부하시 전압 조정 변압기를 사용하는 방법

해 직류 발전기는 여자를 가감하여 전압을 조정할 수 있
으나 회전변류기는 역률만 변화하게 되므로 여자 전
류 조정으로는 회전 변류기의 직류측 전압을 조정을
할 수 없다.

026

다음 중 권선저항 측정 방법은?

① 메거　　② 전압 전류계법

③ 켈빈 더블 브리지법 ✓　　④ 휘스톤 브리지법

해 켈빈 더블 브리지법(Kelvin double bridge)은 저저항
을 정확히 측정할 수 있는 직류 브리지의 일종이다.

027

직류 발전기의 병렬 운전 중 한쪽 발전기의
여자를 늘리면 그 발전기는?

① 부하 전류는 불변, 전압은 증가
② 부하 전류는 줄고, 전압은 증가
③ 부하 전류는 늘고, 전압은 증가
④ 부하 전류는 늘고, 전압은 불변

해 병렬 운전 중인 발전기의 한쪽 여자를 늘리면 부하전
류는 늘고, 전압은 증가한다.

028

직류 전압을 직접 제어하는 것은?

① 브리지형 인버터　　② 단상 인버터
③ 3상 인버터　　　　④ 초퍼형 인버터

해 직류 전압 직접 제어장치는 초퍼형 인버터이다. 초퍼
(Chopper)란 전원을 매우 짧은 주기로 칼로 쵸핑하여
썰듯이 ON – OFF 반복을 통해 임의의 전압이나 전류
를 인위적으로 만들어 내는 제어장치이다.

암기법 찍 – 찍 초퍼!

029

전동기에 접지공사를 하는 주된 이유는?

① 보안상　　　　　② 미관상
③ 역률 증가　　　　④ 감전사고 방지

해 접지공사는 안전이 주목적이다.

030

동기기를 병렬운전 할 때 순환전류가 흐르는
원인은?

① 기전력의 저항이 다른 경우
② 기전력의 위상이 다른 경우
③ 기전력의 전류가 다른 경우
④ 기전력의 역률이 다른 경우

해 기전력의 위상이 다른 경우 순환전류가 흐른다.

031

역률과 효율이 좋아서 가정용 선풍기, 전기세탁기,
냉장고 등에 주로 사용되는 것은?

① 분상 기동형 전동기　　② 반발 기동형 전동기
③ 콘덴서 기동형 전동기　④ 셰이딩 코일형 전동기

해 콘덴서 기동형 전동기는 역률과 효율이 좋아서 기동
토크가 크고 소음이 적어 가정용 선풍기, 전기세탁기,
냉장고 등에 주로 사용된다.

032

슬립이 일정한 경우 유도전동기의 공급 전압이
1/2로 감소되면 토크는 처음에 비해 어떻게
되는가?

① 2배가 된다.　　　② 1배가 된다.
③ 1/2로 줄어든다.　④ 1/4로 줄어든다.

해 토크는 전압의 제곱에 비례한다. 따라서
$$T \propto V^2 = \left(\frac{1}{2}\right)^2 = \frac{1}{4}$$

033

그림은 전력제어 소자를 이용한 위상제어
회로이다. 전동기의 속도를 제어하기 위해서
(가)부분에 사용되는 소자는?

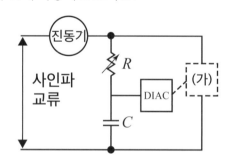

① 전력용 트랜지스터
② 제너다이오드
③ 트라이액
④ 레귤레이터 78XX 시리즈

034

그림에서와 같이 ㉠, ㉡의 양 자극 사이에 전류자를 가진 코일을 두고 ㉢, ㉣에 직류를 공급하여 X, X′를 축으로 하여 코일을 시계 방향으로 회전시키고자 한다. ㉠, ㉡의 자극 극성과 ㉢, ㉣의 전원 극성을 어떻게 해야 되는가?

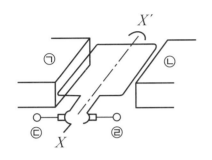

① ㉠:N　㉡:S　㉢: +　㉣: −
②✔ ㉠:N　㉡:S　㉢: −　㉣: +
③✔ ㉠:S　㉡:N　㉢: +　㉣: −
④ ㉠:S　㉡:N　㉢, ㉣: 극성에 무관

해 자기장 속에서 코일을 시계방향으로 회전시키면 플레밍의 왼손 법칙에 따라 코일에 기전력이 유도된다.

035

그림과 같은 분상기동형 단상유도 전동기를 역회전시키기 위한 방법이 아닌 것은?

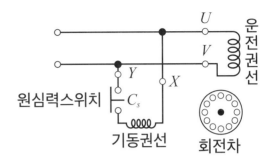

①✔ 원심력 스위치를 개로 또는 폐로 한다.
② 기동권선이나 운전권선의 어느 한 권선의 단자 접속을 반대로 한다.
③ 기동권선의 단자접속을 반대로 한다.
④ 운전권선의 단자접속을 반대로 한다.

해 그림의 단상유도 전동기를 역회전시키기 위해서는 기동권선이나 운전권선의 어느 한 권선의 단자 접속을 반대로 한다.

036

다음 중 병렬운전 시 균압선을 설치해야 하는 직류 발전기는?

① 분권　　　　　② 차동복권
③✔ 평복권　　　　④ 부족복권

해 균압선은 직류발전기의 병렬운전 조건 중 하나로 직권이 포함된 직권발전기와 복권(평복권, 과복권) 발전기는 병렬연결을 하려면 균압선이 필요하다.

037

2대의 동기발전기 A, B가 병렬운전하고 있을 때 A기의 여자 전류를 증가시키면 어떻게 되는가?

① A기의 역률은 낮아지고 B기의 역률은 높아진다.

② A기의 역률은 높아지고 B기의 역률은 낮아진다.

③ A, B 양 발전기의 역률이 높아진다.

④ A, B 양 발전기의 역률이 낮아진다.

🖩 동기발전기 A, B 병렬운전 시 A기의 여자 전류를 증가시키면 A 발전기 역률은 낮아지고 (여자전류와 반비례), B 발전기의 역률은 높아진다.

038

권선형에서 비례추이를 이용한 기동법은?

① 리액터 기동법

② 기동 보상기법

③ 2차 저항기동법

④ Y − △ 기동법

🖩 비례추이는 권선형에서만 이용가능하며 2차 저항기동법은 2차 저항(회전자 저항)을 가감하여 슬립을 변화시키는 기동법이다.

039

전력용 변압기의 내부 고장 보호용 계전 방식은?

① 역상 계전기

② 차동 계전기

③ 접지 계전기

④ 과전류 계전기

🖩 **내부 고장 보호용 → (비율) 차동 계전기** : 보호 구간 내부에서 발생한 고장을 신속, 정확하게 선택 차단하는 데 널리 적용된다.

040

보호를 요하는 회로의 전류가 어떤 일정값(정정값) 이상으로 흘렀을 때 동작하는 계전기는?

① 비율 차동 계전기

② 과전압 계전기

③ 차동 계전기

④ 과전류 계전기

🖩 전류가 어떤 일정값(정정값) 이상으로 흘렀을 때 동작하는 계전기는 과전류 계전기이다.

041

직류 분권 발전기의 병렬운전의 조건에 해당되지 않는 것은?

① 균압모선을 접속할 것

② 단자전압이 같을 것

③ 극성이 같을 것

④ 외부특성곡선이 수하특성일 것

🖩 직류 분권 발전기의 병렬운전의 조건은 다음과 같다.
  • 단자전압이 같을 것
  • 극성이 같을 것
  • 외부특성곡선이 수하특성일 것

042

변압기유가 구비해야 할 조건으로 틀린 것은?

① 응고점이 높을 것

② 절연내력이 클 것

③ 점도가 낮을 것

④ 인화점이 높을 것

🖩 **변압기유의 구비조건** : 응고점 낮을 것, 절연내력 클 것, 인화점 높을 것, 점도는 낮고 비열이 커서 냉각효과가 클 것

043

동기 발전기의 병렬운전 시 원동기에 필요한 조건으로 구성된 것은?

① 균일한 주파수와 적당한 속도 조정률을 가질 것

② 균일한 주파수와 적당한 파형이 같을 것

③ 균일한 각속도와 기전력의 파형이 같을 것

④ 균일한 각속도와 적당한 속도 조정률을 가질 것

🖩 동기발전기 병렬운전 시 원동기(엔진)의 조건은 균일한 각속도와 적당한 속도 조정률이다. 동기발전기 병렬운전 조건과 구분한다(동기발전기 병렬운전 조건 : 주파크위상 같을 것!).

044

동기 전동기의 부하각(load angle)은?

① 역기전압 E와 부하전류 I와의 위상각

② 공급전압 V와 부하전류 I와의 위상각

③ 3상 전압의 상전압과 선간 전압과의 위상각

④ 공급전압 V와 역기전압 E와의 위상각

해 동기 전동기의 부하각(load angle) 공급전압 V와 역기전압 E와의 위상각을 말한다.

045

다음의 정류곡선 중 브러시의 후단에서 불꽃이 발생하기 쉬운 것은?

① 직선정류   ② 정현파정류

③ 과정류   ④ 부족정류

해 인덕턴스 영향으로 브러시 후단 불꽃 발생 → 부족정류 (과정류 → 브러시 전단 불꽃 발생)

암기법 후단불꽃부족

046

동기 발전기에서 역률각이 90도 늦을 때의 전기자 반작용은?

① 증자작용   ② 편자작용

③ 교차작용   ④ 감자작용

해 늦는다 뒤진다 감자작용

암기법 발전기 – 뒤진감자

047

3상 동기 전동기의 토크에 대한 설명으로 옳은 것은?

① 공급전압 크기에 비례한다.

② 공급전압 크기의 제곱에 비례한다.

③ 부하각 크기에 반비례한다.

④ 부하각 크기의 제곱에 비례한다.

해 3상 동기 전동기의 토크는 공급전압에 비례한다.

048

다음은 3상 유도전동기 고정자 권선의 결선도를 나타낸 것이다. 맞는 사항을 고르시오.

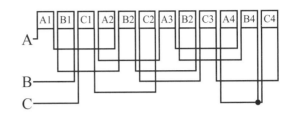

① 3상 2극, Y결선   ② 3상 4극, Y 결선

③ 3상 2극, △결선   ④ 3상 4극, △ 결

해 A, B, C는 상을 나타내고(3상), 1, 2, 3, 4는 극을 나타낸다.(4극) 점접이 하나이므로 Y결선임을 알 수 있다.

049

동기 발전기의 난조를 방지하는 가장 유효한 방법은?

① 회전자의 관성을 크게 한다.

② 제동 권선을 자극면에 설치한다.

③ Xs를 작게 하고 동기화력을 크게 한다.

④ 자극 수를 적게 한다.

해 제동 권선은 난조 방지를 목적으로 설치한다.

050

직류발전기에서 계자의 주된 역할은?

① 기전력을 유도한다.   ② 자속을 만든다.

③ 정류작용을 한다.   ④ 정류자면에 접촉한다.

해 계자의 주 역할 → 자속발생

암기법 계자 ~ 자속! 계자속!

• 기전력 유도는 전기자가 하고, 정류작용은 정류자가 한다.

• 정류자면에 접촉하여 회로 내외부를 전기적으로 연결하는 것은 브러시이다.

051

변압기 절연내력 시험 중 권선의 층간
절연시험은?

① 충격전압 시험　　② 무부하 시험

③ 가압 시험　　④ 유도 시험 ✓

해 변압기 절연내력 시험 중 권선의 층간 절연시험은
유도 시험이다.

052

직류발전기에서 전압 정류의 역할을 하는 것은?

① 보극 ✓　　② 탄소브러시

③ 전기자　　④ 리액턴스 코일

해 직류 발전기 전압 정류 → 보극

053

직류 복권 발전기의 직권 계자권선은 어디에
설치되어 있는가?

① 주자극 사이에 설치

② 분권 계자권선과 같은 철심에 설치 ✓

③ 주자극 표면에 홈을 파고 설치

④ 보극 표면에 홈을 파고 설치

해 직류 복권 발전기는 철심에 2개의 권선, 즉 직권 계자
권선과 분권 계자권선과 같이 설치한다.

054

가정용 선풍기나 세탁기 등에 많이 사용되는 단상
유도 전동기는?

① 분상 기동형　　② 콘덴서 기동형

③ 영구 콘덴서 전동기 ✓　　④ 반발 기동형

해 영구 콘덴서 전동기 → 가정용 선풍기나 세탁기에 설
치하는 단상 유도 전동기
　암기법 영구네집 콘덴서 선풍기, 세탁기

055

변압기 내부고장에 대한 보호용으로 가장 많이
사용되는 것은?

① 과전류 계전기　　② 차동 임피던스

③ 비율차동 계전기 ✓　　④ 임피던스 계전기

해 • 비율차동 계전기는 변압기 보호구간 내부 고장 시 1
차, 2차 전류 차이를 이용하여 내부 고장을 신속하
고 정확하게 검출 차단하는데 가장 많이 이용된다.
• 변압기 내부 고장 보호에 쓰이는 계전기 : 부흐홀
쯔, 비율차동, 차동계전기
　암기법 부 – 비 – 차 마시고 (변비예방?) 변압기 고장
보호 하자!

056

계전기가 설치된 위치에서 고장점까지의
임피던스에 비례하여 동작하는 보호계전기는?

① 방향단락 계전기　　② 거리 계전기 ✓

③ 과전압 계전기　　④ 단락회로 선택 계전기

해 고장점까지의 거리를 측정하여 송전 선로 단락 보호
에 이용되는 거리 계전기는 고장점까지의 임피던스에
비례하여 동작한다.

057

그림은 교류전동기 속도제어 회로이다. 전동기
M의 종류로 알맞은 것은?

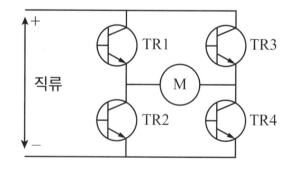

① 단상 유도전동기 ✓　　② 3상 유도전동기

③ 3상 동기전동기　　④ 4상 스텝전동기

해 그림은 교류전동기 속도제어 회로에 설치된
단상 유도전동기이다.

058

유도 전동기가 회전하고 있을 때 생기는 손실 중에서 **구리손**이란?

① 브러시의 마찰손

② 베어링의 마찰손

③ 표유 부하손

④ 1차, 2차의 권선의 저항손

🔓 1, 2차 권선 저항손 → 구리손

[암기법] 구리똥손저항손

059

변압기의 임피던스 전압이란?

① 정격전류가 흐를 때의 변압기 내의 전압 강하

② 여자전류가 흐를 때의 2차측 단자 전압

③ 정격전류가 흐를 때의 2차측 단자 전압

④ 2차 단락 전류가 흐를 때의 변압기 내의 전압 강하

🔓 임피던스 전압이란 정격전류가 흐를 때의 변압기 내의 전압 강하를 말한다. 즉, 변압기의 2차측을 단락했을 때 1차에 가한 전압이 모두 임피던스에 걸리는 전압이므로 임피던스 전압이라 한다.

060

다음 그림의 직류 전동기는 어떤 전동기 인가?

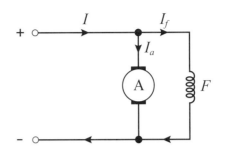

① 직권 전동기　　　② 타여자 전동기

③ 분권 전동기　　　④ 복권 전동기

🔓 분권 전동기는 직권전동기와 달리 계자(F)와 전기자(A)가 병렬로 연결되어 있다.

실전 빈출 모의고사 1회

001

애벌런치 항복 전압은 온도 증가에 따라 어떻게 변화하는가?

① 감소한다.　　　　　② 증가한다.
③ 증가했다 감소한다.　④ 무관하다.

해 애벌런치 항복 전압(Avalanche breakdown Voltage)은 온도에 비례한다. (제너항복은 온도에 반비례)정전압 다이오드(제너다이오드)는 PN접합구조로 순방향 전압 인가시에만 전류가 흐르고 역방향으로는 전류가 흐르지 않지만, 역방향 전압을 무제한으로 증가시키면 갑자기 전류가 흐르는 현상이 발생하는데 이를 항복현상이라 하며, 이때의 전압을 항복 전압이라 부른다.

002

다음 그림은 단상 변압기 결선도이다. 1, 2차는 각각 어떤 결선인가?

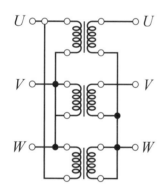

① Y – Y 결선　　　　② △ – Y 결선
③ △ – △ 결선　　　④ Y – △ 결선

해 왼쪽 U, V, W는 △ 결선으로 서로 연결되어 있고, 오른쪽은 펼쳐보면 Y결선으로 한 점을 중심으로 뻗어 가는 형태이다.

003

ON, OFF를 고속도로 변환할 수 있는 스위치이고 직류 변압기 등에 사용되는 회로는 무엇인가?

① 초퍼 회로　　　　② 인버터 회로
③ 컨버터 회로　　　④ 정류기 회로

해 직류 – 직류 전압 제어장치는 초퍼이다. 초퍼(Chopper)란 전원을 매우 짧은 주기로 칼로 쵸핑하여 썰듯이 ON – OFF 반복을 통해 임의의 전압이나 전류를 인위적으로 만들어 내는 제어장치이다.
암기법 찍 – 찍 초퍼!

004

권선 저항과 온도와의 관계는?

① 온도와는 무관하다.
② 온도가 상승함에 따라 권선 저항은 감소한다.
③ 온도가 상승함에 따라 권선 저항은 증가한다.
④ 온도가 상승함에 따라 권선의 저항은 증가와 감소를 반복한다.

해 권선 저항과 온도는 비례한다.

005

직류기에서 전압 변동률이 (–)값으로 표시되는 발전기는?

① 분권 발전기　　　　② 과복권 발전기
③ 타여자 발전기　　　④ 평복권 발전기

해 직류기에서 전압 변동률이 (–)값으로 표시되는 발전기는 과복권 발전기이며 (+)값으로 표시되는 발전기는 분권 발전기와 타여자 발전기이다. 평복권 발전기의 전압 변동률은 0으로 표시된다.

006

동기발전기에서 **전기자 전류가 기전력보다 90°** 만큼 위상이 앞설 때의 전기자 반작용은?

① 교차 자화 작용　　② 감자 작용

③ 편자 작용　　　　④ 증자 작용

🖬 동기기란 회전 자계와 동일 속도로 기계적으로 회전하는 형태의 전기기기로 동기발전기와 동기전동기가 있는데 동기발전기에서는 기전력보다 위상이 앞서면 증자작용(동기전동기 – 감자작용)이 일어나고, 위상이 뒤지면 감자작용(동기전동기 – 증자작용)이 일어난다.

[암기법] 동기발전기 앞선증자 – 뒤진감자

007

용량이 작은 유도 전동기의 경우 전부하에서의 슬립[%]은?

① 1 – 2.5　　　　② 2.5 – 4

③ 5 – 10　　　　④ 10 – 20

🖬 • 소용량 유도전동기의 전부하에서의 슬립은 5 ~ 10[%] (일반적으로는 3 ~ 5[%])

　• 슬립은 회전자의 회전수가 동기속도보다 늦어지는 비율을 말한다.

008

변압기를 Δ – Y로 연결할 때 1, 2차간의 위상차는?

① 30°　　　　② 45°

③ 60°　　　　④ 90°

🖬 Δ – Y, Y – Δ 모두 1, 2차 위상차는 30°이다.

009

3상 유도전동기의 2차 저항을 2배로 하면 그 값이 2배로 되는 것은?

① 슬립　　　　② 토크

③ 전류　　　　④ 역률

🖬 2차 저항을 2배로 하면 그 값이 2배로 된다는 것은 비례관계이다. 3상 유도전동기의 2차저항은 슬립과 비례관계이며 토크는 항상 일정하다.

010

다음 제동 방법 중 급정지하는 데 가장 좋은 제동방법은?

① 발전제동　　　　② 회생제동

③ 역상제동　　　　④ 단상제동

🖬 **Tip** 급정지 → 역상제동

역상 제동은 유도 전동기 운전 중 급속 정지가 필요할 때 사용한다. 운전 중 전동기의 1차 권선 3개의 단자 중 임의의 2개 단자의 접속을 바꾸면, 상의 회전의 순서가 반대가 되어 회전자에 작용하는 토크 방향이 역으로 작용하여 급속히 감속시킬 수 있다.

011

동기 전동기의 장점이 아닌 것은?

① 직류 여자가 필요하다.

② 전부하 효율이 양호하다.

③ 역률 1로 운전할 수 있다.

④ 동기 속도를 얻을 수 있다.

🖬 동기 전동기의 가장 큰 특징은 바로 입력 주파수에 따라 동기속도로 회전한다는데 있다. 주파수와 극수로 결정되는 동기속도는 주파수가 변하지 않는 한 전압 변동과 관계없이 항상 일정하게 유지된다.

동기속도 공식은 $N_s = \dfrac{120f}{P}$

[암기법] 백이십주파수퍼극수

장점 : 전부하 효율이 좋다. 역율(1)과 효율이 좋다. 출력이 커서 분쇄기 등에 사용된다. 직류 여자가 필요하다는 것은 단점이다. 속도제어가 어렵고, 난조발생이 쉽고, 기동토크가 없어 스스로 시동이 불가한 것 또한 유도전동기와 비교한 동기전동기의 단점이다.

012

부흐홀츠 계전기의 설치 위치는?

① 콘서베이터 내부

② 변압기 주탱크 내부

③ 변압기의 고압측 부싱

④ 변압기 본체와 콘서베이터 사이

013

고압전동기 철심의 강판 홈(slot)의 모양은?

① 반폐형

② 개방형

③ 반구형

④ 밀폐형

014

다음 그림은 직류발전기의 분류 중 어느 것에 해당되는가?

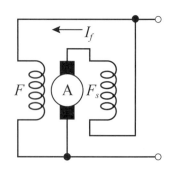

① 분권발전기

② 직권발전기

③ 자석발전기

④ 복권발전기

해 위 결선도는 전기자(A)와 직렬과 병렬로 연결된 두개의 여자권선(F, F_S) 을 가진 직류 복권발전기를 나타낸다.

015

유도전동기가 많이 사용되는 이유가 아닌 것은?

① 값이 저렴

② 취급이 어려움

③ 전원을 쉽게 얻음

④ 구조가 간단하고 튼튼함

해 취급이 어려운데 많이 사용할 리가 없다. 유도전동기는 구조가 간단하고 튼튼하며 취급이 용이하다.

016

정격속도로 운전하는 무부하 분권발전기의 계자 저항이 60[Ω], 계자 전류가 1[A], 전기자 저항이 0.5[Ω]라 하면 유도 기전력은 약 몇 [V]인가?

① 30.5

② 50.5

③ 60.5

④ 80.5

해 무부하 분권발전기가 정격속도로 운전하므로 유도기전력 $E = V + I_a \cdot R_a = 60 + 1 \times 0.5 = 60.5[V]$

참고 무부하 시의 유도기전력은 $I = 0$이므로 60[V]이다.

017

동기 전동기의 계자 전류를 가로축에, 전기자 전류를 세로축으로 하여 나타낸 V곡선에 관한 설명으로 옳지 않은 것은?

① 위상 특성 곡선이라 한다.

② 곡선의 최저점은 역률 1에 해당한다.

③ 부하가 클수록 V 곡선은 아래쪽으로 이동한다.

④ 계자 전류를 조정하여 역률을 조정할 수 있다.

해 아래의 그림에서 3개의 곡선 중 제일 아래쪽이 무부하 곡선이며 부하가 클수록 V곡선은 위쪽으로 이동한다.

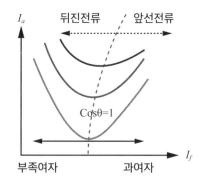

018

단상 유도전동기에 보조권선을 사용하는 주된 이유는?

① 회전자장을 얻는다.

② 기동 전류를 줄인다.

③ 속도제어를 한다.

④ 역률개선을 한다.

해 단상 유도전동기에 보조권선을 사용하는 것은 회전자장을 얻기 위함이다.

019

용량이 작은 전동기로 직류와 교류를 겸용할 수 있는 전동기는?

① 셰이딩전동기

② 단상반발전동기

③ 단상 직권 정류자전동기

④ 리니어전동기

해 **단상 직권 정류자전동기** : 구조는 직류 직권전동기와 같지만 전원은 교류를 이용하는 전동기이다. 용량이 작은 전동기로 직류와 교류를 겸용할 수 있고, 변압기를 통한 교류전원 공급 시 변압기의 기전력을 조절하여 전류량을 작게 하면 역률이 좋아지는 특성이 있다.

020

권선형 유도전동기 기동 시 회전자 측에 저항을 넣는 이유는?

① 기동 전류 증가

② 기동 전류 억제와 토크 증대

③ 기동토크 감소

④ 회전수 감소

해 권선형 유도전동기는 기동 시 기동 전류 억제와 토크 증대를 위해 회전자 측에 저항을 넣는다.

021

변압기의 2차측을 개방하였을 경우 1차측에 흐르는 전류는 무엇에 의하여 결정되는가?

① 저항

② 임피던스

③ 누설 리액턴스

④ 여자 임피던스

해 변압기는 하나의 철심에 1, 2차 권선이 함께 결합되어 있다. 2차측을 개방 시에는 2차측에는 전류(부하전류)가 흐르지 않지만, 1차측 권선에는 여자전류가 흐른다. 1차측 여자전류는 여자 임피던스에 의해 결정되는데 이러한 여자전류는 1차 권선에 발생된 자속이 철심 내부를 흐르도록 하여 1, 2차 권선을 서로 결합시켜 주는 역할을 한다.

022

입력으로 펄스신호를 가해주고 속도를 입력펄스의 주파수에 의해 조절하는 전동기는?

① 전기동력계

② 서보전동기

③ 스테핑 전동기

④ 권선형유도전동기

해 입력 펄스신호 → 스테핑 전동기

023

농형 유도전동기의 기동법이 아닌 것은?

① 2차 저항기법

② Y − △ 기동법

③ 전전압 기동법

④ 기동보상기에 의한 기동법

해 농형 유도전동기와 권선형 유도전동기는 기동법에 차이가 있다. 우리가 일반적으로 사용하는 농형 유도전동기는 전전압 기동법, Y − △ 기동법, 기동보상기에 의한 기동법, 1차 저항기동법 등을 사용하며, 권선형 유도전동기는 2차 저항기동법을 사용한다.

024

변압기 V결선의 특징으로 틀린 것은?

① 고장 시 응급처치 방법으로도 쓰인다.

② 단상변압기 2대로 3상 전력을 공급한다.

③ 부하증가가 예상되는 지역에 시설한다.

④ V결선 시 출력은 △ 결선 시 출력과 그 크기가 같다.

해 V결선 시 출력은 △ 결선 시 출력에 비해 57.7[%] 저하된다.

025

직류 분권전동기에서 운전 중 계자권선의 저항을 증가하면 회전속도의 값은?

① 감소한다.   ② 증가한다.

③ 일정하다.   ④ 관계없다.

📖 직류 분권전동기에서 운전 중 계자권선 저항값과 회전속도의 관계식은

회전속도 $N = K \cdot \dfrac{E}{\phi}$ 에서 자속 ϕ는 계자저항값에 반비례하므로 저항값을 증가시키면 자속이 줄어들고 자속이 줄어들면 회전속도 N은 증가한다.

026

동기기의 전기자 권선법이 아닌 것은?

① 전절권   ② 분포권

③ 2층권   ④ 중권

📖 • 전절권은 동기기의 전기자 권선법이 아니다.(단절권은 해당)
   • 동기기 전기자 권선법에는 고상권, 폐로권, 이층권, 중권, 분포권, 단절권이 있다.

027

3상 유도전동기의 토크는?

① 2차 유도기전력의 2승에 비례한다.

② 2차 유도기전력에 비례한다.

③ 2차 유도기전력과 무관하다.

④ 2차 유도기전력의 0.5승에 비례한다.

📖 3상 유도전동기의 최대출력(기전력)은 전압의 제곱에 비례한다. 따라서 3상 유도전동기의 토크(출력)는 전압의 제곱에 비례한다.

028

동기 전동기의 공급전압이 앞선 전류는 어떤 작용을 하는가?

① 역률작용   ② 교차자화작용

③ 증자작용   ④ 감자작용

📖 전동기에서는 앞선전류(진상)일 경우 감자작용, 뒤진 전류(지상)일 경우 증자작용을 한다. 만약 전류의 위상이 동상일 경우에는 교차자화작용을 한다.

029

변압기의 정격출력으로 맞는 것은?

① 정격 1차 전압 × 정격 1차 전류

② 정격 1차 전압 × 정격 2차 전류

③ 정격 2차 전압 × 정격 1차 전류

④ 정격 2차 전압 × 정격 2차 전류

📖 변압기의 정격출력은
[정격 2차 전압 × 정격 2차 전류]이다.

030

직류 발전기 전기자 반작용의 영향에 대한 설명으로 틀린 것은?

① 브러시 사이에 불꽃을 발생시킨다.

② 주 자속이 찌그러지거나 감소된다.

③ 전기자 전류에 의한 자속이 주 자속에 영향을 준다.

④ 회전방향과 반대방향으로 자기적 중성축이 이동된다.

📖 전기자 반작용은 전기자 전류에 의해서 자속이 계자 자속에 영향을 미쳐 자속분포가 변하는 현상을 말한다. 이로 인한 영향은 불꽃발생, 주자속 감소, 감자작용에 의한 기전력 감소 등이다. 또한 발전기의 경우 회전방향으로 전기적 중성축이 이동하고, 전동기의 경우 회전 반대방향으로 중성축이 이동한다.

031

반도체 사이리스터에 의한 전동기의 속도 제어 중 주파수 제어는?

① 초퍼 제어
② 인버터 제어
③ 컨버터 제어
④ 브리지 정류 제어

᳚ 인버터(inverter)를 이용한 속도 제어법은 주파수 제어법이다.

032

변압기의 용도가 아닌 것은?

① 교류 전압의 변환
② 주파수의 변환
③ 임피던스의 변환
④ 교류 전류의 변환

᳚ 변압기는 전력의 변환, 교류 전압과 교류 전류, 임피던스의 변환에 쓰이지만 주파수를 바꿀 수 없고 직류에는 동작하지 않으며 권선비가 고정되어 있다는 한계가 있다.

033

변압기에 대한 설명 중 틀린 것은?

① 전압을 변성한다.
② 전력을 발생하지 않는다.
③ 정격출력은 1차측 단자를 기준으로 한다.
④ 변압기의 정격용량은 피상전력으로 표시한다.

᳚ 변압기의 정격출력은 2차측 단자를 기준으로 한다.

034

동기 발전기의 병렬 운전 중 주파수가 틀리면 어떤 현상이 나타나는가?

① 무효 전력이 생긴다.
② 무효 순환전류가 흐른다.
③ 유효 순환전류가 흐른다.
④ 출력이 요동치고 권선이 가열된다.

᳚ 동기 발전기의 병렬 운전 중 주파수(위상)가 틀려지면 출력이 요동치고 권선이 가열된다. 즉 난조가 발생한다.

위상차에 의한 동기화 전류
· 위상이 늦은 발전기 → 부하 감소, 회전속도 증가
· 위상이 빠른 발전기 → 부하 증가, 회전속도 감소
· 무효횡류의 주기적 발생 → 난조 발생 원인

035

직류 발전기 전기자의 주된 역할은?

① 기전력을 유도한다.
② 자속을 만든다.
③ 정류작용을 한다.
④ 회전자와 외부회로를 접속한다.

᳚ 전기자는 철심과 권선으로 이루어진 원통형태로 회전함에 따라 계자에서 발생된 자속을 끊고 기전력을 유도하는 역할을 한다.

036

직류 발전기의 전기자 반작용에 의하여 나타나는 현상은?

① 코일이 자극의 중성축에 있을 때도 브러시 사이에 전압을 유기시켜 불꽃을 발생한다.
② 주자속 분포를 찌그러뜨려 중성축을 고정시킨다.
③ 주자속을 감소시켜 유도 전압을 증가시킨다.
④ 직류 전압이 증가한다.

᳚ 전기자 반작용은 전기자 전류에 의해서 자속이 계자 자속에 영향을 미쳐 자속분포가 변하는 현상을 말한다. 이로 인한 영향은 불꽃발생, 주자속 감소, 감자작용에 의한 기전력 감소 등이다. 또한 발전기의 경우 회전방향으로 전기적 중성축이 이동하고, 전동기의 경우 회전 반대방향으로 중성축이 이동한다.

037

직류 전동기의 속도제어 방법이 아닌 것은?

① 전압제어   ② 계자제어

③ 저항제어   ④ 플러깅제어

🖩 직류 전동기 속도제어법에는 전압제어법, 계자제어법, 저항제어법이 있다.
   [암기법] 속도제어 압계항
   플러깅제어(역전제동)은 유도전동기의 제동법이다.

038

우산형 발전기의 용도는?

① 저속 대용량기   ② 저속 소용량기

③ 고속 대용량기   ④ 고속 소용량기

🖩 우산형 발전기는 저속 대용량기에 이용된다.

039

전력계통에 접속되어 있는 변압기나 장거리 송전 시 정전 용량으로 인한 충전특성 등을 보상하기 위한 기기는?

① 유도 전동기   ② 동기 발전기

③ 유도 발전기   ④ 동기 조상기

🖩 장거리 송전선로에서 부하변동에 의한 전압변동을 조정하여 수전단(받는 쪽) 전압을 일정하게 유지시켜 주는 설비를 조상설비라 한다. 한편 동기전동기를 사용하면 무부하 상태에서 여자전류를 가감하여 과여자 시 진상전류, 부족여자 시 지상전류가 되는 특성이 있는데 이러한 동기전동기의 특성을 이용하여 전력계통의 전압조정 및 역률개선 및 장거리 초고압 송전선 또는 지중선 계통에 정전 용량 보상용으로 사용하는 것이 동기조상기이다.

040

사용 중인 변류기의 2차를 개방하면?

① 1차 전류가 감소한다.

② 2차 권선에 110[V]가 걸린다.

③ 개방단의 전압은 불변하고 안전하다.

④ 2차 권선에 고압이 유도된다.

🖩 변류기의 2차를 개방 시 2차 권선에 고압이 유도된다.
   [암기법] 변2개방 → 고압유도

041

동기전동기에 관한 내용으로 틀린 것은?

① 기동토크가 작다.

② 역률을 조정할 수 없다.

③ 난조가 발생하기 쉽다.

④ 여자기가 필요하다.

🖩 **동기전동기의 장점**
   • 역률이 좋으며 조절 가능하다.
   • 효율이 좋다.
   • 출력이 크다.
   • 속도가 일정하다. (슬립 = 0)
   동기전동기의 단점
   • 직류 여자가 필요하다.
   • 속도제어가 어렵다.
   • 난조 발생이 쉽다.
   • 기동토크가 없어서 스스로 시동이 불가하다.

042

직류 스테핑 모터(DC stepping motor)의 특징이다. 다음 중 가장 옳은 것은?

① 교류 동기 서보 모터에 비하여 효율이 나쁘고 토크 발생도 작다.

② 입력되는 전기신호에 따라 계속하여 회전한다.

③ 일반적인 공작 기계에 많이 사용된다.

④ 출력을 이용하여 특수기계의 속도, 거리, 방향 등을 정확하게 제어할 수 있다.

043

직류 전동기에서 무부하가 되면 속도가 대단히 높아져서 위험하기 때문에 무부하운전이나 벨트를 연결한 운전을 해서는 안 되는 전동기는?

① 직권전동기　　　　② 복권전동기
③ 타여자전동기　　　④ 분권전동기

해 직권전동기는 기동 토크가 크기 때문에 중부하 운전에 적합한 기관차 또는 중장비의 기동전동기에서 주로 이용된다. 전기자 코일과 계자코일이 직렬로 접속되어 큰 부하 변동에도 자동적으로 회전속도를 증감하여 높은 부하에서도 과대전류가 흐르지 않지만 무부하 상태에서는 회전속도가 무한대로 빨라지므로 벨트연결 운전이나 무부하 운전은 아주 위험하다.

044

그림과 같은 전동기 제어회로에서 전동기 M의 전류 방향으로 올바른 것은?
(단, 전동기의 역률은 100%이고, 사이리스터의 점호각은 0°라고 본다.)

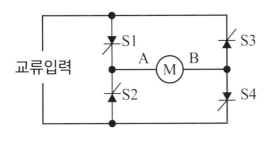

① 입력의 반주기 마다 A에서 B의 방향, B에서 A의 방향
② S1과 S4, S2와 S3의 동작 상태에 따라 A에서 B의 방향, B에서 A의 방향
③ 항상 A에서 B의 방향
④ 항상 B에서 A의 방향

해 그림은 반도체를 이용한 인버터 속도제어 방식을 나타낸다. 이 때, 전동기 M에 작용하는 전류의 방향은 항상 A에서 B방향이다.

045

수전단 발전소용 변압기 결선에 주로 사용하고 있으며 한쪽은 중성점을 접지할 수 있고 다른 한쪽은 제3고조파에 의한 영향을 없애주는 장점을 가지고 있는 3상 결선 방식은?

① Y − Y　　　　　② △ − △
③ Y − △　　　　　④ V

해 Y − △ 와이델타 결선은 한쪽은 중성점 접지, 다른 한쪽은 제3고조파에 의한 영향을 없애주는 장점을 가지고 있다.

046

변압기유의 구비 조건으로 옳은 것은?

① 절연 내력이 클 것　　② 인화점이 낮을 것
③ 응고점이 높을 것　　　④ 비열이 작을 것

해 변압기유의 구비조건 : 절연내력 클 것, 인화점 높을 것, 응고점 낮을 것, 점도는 낮고 비열이 커서 냉각효과가 클 것

047

동기전동기의 직류 여자전류가 증가될 때의 현상으로 옳은 것은?

① 진상 역률을 만든다.
② 지상 역률을 만든다.
③ 동상 역률을 만든다.
④ 진상·지상 역률을 만든다.

해 동기전동기 직류 여자전류 증가 → 진상 역률

048

전압을 일정하게 유지하기 위해서 이용되는 다이오드는?

① 발광 다이오드　　　② 포토 다이오드
③ 제너 다이오드　　　④ 바리스터 다이오드

해 전압 일정유지 → 제너 다이오드

049

변압기의 권선 배치에서 저압 권선을 철심에 가까운 쪽에 배치하는 이유는?

① 전류 용량
② 절연 문제
③ 냉각 문제
④ 구조상 편의

해 변압기의 권선 배치에서 절연을 쉽게 하기 위해 저압 권선을 철심에 가까운 쪽에 배치하고 저압권선의 바 깥쪽에 고압권선을 배치한다.

050

동기기에 제동권선을 설치하는 이유로 옳은 것은?

① 역률 개선
② 출력 증가
③ 전압 조정
④ 난조 방지

해 동기기 제동권선 설치 → 난조 방지

051

낮은 전압을 높은 전압으로 승압할 때 일반적으로 사용되는 변압기의 3상 결선방식은?

① Δ − Δ
② Δ − Y
③ Y − Y
④ Y − Δ

해 승압 시 결선방식 → Δ − Y(델타 − 와이)
암기법 승압델(꾸)와!

초빈출
052

동기 발전기의 병렬운전 조건이 아닌 것은?

① 유도 기전력의 크기가 같을 것
② 동기발전기의 용량이 같을 것
③ 유도 기전력의 위상이 같을 것
④ 유도 기전력의 주파수가 같을 것

해 발전기 병렬운전을 위해서는 기전력의 주파수, 파형, 크기, 위상이 모두 같아야 한다.
암기법 주파크위상

053

브흐홀쯔 계전기로 보호되는 기기는?

① 변압기
② 유도전동기
③ 직류 발전기
④ 교류 발전기

해 브흐홀쯔 계전기는 변압기 내부고장 보호에 사용된다.

054

주상변압기의 고압측에 여러 개의 탭을 설치하는 이유는?

① 선로 고장대비
② 선로 전압조정
③ 선로 역률개선
④ 선로 과부하 방지

해 탭(Tap)은 2차측에서 필요 전압을 얻기 위해 1차측 코 일권수 조정이 가능하도록 설치해 놓은 장치를 말한 다.
암기법 주상변압기 → 전압조정 탭

055

3상 유도전동기의 회전 방향을 바꾸려면?

① 전원의 극수를 바꾼다.
② 전원의 주파수를 바꾼다.
③ 3상 전원 3선 중 두 선의 접속을 바꾼다.
④ 기동 보상기를 이용한다.

해 3상 유도전동기의 회전 방향을 바꾸기 위해서는 회전 자계의 방향이 반대가 되도록 하면 된다. 이를 위해 3상 전원 3선 중 어느 두 선의 선의 접속을 바꾼다.

056

3단자 사이리스터가 아닌 것은?

① SCS
② SCR
③ TRIAC
④ GTO

해 SCR과 GTO는 단방향성 3단자, TRIAC은 양방향성 3단자이다. 하지만 SCS (Silicon Controlled Rectifier Thyristor)는 단방향성 4단자이다.

057

3상 농형유도전동기의 Y - △ 기동 시의 기동전류를 전전압 기동 시와 비교하면?

① 전전압 기동전류의 1/3로 된다.

② 전전압 기동전류의 $\sqrt{3}$ 배로 된다.

③ 전전압 기동전류의 3배로 된다.

④ 전전압 기동전류의 9배로 된다.

해 농형유도전동기의 Y - △ 기동 시 전전압 기동에 비해 기동전류가 $\frac{1}{3}$ 으로 감소하고 상전압이 $\frac{1}{\sqrt{3}}$ 으로 감소한다.

058

유도전동기의 무부하시 슬립은?

① 4   ② 3

③ 1   ④ 0

해 슬립이란 동기속도와 실제 회전자의 회전속도의 차이 비율을 말한다. 유도전동기의 무부하 시에는 동기속도와 회전자 속도가 같은 상태(동기된 상태)로 슬립은 0이다. 유도전동기에서 슬립이 가장 큰 상태는 기동 시이며 정지상태의 3상 유도전동기의 슬립값은 1이다. 슬립은 항상 0과 1사이의 값을 갖는다.

059

정류자와 접촉하여 전기자 권선과 외부 회로를 연결하는 역할을 하는 것은?

① 계자   ② 전기자

③ 브러시   ④ 계자철심

해 브러시는 정류자와 접촉하여 전기자 권선과 외부 회로를 연결하는 역할을 한다.

060

수변전 설비의 고압회로에 걸리는 전압을 표시하기 위해 전압계를 시설할 때 고압회로와 전압계 사이에 시설하는 것은?

① 계기용 변류기   ② 계기용 변압기

③ 수전용 변압기   ④ 권선형 변압기

해 **계기용 변압기**(PT : Potential Transformer)는 고압 회로와 저압회로 사이에서 고전압을 저전압으로 변성하여 수변전 고압 설비에 걸리는 전압 측정을 위해 사용하는 기기이다.

실전 빈출 모의고사 2회

001

직류 직권전동기의 특징에 대한 설명으로 틀린 것은?

① 부하전류가 증가하면 속도가 크게 감소된다.

② 기동 토크가 작다.

③ 무부하 운전이나 벨트를 연결한 운전은 위험하다.

④ 계자권선과 전기자권선이 직렬로 접속되어 있다.

🅷 직류 직권전동기는 기동 토크가 크기 때문에 중부하 운전에 적합한 기관차 또는 중장비의 기동전동기에서 주로 이용된다. 전기자 코일과 계자코일이 직렬로 접속되어 큰 부하 변동에도 자동적으로 회전속도를 증감하여 높은 부하에서도 과대전류가 흐르지 않지만 무부하 상태에서는 회전속도가 무한대로 빨라지므로 아주 위험하다.

002

아크 용접용 변압기가 일반 전력용 변압기와 다른 점은?

① 권선의 저항이 크다.   ② 누설 리액턴스가 크다.

③ 효율이 높다.   ④ 역률이 좋다.

🅷 교류아크 용접기는 누설 리액턴스가 크고 역률은 일반적으로 40[%]정도로 매우 낮으며 효율도 보통 70 ~ 80[%] 정도로 낮다.

003

전기기기의 냉각 매체로 활용하지 않는 것은?

① 물   ② 수소

③ 공기   ④ 탄소

🅷 전기기기 내부에서 발생한 열을 효과적으로 외부로 발산시키기 위한 방식에는 냉각매체의 종류에 따라 공냉식, 유냉식, 수냉식, 수소 냉각식이 있으나 탄소는 활용하지 않는다.

004

보호 계전기의 배선 시험으로 옳지 않은 것은?

① 극성이 바르게 결선되었는가를 확인한다.

② 내부 단자와 각부 나사 조임 상태를 점검한다.

③ 회로의 배선이 정확하게 결선되었는지 확인한다.

④ 입력 배선 검사는 직류 전압으로 시험한다.

🅷 내부 단자와 각부 나사 조임 상태 점검은 보호 계전기 배선 시험 요소가 아니다.

005

직류 직권 전동기의 공급전압의 극성을 반대로 하면 회전방향은 어떻게 되는가?

① 변하지 않는다.   ② 반대로 된다.

③ 회전하지 않는다.   ④ 발전기로 된다.

🅷 직류 직권 전동기는 공급전압의 극성을 바꾸면 전기자전류와 계자전류의 방향이 모두 역방향으로 바뀌어 전동기의 회전방향은 바뀌지 않고 그대로이다.

006

동기발전기의 전기자 반작용 현상이 아닌 것은?

① 포화 작용   ② 증자 작용

③ 감자 작용   ④ 교차자화 작용

🅷 동기발전기의 전기자 반작용 현상에는 직축 반작용인 증자, 감자작용과 횡축 반작용인 교차자화 작용이 있다.

007

다음 중 전력 제어용 반도체 소자가 아닌 것은?

① LED   ② TRIAC

③ GTO   ④ IGBT

🅷 LED(light – emitting diode)는 순방향으로 전압을 가했을 때 빛을 내는 발광 다이오드이다. 전력 제어용 소자 아니다.

008

P형 반도체의 전기 전도의 주된 역할을 하는 반송자는?

① 가전자
② 5가 불순물
③ 전자
④ 정공

해 P형 반도체의 반송자는 정공(전기 전도 역할)

009

변압기에서 철손은 부하전류와 어떤 관계인가?

① 부하전류에 비례한다.

② 부하전류에 반비례한다.

③ 부하전류의 자승에 비례한다.

④ 부하전류와 관계없다.

해 손실에는 고정손(무부하손)과 가변손(부하손) 철손은 대표적인 고정손(무부하손)으로 부하전류와 관계없다. 반면에 가변손(부하손)은 부하에 따라 발생하는 손실로 대표적으로 권선저항에서 발생하는 동손이 있다.

010

보호구간에 유입하는 전류와 유출하는 전류의 차에 의해 동작하는 계전기는?

① 거리 계전기
② 비율차동 계전기
③ 방향 계전기
④ 부족전압 계전기

해 비율차동 계전기는 유입 − 유출하는 전류의 차에 의해 동작하는 계전기

011

3상 변압기의 병렬운전이 불가능한 결선 방식으로 짝지은 것은?

① △ - △ 와 Y - Y
② △ - Y 와 △ - Y
③ Y - Y 와 Y - Y
④ △ - △ 와 △ - Y

해 3상 변압기의 병렬운전 조건은 상회전 방향과 각변위가 같아야 하는데 델타델타에서는 위상차가 없지만 델타와이에서는 30°의 위상차가 생기므로 병렬운전이 불가능하다.

암기법 세모세모세모와이는 병렬불가능 – 쎄쎄쎄와 병렬불가능

012

다음 중 2단자 사이리스터가 아닌 것은?

① SCR
② DIAC
③ SSS
④ Diode

해 DIAC, SSS, Diode은 2단자 소자이다. SCR은 3단자 소자이다.

013

유도 전동기에 기계적 부하를 걸었을 때 출력에 따라 속도, 토크, 효율, 슬립 등의 변화를 나타낸 출력특성곡선에서 슬립을 나타내는 곡선은?

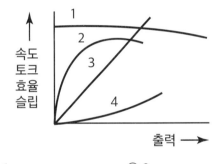

① 1
② 2
③ 3
④ 4

해 유도전동기의 슬립이 0이란 것은 동기속도와 회전자 회전속도가 동일하다는 뜻으로 이때는 회전자에 전류가 흐르지 않고 토크도 발생하지 않는다. 이렇게 손실이 전혀 없는 이상적인 무부하일 때는 슬립값이 0이지만 현실적으로는 저항이 존재하기 때문에 회전자 회전속도는 동기속도보다 낮아지게 된다. 따라서 회전자에 전류가 흐르게 되고 토크를 발생함에 슬립도 증가한다. 그래프에서 출력에 따라 서서히 우상향하는 4번이 슬립을 나타내는 곡선이다.

014

변압기를 운전하는 경우 특성의 악화, 온도상승에 수반되는 수명의 저하, 기기의 소손 등의 이유 때문에 지켜야 할 정격이 아닌 것은?

① 정격 전류　　　　② 정격 전압

③ 정격 저항　　　　④ 정격 용량

🔲 변압기 운전 시 특성악화, 온도 상승에 의한 수명단축과 소손방지를 위해 다음의 정격을 지켜야한다.
　→ 정격전류, 정격전압, 정격용량
　암기법 지켜야할 정격 류압용

015

농형 유도전동기의 기동법이 아닌 것은?

① Y − △ 기동법

② 기동보상기에 의한 기동법

③ 2차 저항기법

④ 전전압 기동법

🔲 우리가 일반적으로 사용하는 농형 유도전동기는 전전압 기동법, Y − △ 기동법, 기동보상기에 의한 기동법, 리엑터 기동법, 1차 저항기동법 등을 사용하며, 권선형 유도전동기는 2차 저항기동법을 사용한다.
　암기법 농형 보리일전와델

016

동기기를 병렬운전 할 때 순환전류가 흐르는 원인은?

① 기전력의 저항이 다른 경우

② 기전력의 위상이 다른 경우

③ 기전력의 전류가 다른 경우

④ 기전력의 역률이 다른 경우

🔲 동기기의 병렬운전 조건 중 기전력의 위상이 같아야 하는데 다를 경우 유효순환전류가 흐르고, 기전력의 크기가 같아야 하는데 다를 경우 무효순환전류가 흐른다.

017

반도체 정류 소자로 사용할 수 없는 것은?

① 게르마늄　　　　② 비스무트

③ 실리콘　　　　　④ 산화구리

🔲 반도체 정류 소자로는 실리콘, 게르마늄, 산화구리는 사용할 수 있으나 비스무트는 녹는 점이 (271[℃])도로 납(327.5[℃])보다 낮아 반도체 정류 소자로 부적합하다.

018

변압기 철심에는 철손을 적게 하기 위하여 철이 몇 [%]인 강판을 사용하는가?

① 약 50 ~ 55[%]　　② 약 60 ~ 70[%]

③ 약 76 ~ 86[%]　　④ 약 96 ~ 97[%]

🔲 변압기 철심은 철함유량 96 ~ 97[%]의 강판을 사용한다.

019

전기자 반작용이란 전기자 전류에 의해 발생한 기자력이 주자속에 영향을 주는 현상으로 다음 중 전기자반작용의 영향이 아닌 것은?

① 전기적 중성축 이동에 의한 정류의 약화

② 기전력의 불균일에 의한 정류자편간 전압의 상승

③ 주 자속 감소에 의한 기전력감소

④ 자기 포화 현상에 의한 자속의 평균치 증가

🔲 ①, ②, ③은 모두 전기자 반작용의 영향이 맞으나 ④의 경우 전기자 반작용은 감자작용으로 인해 계자 자속을 감소시킨다.

020

다음 중 SCR의 기호는?

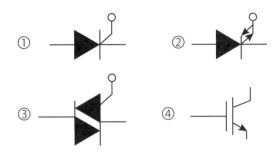

해 ① SCR(Silicon Controlled Rectifier : 실리콘 제어
   정류소자)이다.
   SCR은 3극 단방향 사이리스터이다.
   ② GTO(gate turn − off thyristor)
   ③ TRIAC(Triode AC Switch)
   ④ IGBT(Insulated Gate Bidirectional Transister)

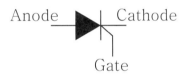

사이리스터 기호의 기본형식

021

보호 계전기의 기능상 분류로 틀린 것은?

① 차동 계전기　　　② 거리 계전기

③ 저항 계전기　　　④ 주파수 계전기

해 **보호 계전기의 기능상 분류** : 차동 계전기, 주파수 계
   전기, 거리 계전기
   [암기법] 보호계전기 − 차주거

022

다음의 변압기 극성에 관한 설명에서 틀린 것은?

① 우리나라는 감극성이 표준이다.

② 1차와 2차권선에 유기되는 전압의 극성이 서로
   반대이면 감극성이다.

③ 3상 결선 시 극성을 고려해야 한다.

④ 병렬운전 시 극성을 고려해야 한다.

해 변압기의 극성이란 단자에 나타나는 유기 전압의 방
   향을 의미하는데 1,2차 권선에 유기되는 전압 방향이
   같으면 감극성(Subtractive Polarity)이고, 다르면 가
   극성이다.

023

병렬 운전 중인 동기 발전기의 난조를 방지하기
위하여 자극 면에 유도전동기의 농형권선과 같은
권선을 설치하는데 이 권선의 명칭은?

① 계자권선　　　　② 제동권선

③ 전기자권선　　　④ 보상권선

해 난조방지 → 자극 면에 유도전동기 농형권선과 같은
   권선 → 제동권선

024

직류를 교류로 변환하는 장치는?

① 정류기　　　　　② 충전기

③ 순변환 장치　　　④ 역변환 장치

해 직류를 교류로 → 인버터(inverter, 역변환장치)
   교류를 직류로 → 컨버터(converter, 변환장치)
   [암기법] 직교역(직교인), 교직컨

025

절연물을 전극사이에 삽입하고 전압을 가하면
전류가 흐르는데 이 전류는?

① 과전류　　　　　② 접촉전류

③ 단락전류　　　　④ 누설전류

해 두 전극 사이에 절연물을 삽입 시 흐르는 전류는 누설
   전류이다.

026

동기 전동기의 자기 기동에서 계자권선을 단락하는 이유는?

① 기동이 쉽다.

② 기동권선으로 이용

③ 고전압 유도에 의한 절연파괴 위험 방지

④ 전기자 반작용을 방지한다.

해 동기 전동기의 자기 기동에서 계자권선을 단락하는 이유는 기동 시 전기자권선에 의한 회전자계에 의해 계자권선에 고압이 유도되어 절연을 파괴할 우려가 있기 때문이다.

027

직류 직권전동기의 벨트 운전을 금지하는 이유는?

① 벨트가 벗겨지면 위험속도에 도달한다.

② 손실이 많아진다.

③ 벨트가 마모하여 보수가 곤란하다.

④ 직결하지 않으면 속도제어가 곤란하다.

해 직권전동기는 기동 토크가 크기 때문에 중부하 운전에 적합한 기관차 또는 중장비의 기동전동기에서 주로 이용된다. 전기자 코일과 계자코일이 직렬로 접속되어 큰 부하 변동에도 자동적으로 회전속도를 증감하여 높은 부하에서도 과대전류가 흐르지 않지만 무부하 상태에서는 회전속도가 무한대로 빨라지므로 벨트연결 운전이나 무부하 운전은 아주 위험하다.

028

동작 시한이 구동 전기량에 따라 커질수록 짧아지고, 구동 전기량이 작을수록 시한이 길어지는 계전기는?

① 계단형 한시계전기   ② 정한시 계전기

③ 순한시 계전기   ④ 반한시 계전기

해 순한시 계전기는 동작 전류 이상의 전류가 흐르면 즉시 동작하는 특성이 있고, 반한시 계전기는 전류가 커질수록 동작 시간이 짧아지는 특성이 있다.

Tip 커질수록 짧아지고, 작을수록 길어진다
→ 반대다! 반한시 계전기

029

변압기의 임피던스 전압이란?

① 정격전류가 흐를 때 변압기내의 전압강하

② 여자전류가 흐를 때 2차측 단자전압

③ 정격전류가 흐를 때 2차측 단자전압

④ 2차 단락전류가 흐를 때 변압기내의 전압강하

해 변압기의 임피던스 전압이란 정격전류가 흐를 때 변압기내의 전압강하를 뜻한다.

030

변압기 절연내력 시험과 관계없는 것은?

① 가압시험   ② 유도시험

③ 충격시험   ④ 극성시험

해 변압기 절연내력 시험에는 가압시험, 유도시험, 충격시험이 있다.

031

동기발전기의 전기자 반작용에 대한 설명으로 틀린 사항은?

① 전기자 반작용은 부하 역률에 따라 크게 변화된다.

② 전기자 전류에 의한 자속의 영향으로 감자 및 자화현상과 편자현상이 발생된다.

③ 전기자 반작용의 결과 감자현상이 발생될 때 반작용 리액턴스의 값은 감소된다.

④ 계자 자극의 중심축과 전기자 전류에 의한 자속이 전기적으로 90°을 이룰 때 편자현상이 발생된다.

해 동기발전기의 전기자 반작용은 부하역률에 따라 크게 변하며 감자작용과 편자현상 그리고 교차자화 작용이 발생한다.

032

보호 계전기 시험을 하기 위한 유의 사항이 **아닌** 것은?

① 시험회로 결선 시 교류와 직류 확인

② 영점의 정확성 확인

③ 계전기 시험 장비의 오차 확인

④ 시험 회로 결선 시 교류의 극성 확인

ⓗ 보호 계전기 시험 시 영점 정확성, 회로 결선 시 교류, 직류 확인, 시험 장비의 오차 등은 확인해야 하지만 교류 극성확인은 유의할 사항이 아니다.

033

변압기 내부 고장 보호에 쓰이는 계전기는?

① 접지 계전기　　　② 차동 계전기

③ 과전압 계전기　　④ 역상 계전기

ⓗ **변압기 내부 고장 보호에 쓰이는 계전기** : 부흐홀쯔, 비율차동, 차동계전기

　[암기법] 부 − 비 − 차 마시고 (변비예방?) 변압기 고장 보호 하자!

034

정격 속도에 비하여 기동 회전력이 가장 큰 전동기는?

① 타여자기　　　　② 직권기

③ 분권기　　　　　④ 복권기

ⓗ 직권기는 정격 속도에 비해 기동 회전력이 커서 크레인, 전동차 등에 주로 이용된다.

035

동기전동기의 여자 전류를 변화시켜도 변하지 않는 것은? (단, 공급전압과 부하는 일정하다)

① 역률　　　　　　② 역기전력

③ 속도　　　　　　④ 전기자전류

ⓗ 동기전동기는 공급전압과 부하가 일정 할 때 여자 전류를 변화시켜도 속도는 변하지 않는다.

036

동기 발전기를 계통에 접속하여 병렬운전 할 때 관계없는 것은?

① 전류　　　　　　② 전압

③ 위상　　　　　　④ 주파수

ⓗ 동기발전기 병렬운전 조건은 기전력(전압)의 주파수, 파형, 크기, 위상 같을 것!

　Tip 주파크위상 같을 것!
　　　전류는 조건에 포함되지 않는다.

037

직류를 교류로 변환하는 장치는?

① 컨버터　　　　　② 초퍼

③ 인버터　　　　　④ 정류기

ⓗ 직류를 교류로 → 인버터(inverter, 역변환장치)
　교류를 직류로 → 컨버터(converter, 변환장치)
　[암기법] 직교역(직교인), 교직컨

038

다음 직류 전동기에 대한 설명으로 옳은 것은?

① 전기철도용 전동기는 차동 복권 전동기이다.

② 분권 전동기는 계자 저항기로 쉽게 회전속도를 조정할 수 있다.

③ 직권 전동기에서는 부하가 줄면 속도가 감소한다.

④ 분권 전동기는 부하에 따라 속도가 현저하게 변한다.

ⓗ 분권 전동기는 계자 저항기로 쉽게 회전속도를 조정할 수 있다. 전기철도용 전동기는 직류직권전동기, 직권전동기는 부하가 줄면 속도가 증가한다. 분권 전동기는 부하에 관계없이 정속 운전을 한다.

039

전동기의 회전 방향을 바꾸는 역회전의 원리를
이용한 제동 방법은?

① 역상제동　　　　② 유도제동

③ 발전제동　　　　④ 회생제동

📖 전동기의 회전 방향을 바꾸는 역회전의 원리를 적용
한 것은 역상제동(플레깅제동)이다.

040

3상 유도전동기의 토크는?

① 2차 유도기전력의 2승에 비례한다.

② 2차 유도기전력에 비례한다.

③ 2차 유도기전력과 무관한다.

④ 2차 유도기전력의 0.5승에 비례한다.

📖 3상유도전동기 토크는 2차 유도기전력(E_2)의 2승에
비례한다.
$$T = k\frac{s(E_2)^2 \cdot r_2}{(r_2)^2 + (sx_2)^2}$$

041　전지 전극과 대지 사이의 저항은?

① 고유저항　　　　② 대지전극저항

③ 접지저항　　　　④ 접촉저항

📖 전지 전극과 대지 사이의 저항은 접지저항이다.

042

직류전동기의 속도특성 곡선을 나타낸 것이다.
직권 전동기의 속도 특성을 나타낸 것은?

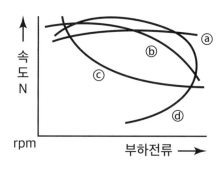

① ⓐ　　　　　　② ⓑ

③ ⓒ　　　　　　④ ⓓ

📖 직류 직권 전동기의 속도 특성은 부하전류가 커질수
록 속도가 감소한다.

043

낙뢰, 수목 접촉, 일시적인 섬락 등 순간적인
사고로 계통에서 분리된 구간을 신속하게 계통에
투입시킴으로써 계통의 안정도를 향상시키고
정전 시간을 단축시키기 위한 사용되는 계전기는?

① 차동 계전기　　　② 과전류 계전기

③ 거리 계전기　　　④ 재폐로 계전기

📖 재폐로 계전기 - 순간적 사고로 분리된 구간을 신속히
계통에 투입안정도 상승, 정전 시간 단축
[암기법] 순간적 사고복구 → 재폐로 계전기

044

보극이 없는 직류기의 운전 중 중성점의 위치가
변하지 않는 경우는?

① 무부하　　　　　② 전부하

③ 중부하　　　　　④ 과부하

📖 무부하 시에는 운전 중 전기자 반작용이 일어나지 않
으므로 중성점의 위치가 변하지 않는다.

045

그림은 유도 전동기 속도제어 회로 및
트랜지스터의 컬렉터 전류 그래프이다. ⓐ와 ⓑ에
해당하는 트랜지스터는?

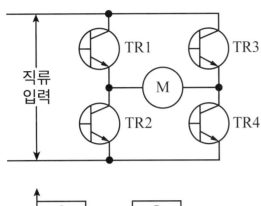

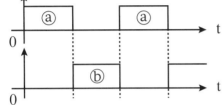

① ⓐ는 TR1과 TR2, ⓑTR3, TR4
② ⓐ는 TR1과 TR3, ⓑTR2, TR4
③ ⓐ는 TR2과 TR4, ⓑTR1, TR3
④ ⓐ는 TR1과 TR4, ⓑTR2, TR3

해 대각선 트랜지스터끼리 묶어 암기한다.

046

다음 중 변압기에서 자속과 비례하는 것은?
① 권수   ② 주파수
③ 전압   ④ 전류

해 **변압기의 유기기전력 공식** : $E = 4.44f\phi N$
E(전압)과 ϕ(자속)은 비례관계이다.

047

일반적으로 반도체의 저항값과 온도와의 관계가
바른 것은?
① 저항값은 온도에 비례한다.
② 저항값은 온도에 반비례한다.
③ 저항값은 온도의 제곱에 반비례한다.
④ 저항값은 온도의 제곱에 비례한다.

해 반도체의 저항값은 온도가 증가할수록 감소한다. 즉,
저항값은 온도에 반비례한다. 일반적으로 온도 상승은
원자간 마찰을 심화시켜, 전자의 운동을 방해하므로
저항값이 증가하지만, 반도체의 경우 온도 상승이 전
자의 에너지를 증가시켜 이동을 쉽게하므로 저항값이
감소한다.

048

유도 전동기 권선법 중 맞지 않는 것은?
① 고정자 권선은 단층 파권이다.
② 고정자 권선을 3상 권선이 쓰인다.
③ 소형 전동기는 보통 4극이다.
④ 홈 수는 24개 또는 36개이다.

해 유도 전동기는 고정자 권선을 3상 권선(단층 중권)을
쓴다. 소형의 경우 보통 4극이며, 홈수는 24개 또는
36개이다.

049

접지사고 발생 시 다른 선로의 전압을 상전압
이상으로 되지 않으며, 이상전압의 위험도 없고
선로나 변압기의 절연 레벨을 저감시킬 수 있는
접지 방식은?
① 저항 접지   ② 비 접지
③ 직접 접지   ④ 소호 리액터 접지

해 **직접 접지의 장점 (접지사고 발생 시)**
• 다른 선로의 전압을 상전압 이상으로 되지 않는다.
• 이상전압의 위험이 없다.
• 선로나 변압기의 절연 레벨을 저감시킬 수 있다.

050

유도 전동기에서 원선도 작성 시 필요하지 않은

시험은?

① 무부하 시험　　　　② 구속 시험

③ 저항 측정　　　　　④ 슬립 측정

해 유도 전동기의 원선도 작성 시 무부하 시험, 구속시험,
　저항측정이 필요하다.

　암기법 원선도 → 무구저!

051

3상 전원에서 2상 전원을 얻기 위한 변압기의

결선 방법은?

① △　　　　　　　　② Y

③ V　　　　　　　　④ T

해 T 결선(Scott 결선)은 3상 전원에서 변압기 2대를 사
　용하여 3상의 전원으로부터 2상의 전원을 얻을 수 있
　는 결선으로 결선의 형상이 T자 형태이다.

052

직류분권 전동기의 계자 전류를 약하게 하면

회전수는?

① 감소한다.　　　　　② 정지한다.

③ 증가한다.　　　　　④ 변화 없다.

해 직류분권 전동기의 계자 전류를 약하게 하면 자속이
　감소하므로 회전수는 증가한다.

　전동기의 회전속도 $N = k' \dfrac{V - I_a R_a}{\phi}$ 에서 자속이 감

　소하면 회전속도(N)은 증가함을 알 수 있다.

053

동기기 손실 중 무부하손(no load loss)이 아닌

것은?

① 풍손　　　　　　　② 와류손

③ 전기자 동손　　　　④ 베어링 마찰손

해 무부하손은 전력 이송을 위한 자속발생 손실분을 뜻
　하며, 부하손은 부하에 전류가 흐름으로 인해 발생하
　는 손실을 말한다. 무부하손에는 철손(히스테리시스
　손, 와류손)과 풍손, 베어링 마찰손 등이 해당되지만
　전기자 동손, 표류부하손 등은 부하손이다.

　암기법 부하손은 똥손!

054

직류 전동기의 제어에 널리 응용되는 직류 - 직류

전압 제어장치는?

① 초퍼　　　　　　　② 인버터

③ 전파정류회로　　　④ 사이크로 컨버터

해 직류 - 직류 전압 제어장치는 초퍼이다. 초퍼
　(Chopper)란 전원을 매우 짧은 주기로 칼로 쵸핑하여
　썰듯이 ON - OFF 반복을 통해 임의의 전압이나 전류
　를 인위적으로 만들어 내는 제어장치이다.

　암기법 찍 - 찍 초퍼!

055

다음 중 변압기의 1차측이란?

① 고압측　　　　　　② 저압측

③ 전원측　　　　　　④ 부하측

해 통상적으로 변압기의 전원측을 '1차', 부하측을 '2차'로
　표현한다.

056

50[kW]의 농형 유도전동기를 기동하려고 할 때,

다음 중 가장 적당한 기동 방법은?

① 분상기동법 ② 기동보상기법

③ 권선형기동법 ④ 2차저항기동법

해 농형 유도전동기는 용량에 따라 5[kW] 이하의 소용량
은 전전압기동 (직입 기동), 5[kW] ~ 15[kW] 이하는
Y − △ 기동, 15[kW] 이상은 기동 보상 기법에 의한
기동 또는 리액터 기동 방식으로 기동한다.

057

동기기 운전 시 안정도 증진법이 아닌 것은?

① 단락비를 크게 한다.

② 회전부의 관성을 크게 한다.

③ 속응여자방식을 채용한다.

④ 역상 및 영상임피던스를 작게 한다.

해 동기기 운전 시 안정도 증진법은 다음과 같다.
  • 단락비를 크게 할 것
  • 회전자의 플라이휠 효과를 크게 할 것 (회전부의 관
    성을 크게 할 것)
  • 속응 여자방식 채용
  • 동기화 리액턴스를 작게 할 것
  • 역상 및 영상임피던스를 크게 할 것(지락전류 감소)

058

계자 철심에 잔류자기가 없어도 발전되는

직류기는?

① 분권기 ② 직권기

③ 복권기 ④ 타여자기

해 직류기에는 자여자기인 직권기, 분권기, 복권기와 타
여자기로 나눈다. 자여자기는 별도 전원 없이 계자권
선이 전기자와 접속되어 자기력선속을 발생시키는데
반해, 타여자기는 여자 전류를 외부에서 공급받는 방
식으로 권선계자와 전기자가 연결되어 있지 않다.

059

트라이악[TRIAC]의 기호는?

①

②

③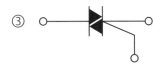

④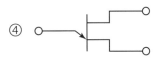

해 트라이악은 양방향 3단자 사이리스터로 ③번과 같이
나타낸다.

060

3상 제어 정류 회로에서 점호각의 최대값은?

① 30[°] ② 150[°]

③ 180[°] ④ 210[°]

해 정류 회로 위상제어에서 지연되는 각(시간)을 점호각
(firing angle) 혹은 지연각(delay angle)이라 하는데
최대값은 150[°]이다.

001

직류전동기의 규약효율을 표시하는 식은?

① $\dfrac{출력}{출력 + 손실} \times 100\%$

② $\dfrac{출력}{입력} \times 100\%$

③ $\dfrac{입력 - 손실}{입력} \times 100\%$

④ $\dfrac{입력}{출력 + 손실} \times 100\%$

해 전동기 규약효율은 입력 대비 손실을 제외한 전동기의 효율을 나타내는 수치로 계산식은

$\dfrac{입력 - 손실}{입력} \times 100\%$

암기법 전동(P − L)/P (전동규약 피엘/피)

002

변압기에서 전압변동률이 최대가 되는 부하의 역률은? (단, p:퍼센트 저항 강하, q:퍼센트 리액턴스 강하, $\cos\theta_m$:역률)

① $\cos\theta_m = \dfrac{p}{\sqrt{p+q}}$

② $\cos\theta_m = \dfrac{p}{\sqrt{p^2+q^2}}$

③ $\cos\theta_m = \dfrac{p}{p^2+q^2}$

④ $\cos\theta_m = \dfrac{p}{p+q}$

해 최대 전압변동율은 $\sqrt{p^2+q^2}$ 로 임피던스 값으로 나타내고 최대 전압 변동률을 발생하는 역률은

$역률 = \dfrac{저항}{임피던스}$ 로 나타낸다.

003

변압기의 철심에서 실제 철의 단면적과 철심의 유효 면적과의 비를 무엇이라고 하는가?

① 권수비   ② 변류비

③ 변동률   ④ 점적률

해 점적률 $= \dfrac{철심의 유효 면적}{실제 철의 단면적} \times 100$

004

직류 전동기의 최저 절연저항값(MΩ)은?

① $\dfrac{정격전압[V]}{1000 + 정격출력[kW]}$

② $\dfrac{정격출력[kW]}{1000 + 정격입력[kW]}$

③ $\dfrac{정격입력[V]}{1000 + 정격출력[kW]}$

④ $\dfrac{정격전압[V]}{1000 + 정격입력[kW]}$

해 최저 절연저항값은 $\dfrac{정격전압[V]}{1000 + 정격출력[kW]}$ [MΩ]

005

전압 변동률 ε의 식은?
(단, 정격 전압 V_n (V)부무하 전압 V_0(V)이다.)

① $\varepsilon = \dfrac{V_0 - V_n}{V_n} \times 100[\%]$

② $\varepsilon = \dfrac{V_n - V_0}{V_n} \times 100[\%]$

③ $\varepsilon = \dfrac{V_n - V_0}{V_0} \times 100[\%]$

④ $\varepsilon = \dfrac{V_0 - V_n}{V_0} \times 100[\%]$

해 전압변동률(Voltage regulation)은 정격전압에 대한 정격전압과 무부하전압 사이의 변동분을 말하므로
① $\varepsilon = \dfrac{V_0 - V_n}{V_n} \times 100[\%]$ 로 나타낼 수 있다.

006

3상 유도 전동기의 정격 전압을 V_n(V), 출력을 P(kW), 1차 전류를 I_1(A), 역률을 $\cos\theta$라 하면 효율을 나타내는 식은?

① $\dfrac{P \times 10^3}{3V_nI_1\cos\theta} \times 100[\%]$

② $\dfrac{3V_nI_1\cos\theta}{P \times 10^3} \times 100[\%]$

③ $\dfrac{P \times 10^3}{\sqrt{3}\,V_nI_1\cos\theta} \times 100[\%]$

④ $\dfrac{\sqrt{3}\,V_nI_1\cos\theta}{P \times 10^3} \times 100[\%]$

해 효율은 입력에 대한 출력의 비를 말하므로
$$\dfrac{출력}{입력} \times 100 = \dfrac{P \times 10^3}{\sqrt{3V_nI_1\cos\theta}} \times 100[\%]$$
정답은 ③번

007

2극의 직류발전기에서 코일변의 유효길이 l[m], 공극의 평균자속밀도 B[wb/㎡], 주변속도 v[m/s] 일 때 전기자 도체 1개에 유도되는 기전력의 평균값은 e[V]은?

① $e = Blv$[V]　　　　② $e = \sin\omega t$[V]

③ $e = 2B\sin\omega t$[V]　　④ $e = v^2Bl$[V]

해 플레밍의 오른손법칙은 발전기의 원리로 유도기전력의 방향과 크기를 구할 수 있는데 유도기전력은 $e = Blv$[V]이다.

008

전기기계의 효율 중 발전기의 규약 효율 η_G는 몇 [%] 인가?(단, P는 입력, Q는 출력, L은 손실이다.)

① $\eta_G = \dfrac{P - L}{P} \times 100$　② $\eta_G = \dfrac{P - L}{P + L} \times 100$

③ $\eta_G = \dfrac{P}{Q} \times 100$　④ $\eta_G = \dfrac{Q}{Q + L} \times 100$

해 변압기와 발전기의 규약효율은 출력과 손실을 더한 것에 대한 출력의 비율로 나타낸다.
$$\eta_G = \dfrac{Q}{Q + L} \times 100 \,(\eta는 \text{ 에타로 읽는다})$$

암기법 변발규약 $Q/(Q + L)$ (변발규약 큐/큐엘) 또는 (변발규약 출/출손)

009

유도전동기의 동기속도 n_s, 회전속도 n일 때 슬립은?

① $S = \dfrac{n_s - n}{n}$　　　② $S = \dfrac{n - n_s}{n}$

③ $S = \dfrac{n_s - n}{n_s}$　　　④ $S = \dfrac{n_s + n}{n_s}$

해 슬립은 동기속도(N_s)와 회전속도 N의 차를 동기속도(N_s)로 나누어 구한다. 즉, 동기속도와 회전속도의 차이의 동기속도에 대한 비율[%]이 슬립이다.
$$따라서 \text{ 슬립} \, S = \dfrac{동기속도(n_s) - 회전속도(n)}{동기속도(n_s)}$$

010

동기 와트 P_2, 출력 P_o, 슬립 s, 동기속도 N_s, 회전속도 N, 2차 동손 P_{2c}일 때 2차 효율 표기로 틀린 것은?

① $1 - s$　　　　② $\dfrac{P_2c}{P_2}$

③ $\dfrac{P_o}{P_2}$　　　　④ $\dfrac{N}{N_S}$

해 2차 효율 $\eta_2 = \dfrac{출력(P_o)}{동기와트(P_2)} = 1 - s$(슬립)
$$= \dfrac{회전속도(N)}{동기속도(N_s)}$$
$\dfrac{2차동손(P_2C)}{동기와트(P_2)}$ 은 슬립(s)를 나타낸다.

Tip 동기와트란 전동기가 '동기속도'로 회전할 때 토크를 이용한 2차 입력을 말한다.

011

반파 정류 회로에서 변압기 2차 전압의 실효치를 $E[\text{V}]$라 하면 직류 전류 평균치는?

(단, 정류기의 전압강하는 무시한다.)

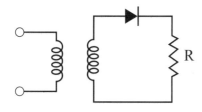

① $\dfrac{E}{R}$ ② $\dfrac{1}{2} \cdot \dfrac{E}{R}$

③ $2\dfrac{\sqrt{2}}{\pi} \cdot \dfrac{E}{R}$ ④ $\dfrac{\sqrt{2}}{\pi} \cdot \dfrac{E}{R}$

ⓗ 반파정류에서 직류전류 평균치는 $\dfrac{I_m}{\pi}$ 이다.

최대전류값 $I_m = \dfrac{V_m(\text{최대전압값})}{R(\text{저항값})}$ 이고

최대전압값 $V_m = \sqrt{2} \cdot E$ 이므로 $I_m = \dfrac{\sqrt{2} \cdot E}{R}$

반파정류 회로 직류전류 평균치 $\dfrac{I_m}{\pi} = \dfrac{\sqrt{2}}{\pi} \cdot \dfrac{E}{R}$

012

변압기의 규약 효율은?

① $\dfrac{\text{출력}}{\text{입력}}$ ② $\dfrac{\text{출력}}{\text{입력 − 손실}}$

③ $\dfrac{\text{출력}}{\text{입력 + 손실}}$ ④ $\dfrac{\text{입력 + 손실}}{\text{입력}}$

ⓗ 변압기와 발전기의 규약효율은 출력과 손실을 합한
값에 대한 출력의 비율을 나타낸다.

$$\eta_{TR} = \eta_G = \dfrac{Q(\text{출력})}{Q(\text{출력}) + L(\text{손실})} \times 100$$

(효율을 나타낼 때 쓰이는 기호 η 는 에타로 읽는다)

(암기법) 변발규약 $Q/(Q+L)$ (변발규약 출/출손)

반면에 전동기의 효율은 입력 대비 손실을 제외한 전
동기의 효율을 나타내는 수치로 계산식은

$$\eta_M = \dfrac{\text{입력 − 손실}}{\text{입력}} \times 100\%$$

(암기법) 전동규약 $(P-L)/P$ (전동규약 피엘/피)

013

변압기의 절연내력 시험 중 유도시험에서의
시험시간은?

(단, 유도시험의 계속시간은 시험전압 주파수가
정격 주파수의 2배를 넘는 경우이다.)

① $60 \times \dfrac{2 \times \text{정격주파수}}{\text{시험주파수}}$

② $120 \times \dfrac{\text{정격주파수}}{\text{시험주파수}}$

③ $60 \times \dfrac{2 \times \text{시험주파수}}{\text{정격주파수}}$

④ $120 + \dfrac{\text{정격주파수}}{\text{시험주파수}}$

ⓗ 변압기 절연내력 유도시험 시간은

$$60 \times \dfrac{2 \times \text{정격주파수}}{\text{시험주파수}}$$

(암기법) 유도60 2정/시

014

$e = \sqrt{E} \cdot \sin \varpi t\,[\text{V}]$의 정현파 전압을 가했을 때
직류 평균값 $E_{d0} = 0.45E[\text{V}]$인 회로는?

① 단상 반파 정류회로 ② 단상 전파 정류회로
③ 3상 반파 정류회로 ④ 3상 전파 정류회로

ⓗ $E_d = 0.45E[\text{V}]$인 회로는 단상 반파 정류회로이다.

(Tip) $E_d = 0.9E[\text{V}]$인 회로는 단상 전파 정류회로

015

동기속도 3600[rpm], 주파수 60[Hz]의 동기
발전기의 극수는?

① 2극 ② 4극
③ 6극 ④ 8극

ⓗ 동기속도 $N_S = \dfrac{120f}{P}$

$$3600 = \dfrac{120 \times 60}{P}$$

$$P = \dfrac{120 \times 60}{3600} = 2$$

016

직류 직권 전동기의 회전수(N)와

토크(τ)와의 관계는?

① $\tau \propto \dfrac{1}{N}$ ② $\tau \propto \dfrac{1}{N^2}$

③ $\tau \propto N$ ④ $\tau \propto N^2$

☞ 직류 직권 전동기의 토크는 회전수의 제곱에 반비례
한다.

$\tau \propto \dfrac{1}{N^2}$

017

변압기의 규약 효율은?

① $\left(\dfrac{출력}{입력}\right) \times 100\%$

② $\left(\dfrac{출력}{출력 + 손실}\right) \times 100\%$

③ $\left(\dfrac{출력}{입력 - 손실}\right) \times 100\%$

④ $\left(\dfrac{입력 + 손실}{입력}\right) \times 100\%$

☞ 변압기와 발전기의 규약효율은

$\left(\dfrac{출력}{출력 + 손실}\right) \times 100\%$

(암기법) 변발규약 출/출손

018

회전자 입력을 P_2, 슬립을 s라 할 때 3상 유도

전동기의 기계적 출력의 관계식은?

① sP_2 ② $(1-s)P_2$

③ $s^2 P_2$ ④ $\dfrac{P_2}{s}$

☞ 회전자 입력 (P_2) = 기계적출력(P_0) + 2차측동손
(Pc_2) 이며, 2차측 동손$(Pc_2) = sP_2$ 이므로, 기계적
출력$(P_0) = P_2 - Pc_2 = P_2 - sP_2 = (1-s)P_2$

019

동기발전기의 무부하포화곡선을 나타낸 것이다.

포화계수에 해당하는 것은?

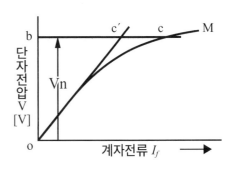

① ob ② $\dfrac{bc'}{bc}$

③ $\dfrac{cc'}{bc'}$ ④ $\dfrac{cc'}{bc}$

☞ 포화계수 = $\dfrac{cc'}{bc'}$

계산문제

난이도 하(下) : 포기하면 안되는 간단 계산

001

1차 전압 13200[V], 2차 전압 220[V]인 단상 변압기의 1차에 6000[V]의 전압을 가하면 2차 전압은 몇 [V]인가?

① 100 ✓   ② 200

③ 50   ④ 250

해 $\dfrac{1차전압}{2차전압} = \dfrac{13200}{220} = 60$ 이므로

$\dfrac{6000}{V_2} = 60$

$V_2 = 100[V]$

002

정격이 10000[V], 500[A], 역률 90[%]의 3상 동기발전기의 단락전류 I_s(A)는?

(단, 단락비는 1.3으로 하고, 전기자저항은 무시한다.)

① 450   ② 550

③ 650 ✓   ④ 750

해 단락전류(I_s)는 단락비(K_s)와 정격전류(I_n)의 곱으로 나타낼 수 있다.

$I_s = K_s \times I_n = 1.3 \times 500 = 650[A]$

003

5.5[kW], 200[V] 유도전동기의 전전압 기동 시의 기동 전류가 150[A]이었다. 여기에 Y - △ 기동시 기동전류는 몇 [A]가 되는가?

① 50 ✓   ② 70

③ 87   ④ 95

해 유도전동기 기동 시 Y − △ 기동을 사용하면 기동전류를 전전압 기동 시의 1/3로 낮출 수 있다.

Y − △ 기동 시 기동전류 $= \dfrac{150}{3} = 50[A]$

004

주파수 60[Hz]를 내는 발전용 원동기인 터빈 발전기의 최고 속도(rpm)는?

① 1,800   ② 2,400

③ 3,600 ✓   ④ 4,800

해 터빈발전기에서 주파수와 최고 속도(회전수)와의 관계는

$N_s = 120\dfrac{f(주파수)}{P(극수)} = 120 \times \dfrac{60}{2} = 3,600[rpm]$

(최소 극수는 2를 적용)

005

6극 36슬롯 3상 동기 발전기의 매극 매상당 슬롯수는?

① 2 ✓   ② 3

③ 4   ④ 5

해 매극 매상당 슬롯 수

$q = \dfrac{s}{P \times m} = \dfrac{슬롯}{극수 \times 상수} = \dfrac{36}{6 \times 3} = \dfrac{36}{18} = 2$

006

100[V], 10[A], 전기자저항 1[Ω], 회전수 1800[rpm]인 전동기의 역기전력은 몇 [V]인가?

① 90　　　　　　　② 100

③ 110　　　　　　　④ 186

해 **역기전력 공식**

E = 전압(V) − 전기자전류(I_a) × 전기자저항(R_a)

= $100 - 10 \times 1 = 90[V]$

007

슬립 4[%]인 유도 전동기의 등가 부하 저항은 2차 저항의 몇 배인가?

① 5　　　　　　　② 19

③ 20　　　　　　　④ 24

해 등가 부하저항의 2차 저항과의 배수는 슬립의 역수에서 1을 빼주면 된다.

슬립의 역수 $\dfrac{1}{s} = \dfrac{1}{0.04}$

$\dfrac{1}{0.04} - 1 = 24$

008

1차 권수 6000, 2차 권수 200인 변압기의 전압비는?

① 10　　　　　　　② 30

③ 60　　　　　　　④ 90

해 1, 2차 권수에 따른 변압기의 전압비는

$\dfrac{1차권수}{2차권수} = \dfrac{6000}{200} = 30$

009

발전기를 정격전압 220[V]로 전부하 운전하다가 무부하로 운전 하였더니 단자전압이 242[V]가 되었다. 이 발전기의 전압변동률[%]은?

① 10　　　　　　　② 14

③ 20　　　　　　　④ 25

해 전압변동율(Voltage regulation)은 정격전압에 대한 정격전압과 무부하전압 사이의 변동분을 말하며

$$\varepsilon = \frac{V_0 - V_n}{V_n} \times 100 = \frac{242 - 220}{220} \times 100 = 10\left[\%\right]$$

초빈출
010

극수 10, 동기속도 600[rpm]인 동기 발전기에서 나오는 전압의 주파수는 몇 [Hz]인가?

① 50　　　　　　　② 60

③ 80　　　　　　　④ 120

해 이 공식은 꼭 암기하도록 하자.

암기법 동기속도 $N_s = \dfrac{120f}{P}$ (f는 주파수, P는 극수)

$f = \dfrac{N_s P}{120} = \dfrac{600 \times 10}{120} = 50[Hz]$

011

단락비가 1.2인 동기발전기의 %동기 임피던스는 약 몇[%]인가?

① 68　　　　　　　② 83

③ 100　　　　　　　④ 120

해 %임피던스와 단락비는 역수관계이므로

%임피던스 $= \dfrac{1}{1.2} = 0.83 = 83[\%]$

012

회전수 540[rpm], 12극, 3상 유도전동기의 슬립[%]은? (단, 주파수는 60[Hz]이다.)

① 1　　　　　　　② 4

③ 6　　　　　　　④ 10

해 동기속도 $N_s = \dfrac{120f}{P} = \dfrac{120 \times 60}{12} = 600[rpm]$

이고

슬립 $= \dfrac{동기속도 - 회전속도}{동기속도}$

$= \dfrac{600 - 540}{600} = 0.1$　　10[%]

013

3상 전파 정류회로에서 전원 250[V]일 때 부하에 나타나는 전압[V]의 최대값은?

① 약 177　　　　② 약 292

③ 약 354　　　　④ 약 433

🔲 3상 전파 정류회로의
　　전압최대값(V) $= \sqrt{2} \times$ 전원전압[V] $= \sqrt{2} \times 250$
　　　　　　　　 = 약 354[V]

014

직류 발전기의 정격전압 100[V], 무부하 전압 109[V]이다. 이 발전기의 전압 변동률[%]은?

① 1　　　　② 3

③ 6　　　　④ 9

🔲 정격전압과 무부하전압을 알 때 전압 변동율은 쉽게 구할 수 있다.

$$전압변동률 = \frac{무부하전압 - 정격전압}{정격전압}$$

$$= \frac{109 - 100}{100}$$

$$= 0.09 = 9[\%]$$

[암기법] 전압변동율은 무정퍼정!

015

전기자저항 0.1[Ω], 전기자전류 104[A], 유도기전력 110.4[V]인 직류 분권 발전기의 단자전압 [V]은?

① 110　　　　② 106

③ 102　　　　④ 100

🔲 유도기전력과 유기기전력은 같은 뜻이다. 유도기전력 공식은

$E = V + I_a R_a$ 이므로,
단자전압 $V = E - I_a R_a = 110.4 - 104 \times 0.1$
　　　　　　　 = 100[V]

016

슬립 5[%]인 유도 전동기의 등가 부하 저항은 2차 저항의 몇 배인가?

① 5　　　　② 19

③ 20　　　　④ 24

🔲 등가 부하저항의 2차 저항과의 배수는 슬립의 역수에서 1을 빼주면 된다.

$$슬립(s)의 역수 \frac{1}{s} = \frac{1}{0.05}$$

$$\frac{1}{0.05} - 1 = 19$$

017

주파수 60[Hz]의 회로에 접속되어 슬립 3[%], 회전수 1164[rpm]으로 회전하고 있는 유도전동기의 극수는?

① 4　　　　② 6

③ 8　　　　④ 10

🔲 유도전동기의 극수 $P = \dfrac{120 \times f(주파수)}{N_s(회전수)}$

그런데 회전수 1164[rpm]은 슬립 3[%]를 감안한 회전수이므로 97[%]로 다시 나누어 주면 $N_s = 1200$ 이 나온다.

따라서 극수 $P = \dfrac{120 \times f(주파수)}{N_s(회전수)}$

$$P = \frac{120 \times 60}{1200} = 6 \,[극]$$

018

슬립이 4%인 유도전동기에서 동기속도가 1200[rpm]일 때 전동기의 회전속도[rpm]는?

① 697　　　　② 1051

③ 1152　　　　④ 1321

🔲 유도전동기 슬립과 동기속도가 주어지고 회전속도(N)를 묻는 문제는 (1 − 슬립 s) × 동기속도 N_s 로 구한다.
$N = (1 - s) \times N_s$
$N_s = (1 - 0.04) \times 1200 = 0.96 \times 1200 = 1152$

[암기법] $N = (1 - s) N_s$ 회전속도는 일마슬립동기다!

019

3상 유도전동기의 최고 속도는 우리나라에서 몇 [rpm]인가?

① 3600   ② 3000

③ 1800   ④ 1500

🖬 3상 유도전동기에서 최고 속도(회전수)는

$$N_s = 120\frac{f(주파수)}{P(극수)} = 120 \times \frac{60}{2} = 3,600[rpm]$$

(주파수는 60Hz, 최소 극수는 2를 적용)

020

60[Hz], 20000[kVA]의 발전기의 회전수가 1200[rpm]이라면, 이 발전기의 극수는 얼마인가?

① 6극   ② 8극

③ 12극   ④ 14극

🖬 동기속도 $N_s = \dfrac{120f}{P}$

$$P = \frac{120f}{N_s} = \frac{120 \times 60}{120} = 6[극]$$

(암기법) 동기속도 $N_s = \dfrac{120f}{P}$ (f는 주파수, P는 극수)

021

60[Hz] 3상 반파 정류 회로의 맥동 주파수는?

① 60[Hz]   ② 120[Hz]

③ 180[Hz]   ④ 360[Hz]

🖬 3상 반파 정류 회로의 맥동 주파수는

3 × f(주파수)

정답: 3 × 60 = 180[Hz]

(Tip) 3상 전파 정류 회로의 맥동 주파수
6 × f(주파수)

022

1차 전압 6300[V], 2차 전압 210[V], 주파수 60[Hz]의 변압기가 있다. 이 변압기의 권수비는?

① 30   ② 40

③ 50   ④ 60

🖬 1차, 2차 권수비

$$a = \frac{1차권횟수}{2차권횟수} = \frac{1차전압}{2차전압} = \frac{1차전류}{2차전류}$$

$$a = \frac{1차전압}{2차전압} = \frac{6300}{210} = 30$$

023

병렬운전 중인 동기 임피던스 5[Ω]인 2대의 3상 동기발전기의 유도기전력에 200[V]의 전압차이가 있다면 무효순환 전류[A]는?

① 5   ② 10

③ 20   ④ 40

🖬 병렬운전 중인 동기 임피던스의 무효순환 전류

$$전류(I_c) = \frac{전압(기전력)차이}{2 \times 동기 임피던스(\Omega)}$$

$$= \frac{200}{2 \times 5} = 20[V]$$

024

20[kVA]의 단상 변압기 2대를 사용하여 V−V결선으로 하고 3상 전원을 얻고자 한다. 이때 여기에 접속시킬 수 있는 3상 부하의 용량은 약 몇 [kVA]인가?

① 34.6   ② 44.6

③ 54.6   ④ 66.6

🖬 V 결선에서의 전력 $P_v = \sqrt{3}P$ 이므로

$$\sqrt{3} \times 20 = 34.6[kVA]$$

025

동기임피던스 5[Ω]인 2대의 3상 동기 발전기의 유도 기전력에 100[V]의 전압 차이가 있다면 무효순환전류[A]는?

① 10   ② 15

③ 20   ④ 25

해 무효순환전류 공식

$$I = \frac{E}{2Z} = \frac{100}{5 \times 2} = 10[A]$$

난이도 중(中)

001

교류 전압의 실효값이 200[V]일 때 단상 반파 정류에 의하여 발생하는 직류 전압의 평균값은 약 몇 [V]인가?

① 45   ② 90

③ 105   ④ 110

해 단상 교류 전압을 반파 정류 하여도 정현파의 최대값은 그대로이다. 따라서 최대값 $V_m = 200 \times \sqrt{2}$ 이고 평균값 $V_{평균} = \frac{V_m}{\pi} = \frac{200 \times \sqrt{2}}{\pi} = 약 90[V]$

002

권수비 30인 변압기의 저압측 전압이 8[V]인 경우 극성시험에서 가극성과 감극성의 전압 차이는 몇 [V]인가?

① 24   ② 16

③ 8   ④ 4

해 가극성, 감극성이란 두 단자간 나타나는 유기기전력의 상대적 방향으로 가극성 전압은 고압과 저압을 더한 값이고 감극성 전압은 고압에서 저압을 뺀 것이다. 따라서 감극성과 가극성의 차이는

{(고압) + (저압)} − {(고압) − (저압)}
= (고압) + (저압) − (고압) + (저압)
= 2 × (저압) = 2 × 8 = 16

003

인버터의 스위칭 주기가 1[m · sec]이면 주파수는 몇 [Hz]인가?

① 20   ② 60

③ 100   ④ 1000

해 스위칭 주기

$$T = \frac{1}{f}[sec] \quad f = \frac{1}{T} = \frac{1}{\frac{1}{1000}} = 1000[Hz]$$

주기가 1밀리세컨드 즉, 1000분의 1초이므로 $T = \frac{1}{1000}$ 을 대입한다.

004

3상 유도전동기의 1차 입력 60[kW], 1차 손실 1[kW], 슬립 3[%]일 때 기계적 출력[kW]은?

① 62　　　　　　　② 60

③ 59　　　　　　　④ 57 ✓

🖩 3상 유도전동기의 기계적출력은 일간 1차 입력에서 1차손실을 빼서 2차입력을 구한 후 슬립을 감안해주면 된다.
기계적 출력 = 60 - 1 = 59(2차 입력)
슬립 3[%]을 감안하면 59의 97[%]이므로
$59 \times 0.97 = 57.23$　약 57[kW]

005

6600/220[V]인 변압기의 1차에 2850[V]를 가하면 2차 전압[V]은?

① 90　　　　　　　② 95 ✓

③ 120　　　　　　④ 105

🖩 변압기의 권수비 = $\dfrac{6600}{220} = 30$

$\dfrac{1차권횟수}{2차권횟수} = \dfrac{1차전압}{2차전압}$

$\dfrac{2850}{V_2} = 30$　$V_2 = 95[V]$

006

권수비 30의 변압기의 1차에 6600V를 가할 때 2차 전압은 몇 V인가?

① 220 ✓　　　　　② 380

③ 420　　　　　　④ 660

🖩 변압기의 권수비는
$\dfrac{1차권횟수}{2차권횟수} = \dfrac{1차전압}{2차전압} = 30$ 이므로

$30 = \dfrac{6600}{2차전압}$

$2차전압 = \dfrac{6600}{30} = 220[V]$

007

동기속도 30[rps]인 교류 발전기 기전력의 주파수가 60[Hz]가 되려면 극수는?

① 2　　　　　　　② 4 ✓

③ 6　　　　　　　④ 8

🖩 동기속도 공식 $N_s = \dfrac{120f}{P}$ 에서 동기속도(N_s)의 단위는 rpm(분당 회전수 : Revolution Per Minute)이다.
문제에서 동기속도는 rps(초당 회전수 : Revolution Per Second) 이므로 30 [rps] = $30 \times 60 = 1800$ [rpm] 이 된다.

따라서 $N_s[rps] = \dfrac{120f}{P}$

$1800 = \dfrac{120 \times 60}{P}$ 이다.

극수 $P = \dfrac{7200}{1800} = 4$

008

전기자 저항이 0.2[Ω], 전류 100[A], 전압 120[V] 일 때 분권전동기의 발생 동력[kW]은?

① 5　　　　　　　② 10 ✓

③ 14　　　　　　④ 20

🖩 아래 공식을 알고 있어야 한다.
【암기법】전동기 역(−)기전력 $E = V - I_a R_a$
(발전기 유기기전력 $E = V + I_a R_a$)
$E = V - I_a R_a = 120 - 100 \times 0.2 = 100[V]$
분전전동기의 발생동력
$P = EI_a = 100 \times 100 = 10,000W = 10[kW]$

009

단상 반파 정류 회로의 전원 전압 200[V], 부하저항이 10[Ω]이면 부하 전류는 약 몇 [A]인가?

① 4　　　　　　　② 9 ✓

③ 13　　　　　　④ 18

🖩 단상반파 정류회로의 직류 전압은 전원 전압의 0.45 배이다. 따라서 $200 \times 0.45 = 90[V]$

전류 $I = \dfrac{V}{R} = \dfrac{90}{10} = 9[A]$

010

퍼센트 저항강하 3[%], 리액턴스 강하 4[%]인 변압기의 최대 전압변동률[%]은?

① 1 　　　　　　　② 5
③ 7 　　　　　　　④ 12

해 최대 전압변동률
$$\sqrt{\text{저항강하}^2 + \text{리액턴스강하}^2}$$
$$= \sqrt{3^2 + 4^2} = 5[\%]$$

011

주파수 60[Hz]를 내는 발전용 원동기인 터빈 발전기의 최고 속도는 얼마인가?

① 1,800[rpm] 　　　　② 2,400[rpm]
③ 3,600[rpm] 　　　　④ 4,800[rpm]

해 발전기의 동기속도 $N_s = \dfrac{120f}{P}$ 주파수는 60이고

극수 P는 가장 작은 2일 때 속도가 가장 빠르므로
$$N_s = \frac{120f}{P} = \frac{120 \times 60}{2} = 3,600[\text{rpm}]$$

012

정격전압 250[V], 정격출력 50[Kw]의 외분권 복권 발전기가 있다. 분권계자 저항이 25[Ω]일 때 전기자 전류는?

① 100[A] 　　　　　② 210[A]
③ 2000[A] 　　　　　④ 2010[A]

해 전기자 전류(I_a) = 부하 전류(I) + 계자코일 전류(I_f) 이다.

또한 부하전류(I) = $\dfrac{\text{정격출력}(P)}{\text{정격전압}(V)}$ 이고,

계자코일전류(I_f) = $\dfrac{\text{정격전압}(V)}{\text{계자코일저항}(R_f)}$ 이므로

$$I_a = I + I_f = \frac{P}{V} + \frac{V}{R_f}$$

$$\frac{50000}{250} + \frac{250}{25} = 200 + 10 = 210[\text{V}]$$

013

슬립 S = 5[%], 2차 저항 r₂ = 0.1[Ω]인 유도 전동기의 등가 저항 R[Ω]은 얼마인가?

① 0.4 　　　　　　② 0.5
③ 1.9 　　　　　　④ 2.0

해 등가저항은 2차저항에 (슬립의 역수 − 1)을 곱하여 구한다.

$$R = r_2\left(\frac{1}{s} - 1\right)$$
$$= 0.1 \times \left(\frac{1}{0.05} - 1\right) = 0.1 \times \frac{0.95}{0.05}$$
$$= 0.1 \times 19 = 1.9$$

014

그림의 정류회로에서 다이오드의 전압강하를 무시할 때 콘덴서 양단의 최대전압은 약 몇 [V] 까지 충전 되는가?

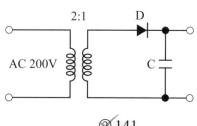

① 70 　　　　　　② 141
③ 280 　　　　　　④ 352

해 위 그림은 단상 반파회로로 입력과 출력의 권수비가 2:1 이므로 콘덴서 양단 최대전압은

첨두 역전압(PIV) = $\sqrt{2} \times 200[\text{V}]$의 $\dfrac{1}{2}$에 해당한다.

따라서 $\dfrac{\sqrt{2} \times 200}{2}$ = 약 141[V]

015

상전압 300[V]의 3상 반파 정류 회로의 직류 전압은 약 몇 [V]인가?

① 50[V] 　　　　　② 260[V]
③ 350[V] 　　　　　④ 520[V]

해 3상 반파 정류회로 상전압을 E, 정류회로 직류전압을 E_d라 했을 때 $E_d = 1.17E$ 이다. 따라서
$$E_d = 1.17E = 1.17 \times 300 = 350[\text{V}]$$
Tip 3상반파 1.17곱한다.

016

$15[kW]$, $60[Hz]$, 4극의 3상 유도 전동기가 있다. 전부하가 걸렸을 때의 슬립이 $4[\%]$라면 이때의 2차(회전자)측 동손은 약 몇 $[kW]$인가?

① 1.2   ② 1.0

③ 0.8   ④ 0.6

🗝 이 문제에서 2차측 동손을 구하는데 필요한 수치는 슬립과 기계적출력값이다.

2차측 동손

$$(P_{c2}) = \left(\frac{\text{슬립}(s)}{1 - \text{슬립}(s)} \right) \times 100\%$$
$$= \frac{0.04}{0.96} \times 15 = 0.625 = \text{약 } 0.6[kW]$$

017

3상 $66,000[kVA]$, $22,900[V]$ 터빈 발전기의 정격전류는 약 몇 [A]인가?

① 8,764   ② 3,367

③ 2,882   ④ 1,664

🗝 발전기의 경우 3상 전력공식 $P = \sqrt{3} VI$ 를 이용하여 정격전류를 구한다.

정격전류는 정격 시의 부하전류로 선전류를 의미하므로 3상 전력은 결선에 관계없이

$P = \sqrt{3} VI$ (V는 선간전압, I는 선전류) 따라서

$66,000,000 = \sqrt{3} \times 22,900 \times I$

$I = \dfrac{66,000,000}{\sqrt{3} \times 22,900} = 1663.97 = \text{약 } 1,664$

018

34극 $60[MVA]$, 역률 0.8, $60[Hz]$, $22.9[kV]$ 수차발전기의 전부하 손실이 $1,600[kW]$이면 전부하 효율[%]은?

① 90   ② 95

③ 97   ④ 99

🗝 전부하 효율 $\eta = \dfrac{\text{출력}}{\text{입력}} = \dfrac{\text{출력}}{\text{출력} + \text{손실}}[\%]$

출력은 $60 \times 0.8 = 48[MW]$이고,

입력(출력 + 손실)은 $48 + 1.6 = 49.6[MW]$이므로

$\dfrac{48}{49.6} \times 100 = 96.7[\%]$

019

단상 반파 정류 회로의 전원전압 $200[V]$, 부하저항이 $20[\Omega]$이면 부하 전류는 약 몇 [A]인가?

① 4   ② 4.5

③ 6   ④ 6.5

🗝 단상반파 정류회로의 직류 전압은 전원 전압의 0.45배이다. 따라서 $200 \times 0.45 = 90[V]$ 부하저항 $20[\Omega]$일 때 부하 전류는

$$I = \frac{V}{R} = \frac{90}{20} = 4.5[A]$$

020

변압기의 2차 저항이 $0.1[\Omega]$일 때 1차로 환산하면 $360[\Omega]$이 된다. 이 변압기의 권수비는?

① 30   ② 40

③ 50   ④ 60

🗝 변압기의 권수비 (a)는

$$\frac{N_1}{N_2} = \frac{E_1}{E_2} = \frac{I_2}{I_1} = \sqrt{\frac{R_1}{R_2}} = \sqrt{\frac{360}{0.1}} = 60$$

021

출력 $12[kW]$, 회전수 $1140[rpm]$인 유도전동기의 동기와트는 약 몇 $[kW]$인가?

(단, 동기속도 Ns는 1200[rpm] 이다.)

① 10.4   ② 11.5

③ 12.6   ④ 13.2

🗝 동기와트 $= \dfrac{\text{동기속도}}{\text{회전수}} \times \text{출력} = \dfrac{1200}{1140} \times 12$

$= 12.63[kW]$

암기법 동기와트 = 동출/회전수

난이도 상(上)

001

단상 전파 사이리스터 정류회로에서 부하가 큰 인덕턴스가 있는 경우, 점호각이 60° 일 때의 정류 전압은 약 몇 [V]인가?

(단, 전원측 전압의 실효값은 100[V]이고 직류측 전류는 연속이다.)

① 141　　　　　② 100

③ 85　　　　　④ 45

해 $E_d = \dfrac{2\sqrt{2}\,V}{\pi}\cos\alpha$

　　$= 0.9V\cos\alpha$

　　$= 0.9 \times 100 \times \cos 60° = 90 \times \dfrac{1}{2}$

　　$= 45[V]$

002

4극 고정자 홈 수 36의 3상 유도전동기의 홈 간격은 전기각으로 몇 도인가?

① 5°　　　　　② 10°

③ 15°　　　　　④ 20°

해 일반적으로 기계가 360° 한바퀴 도는 것을 1회전이라 한다면, 전기에서는 N극에서 S극을 거쳐 다시 N극을 만났을 때를 1회전이라 할 수 있으며 N극 ~ S극의 각도를 전기적 각도 180°라 한다. 극수가 늘어날수록 전기각의 크기가 그만큼 늘어나므로 전기각의 공식은

전기각 = 기계각 $\times \dfrac{P}{2\times홈수}$

　　$= 360 \times \dfrac{4(극수)}{2\times36(홈수)} = 20°$

003

어느 변압기의 백분율 전압강하가 2[%], 백분율 리액턴스 강하가 3[%]일 때 역률(지역률) 80[%]인 경우의 전압 변동률은 몇 [%]인가?

① 0.2　　　　　② 1.6

③ 1.8　　　　　④ 3.4

해 전압변동률 e를 구하는 공식은

　$e = $ (전압강하 $\times \cos\theta$) + (리액턴스강하 $\times \sin\theta$)

$\sqrt{\cos\theta^2 + \sin\theta^2} = 1$에서

$\cos\theta = 0.8$ 이므로 $\sqrt{0.8^2 + \sin\theta^2} = 1$

$\sin\theta = 0.6$ 이 된다. 따라서,

　$e = $ (전압강하 $\times \cos\theta$) + (리액턴스강하 $\times \sin\theta$)

　　$= 2 \times 0.8 + 3 \times 0.6 = 3.4[\%]$

004

200[V], 50[Hz], 8극, 15[kW]의 3상 유도전동기에서 전부하 회전수가 720[rpm]이면 이 전동기의 2차 효율은 몇 [%]인가?

① 86　　　　　② 96

③ 98　　　　　④ 100

해 유동전동기 2차 효율은 1에서 슬립을 뺀 후 [%]를 구하면 되는데, 슬립은 (이론적) 동기속도 대비 실제 전부하회전 속도의 차이를 말한다. 전부하 회전속도는 주어져 있으므로 동기속도를 구해보면, 동기속도

$N_s = \dfrac{120}{극수(P)} \times 주파수(f)$

　　$= \dfrac{120}{8} \times 50 = 750[rpm]$ 이다.

슬립 $s = \dfrac{N_s - N}{N_s} = \dfrac{750 - 720}{750} = \dfrac{30}{750} = 0.04$

2차효율은 $(1 - 0.04) \times 100 = 96\%$

005

슬립 4%인 3상 유도전동기의 2차 동손이 0.4[kW]일 때 회전자 입력[kW]은?

① 6　　　　　② 8

③ 10　　　　　④ 12

해 회전자 입력(P_2) = 기계적출력(P_0) + 동손(P_{c2})이며

기계적 출력(P_0) = $\dfrac{1-s}{s} \times P_{c2}$ 이다.

(s:슬립, P_{c2} :이차동손)

따라서 $P_0 = \dfrac{1-s}{s} \times P_{c2} = \dfrac{1-0.04}{0.04} \times 0.4$

$\qquad\quad = 9.6kW$

회전자 입력 $P_2 = P_0 + P_{c2} = 9.6 + 0.4 = 10[kW]$

006

6극 직렬권 발전기의 전기자 도체 수 300, 매극 자속 0.02[Wb], 회전수 900[rpm]일 때 유도기전력[V]은?

① 90   ② 110

③ 220   ④ 270

해 유도기전력 공식

$E = \dfrac{P}{a} Z\phi \dfrac{N}{60}$ 에서 직렬권(파권)은 $a=2$ 이므로

$E = \dfrac{P}{a} Z\phi \dfrac{N}{60} = \dfrac{6}{2} \times 300 \times 0.02 \times \dfrac{900}{60} = 270$

007

출력 10[kW], 슬립 4[%]로 운전되고 있는 3상 유도 전동기의 2차 동손은 약 몇 [W]인가?

① 250   ② 315

③ 417   ④ 620

해 2차동손(P_{c2})은 2차입력인 회전자입력(P_2)과 슬립(s)의 곱이므로 $P_{c2} = sP_2$

문제에 슬립은 주어졌지만, 2차입력(P_2)을 모르기 때문에 기계적 출력 $P_0 = (1-s)P_2$ 에서 P_2를 구한다.

따라서

$P_0 = (1-s)P_2$

$P_2 = \dfrac{10000}{1-0.04} = 10417$ 이 되고,

2차동손 $P_{c2} = sP_2 = 0.04 \times 10417 = 416.68$

약 417[kW]

Tip 회전자 입력(P_2) = 기계적출력(P_0) + 동손(P_{c2})이므로 $10417 - 10000 = 417$로 구할 수 있다.

008

단상 전파 정류 회로에서 $\alpha = 60°$일 때 정류 전압은?

(단, 전원측 실효값 전압은 100[V]이며, 유도성 부하를 가지는 제어정류기이다.)

① 약 15[V]   ② 약 22[V]

③ 약 35[V]   ④ 약 45[V]

해 단상 전파 정류 회로에서의 정류 전압은 아래 공식을 이용한다.

$E_d = \dfrac{2\sqrt{2}\,V}{\pi}\cos\alpha$

$\quad = 0.9V\cos\alpha$

$\quad = 0.9 \times 100 \times \cos60° = 90 \times \dfrac{1}{2}$

$\quad = 45[V]$

009

변압기의 백분율저항강하가 2[%],
백분율리액턴스강하가 3[%]일 때 부하역률이
80[%]인 변압기의 전압변동률[%]은?

① 1.2　　　　　② 2.4

③ 3.4　　　　　④ 3.6

해 변압기의 전압변동률은 다음 공식으로 구할 수 있다.

- p = 백분율저항강하
- q = 백분율리액턴스강하
- $\cos\theta$ = 부하역률
- $\sin\theta = \sqrt{1 - \cos\theta^2}$

변압기의 전압변동률(ϵ) $= p\cos\theta + q\sin\theta$

$$= 2 \times 0.8 + 3 \times \sqrt{1 - 0.8^2}$$

$$= 1.6 + 3 \times 0.6$$

$$= 1.6 + 1.8 = \underline{3.4[\%]}$$

010

60[Hz], 4극 유도 전동기가 1700[rpm]으로
회전하고 있다. 이 전동기의 슬립은 약 얼마인가?

① 3.42%　　　　② 4.56%

③ 5.56%　　　　④ 6.64%

해 슬립은 동기속도(N_s)와 회전속도 N의 차를 동기속도
(N_s)로 나누어 구한다. 즉, 동기속도와 회전속도의
차이의 동기속도에 대한 비율[%]이 슬립이다.

따라서

슬립 S $= \dfrac{동기속도(N_s) - 회전속도(N)}{동기속도(N_s)}$ 이고

동기속도(N_s) $= \dfrac{120f}{P} = \dfrac{120 \times 60}{4} = 1800[rpm]$

이므로

슬립 S $= \dfrac{동기속도(N_s) - 회전속도(N)}{동기속도(N_s)}$

$$= \frac{1800 - 1700}{1800} = \frac{100}{1800} = 0.0555\cdots$$

$$\underline{5.56[\%]}$$

PART
III
전기이론
전기기능사

SS숏컷전략

전기이론 파트

STEP 01 [비(非)계산문제] 부터 100% 정복한다!

[공식찾기] 문답암기를 통째로 정복한다! **STEP 02**

STEP 03 [계산문제] 난이도 별로 빠르게 정복한다!

내가 풀 수 있는 것과 없는 것을 구분하여 풀 것은 확실히 풀고, 버릴 것은 과감히 버려야한다. 복잡해 보이는 Time-consuming형 문제는 스피드 문답암기 전략으로 돌파한다. 계산문제에 너무 부담 갖지 말자. 전기이론파트의 점수는 33점 중 18점 이상만 받아도 충분하다.

SS1. 계산기가 필요없는 [비계산문제]와 [공식 찾기]에 중점을 두고 회독수를 늘려가야 합니다!

전기이론 파트 CBT 기출 분석과 문제 구성

기출	기출 문항수			합계	출제비중	매 회차 출제 문항수
비(非)계산문제	121			194	53%	7문항
공식찾기	72					3문항
계산문제	난이도 하	난이도 중	난이도 상	172	47%	10문항
	19	111	42			

위 표에서 알 수 있듯이 이론파트의 순수 계산문제는 47%, 약 10문제(16점)에 지나지 않습니다. 모두 포기하더라도 합격은 가능하지만 조금만 공부하시면 오히려 쉽게 맞출 수 있는 문제가 많이 있습니다.

SS2. 계산문제에서는 [난이도 하(下)]와 [난이도 중(中)] 정도까지는 반드시 학습의 범위를 넓히시고 난이도 상은 문제와 답만 연결하여 암기하는 방법으로 회독 수를 늘려 가십시오!
꼭 풀이과정 전체를 암기하실 필요는 없습니다. 우리시험문제는 결과만 암기하셔도 대부분 맞추실 수 있습니다.

SS3. 처음보실 때는 시간이 걸리더라도 풀이과정 전체를 이해하는 방식으로 공부!
반복하실 때에는 문제의 포인트와 답이되는 보기만을 연결해서 빠른 속도로 회독 수를 늘려가야 합니다.

" 전기기능사 전기이론 파트는 **비계산문제**(공식찾기포함) : **계산문제 = 53% : 47%입니다** "

001

다음 중 전동기의 원리에 적용되는 법칙은?

① 렌츠의 법칙　　　　② 플레밍의 오른손 법칙
③ 플레밍의 왼손 법칙　④ 옴의 법칙

해 플레밍의 왼손법칙은 전동기의 원리, 플레밍의
오른손법칙은 발전기의 원리이다.
암기법 왼전오발!

002

평행한 왕복 도체에 흐르는 전류에 의한 작용은?

① 흡인력　　　　　　② 반발력
③ 회전력　　　　　　④ 작용력이 없다.

해 평행한 두 도체에 흐르는 전류의 방향이 동일하면
흡인력이 작용하고, 서로 반대방향이면, 즉 왕복 도체
일 경우 반발력이 작용한다.

003

다음은 어떤 법칙을 설명한 것인가?

> 전류가 흐르려고 하면 코일은 전류의 흐름을 방해
> 한다. 또 전류가 감소하면 이를 계속 유지하려고
> 하는 성질이 있다.

① 쿨롱의 법칙　　　　② 렌츠의 법칙
③ 패러데이의 법칙　　④ 플레밍의 왼손 법칙

해 렌츠의 법칙 – 전자기 회로에서 발생하는 기전력은
자속의 변화를 방해하는 방향으로 나타난다.
암기법 자속 변화 방해하는 방향! 방해 - 렌츠

004

일반적으로 절연체를 서로 마찰시키면 이들
물체는 전기를 띠게 된다. 이와 같은 현상은?

① 분극(polarization)
② 대전(electrification)
③ 정전(electrostatic)
④ 코로나(corona)

해 어떤 물질이 정상 상태보다 전자수가 많아져 전기를
띠게 되는 현상을 대전현상이라 한다.

005

코일의 성질에 대한 설명으로 틀린 것은?

① 공진하는 성질이 있다.
② 상호유도작용이 있다.
③ 전원 노이즈 차단기능이 있다.
④ 전류의 변화를 확대시키려는 성질이 있다.

해 코일은 전류의 변화를 감소시키려는 성질이 있다.
즉 전류가 흐르려고 하면, 코일은 전류가 흐르지 않도
록 방해하려는 성질이 있고, 전류가 감소하면 계속
흐르게 하려는 하는 성질이 있다. 이를 렌츠의 법칙이
라 한다.

006

다음 중 자기작용에 관한 설명으로 틀린 것은?

① 기자력의 단위는 AT를 사용한다.

② 자기회로의 자기저항이 작은 경우는 누설 자속이 거의 발생되지 않는다.

③ 자기장 내에 있는 도체에 전류를 흘리면 힘이 작용하는데, 이 힘을 기전력이라 한다.

④ 평행한 두 도체 사이에 전류가 동일한 방향으로 흐르면 흡인력이 작용한다.

해 자기장 내에 있는 도체에 전류를 흘리면 작용하는 힘은 전자력이며, 기전력은 전기에너지를 발생시켜 지속적으로 흐르게 하는 원인으로 전압과 같은 의미로 사용된다.

007

어떤 회로의 소자에 일정한 크기의 전압으로 주파수를 2배로 증가시켰더니 흐르는 전류의 크기가 1/2로 되었다. 이 소자의 종류는?

① 저항 　　　　　② 코일

③ 콘덴서 　　　　　④ 다이오드

해 일정한 크기의 전압으로 주파수를 2배로 증가시켰더니 흐르는 전류의 크기가 1/2이 되었다면 이 소자는 코일이다. 코일에서의 전류 $I = \dfrac{V}{\omega L} = \dfrac{V}{2\pi f L}$에서 주파수 f가 2배가 되면 전류는 $\dfrac{1}{2}$배가 된다.

008

다음 물질 중 강자성체로만 짝지어진 것은?

① 철, 니켈, 아연, 망간

② 구리, 비스무트, 코발트, 망간

③ 철, 구리, 니켈, 아연

④ 철, 니켈, 코발트

해 강자성체에는 니켈, 코발트, 철, 망간 등이 있다.

암기법 강자성체 니코철망

009

회로망의 임의의 접속점에 유입되는 전류는 $\Sigma I = 0$ 라는 회로의 법칙은?

① 쿨롱의 법칙

② 패러데이의 법칙

③ 키르히호프의 제1법칙

④ 키르히호프의 제2법칙

해 키르히호프의 제 1법칙은 '회로 내의 접점에 들어오고 나간 전류의 합은 0이다' 로 정의된다. 회로 내 임의의 한 점에서 전류의 흐름은 "들어온 전류의 합과 나간 전류의 합이 항상 같다."

010

전기장의 세기 단위로 옳은 것은?

① H/m 　　　　　② F/m

③ AT/m 　　　　　④ V/m

해 전기장의 세기(E) 단위는 V/m 이다.

011

플레밍의 왼손법칙에서 전류의 방향을 나타내는 손가락은?

① 엄지 　　　　　② 검지

③ 중지 　　　　　④ 약지

해 플레밍의 왼손 법칙은 전동기(모터)의 원리로 적용하며 자기장에서 도체가 받고 있는 힘의 방향을 결정하는 규칙으로 엄지는 힘(F)의 방향, 검지는 자기장(B)의 방향, 중지는 전류(I)의 방향을 나타낸다.

$F = IBl\sin\theta$

012

납축전지가 완전히 방전되면 음극과 양극은 무엇으로 변하는가?

① PbSO₄   ② PbO₂

③ H₂SO₄   ④ Pb

해 납산축전지 방전작용을 나타내는 화학식은 다음과 같다.

$PbO_2(+극) + 2H_2SO_4(전해액) + Pb(-극)$
$\rightarrow PbSO_4(+극) + 2H_2O + PbSO_4(-극)$

방전 후에는 음극과 양극 모두 황산납($PbSO_4$)이 된다.

013

일반적으로 온도가 높아지게 되면 전도율이 커져서 온도 계수가 부(-)의 값을 가지는 것이 아닌 것은?

① 구리   ② 반도체

③ 탄소   ④ 전해액

해 구리는 온도가 높아지게 되면 저항값이 증가하므로 온도계수는 (+) 값을 가진다.

014

교류 전력에서 일반적으로 전기기기의 용량을 표시하는데 쓰이는 전력은?

① 피상전력   ② 유효전력

③ 무효전력   ④ 기전력

해 교류 전력에서 일반적으로 전기기기의 용량을 표시하는데는 피상전력을 쓴다.

015

비정현파의 실효값을 나타낸 것은?

① 최대파의 실효값

② 각 고조파의 실효값의 합

③ 각 고조파의 실효값의 합의 제곱근

④ 각 고조파의 실효값의 제곱의 합의 제곱근

해 비정현파의 실효값은 각 고조파의 실효값의 제곱의 합의 제곱근으로 나타낸다.

$$V = \sqrt{V_1^2 + V_2^2 + V_3^2 + \cdots}$$

016

도체가 운동하여 자속을 끊었을 때 기전력의 방향을 알아내는데 편리한 법칙은?

① 렌츠의 법칙   ② 패러데이의 법칙

③ 플레밍의 왼손법칙   ④ 플레밍의 오른손법칙

해 플레밍의 오른손 법칙은 발전기의 원리로 도체가 운동하여 자속을 끊었을 때 기전력의 방향을 알아내는데 편리한 법칙이다.

017

정상상태에서의 원자를 설명한 것으로 틀린 것은?

① 양성자와 전자의 극성은 같다.

② 원자는 전체적으로 보면 전기적으로 중성이다.

③ 원자를 이루고 있는 양성자의 수는 전자의 수와 같다.

④ 양성자 1개가 지니는 전기량은 전자 1개가 지니는 전기량과 크기가 같다.

해 양성자와 전자의 극성은 반대이다. 양성자는 (+), 전자는 (-) 극성을 가진다.

018

납축전지의 전해액으로 사용되는 것은?

① H_2SO_4　　　　② H_2O

③ PbO_2　　　　④ $PbSO_4$

해 납축전지의 전해액으로 사용되는 것은 묽은 황산 (H_2SO_4)다.

019

[VA]는 무엇의 단위인가?

① 피상전력　　　　② 무효전력

③ 유효전력　　　　④ 역률

해 [VA]는 피상전력, [Var]은 무효전력, [W]는 유효전력의 단위이다.

020

히스테리시스 곡선에서 가로축과 만나는 점과 관계있는 것은?

① 보자력　　　　② 잔류자기

③ 자속밀도　　　　④ 기자력

해 히스테리시스 곡선에서 가로축과 만나는 점은 보자력, 세로축과 만나는 점은 잔류자기

암기법 가보세잔!

021

어떤 물질이 정상 상태보다 전자수가 많아져 전기를 띠게 되는 현상을 무엇이라 하는가?

① 충전　　　　② 방전

③ 대전　　　　④ 분극

해 일반적으로 절연체를 서로 마찰시키면 이들 물체는 전기를 띠게 되는데 이를 대전이라 한다.

022

1개의 전자 질량은 약 몇 [kg]인가?

① 1.679×10^{-31}　　　② 9.109×10^{-31}

③ 1.679×10^{-27}　　　④ 9.109×10^{-27}

해 전자 1개의 질량은 9.109×10^{-31} [kg]이다.

023

전류에 의한 자기장과 직접적으로 관련이 없는 것은?

① 줄의 법칙

② 플레밍의 왼손 법칙

③ 비오 – 사바르의 법칙

④ 앙페르의 오른나사의 법칙

해 줄의 법칙은 $W = Pt = I^2Rt$[J] 로 저항 R에 전류 I를 t초 동안 흘렸을 때 소비되는 에너지, 즉 전력량을 나타내는 법칙으로 전류에 의한 자기장과는 직접적으로 관련이 없다.

024

전기장 중에 단위 전하를 놓았을 때 그것이 작용하는 힘은 어느 값과 같은가?

① 전장의 세기　　　　② 전하

③ 전위　　　　④ 전위차

해 전기장 중에 단위 전하를 놓았을 때 그것이 작용하는 힘은 전장(전기장)의 세기와 같다.

025

자기력선에 대한 설명으로 옳지 않은 것은?

① 자기장의 모양을 나타낸 선이다.

② 자기력선이 조밀할수록 자기력이 세다.

③ 자석의 N극에서 나와 S극으로 들어간다.

④ 자기력선이 교차된 곳에서 자기력이 세다.

해 자기력선은 도중에 교차하거나 끊어지지 않는다.

026

다음 중 자장의 세기에 대한 설명으로 잘못된 것은?

① 자속밀도에 투자율을 곱한 것과 같다.
② 단위자극에 작용하는 힘과 같다.
③ 단위 길이당 기자력과 같다.
④ 수직 단면의 자력선 밀도와 같다.

해 자장세기 공식 $H = \dfrac{B}{\mu}$ 자속밀도 B를 투자율(μ)로 나눈 값이 자장세기(H)이다.

027

동일 전압의 전지 3개를 접속하여 각각 다른 전압을 얻고자 한다. 접속방법에 따라 몇 가지의 전압을 얻을 수 있는가?

(단, 극성은 같은 방향으로 설정한다.)

① 1가지 전압 ② 2가지 전압
③ 3가지 전압 ④ 4가지 전압

해 극성이 같은 방향이므로,
 • 모두 직렬로 연결하는 방법
 • 모두 병렬로 연결하는 방법
 • 2개는 병렬로, 1개는 직렬로 연결하는 방법
 총 3가지 방법이 있다.

028

비사인파 교류회로의 전력성분과 거리가 먼 것은?

① 맥류성분과 사인파와의 곱
② 직류성분과 사인파와의 곱
③ 직류성분
④ 주파수가 같은 두 사인파의 곱

해 맥류성분은 방향은 일정하지만, 크기가 계속해서 변하는 전류성분으로 직류에 교류성분이 섞여있는 상태이며 비사인파 교류회로의 전력성분과 거리가 멀다.

029

묽은황산(H_2SO_4)용액에 구리(Cu)와 아연(Zn)판을 넣었을 때 아연판은?

① 음극이 된다.
② 수소기체를 발생한다.
③ 양극이 된다.
④ 황산아연으로 변한다.

해 묽은황산(H_2SO_4)용액에 아연판을 넣으면 수소 양이온(H^+)에게 전자를 주고 아연 양이온(Zn^{2+})이 된다. 그러면 아연판에는 (−)전하가 많아져 음극이 된다.

030

서로 다른 종류의 안티몬과 비스무트의 두 금속을 접속하여 여기에 전류를 통하면, 그 접점에서 열의 발생 또는 흡수가 일어난다. 줄열과 달리 전류의 방향에 따라 열의 흡수와 발생이 다르게 나타나는 이 현상은?

① 펠티에 효과 ② 제벡 효과
③ 제3금속의 법칙 ④ 열전 효과

해 두 금속을 접속 → 전기를 흘리면 발열(흡열)작용 → 펠티에 효과

031

1차 전지로 가장 많이 사용되는 것은?

① 니켈·카드뮴전지 ② 연료전지
③ 망간전지 ④ 납축전지

해 1차전지로 가장 많이 사용되는 것은 망간전지이다. 2차전지는 재사용이 가능한 니켈, 카드늄 전지, 리튬이온(리튬이온폴리머)전지, 납축전지 등이 있다.

032

절연체 중에서 플라스틱, 고무, 종이, 운모 등과 같이 전기적으로 분극 현상이 일어나는 물체를 특히 무엇이라 하는가?

① 도체
② 유전체
③ 도전체
④ 반도체

> 헤 유전체는 도체와는 달리 절연체이기 때문에 전하가 통과하지는 않지만, 전기장 안에서 극성을 지니며 전기적으로 분극 현상이 일어나는 물체를 말한다.

033

다음이 설명하는 것은?

> 금속 A와 B로 만든 열전쌍과 접점 사이에 임의의 금속 C를 연결해도 C의 양 끝에 접점의 온도를 똑같이 유지하면 이 회로의 열기전력은 변화하지 않는다.

① 제벡 효과
② 톰슨 효과
③ 제 3금속의 법칙
④ 펠티에 법칙

> 헤 제 3 금속의 법칙은 A와 B 두 금속의 한쪽 접점은 서로 접해 있고, 반대쪽 접점은 제 3의 금속인 C와 연결되어 있을 때, 두 접점이 같은 온도라면 기전력이 발생하지 않는다는 법칙을 말한다.

034

전선에 일정량 이상의 전류가 흘러서 온도가 높아지면 절연물을 열화하여 절연성을 극도로 악화시킨다. 그러므로 도체에는 안전하게 흘릴 수 있는 최대 전류가 있다. 이 전류를 무엇이라 하는가?

① 평형 전류
② 허용 전류
③ 불평형 전류
④ 줄 전류

035

㉮와 ㉯에 들어갈 내용으로 알맞은 것은?

> 2차 전지의 대표적인 것으로 납축전지가 있다. 전해액으로 비중 약 (㉮) 정도의 (㉯)을 사용한다.

① ㉮: 1.25 ~ 1.36   ㉯: 질산
② ㉮: 1.15 ~ 1.21   ㉯: 묽은 황산
③ ㉮: 1.01 ~ 1.15   ㉯: 질산
④ ㉮: 1.23 ~ 1.26   ㉯: 묽은 황산

036

전기분해를 통하여 석출된 물질의 양은 통과한 전기량 및 화학당량과 어떤 관계인가?

① 전기량과 화학당량에 비례한다.
② 전기량과 화학당량에 반비례한다.
③ 전기량에 비례하고 화학당량에 반비례한다.
④ 전기량에 반비례하고 화학당량에 비례한다.

> 헤 전기분해 시 석출량은 페러데이의 법칙으로 구한다. 전기화학 당량(K)이란 1C의 전기량에 의해 분해되는 물질의 양 [g/C]을 뜻한다. [W(g) = KQ = Kit]에서 석출량(g)은 전기량(Q)과 화학당량(K)에 비례한다.

037

전구를 점등하기 전의 저항과 점등한 후의 저항을 비교하면 어떻게 되는가?

① 점등 후의 저항이 크다.
② 점등 전의 저항이 크다.
③ 변동 없다.
④ 경우에 따라 다르다.

> 헤 점등 후 발생하는 열은 저항값을 증가시킨다.

초빈출
038

전류에 의해 만들어지는 자기장의 자기력선
방향을 간단하게 알아내는 방법은?

① 플레밍의 왼손 법칙

② 렌츠의 자기유도 법칙

③ 앙페르의 오른나사 법칙 ✓

④ 패러데이의 전자유도 법칙

해 앙페르의 오른나사 법칙은 전선에 전류가 흐르면
도선 주위에 자속이 발생하여 자장이 형성되는데 그
자장의 방향이 아래 나사의 회전방향에 일치한다는
법칙이다. 전류에 의해 만들어지는 자기장의 자기력선
방향을 간단하게 알아낼 수 있다.

039

전류계의 측정범위를 확대시키기 위하여
전류계와 병렬로 접속하는 것은?

① 분류기 ✓

② 배율기

③ 검류계

④ 전위차계

해 분류기는 전류의 측정범위를 확대시키기 위해 전류계
와 병렬 연결하며, 배율기는 전압의 측정범위를 넓히
기 위해 직렬로 접속한다.

암기법 분전배압

040

전기분해를 하면 석출되는 물질의 양은 통과한
전기량에 관계가 있다. 이것을 나타낸 법칙은?

① 옴의 법칙

② 쿨롱의 법칙

③ 앙페르의 법칙

④ 패러데이의 법칙 ✓

해 전기분해 시 석출량은 페러데이의 법칙으로 구한다.
전기화학 당량(K)이란 1C의 전기량에 의해 분해되는
물질의 양 [g/C]을 뜻한다. [W = KQ = Kit]

041

코일의 자체 인덕턴스(L)와 권수(N)의 관계로
옳은 것은?

① $L \propto N$

② $L \propto N^2$ ✓

③ $L \propto N^3$

④ $L \propto 1/N$

해 코일의 자체인덕턴스 L은 코일감은 횟수의 제곱에 비
례하고 저항에 반비례한다.

$L = \dfrac{N^2}{R}$ 자기저항 R 값이 일정하다면 $L \propto N^2$

042

발전기의 유도 전압의 방향을 나타내는 법칙은?

① 패러데이의 법칙

② 렌츠의 법칙

③ 오른나사의 법칙

④ 플레밍의 오른손 법칙 ✓

해 플레밍의 왼손법칙은 전동기의 원리, 플레밍의
오른손 법칙은 발전기의 원리

암기법 왼전오발!

043

제벡 효과에 대한 설명으로 틀린 것은?

① 두 종류의 금속을 접속하여 폐회로를 만들고, 두
접속점에 온도의 차이를 주면 기전력이
발생하여 전류가 흐른다.

② 열기전력의 크기와 방향은 두 금속 점의
온도차에 따라서 정해진다.

③ 열전쌍(열전대)은 두 종류의 금속을 조합한
장치이다.

④ 전자 냉동기, 전자 온풍기에 응용된다. ✓

해 전자 냉동기는 펠티에효과를 응용한 것이다.
펠티에효과는 두 도체를 결합하여 전류를 흐르도록
하면, 한 쪽 접점은 발열하여 온도가 상승하고, 다른
한 쪽은 흡열하여 온도가 낮아지는 현상이다.
(제벡효과는 열 → 전기 발생, 펠티에 효과는 전기 →
열 발생)

044

교류에서 파형률은?

① 최대값/실효값　　② 실효값/평균값

③ 평균값/실효값　　④ 최대값/평균값

해 파형율은 평균값에 대한 실효값을 뜻한다.

$$파형율 = \frac{실효값}{평균값}$$

암기법 **파형실평**

045

묽은 황산(H_2SO_4) 용액에 구리(Cu)와 아연(Zn)판을 넣으면 전지가 된다. 이때 양극(+)에 대한 설명으로 옳은 것은?

① 구리판이며 산소 기체가 발생한다.

② 아연판이며 산소 기체가 발생한다.

③ 구리판이며 수소 기체가 발생한다.

④ 아연판이며 수소 기체가 발생한다.

해 묽은 황산(H_2SO_4) 용액에 구리(Cu)와 아연(Zn)판을 넣으면 아연판은 전자를 내놓아 (−)극이되고 전자를 도선을 따라 구리판으로 이동 구리판은 (+)극이 된다. 이 때 묽은 황산 용액 속의 수소가 구리판 쪽으로 끌려가서 전자를 얻어 수소기체가 발생한다.

암기법 **양구음아 ~ 수발**

046

다음 중 가장 무거운 것은?

① 양성자의 질량과 중성자의 질량의 합

② 양성자의 질량과 전자의 질량의 합

③ 중성자의 질량과 전자의 질량의 합

④ 원자핵의 질량과 전자의 질량의 합

해 양성자와 중성자의 질량은 1.673×10^{-27}kg으로 같고, 전자의 질량은 9.109×10^{-31}으로 양성자, 중성자보다 수천배 가볍다. 원자핵의 질량은 양성자와 중성자 질량의 합이므로 보기 중 가장 무겁다.

047

플레밍의 오른손 법칙에서 셋째 손가락의 방향은?

① 운동 방향　　② 자속밀도의 방향

③ 유도기전력의 방향　　④ 자력선의 방향

해 플레밍의 오른손 법칙(발전기의 원리) 중 셋째 손가락(중지)는 유도기전력의 방향을 나타낸다. 첫째손가락(엄지)는 운동 방향, 둘째 손가락(검지)는 자속밀도의 방향을 나타낸다.

048

다음 중 비유전율이 가장 큰 것은?

① 종이　　② 염화비닐

③ 운모　　④ 산화티탄 자기

해 산화티탄 자기의 비유전율은 약 115 ~ 5000 정도로 보기 중 가장 크다. 종이는 2 ~ 2.6, 염화비닐은 3 ~ 3.5, 운모는 5.5 ~ 6.6 정도이다.

049

PN 접합의 순방향 저항은(㉠), 역방향 저항은 매우 (㉡), 따라서 (㉢) 작용을 한다. ( )안에 들어갈 말로 옳은 것은?

① ㉠ 크고, ㉡ 크다, ㉢ 정류

② ㉠ 작고, ㉡ 크다, ㉢ 정류

③ ㉠ 작고, ㉡ 작다, ㉢ 검파

④ ㉠ 작고, ㉡ 크다, ㉢ 컴파

해 PN접합은 P단자에서 N단자쪽으로 순방향으로는 저항이 작고, 그 반대방향으로는 저항이 매우 커서 전류가 흐르지 않도록 하는 역할을 하는데 이를 정류 작용이라 한다.

050

도체가 자기장에서 받는 힘의 관계 중 틀린 것은?

① 자기력선속 밀도에 비례

② 도체의 길이에 반비례 ✓

③ 흐르는 전류에 비례

④ 도체가 자기장과 이루는 각도에 비례 (0° ~ 90°)

해 도체가 자기장에서 받는 힘의 관계는 플레밍의 왼손 법칙을 말한다.
빠르게 공식을 떠올린다. $F = IBl\sin\theta$

- I는 전류
- B는 자기력선속 밀도
- l은 도체의 길이
- θ는 도체가 자기장과 이루는 각도

도체가 자기장에서 받는 힘(F)는 도체의 길이에 비례한다.

051

"회로에 흐르는 전류의 크기는 저항에 (㉮) 하고, 가해진 전압에 (㉯)한다." ( )에 알맞은 내용을 바르게 나열한 것은?

① ㉮ 비례, ㉯ 비례

② ㉮ 비례, ㉯ 반비례

③ ㉮ 반비례, ㉯ 비례 ✓

④ ㉮ 반비례, ㉯ 반비례

해 $I = \dfrac{V}{R}$ 전류는 전압(V)에 비례하고, 저항(R)에 반비례한다.

052

자력선의 성질을 설명한 것이다. 옳지 않은 것은?

① 자력선은 서로 교차하지 않는다.

② 자력선은 N극에서 나와 S극으로 향한다.

③ 진공 중에서 나오는 자력선의 수는 m개이다. ✓

④ 한 점의 자력선 밀도는 그 점의 자장의 세기를 나타낸다.

해 진공 중 자력선의 수는 $\dfrac{m}{\mu_0}$ 개이다. m개 인 것은 자속선수이다.

053

2개의 자극 사이에 작용하는 힘의 세기는 무엇에 반비례하는가?

① 전류의 크기

② 자극 간의 거리의 제곱 ✓

③ 자극의 세기

④ 전압의 크기

해 쿨롱의 법칙에서 2개의 자극 사이에 작용하는 힘은 자극 간 거리의 제곱에 반비례한다.

054

전자석의 특징으로 옳지 않은 것은?

① 전류의 방향이 바뀌면 전자석의 극도 바뀐다.

② 코일을 감은 횟수가 많을수록 강한 전자석이 된다.

③ 전류를 많이 공급하면 무한정 자력이 강해진다. ✓

④ 같은 전류라도 코일 속에 철심을 넣으면 더 강한 전자석이 된다.

해 전류를 많이 공급하더라도 일정 수준이상 증가하면 철심이 자기포화상태가 되어 자력은 더 이상 강해지지 않고 그 상태를 유지한다.

055

전류의 발열작용과 관계가 있는 것은?

① 줄의 법칙 ✓

② 키르히호프의 법칙

③ 옴의 법칙

④ 플레밍의 법칙

해 전류의 발열작용은 줄의 법칙과 관련이 있다. 전류가 일정시간 내는 열량(H)은 전류의 세기 제곱(I^2)과 저항(R)에 비례하며 H = $0.24I^2Rt$ [cal]의 공식으로 구할 수 있다.

056

콘덴서의 정전용량에 대한 설명으로 틀린 것은?

① 전압에 반비례한다.

② 이동 전하량에 비례한다.

③ 극판의 넓이에 비례한다.

④ 극판의 간격에 비례한다.

해 콘덴서의 정전용량은 극판의 간격에 반비례한다.

057

그림과 같은 자극사이에 있는 도체에 전류(I)가 흐를 때 힘은 어느 방향으로 작용하는가?

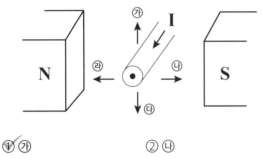

① ㉮   ② ㉯

③ ㉰   ④ ㉭

해 플레밍의 왼손법칙에 따라 자극사이에 있는 도체에 전류 (I)가 흐를 때 힘의 방향은 엄지 손가락의 방향 ㉮ 방향이 된다. 검지 손가락은 자속의 방향(N → S), 중지 손가락은 전류(I)의 방향이다.

058

전류에 의해 발생되는 자기장에서 자력선의 방향을 간단하게 알아내는 법칙은?

① 오른나사의 법칙   ② 플레밍의 왼손법칙

③ 주회적분의 법칙   ④ 줄의 법칙

해 전류에 의해 발생되는 자기장에서 자력선의 방향은 앰페르의 오른나사 법칙으로 간단히 알아낼 수 있다. 전류가 흐르는 도선에서 오른손 엄지로 전류의 방향을 가리키고 나머지 손가락으로 감싸면 그 방향이 자력선의 방향이 된다.

059

다음 중 전동기의 원리에 적용되는 법칙은?

① 렌츠의 법칙   ② 플레밍의 오른손 법칙

③ 플레밍의 왼손 법칙   ④ 옴의 법칙

해 플레밍의 왼손법칙은 전동기(모터)의 원리, 오른손 법칙은 발전기의 원리

암기법 왼전오발!

060

열의 전달 방법이 아닌 것은?

① 복사   ② 대류

③ 확산   ④ 전도

해 복사, 대류, 전도는 열에너지 전달 방법(확산 ×)

061

다음 설명 중 틀린 것은?

① 앰페르의 오른 나사 법칙 : 전류의 방향을 오른나사가 진행하는 방향으로 하면, 이 때 발생되는 자기장의 방향은 오른나사의 회전 방향이 된다.

② 렌츠의 법칙 : 유도 기전력은 자신의 발생 원인이 되는 자속의 변화를 방해하려는 방향으로 발생한다.

③ 패러데이의 전자 유도 법칙 : 유도 기전력의 크기는 코일을 지나는 자속의 매초 변화량과 코일의 권수에 비례한다.

④ 쿨롱의 법칙 : 두 자극 사이에 작용하는 자력의 크기는 양 자극의 세기의 곱에 비례하며, 자극 간의 거리의 제곱에 비례한다.

해 쿨롱의 법칙은 두 자극 사이 자력의 크기는 양 자극의 세기의 곱에 비례하며, 자극 간의 거리의 제곱에 반비례한다.

062

전기력선의 성질 중 맞지 않는 것은?

① 전기력선은 등전위면과 교차하지 않는다.
② 전기력선의 접선방향이 전장의 방향이다.
③ 전기력선은 도중에 만나거나 끊어지지 않는다.
④ 전기력선은 양(+)전하에서 나와
   음(-)전하에서 끝난다.

해 전기력선은 등전위면과 수식(직각)으로 교차한다.

063

용량을 변화시킬 수 있는 콘덴서는?

① 바리콘 콘덴서   ② 전해 콘덴서
③ 마일러 콘덴서   ④ 세라믹 콘덴서

해 바리콘 콘덴서(Variable Capacitor):정전용량을 변화
   시킬 수 있다.

064

자기력선에 대한 설명으로 옳지 않은 것은?

① 자석의 N극에서 시작하여 S극에서 끝난다.
② 자기장의 방향은 그 점을 통과하는 자기력선의
   방향으로 표시한다.
③ 자기력선은 상호간에 교차한다.
④ 자기장의 크기는 그 점에 있어서의 자기력선의
   밀도를 나타낸다.

해 자기력선은 각 점에서의 방향 유일하므로 교차되거나
   끊어지지 않는다.
   정전용량을 변화시킬 수 있다.

065

임의의 폐회로에서 키르히호프의 제2법칙을 가장
잘 나 타낸 것은?

① 기전력의 합 = 합성 저항의 합
② 기전력의 합 = 전압 강하의 합
③ 전압 강하의 합 = 합성 저항의 합
④ 합성 저항의 합 = 회로 전류의 합

해 키르히호프의 제2법칙은 전압에 대한 법칙이다.
   임의의 폐회로에서 기전역의 합은 전압강하의 합과
   같다.

066

2개의 코일을 서로 근접시켰을 때 한 쪽 코일의
전류가 변화하면 다른 쪽 코일에 유도 기전력이
발생하는 현상을 무엇이라고 하는가?

① 상호 결합   ② 자체유도
③ 상호 유도   ④ 자체 결합

067

히스테리시스손은 최대 자속밀도 및 주파수의
각각 몇 승에 비례하는가?

① 최대자속밀도 : 1.6, 주파수 : 1.0
② 최대자속밀도 : 1.0, 주파수 : 1.6
③ 최대자속밀도 : 1.0, 주파수 : 1.0
④ 최대자속밀도 : 1.6, 주파수 : 1.6

해 히스테리시스손은 최대자속밀도의 1.6승, 주파수의
   1.0승에 비례한다.
   암기법 히자쩜육, 히주쩜공

068

영구자석의 재료로서 적당한 것은?

① 잔류자기가 적고 보자력이 큰 것

② 잔류자기와 보자력이 모두 큰 것

③ 잔류자기와 보자력이 모두 작은 것

④ 잔류자기가 크고 보자력이 작은 것

해 영구자석의 재료는 보자력과 잔류자기가 모두 커야 한다.

069

전기력선에 대한 설명으로 틀린 것은?

① 같은 전기력선은 흡입한다.

② 전기력선은 서로 교차하지 않는다.

③ 전기력선은 도체의 표면에 수직으로 출입한다.

④ 전기력선은 양전하의 표면에서 나와서 음전하의 표면에서 끝난다.

해 같은 전기력선은 반발하기 때문에 서로 교차하지 않는다.

070

다음 설명 중 틀린 것은?

① 같은 부호의 전하끼리는 반발력이 생긴다.

② 정전유도에 의하여 작용하는 힘은 반발력이다.

③ 정전용량이란 콘덴서가 전하를 축적하는 능력을 말한다.

④ 콘덴서는 전압을 가하는 순간은 콘덴서는 단락상태가 된다.

해 정전유도란 물체에 대전체를 가까이 했을 때, 자유 전자가 이동하여 대전체와 가까운 쪽에는 대전체와 다른 전하, 먼 쪽에는 같은 전하가 유도되는 현상으로 같은 부호의 전하끼리는 반발력이 작용하고, 다른 부호의 전하끼리는 흡인력이 작용한다.

071

비사인파의 일반적인 구성이 아닌 것은?

① 순시파

② 고조파

③ 기본파

④ 직류분

해 비사인파 교류는 직류분, 기본파, 고조파로 구성되어 있다.

암기법 비사인파 직기고
비사인파 교류는 부하의 성질에 따라 파형이 일그러져 비사인파형으로 되는 교류를 말한다.

072

자기회로에 기자력을 주면 자로에 자속이 흐른다. 그러나 기자력에 의해 발생되는 자속 전부가 자기회로 내를 통과하는 것이 아니라, 자로 이외의 부분을 통과하는 자속도 있다. 이와 같이 자기회로 이외 부분을 통과하는 자속을 무엇이라 하는가?

① 종속자속

② 누설자속

③ 주자속

④ 반사자속

해 자기회로 이외 부분을 통과하는 자속을 누설자속이라 한다.

073

전력과 전력량에 관한 설명으로 틀린 것은?

① 전력은 전력량과 다르다.

② 전력량은 와트로 환산된다.

③ 전력량은 칼로리 단위로 환산된다.

④ 전력은 칼로리 단위로 환산할 수 없다.

해 전력과 전력량은 다르다. 전력(P)은 와트(W)로 나타내며, 전력량은 에너지의 단위인 J(줄)로 나타낸다. 전력량에 0.24를 곱하여 열량(kcal)단위로 환산할 수 있으나, 전력은 칼로리 단위로 환산할 수 없다.

074

전자 냉동기는 어떤 효과를 응용한 것인가?

① 제벡효과   ② 톰슨효과

③ 펠티에효과   ④ 주울효과

해 전자 냉동기는 펠티에효과를 응용한 것이다. 펠티에효과는 두 도체를 결합하여 전류를 흐르도록 하면, 한 쪽 접점은 발열하여 온도가 상승하고, 다른 한 쪽은 흡열하여 온도가 낮아지는 현상으로 펠티에 소자는 열전소자, 열전 모듈, 냉각소자, TE, TEC 등으로 불린다. 펠티에 효과는 전자 냉동기를 비롯한 소형가전 분야와 그 밖에 가열 및 냉각이 필요한 의료, 반도체 분야에서 활용되고 있다.

075

등전위면과 전기력선의 교차 관계는?

① 직각으로 교차한다.   ② 30°로 교차한다.

③ 45°로 교차한다.   ④ 교차하지 않는다.

해 등전위면과 전기력선은 직각방향으로 교차한다. 지도에서 등고선 간격이 촘촘할수록 경사가 급한 것과 마찬가지로 전하의 이동 역시 등전위면이 촘촘할수록 등전위면의 직각방향으로 더 빨리 이동한다. 등전위면이란 전기장 안에서 전위가 같은 점들로 이루어진 면으로 전위차가 없다.

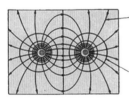 

076

물질에 따라 자석에 반발하는 물체를 무엇이라 하는가?

① 비자성체   ② 상자성체

③ 반자성체   ④ 가역자성체

해 외부 자기장에 반발하는 물체, 즉 자석을 가까이 하면 반발하는 물, 수은, 구리, 납 등 대부분의 물질을 반자성체라하고, 자석을 가까이 했을 때 약하게 끌어당기는 물질, 즉 외부 자기장에 끌리는 백금, 알루미늄, 공기 등의 물체를 상자성체, 자석에 강하게 달라붙는 성질을 보이는 철, 니켈, 코발트 같은 물질을 강자성체라고 한다.

077

전기 전도도가 좋은 순서대로 도체를 나열한 것은?

① 은 → 구리 → 금 → 알루미늄

② 구리 → 금 → 은 → 알루미늄

③ 금 → 구리 → 알루미늄 → 은

④ 알루미늄 → 금 → 은 → 구리

해 전기 전도도란 물질이 옮길 수 있는 전하(정전기)의 양을 나타낸다. 즉 이는 전기가 통하기 쉬운 순서로 나타낼 수 있으며 은 → 구리 → 금 → 알루미늄 순이다.

암기법 은구금알

078

자기회로에 강자성체를 사용하는 이유는?

① 자기저항을 감소시키기 위하여

② 자기저항을 증가시키기 위하여

③ 공극을 크게 하기 위하여

④ 주자속을 감소시키기 위하여

해 자기회로에 강자성체를 사용하면 자기저항이 감소한다.

079

저항이 있는 도선에 전류가 흐르면 열이 발생한다. 이와 같이 전류의 열작용과 가장 관계가 깊은 법칙은?

① 패러데이의 법칙　　② 키르히호프의 법칙

③ 줄의 법칙　　　　　④ 옴의 법칙

해 1841년 영국의 물리학자 줄은 전류의 발열작용, 즉 전력량과 열량의 관계에 관한 법칙을 발견했다. 바로 일정시간 내에 생기는 열량은 전류의 제곱과 저항의 곱에 비례한다는 줄의 법칙

> $P = IV = I^2R = \dfrac{V^2}{R}$
>
> P : 전력(W), I : 전류, V : 전압, R : 저항
>
> $H = 0.24I^2Rt$
>
> H : 열량(cal), t : 시간(초)
>
> $W = Pt = I^2Rt$
>
> W : 전력량(Wh), t : 시간(시간)
>
> ※ W를 전기에너지 $E(J)$로 바꾸면 t는 (초)단위가 된다.

080

PN접합 다이오드의 대표적인 작용으로 옳은 것은?

① 정류작용　　　　　② 변조작용

③ 증폭작용　　　　　④ 발진작용

해 PN접합 다이오드는 전류를 한 쪽 방향으로만 흐르게 하고, 역방향으로는 흐르지 못하게 하는 역할을 하는데 이를 정류작용이라 한다.

081

자체인덕턴스가 1[H]인 코일에 200[V], 60[Hz]의 사인파 교류 전압을 가했을 때 전류와 전압의 위상차는? (단, 저항성분은 모두 무시한다.)

① 전류는 전압보다 위상이 $\pi/2$[rad] 만큼 뒤진다.

② 전류는 전압보다 위상이 π [rad] 만큼 뒤진다.

③ 전류는 전압보다 위상이 $\pi/2$ [rad] 만큼 앞선다.

④ 전류는 전압보다 위상이 π [rad] 만큼 앞선다.

해 RLC 회로란 R (저항, Resistor), L (코일, Inductor), C (커페시터, Capacitor)로 이루어진 회로를 말하며 문제에서는 저항성분을 무시한 코일(L)만의 회로를 의미하므로

- R 만의 회로 : 전압과 전류가 동상
- L 만의 회로 : 전류가 전압보다 $\pi/2$[rad] 만큼 뒤진다.
- C 만의 회로 : 전류이 전압보다 $\pi/2$[rad] 만큼 앞선다.

082

알카리 축전지의 대표적인 축전지로 널리 사용되고 있는 2차 전지는?

① 망간전지　　　　　② 산화은 전지

③ 페이퍼 전지　　　　④ 니켈 카드뮴 전지

해 알칼리계 2차전지에는 나켈카드뮴, 니켈수소, 니켈아연전지 등이 있고, 산성계 2차전지로는 납축전지, 리듐계 2차전지에는 리튬이온, 리튬이온폴리머 전지가 있다.

083

쿨롱의 법칙에서 2개의 점전하 사이에 작용하는
정전력의 크기는?

① 두 전하의 곱에 비례하고 거리에 반비례한다.

② 두 전하의 곱에 반비례하고 거리에 비례한다.

③ 두 전하의 곱에 비례하고 거리의 제곱에
비례한다.

④ 두 전하의 곱에 비례하고 거리의 제곱에
반비례한다.

해 쿨롱의 법식은 진공 상태의 두 전하 $+Q_1$과 $-Q_2$ 사이
의 거리에 따라 작용하는 힘의 관계를 나타낸다.

Tip 두 전하 입자 사이에 작용하는 정전기력은 두
전하의 곱에 비례하고, 두 입자 사이의 거리(r)
의 제곱에 반비례한다는 법칙

084

다음 중 큰 값일수록 좋은 것은?

① 접지저항   ② 절연저항

③ 도체저항   ④ 접촉저항

해 절연체로 절연된 전로와 전로사이의 저항으로 전기가
흘러서는 안 되는 부분의 저항을 절연 저항이라 하며
절연저항 값은 클수록 좋다.

085

무효전력에 대한 설명으로 틀린 것은?

① $P = VI\cos\theta$ 로 계산된다.

② 부하에서 소모되지 않는다.

③ 단위로는 Var를 사용한다.

④ 전원과 부하 사이를 왕복하기만 하고 부하에
유효하게 사용되지 않는 에너지이다.

해 유효 전력(Effective Power)은 부하에서 소비되어 실
제로 쓰이는 전력을 뜻한다.
피상 전력의 전압, 전류 그리고 역률($\cos\theta$)을 곱한 값
이다.

P_a [단위는 W] $= V \times I\cos\theta = I^2 \times R$ [$\cos\theta$ = 역률]

비교 피상전력 = 유효전력 / 역률

무효 전력(Reactive Power)은 부하와 전원을 왕복하
지만 실제로는 아무 일도 하지 않는 전력을 뜻한다.
피상 전력의 전압, 전류 그리고 $\sin\theta$를 곱한 값이다.

P_r [단위는 Var] $= V \times I\sin\theta = I^2 \times X_L$

086

두 금속을 접속하여 여기에 전류를 흘리면, 줄열
외에 그 접점에서 열의 발생 또는 흡수가
일어나는 현상은?

① 줄 효과   ② 홀 효과

③ 제벡 효과   ④ 펠티에 효과

해 두 금속을 접속 → 전기를 흘리면 발열(흡열)작용 →
펠티에 효과

087

전지의 전압강하 원인으로 틀린 것은?

① 국부작용   ② 산화작용

③ 성극작용   ④ 자기방전

해 국부작용(극판의 불순물에 의한 방전), 성극작용(수소
가스가 동판에 붙어 내부저항 증가), 자기방전 등은 모
두 전압강하 및 방전 원인이나 산화작용은 해당되지
않는다.

088

대칭 3상 Δ 결선에서 선전류와 상전류와의 위상
관계는?

① 상전류가 $\pi/3$[rad] 앞선다.

② 상전류가 $\pi/3$[rad] 뒤진다.

③ 상전류가 $\pi/6$[rad] 앞선다.

④ 상전류가 $\pi/6$[rad] 뒤진다.

해 대칭 3상 Δ 결선에서 선전류와 상전류와의 위상 관계
는 상전류가 선전류보다 $\pi/6$[rad] 앞선다.

089

전압계의 측정 범위를 넓히기 위한 목적으로
전압계에 직렬로 접속하는 저항기를 무엇이라
하는가?

① 전위차계(potentiometer)

② 분압기(voltage divider)

③ 분류기(shunt)

④ 배율기(multiplier)

090

다음 설명 중에서 틀린 것은?

① 리액턴스는 주파수의 함수이다.

② 콘덴서는 직렬로 연결할수록 용량이 커진다.

③ 저항은 병렬로 연결할수록 저항값이 작아진다.

④ 코일은 직렬로 연결할수록 인덕턴스가 커진다.

해 콘덴서는 직렬로 연결 시 합성정전 용량이 감소한다.
콘덴서의 직렬연결 시 합성정전용량을 구하는 공식은
저항의 병렬연결 시 합성저항 구할 때와 같다고 생각
하면 쉽다. 예를 들어, C_1 C_2 각각 2(F)인 두 개의 콘덴
서를 직렬연결 했을 때,

$$C = \frac{곱}{합} = \frac{C_1 C_2}{C_1 + C_2} = \frac{2 \times 2}{2 + 2} = 1$$ 이므로

콘덴서는 직렬로 연결할수록 용량이 작아진다.

091

비유전율이 큰 산화티탄 등을 유전체로 사용한
것으로 극성이 없으며 가격에 비해 성능이
우수하여 널리 사용되고 있는 콘덴서의 종류는?

① 전해 콘덴서　　　② 세라믹 콘덴서

③ 마일러 콘덴서　　④ 마이카 콘덴서

해 세라믹 콘덴서[커페시터]는 비유전율이 큰 산화티탄
이나 유리, 도자기와 같은 세라믹(Ceramic)을 사용한
콘덴서이다. 극성이 없고 온도 및 고주파에 대한 특성
이 우수하며 가격에 비해 성능이 좋아 온도 보상용이
나 노이즈 제거용으로 널리 사용된다.

092

그림은 실리콘 제어소자인 SCR을 통전시키기
위한 회로도이다. 바르게 된 회로는?

①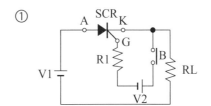

②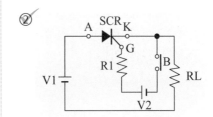

③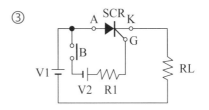

④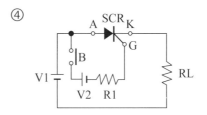

해 정답은 ②번이다. SCR은 단일 방향성 3단 소자이다.

093

원자핵의 구속력을 벗어나서 물질 내에서
자유로이 이동할 수 있는 것은?

① 중성자　　　　　② 양자

③ 분자　　　　　　④ 자유전자

094

복소수에 대한 설명으로 틀린 것은?

① 실수부와 허수부로 구성된다.

② 허수를 제곱하면 음수가 된다.

③ 복소수는 $A = a + jb$의 형태로 표시한다.

④ 거리와 방향을 나타내는 스칼라 양으로 표시한다.

🖩 복소수는 크기와 방향을 가진 벡터개념이라 할 수 있다. 스칼라는 방향은 없고 크기만 가진다.

095

1차 전지로 가장 많이 사용되는 것은?

① 니켈 – 카드뮴전지   ② 연료전지

③ 망간건전지   ④ 납축전지

🖩 1차 전지에는 망간전지, 알카라인 전지 등이 있다. 전지 내의 전기화학반응이 비가역적이기 때문에 보통한 번 쓰고 버리는 일회용 전지를 말한다. 2차 전지는 충전 재사용 가능한 전지로 니켈카드뮴, 리튬이온, 리튬폴리머, 니켈수소전지 등이 있다.

096

키르히호프의 법칙을 이용하여 방정식을 세우는 방법으로 잘못된 것은?

① 키르히호프의 제1법칙을 회로망의 임의의 한 점에 적용한다.

② 각 폐회로에서 키르히호프의 제2법칙을 적용한다.

③ 각 회로의 전류를 문자로 나타내고 방향을 가정한다.

④ 계산결과 전류가 + 로 표시된 것은 처음에 정한 방향과 반대방향임을 나타낸다.

🖩 계산결과 전류가 – 로 표시된 것은 처음에 정한 방향과 반대방향, + 로 표시된 것은 같은 방향을 나타낸다.

097

정전용량이 같은 콘덴서 10개가 있다. 이것을 병렬 접속할 때의 값은 직렬 접속할 때의 값보다 어떻게 되는가?

① 1/10로 감소한다.

② 1/100로 감소한다.

③ 10배로 증가한다.

④ 100배로 증가한다.

🖩 콘덴서 병렬연결 시 10C, 직렬연결 시에는 $\dfrac{C}{10}$ 가 되므로, 병렬연결 시 직렬연결의 100배로 증가한다.

098

평등자장 내에 있는 도선에 전류가 흐를 때 자장의 방향과 어떤 각도로 되어있으면 작용하는 힘이 최대가 되는가?

① 30°   ② 45°

③ 60°   ④ 90°

🖩 도선에 전류가 흐를 때 작용하는 힘은 자장과 직각방향(90도)일 때 최대가 된다.

099

자석에 대한 성질을 설명한 것으로 옳지 못한 것은?

① 자극은 자석의 양 끝에서 가장 강하다.

② 자극이 가지는 자기량은 항상 N극이 강하다.

③ 자석에는 언제나 두 종류의 극성이 있다.

④ 같은 극성의 자석은 서로 반발하고, 다른 극성은 서로 흡인한다.

🖩 자극이 가지는 자기량은 N극과 S극이 같다.

초빈출
100

반도체로 만든 PN 접합은 무슨 작용을 하는가?

① 정류 작용   ② 발진 작용

③ 증폭 작용   ④ 변조 작용

해 PN접합은 정류작용을 한다. P형 반도체의 단자인 애노드에서 N형 반도체의 단자인 캐소드쪽으로 한쪽 방향으로만 전류를 흐르게 하고 그 반대방향으로는 흐르지 않도록 하는 역할을 하는데 이를 정류 작용이라 한다.

Tip 교류를 직류로 변환하는 역할

101

황산구리($CuSO_4$)전해액에 2개의 구리판을 넣고 전원을 연결하였을 때 음극에서 나타나는 현상으로 옳은 것은?

① 변화가 없다.   ② 구리판이 두터워진다.

③ 구리판이 얇아진다.   ④ 수소 가스가 발생한다.

해 황산구리 전해액에 구리판을 넣었을 때는 양극에서는 산화반응으로 구리판이 얇아지고, 음극에서는 환원반응으로 구리판이 두꺼워진다.

암기법 양산Thin피자 음환두!

102

두 종류의 금속 접합부에 전류를 흘리면 전류의 방향에 따라 줄열 이외의 열의 흡수 또는 발생 현상이 생긴다. 이러한 현상을 무엇이라 하는가?

① 제벡효과   ② 페란티 효과

③ 펠티어 효과   ④ 초전도 효과

해 펠티에효과는 두 도체를 결합하여 전류를 흐르도록 하면, 한 쪽 접점은 발열하여 온도가 상승하고, 다른 한 쪽은 흡열하여 온도가 낮아지는 현상이다. 펠티에 효과는 전자 냉동기를 비롯한 소형가전 분야와 그 밖에 가열 및 냉각이 필요한 의료, 반도체 분야에서 활용되고 있다.

제베크 효과는 1821년 독일 물리학자 Seebeck가 발견한 것으로 금속선 양쪽 끝을 접합하여 폐회로를 구성하고 한 접점에 열을 가하게 되면 두 접점에 온도차로 인해 생기는 전위차에 의해 전류가 흐르게 되는 현상을 말한다.

103

전류의 방향과 자장의 방향은 각각 나사의 진행방향과 회전 방향에 일치한다와 관계가 있는 법칙은?

① 플레밍의 왼손법칙

② 앙페르의 오른나사법칙

③ 플레밍의 오른손법칙

④ 키르히호프의 법칙

해 앙페르의 오른나사 법칙은 전선에 전류가 흐르면 도선 주위에 자속이 발생하여 자장이 형성되는데 그 자장의 방향이 아래 나사의 회전방향에 일치한다는 법칙이다.

도선

전류

앙페르의 오른나사 법칙

104

자극 가까이에 물체를 두었을 때 자화되는 물체와 자석이 그림과 같은 방향으로 자화되는 자성체는?

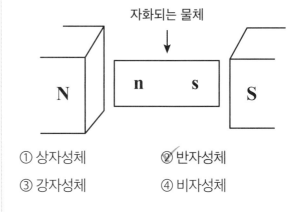

자화되는 물체

N   n   s   S

① 상자성체   ② 반자성체

③ 강자성체   ④ 비자성체

해 그림에서 자화되는 물체를 자극 가까이에 접근시킬 때 같은 극이 생겨 서로 반발하므로 이러한 물체는 반자성체이다. 반자성체에는 은, 구리, 금, 아연, 탄소, 납, 비스무트, 안티몬 등이 있다.

105

"회로의 접속점에서 볼 때, 접속점에 흘러 들어오는 전류의 합은 흘러 나가는 전류의 합과 같다."라고 정의되는 법칙은?

① 키르히호프의 제1법칙

② 키르히호프의 제2법칙

③ 플레밍의 오른손 법칙

④ 앙페르의 오른나사 법칙

해 • 키르히호프의 제 1 법칙 (전류 법칙) : 전기 회로에서 접속점에 흘러 들어오는 전류의 합은 접속점에서 흘러 나가는 전류의 합과 같다.
• 키르히호프의 제 2 법칙 (전압 법칙) : 폐쇄 회로의 기전력의 합은 전압 강하의 합과 같다.

106

다이오드의 정특성이란 무엇을 말하는가?

① PN 접합면에서의 반송자 이동 특성

② 소신호로 동작할 때의 전압과 전류의 관계

③ 다이오드를 움직이지 않고 저항률을 측정한 것

④ 직류전압을 걸었을 때 다이오드에 걸리는 전압과 전류의 관계

해 다이오드의 정특성이란 직류전압을 걸었을 때 다이오드에 걸리는 전압과 전류의 관계를 말한다.
Tip 기본값은 순방향 전압(VF) → 순방향 전류(IF), 역방향 전압(VR) → 역방향 전류(IR)

107

반자성체 물질의 특색을 나타낸 것은?
(단, μs는 비투자율이다.)

① $\mu s > 1$　　② $\mu s \gg 1$

③ $\mu s = 1$　　④ $\mu s < 1$

해 자화강도란 자기장 안의 물체가 자성을 띠게 되었을 때, 단위 부피 속의 자기 모멘트를 말한다.
물체는 자화 강도에 따라 강자성체($\mu s \gg 1$), 상자성체($\mu s > 1$), 반자성체($\mu s < 1$)로 나눌 수 있다.
투자율(透磁率, permeability)이란 어떤 매질이 주어진 자기장에 대하여 얼마나 자화하는지를 나타내는 값으로 μ로 나타낸다. 투자율은 매질의 두께에 반비례하고, 자속 밀도에 비례한다.
비투자율(比透磁率, relative permeability)은 진공 투자율에 대한 매질 투자율의 비를 나타낸 것으로 "아닐 非"가 아닌 비교를 위한 "比", 즉 상대적인 투자율을 말한다.

여러 물체들의 비투자율

재료	비투자율
초전도체	0
열분해·탄소	0.9996
비스무트	0.999834
물	0.999992
구리	0.999994
사파이어	0.99999976
콘크리트	1
진공	1
수소	1
테프론	1
공기	1.00000037
나무	1.00000043
알루미늄	1.000022
플래티넘	1.000265
네오디뮴·자석	1.05
페라이트(니켈, 아연)	10~2300
탄소강	100
니켈	100~600
페라이트(마그네슘, 망간, 아연)	350~500
철(순도 99.8%)	5000
코발트철	18000
뮤 합금(철, 니켈, 구리)	20000
철(순도 99.95% 수소, 어닐링)	200000

108

비사인파 교류회로의 전력에 대한 설명으로 옳은 것은?

① 전압의 제3고조파와 전류의 제3고조파 성분 사이에서 소비전력이 발생한다.

② 전압의 제2고조파와 전류의 제3고조파 성분 사이에서 소비전력이 발생한다.

③ 전압의 제3고조파와 전류의 제5고조파 성분 사이에서 소비전력이 발생한다.

④ 전압의 제5고조파와 전류의 제7고조파 성분 사이에서 소비전력이 발생한다.

해 부하의 성질에 따라 파형이 일그러지는 비사인파형으로 되는 교류회로는 전압의 제3고조파와 전류의 제3고조파 성분 사이에서 소비전력이 발생한다.

암기법 비사인파 교류회로 전압 제3고조파, 전류 제3고조파 사이에서 소비전력 발생 – 비사인 교회 3고 3고!

109

충전된 대전체를 대지(大地)에 연결하면 대전체는 어떻게 되는가?

① 방전한다.

② 반발한다.

③ 충전이 계속된다.

④ 반발과 흡인을 반복한다.

해 충전된 대전체를 대지(大地)에 연결했다는 것은 접지(接地)를 뜻한다. 접지를 하게 되면 충전된 대전체는 방전한다.

110

다음 (　　　)안의 알맞은 내용으로 옳은 것은?

> 회로에 흐르는 전류의 크기는 저항에 (　㉮　)하고, 가해진 전압에 (　㉯　)한다.

① ㉮ 비례, ㉯ 비례

② ㉮ 비례, ㉯ 반비례

③ ㉮ 반비례, ㉯ 비례

④ ㉮ 반비례, ㉯ 반비례

해 전류(I)는 저항(R)에 반비례하고 전압(V)에 비례함을 나타내는 공식은 옴의 법칙 $I = \dfrac{V}{R}$ 을 통해 알 수 있다.

111

자석의 성질로 옳은 것은?

① 자력선은 자석 내부에서도 N극에서 S극으로 이동한다.

② 자석은 고온이 되면 자력이 증가한다.

③ 자기력선에는 고무줄과 같은 장력이 존재한다.

④ 자력선은 자성체는 투과하고, 비자성체는 투과하지 못한다.

해 자력선은 잡아당겨진 고무줄과 같이 스스로 줄어들려고 하는 장력이 있다. 자력선 외부에서는 N극에서 나와 S극으로 향하지만 자석 내부에서는 S극에서 N극으로 이동 한다. 자석은 고온이 되면 자력이 감소하며, 자력선은 비자성체를 투과한다.

112

두 개의 서로 다른 금속의 접속점에 온도차를 주면 열기전력이 생기는 현상은?

① 홀 효과

② 줄 효과

③ 압전기 효과

④ 제벡 효과

해 온도차 → 기전력 발생 : 제벡 효과 (기전력 → 열발생 : 펠티에 효과)

113

플레밍의 왼손법칙에서 전류의 방향을 나타내는

손가락은?

① 엄지   ② 검지

③ 중지   ④ 약지

㉻ 플레밍의 왼손법칙에서 왼손의 엄지는 힘의 방향, 검지는 자속밀도 방향, 중지는 전류의 방향을 나타낸다.

114

다음 중에서 자석의 일반적인 성질에 대한

설명으로 틀린 것은?

① N극과 S극이 있다.

② 자력선은 N극에서 나와 S극으로 향한다.

③ 자력이 강할수록 자기력선의 수가 많다.

④ 자석은 고온이 되면 자력이 증가한다.

㉻ 자석은 고온이 되면 자력이 감소한다.

115

비정현파의 실효값을 나타낸 것은?

① 최대파의 실효값

② 각 고조파의 실효값의 합

③ 각 고조파의 실효값의 합의 제곱근

④ 각 고조파의 실효값의 제곱의 합의 제곱근

㉻ 비정현파의 실효값은 다음의 형태로 나타난다.

$$V = \sqrt{V_1^2 + V_2^2 + V_3^2 + V_4^2 + V_5^2 \cdots}$$

116

다음 중 상자성체는 어느 것인가?

① 니켈   ② 텅스텐

③ 철   ④ 코발트

㉻ **상자성체** : 알루미늄, 마그네슘, 텅스텐, 백금, 주석, 산소, 이리듐, 공기 등

(암기법) 알마텅백주산이

강자성체 : 니켈, 코발트, 철, 망간, 규소

(암기법) 니코철망

117

정전기 발생 방지책으로 틀린 것은?

① 배관 내 액체의 흐름 속도 제한

② 대기의 습도를 30% 이하로 하여 건조함을 유지

③ 대전 방지제의 사용

④ 접지 및 보호구의 착용

㉻ 정전기는 건조한 대기에서 더 잘 발생한다.

118

저항의 병렬접속에서 합성저항을 구하는

설명으로 옳은 것은?

① 각 저항값을 모두 합하고 저항 숫자로 나누면 된다.

② 저항값의 역수에 대한 합을 구하고 다시 그 역수를 취하면 된다.

③ 연결된 저항을 모두 합하면 된다.

④ 각 저항값의 역수에 대한 합을 구하면 된다.

㉻ 저항의 병렬접속에서의 합성저항은 저항값의 역수에 대한 합을 구하고 다시 그 역수를 취하면 된다.

$$R = \cfrac{1}{\cfrac{1}{R_1} + \cfrac{1}{R_2} + \cfrac{1}{R_3} \cdots}$$

119

N형 반도체의 주반송자는 어느 것인가?

① 도우너　　　　　② 정공

③ 억셉터　　　　　④ 전자

해 N형 반도체의 주반송자는 전자다. 반면에 P형 반도체의 주반송자는 정공이다.

암기법 N주전자

120

비오 - 사바르(Biot –Savart)의 법칙과 가장

관계가 깊은 것은?

① 전류가 만드는 자장의 세기

② 전류와 전압의 관계

③ 기전력과 자계의 세기

④ 기전력과 자속의 변화

해 비오사바르법칙은 전류가 생성하는 자기장의 방향은 전류방향에 수직으로 작용하고 자기장의 세기는 전류의 크기에 비례하며 도선에서부터의 거리의 제곱에 반비례한다는 것으로 전류가 만든 자장의 세기와 가장 관계가 깊다.

121

다음은 정전 흡인력에 대한 설명이다. 옳은 것은?

① 정전 흡인력은 전압의 제곱에 비례한다.

② 정전 흡인력은 극판 간격에 비례한다.

③ 정전 흡인력은 극판 면적의 제곱에 비례한다.

④ 정전 흡인력은 쿨롱의 법칙으로 직접 계산한다.

해 정전 흡인력은 $F = \dfrac{W}{d} = \dfrac{\epsilon s V^2}{2d^2}$[N]으로 나타낼 수 있다. 여기서 s는 극판면적, d는 극판 간격이다. 정전용량은 극판 면적에 비례하고 극판 간격에 반비례한다.

001

자기저항의 단위는?

① AT/m
② Wb/AT
③ AT/Wb ✓
④ Ω/AT

해 자기저항(R_m)의 단위는 AT/Wb[Ampere Turn per Weber 암페어턴퍼웨버]

002

1[Ω·m]는 몇 [Ω·cm] 인가?

① 10^2 ✓
② 10^{-2}
③ 10^6
④ 10^{-6}

해 1[m]는 100[cm], 마찬가지로 1[Ω·m]는 100[Ω·cm]이다.

003

줄의 법칙에서 발열량 계산식을 옳게 표시한 것은?

① $H = I^2R$[J]
② $H = I^2R^2t$[J]
③ $H = I^2R^2$[J]
④ $H = I^2Rt$[J] ✓

해 전력량 $W = Pt = VIt = I^2Rt$[J]
   ($P = VI$, $V = IR$)
   $H = 0.24I^2Rt$[cal]

004

파고율, 파형률이 모두 1인 파형은?

① 사인파
② 고조파
③ 구형파 ✓
④ 삼각파

해 파고율, 파형율이 모두 1인 파형은 구형파이다.
   (= 직사각형파)
   파고율이란 파형의 날카로운 정도로 실효값에 대한 최대값으로 나타내고, 파형율이란 파형의 기울기 정도로 평균값에 대한 실효값으로 나타낸다.

   파고율 = $\dfrac{최대값}{실효값}$

   파형율 = $\dfrac{실효값}{평균값}$

005

공기 중에서 m[Wb]의 자극으로부터 나오는 자속수는?

① m ✓
② μ_0m
③ 1/m
④ m/μ_0

해 m[Wb]의 자극으로부터 나오는 자속수는 m, 자력선의 총수는 m/μ_0

006

R_1[Ω], R_2[Ω], R_3[Ω]의 저항 3개를 직렬 접속했을 때의 합성저항[Ω]은?

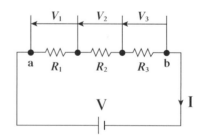

① $R = \dfrac{R_1R_2R_3}{R_1+R_2+R_3}$
② $R = \dfrac{R_1+R_2+R_3}{R_1R_2R_3}$
③ $R = R_1R_2R_3$
④ $R = R_1+R_2+R_3$ ✓

해 저항의 직렬접속은 각 저항의 합이 합성저항 값이 된다.

직렬연결 시 합성저항 $R = R_1 + R_2 + R_3[\Omega]$

병렬연결 시 합성저항 $\dfrac{1}{R} = \dfrac{1}{R_1} + \dfrac{1}{R_2} + \dfrac{1}{R_3}$

$$R = \dfrac{R_1 R_2 R_3}{R_1 R_2 + R_2 R_3 + R_1 R_3}[\Omega]$$

문제의 회로는 직렬접속이므로 정답은 ④번이다.

007

공 중에 두 자극 m_1, m_2를 r[m]의 거리에 놓았을 때 작용하는 힘 F의 식으로 옳은 것은?

① $F = \dfrac{1}{4\pi\mu_0} \times \dfrac{m_1 m_2}{r}[N]$

② $F = \dfrac{1}{4\pi\mu_0} \times \dfrac{m_1 m_2}{r^2}[N]$

③ $F = 4\pi\mu_0 \times \dfrac{m_1 m_2}{r}[N]$

④ $F = 4\pi\mu_0 \times \dfrac{m_1 m_2}{r^2}[N]$

해 자기장에서 쿨롱의 법칙 두 자극간의 힘(자기력) F[N]는 두 자극의 곱에 비례하고 거리의 제곱에 반비례한다.

$$F = k\dfrac{m_1 m_2}{r^2} = \dfrac{1}{4\pi\mu_0} \times \dfrac{m_1 m_2}{r^2}[N]$$

k는 비례상수 $k = \dfrac{1}{4\pi\mu_0}$, μ_0는 진공의 투자율

$(\mu_0 = 4\pi \times 10^{-7}[H/m])$

008

1 [cm]당 권선수가 10인 무한 길이 솔레노이드에 1 [A]의 전류가 흐르고 있을 때 솔레노이드 외부 자계의 세기 [AT/m]는?

① 0 　　　　　② 10

③ 100 　　　　④ 1000

해 무한장 솔레노이드의 외부 자기장 세기는 0이다.

　　내부 자기장세기 $H = \dfrac{H}{l}I$

009

그림과 같은 RC 병렬회로의 위상각 θ는?

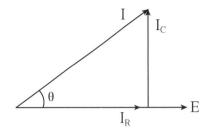

① $\tan^{-1}\dfrac{\omega C}{R}$ 　　　　② $\tan^{-1}\omega CR$

③ $\tan^{-1}\dfrac{R}{\omega C}$ 　　　　④ $\tan^{-1}\dfrac{1}{\omega CR}$

해 RC병렬회로에서의 위상각 θ는 $\tan^{-1}\omega CR$ 이다.

010

$+ Q_1$(C)과 $- Q_2$(C)의 전하가 진공 중에서 r(m)의 거리에 있을 때 이들 사이에 작용하는 정전기력 F(N)는?

① $F = 9 \times 10^{-7} \times \dfrac{Q_1 Q_2}{r^2}$

② $F = 9 \times 10^{-9} \times \dfrac{Q_1 Q_2}{r^2}$

③ $F = 9 \times 10^{9} \times \dfrac{Q_1 Q_2}{r^2}$

④ $F = 9 \times 10^{10} \times \dfrac{Q_1 Q_2}{r^2}$

해 쿨롱의 법식은 진공 상태의 두 전하 $+ Q_1$과 $- Q_2$ 사이의 거리에 따라 작용하는 힘의 관계를 나타낸다.

　　[두 전하 입자 사이에 작용하는 정전기력은 두 전하의 곱에 비례하고, 두 입자 사이의 거리(r)의 제곱에 반비례한다는 법칙]

문제는 그 비례상수를 묻는 질문이므로 상수는

$9 \times 10^9 = 90$억(N·m²/C²)

(좀 더 정확하게는 8.98×10^9)

암기법 상수를 암기하자! 쿨롱의 재산은 90억!

011

$R = 6[\Omega]$, $Xc = 8[\Omega]$일 때 임피던스

$Z = 6 - j8[\Omega]$으로 표시되는 것은 일반적으로

어떤 회로인가?

① RC 직렬회로 ✓   ② RL 직렬회로

③ RC 병렬회로   ④ RL 병렬회로

해 R(저항, Resistor), L(코일, Inductor), C(커페시터, Capacitor)

RL 직렬회로에서는 $Z = Z_1 + Z_2 = R + jX_L = 6 + j8$ 이지만

RC 직렬회로에서는 $Z = Z_1 + Z_2 = R - jX_C = 6 - j8$ 로 표시된다.

> **Tip** 커패시터에 의한 리엑턴스 X_C는 부호가 (−)가 되는 것에 주의!

따라서, $R = 6[\Omega]$, $Xc = 8[\Omega]$일 때 임피던스 $Z = 6 - j8[\Omega]$으로 표시되는 것은 RC 직렬회로이다.

012

자기 인덕턴스에 축적되는 에너지에 대한

설명으로 가장 옳은 것은?

① 자기 인덕턴스 및 전류에 비례한다.

② 자기 인덕턴스 및 전류에 반비례한다.

③ 자기 인덕턴스와 전류의 제곱에 반비례한다.

④ 자기 인덕턴스에 비례하고 전류의 제곱에 ✓ 비례한다.

해 자기 인덕턴스에 축적되는 에너지와 자기 인덕턴스의 관계식을 알아야 풀 수 있다.

알아야 할 공식

$$W = \frac{1}{2}LI^2 [J]$$

위 공식에서 W는 자기 인덕턴스에 축적되는 에너지, L은 자기 인덕턴스, I는 전류이므로

W는 자기 인덕턴스(L)에 비례하고, 전류(I)의 제곱에 비례함을 알 수 있다.

013

RL 직렬회로에서 서셉턴스는?

① $\dfrac{R}{R^2 + X_L^2}$ ② $\dfrac{X_L}{R^2 + X_L^2}$

③ $\dfrac{-R}{R^2 + X_L^2}$ ④ $\dfrac{-X_L}{R^2 + X_L^2}$ ✓

해 RL 직렬회로에서 어드미턴스(Y), 임피던스(Z), 컨덕턴스(G), 서셉턴스(B) 간의 관계식

임피던스 $Z = R + jX_L$를 $Y = \dfrac{1}{Z}$에 대입하여

어드미턴스 $Y = G + jB$ 형식으로 바꾸어 서셉턴스 (B)를 찾는 문제이다.

$$Y = \frac{1}{Z} = \frac{1}{R + jX_L}$$
$$= \frac{R - jX_L}{R^2 + jX_L^2} = \frac{R}{R^2 + X_L^2} + j\frac{-X_L}{R^2 + X_L^2}$$

서셉턴스 $B = \dfrac{-X_L}{R^2 + X_L^2}$

014

그림과 같은 회로에서 저항 R_1에 흐르는 전류는?

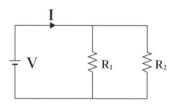

① $(R_1 + R_2)I$ ② $\dfrac{R_2}{R_1 + R_2}I$ ✓

③ $\dfrac{R_1}{R_1 + R_2}I$ ④ $\dfrac{R_1 R_2}{R_1 + R_2}I$

해 그림은 저항의 병렬연결을 나타내므로

저항 R_1에 흐르는 전류는 $\dfrac{R_2}{R_1 + R_2} \times I$ 이다.

015

삼각파 전압의 최대값이 V_m일 때 실효값은?

① V_m

② $\dfrac{V_m}{\sqrt{2}}$

③ $\dfrac{2V_m}{\pi}$

④ $\dfrac{V_m}{\sqrt{3}}$

해 최대값, 평균값, 실효값의 관계식은 다음과 같다.

삼각파

최대값이 V_m 일 때

평균값 $= \dfrac{V_m}{\sqrt{3}}$

실효값$(V) = \dfrac{V_m}{\sqrt{3}}$

016

L_1, L_2 두 코일이 접속되어 있을 때, 누설자속이 없는 이상적인 코일 간의 상호 인덕턴스는?

① $M = \sqrt{L_1 + L_2}$

② $M = \sqrt{L_1 - L_2}$

③ $M = \sqrt{L_1 L_2}$

④ $M = \dfrac{L_1}{L_2}$

해 상호인덕턴스(Mutual − Inductance)는 다른 코일의 자속이 자기 코일에서 전류를 얼마나 발생시키는지를 나타내는 것으로 상호인덕턴스 $M = \sqrt{L_1 L_2}$ 로 나타 낸다.(누설자속 없는 이상적인 상태일 때)

017

R_1, R_2, R_3의 저항 3개를 직렬 접속했을 때의 합성저항 값은?

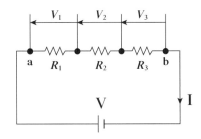

① $R = R_1 + R_2 \cdot R_3$

② $R = R_1 \cdot R_2 + R_3$

③ $R = R_1 \cdot R_2 \cdot R_3$

④ $R = R_1 + R_2 + R_3$

해 저항의 직렬연결 $R = R_1 + R_2 + R_3$

018

브리지 회로에서 미지의 인덕턴스 L_X를 구하면?

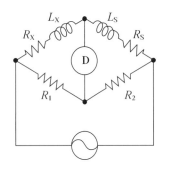

① $L_X = \dfrac{R_2}{R_1} L_s$

② $L_X = \dfrac{R_1}{R_2} L_s$

③ $L_X = \dfrac{R_s}{R_1} L_s$

④ $L_X = \dfrac{R_1}{R_s} L_s$

해 브리지 평형회로에서는 대각선의 곱이 같으므로

$R_1(R_s + j\omega L_s) = R_2(R_X + j\omega L_X)$

$R_1 R_s + j\omega L_s R_1 = R_2 R_X + j\omega L_X R_2$

$L_s R_1 = L_X R_2$

$L_X = \dfrac{L_s R_1}{R_2} = \dfrac{R_1}{R_2} L_s$

019

다음 중 파형률을 나타낸 것은?

① $\dfrac{\text{실효값}}{\text{평균값}}$

② $\dfrac{\text{최대값}}{\text{실효값}}$

③ $\dfrac{\text{평균값}}{\text{실효값}}$

④ $\dfrac{\text{실효값}}{\text{최대값}}$

해 파형율은 $\dfrac{\text{실효값}}{\text{평균값}}$

020

1[kWh]는 몇 [J]인가?

① 3.6×10^6

② 860

③ 10^3

④ 10^6

해 $W[J] = Pt$에서 단위는 W[와트]와 s[초]이므로

$1kWh = 3600[초] \times 1000[W]$

$\qquad = 3.6 \times 10^6 [Ws] = 3.6 \times 10^6 [J]$

021

진공 중에서 같은 크기의 두 자극을 1[m] 거리에 놓았을 때 작용하는 힘이 6.33×10^{4}[N]이 되는 자극의 단위는?

① 1[N]   ② 1[J]

③ 1[Wb]   ④ 1[C]

해 진공 중에 같은 크기의 두 자극을 1[m]의 거리로 놓았을 때, 상호간에 6.33×10^{4}[N]의 힘이 작용하는 자극의 세기를 1[Wb]라 한다.

022

공기 중에서 m[Wb]의 자극으로부터 나오는 자력선의 총수는 얼마인가?
(단, μ는 물체의 투자율이다.)

① μ ② μm

③ m/μ ④ μ/m

해 암기법 자력선 총수 엠퍼뮤!

023

코일이 접속되어 있을 때, 누설 자속이 없는 이상적인 코일간의 상호 인덕턴스는?

① $M = \sqrt{L_1 L_2}$ ② $M = \sqrt{L_1 + L_2}$

③ $M = \sqrt{L_1 - L_2}$ ④ $M = \sqrt{\dfrac{L_1}{L_2}}$

해 일반적인 코일간 상호 인덕턴스는 $M = k\sqrt{L_1 L_2}$
누설자속 없는 이상적인 코일간 상호 인덕턴스는
$k = 1$ 일 때 이므로 $M = \sqrt{L_1 L_2}$

024

평형 3상 Y결선에서 상전류 I_p와 선전류 I_l과의 관계는?

① $I_l = 3I_p$ ② $I_l = \sqrt{3}\,I_p$

③ $I_l = I_p$ ④ $I_l = \dfrac{1}{3} I_p$

해 Y결선에서 선전류(I_l) = 상전류(I_p)이고,
선간전압(V_l) = $\sqrt{3}$ ×상전압(V_p) 이다.

025

저항 R_1, R_2의 병렬회로에서 R_2에 흐르는 전류가 I일 때 전 전류는?

① $\dfrac{R_1 + R_2}{R_1} I$ ② $\dfrac{R_1 + R_2}{R_2} I$

③ $\dfrac{R_1}{R_1 + R_2} I$ ④ $\dfrac{R_2}{R_1 + R_2} I$

해 두 저항을 병렬연결하면 두 저항에 흐르는 전류의 비율은 저항 비율의 반대가 된다.
전전류를 I_0라 하면, R_2에 흐르는 전류가 I이라 했으므로 전체 저항 중 R_1의 비율만큼 R_2에 전류가 흐르므로

$$I = \frac{R_1}{R_1 + R_2} \times I_0$$

$$I_0 = \frac{R_1 + R_2}{R_1} \times I$$

026

자속밀도 $B[\text{Wb/㎡}]$되는 균등한 자계 내에서 길이 l[m]의 도선을 자계에 수직인 방향으로 운동시킬 때 도선에 e[V]의 기전력이 발생한다면 이 도선의 속도[m/s]는?

① $\dfrac{Bl \sin\theta}{e}$ ② $\dfrac{e}{Bl \sin\theta}$

③ $Bl \sin\theta$ ④ $Ble \sin\theta$

해 플레밍의 오른손 법칙은 발전기의 원리로 외부에서 힘이 가해질 때 그 힘을 전기에너지로 바꾸는 원리를 나타낸다.

> 기전력 공식 $e = Blv \sin\theta$
> B : 자속밀도, l : 도선의 길이, v : 도선의 속도

도선의 속도 $v = \dfrac{e}{Bl \sin\theta}$

027

전류에 의한 자기장의 세기를 구하는

비오 - 사바르의 법칙을 옳게 나타낸 것은?

① $\Delta H = \dfrac{I \Delta l \sin\theta}{4\pi r^2}(\mathrm{AT/m})$ ✓

② $\Delta H = \dfrac{I \Delta l \sin\theta}{4\pi r}(\mathrm{AT/m})$

③ $\Delta H = \dfrac{I \Delta l \cos\theta}{4\pi r}(\mathrm{AT/m})$

④ $\Delta H = \dfrac{I \Delta l \cos\theta}{4\pi r^2}(\mathrm{AT/m})$

🔲 전류에 의한 자기장의 세기(ΔH)를 구하는 비오사바르 법칙은 도선에 흐르는 전류(I), 미소길이 Δl, 도선과 떨어진 거리 r, Δl과 r이 이루는 각도 θ의 관계를 나타낸 식으로 나타낼 수 있다.

$$\Delta H = \dfrac{I \Delta l \sin\theta}{4\pi r^2}$$

028

평등자계 $B[\mathrm{Wb/m^2}]$ 속을 $V[\mathrm{m/s}]$의 속도를 가진 전자가 움직일 때 받는 힘(N)은?

① $B^2 eV$　　　　② eV/B

③ BeV ✓　　　　④ BV/e

🔲 어떤 속도를 가진 전하가 자기장 속을 움직일 때 자기장으로부터 전하가 받는 힘을 로렌츠의 힘[전기력]이라 하며, 공식은 다음과 같다.

> $$F = qVB$$
> q : 전하량, V : 속도, B : 자기장

여기서 전하량 q를 e라고 하면, $F = BeV$로 나타낼 수 있다.

029

RLC 병렬공진회로에서 공진주파수는?

① $\dfrac{1}{\pi\sqrt{LC}}$　　　　② $\dfrac{1}{\sqrt{LC}}$

③ $\dfrac{2\pi}{\sqrt{LC}}$　　　　④ $\dfrac{1}{2\pi\sqrt{LC}}$ ✓

🔲 RLC 병렬공진회로에서

$$공진주파수 = \dfrac{1}{2\pi\sqrt{LC}}$$

030

RLC 직렬회로에서 전압과 전류가 동상이 되기 위한 조건은?

① L = C　　　　② ωLC = 1

③ ω^2LC = 1 ✓　　　　④ (ωLC)² = 1

🔲 RLC 직렬회로에서 전압과 전류가 동상이 되기 위한 조건은 공진조건이라 하며 ω^2LC = 1 일 때이다.

031

다음 중 도전율을 나타내는 단위는?

① Ω　　　　② $\Omega \cdot m$

③ $\mho \cdot m$　　　　④ $\mho/m$ ✓

🔲 도전율은 저항률(ρ)의 역수로 단위는 $\mho/m$으로 나타낸다.

[암기법] 도전율 모퍼미터!

032

평형 3상 교류회로에서 Y결선할 때 선간전압(V_l)과 상전압(V_p)의 관계는?

① $V_l = V_p$　　　　② $V_l = \sqrt{2}\,V_p$

③ $V_l = \sqrt{3}\,V_p$ ✓　　　　④ $V_l = \dfrac{1}{\sqrt{3}}V_p$

🔲 선간전압은 $\sqrt{3} \times$ 상전압

033

기전력이 V_0, 내부저항이 $r[\Omega]$인 n개의 전지를 직렬 연결하였다. 전체 내부저항은 얼마인가?

① $\dfrac{r}{n}$ ② nr

③ $\dfrac{r}{n^2}$ ④ nr^2

해 내부저항 공식

$$R_m = \frac{n}{m}r$$

n은 직렬연결전지 개수, m은 병렬연결 전지 개수

직렬연결만 있을 때는 $R_m = \dfrac{n}{1}r$ 이다.

$$R = \frac{n}{1}r = nr$$

034

자기회로의 길이 $l[m]$, 단면적 $A[\text{m}^2]$, 투자율 $\mu[\text{H/m}]$ 일때 자기저항 $R[\text{AT/Wb}]$을 나타내는 것은?

① $R = \dfrac{\mu l}{A}[\text{AT/Wb}]$ ② $R = \dfrac{A}{\mu l}[\text{AT/Wb}]$

③ $R = \dfrac{\mu A}{l}[\text{AT/Wb}]$ ④ $R = \dfrac{l}{\mu A}[\text{AT/Wb}]$

해 자기저항 $R = \dfrac{l}{\mu A}[\text{AT/Wb}]$

035

사인파 교류전압을 표시한 것으로 잘못된 것은? (단, θ는 회전각이며, ω는 각속도이다.)

① $v = V_m \sin\theta$ ② $v = V_m \sin\omega t$

③ $v = V_m \sin 2\pi t$ ④ $v = V_m \sin\dfrac{2\pi}{T}t$

해 사인파의 순시값은

$v = V_m\sin\theta$ …보기 ①

$\theta = \omega t$ 이므로 $v = V_m\sin\omega t$ …보기②

θ는 $2\pi ft$ (f : 주파수 t : 시간)이므로

$V_m\sin 2\pi ft$에서

f는 $\dfrac{1}{T}$ (T : 주기)로 나타낼 수 있으므로

$V_m\sin 2\pi ft = V_m\sin 2\pi\left(\dfrac{1}{T}\right)t$ …보기④

따라서 잘못된 표시는 ③번이다.

036

자체 인덕턴스가 각각 L_1, $L_2[\text{H}]$인 두 원통 코일이 서로 직교하고 있다. 두 코일 사이의 상호 인덕턴스[H]는?

① $L_1 L_2$ ② $L_1 + L_2$

③ 0 ④ $\sqrt{L_1 L_2}$

해 직각 교차 시 서로 쇄교하는 자속이 없으므로 결합계수 $k = 0$

따라서 상호인덕턴스 $\text{M} = k\sqrt{L_1 L_2} = 0$

037

자화력(자기장의 세기)을 표시하는 식과 관계가 되는 것은?

① NI ② μIl

③ $\dfrac{NI}{\mu}$ ④ $\dfrac{NI}{l}$

해 N : 코일감은 횟수, I : 전류, l : 철심의 길이

$$H = \frac{NI}{l}$$

Tip 짜장세기는 횟전퍼길, 횟전퍼지… 등으로 나타낸다.

038

반지름 $r[m]$, 권수[N]회의 환상 솔레노이드에 $I[\text{A}]$의 전류가 흐를 때, 그 내부의 자장의 세기 $H[\text{AT/m}]$는 얼마인가?

① $\dfrac{NI}{r^2}$ ② $\dfrac{NI}{2\pi}$

③ $\dfrac{NI}{4\pi r^2}$ ④ $\dfrac{NI}{2\pi r}$

해 환상솔레노이드 내부 자장세기

= 감은 횟수(권수), N × [전류], I / [둘레] $2\pi r$

$$H = \frac{NI}{2\pi r}$$

암기법 환상솔레 자장세기 횟전퍼둘!

039

진공 중에서 같은 크기의 두 자극을 $1[m]$ 거리에 놓았을 때, 그 작용하는 힘이 $6.33[N] \times 10^4[N]$이 되는 자극 세기의 단위는?

① 1Wb ② 1C

③ 1A ④ 1W

해 자극의 세기는 자극의 많고 적음을 나타내며 단위는 Wb로 나타낸다.

두 자극 $m_1 m_2$라 하면 같은 크기이므로 쿨롱의 법칙

$$F = 6.33N \times 10^4 \times \frac{m^2}{(두 \ 자극 \ 사이거리)^2}$$

자극세기를 m이라하면 두 자극사이의 거리가 1m 이므로

$$6.33N \times 10^4 = 6.33N \times 10^4 \times \frac{m^2}{1^2}$$

$$m = 1[Wb]$$

040

RL 직렬회로에서 임피던스(Z)의 크기를 나타내는 식은?

① $R^2 + X_L^2$ ② $R^2 - X_L^2$

③ $\sqrt{R^2 + X_L^2}$ ④ $\sqrt{R^2 - X_L^2}$

해 기본공식이므로 암기한다.

RL 직렬회로에서는

$Z = Z_1 + Z_2 = R + jX_L = \sqrt{R^2 + X_L^2}$ [Ω]

정답은 ③번

041

그림의 병렬 공진회로에서 공진 임피던스 $Z_0[Ω]$은?

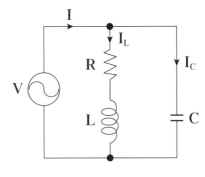

① $\dfrac{L}{CR}$ ② $\dfrac{CL}{R}$

③ $\dfrac{R}{CL}$ ④ $\dfrac{CR}{L}$

해 공진 임피던스 $Z = \dfrac{L}{CR}$ 정답은 ①번

042

$R[Ω]$인 저항 3개가 △결선으로 되어 있는 것을 Y결선으로 환산하면 1상의 저항$[Ω]$은?

① R ② $3R$

③ $\dfrac{1}{3}R$ ④ $\dfrac{1}{3R}$

해 △결선 → Y결선으로 환산 저항은 $\dfrac{1}{3}$ 배로 줄어들고

반대로 Y결선 → △결선으로 환산 저항은 3배로 증가 한다. 정답은 ③번

043

다음 (   ) 안에 들어갈 알맞은 내용은?

> 자기 인덕턴스 1[H]는 전류의 변화율이 1[A/s] 일 때
> (   )가(이) 발생할 때의 값이다.

① 1N의 힘

② 1J의 에너지

③ 1V의 기전력

④ 1Hz의 주파수

🖩 자기 인덕턴스 1[H] (헨리, Henry)는 전류의 변화율이
1[A/s]일 때, 1[V]의 기전력이 발생할 때의 값이다.

자기 유도 기전력

$$(e) = \left| -L \frac{\Delta i}{\Delta t} \right|$$

(L = 자기인덕턴스 $\frac{\Delta i}{\Delta t}$ = 전류의 변화율)

자기 유도 기전력의 크기는 자기인덕턴스와 전류의
변화율의 곱으로 표현되므로 자기인덕턴스가 1[H]이
고 전류의 변화율이 1[A/s] 이면, 기전력은 1[V]가
된다.

044

어떤 콘덴서에 V[V]의 전압을 가해서 Q[C]의
전하를 충전할 때 저장되는 에너지[J]는?

① $2QV$

② $2QV^2$

③ $\frac{1}{2}QV$

④ $\frac{1}{2}QV^2$

🖩 콘덴서에 저장되는 에너지는 $W = \frac{1}{2}CV^2$

$Q = CV$에서 $V = \frac{Q}{C}$이므로

$$W = \frac{CQ^2}{2C^2} = \frac{Q^2}{2C} = \frac{1}{2}QV[J]$$

045

Q_1으로 대전된 용량 C_1의 콘덴서에 용량 C_2를
병렬 연결할 경우 C_2가 분배 받는 전기량은?

① $\frac{C_1 + C_2}{C_2}Q_1$

② $\frac{C_1 + C_2}{C_1}Q_1$

③ $\frac{C_1 - C_2}{C_2}Q_1$

④ $\frac{C_2}{C_1 + C_2}Q_1$

🖩 콘덴서의 병렬연결 시 합성 정전용량 $C = C_1 + C_2$

콘덴서 C_2가 분배받는 전기량은

$Q = CV$에서 $V = \frac{Q}{C}$이므로

$$V = \frac{Q_1}{C_1 + C_2}$$

$$Q_2 = C_2 V$$

$$= C_2 \times \frac{Q_1}{C_1 + C_2} = \frac{C_2}{C_1 + C_2}Q_1$$

046

진공 중의 두 점전하 Q_1[C], Q_2[C]가 거리
r[m]사이에서 작용하는 정전력[N]의 크기를 옳게
나타낸 것은?

① $9 \times 10^9 \times \frac{Q_1 Q_2}{r^2}$

② $6.33 \times 10^4 \times \frac{Q_1 Q_2}{r^2}$

③ $9 \times 10^9 \times \frac{Q_1 Q_2}{r}$

④ $6.33 \times 10^4 \times \frac{Q_1 Q_2}{r}$

🖩 **쿨롱의 법칙**

$$F = k\frac{Q_1 Q_2}{r^2} = 9 \times 10^9 \times \frac{Q_1 Q_2}{r^2}[N]$$

진공 중의 두 점전하 Q_1(C), Q_2(C) 거리 r(m) 사이에
작용하는 정전력(N)은 전하 사이 거리의 제곱에 반비
례한다.

$$k = \frac{1}{4\pi\epsilon_0} = 8.988 \times 10^9 = 9 \times 10^9 [Nm^2/C^2]$$

ϵ_0: 진공 유전율(Vacuum Permittivity)

$8.854 \times 10^{-12} [C^2/J\,m, C^2/N\,m^2]$

- Q : 전하의 크기
- r : 두 전하 간의 거리

047

Y결선에서 선간전압 Vl과 상전압 Vp의 관계는?

① $Vl = Vp$

② $Vl = \frac{1}{3} \cdot Vp$

③ $Vl = \sqrt{3} \cdot Vp$

④ $Vl = 3 \cdot Vp$

🖩 Y결선에서 선간전압(Vl) = $\sqrt{3}$ × 상전압(Vp)

048

평행한 두 도선 간의 전자력은?

① 거리 r에 비례한다.

②✓ 거리 r에 반비례한다.

③ 거리 r²에 비례한다.

④ 거리 r²에 반비례한다.

📖 평행한 두 도선간 전자력(F) 공식은

$$F = \frac{2i_a i_b \times 10^{-7}}{r}$$ 이며 F는 두 선간 거리 r에 반비례한다.

049

정전에너지 $W[J]$를 구하는 식으로 옳은 것은?
(단, C는 콘덴서용량(μF), V는 공급전압(V)이다.)

①✓ $W = \frac{1}{2}CV^2$ ② $W = \frac{1}{2}CV$

③ $W = \frac{1}{2}C^2V$ ④ $W = 2C^2V$

📖 정전에너지(W)공식

$$W = \frac{1}{2}QV = \frac{1}{2}CV^2 = \frac{1}{2}\frac{Q^2}{C}[J]$$

050

자기 인덕턴스가 각각 L_1과 L_2인 2개의 코일이 직렬로 가동접속 되었을 때, 합성 인덕턴스는?
(단, 자기력선에 의한 영향을 서로 받는 경우이다.)

① $L = L_1 + L_2 - M$ ② $L = L_1 + L_2 - 2M$

③ $L = L_1 + L_2 + M$ ④✓ $L = L_1 + L_2 + 2M$

📖 전류가 흐를 때 형성되는 자기장으로 인해 전류의 지연현상이 발생하는 것이 자기 인덕턴스라 할 수 있다. 자기 인덕턴스는 코일을 감은 방향에 따라 가동결합(접속)과 차동결합(접속)으로 나뉘게 되는데 방향이 같은 가동결합일 때는 상호 인덕턴스(M)를 더해주고 (+ 2M), 방향이 서로 반대이 차동결합일 때는 빼준다.(− 2M) 문제에서는 가동접속이므로
④ $L = L_1 + L_2 + 2M$이 정답이다.

051

전기장의 세기에 관한 단위는?

① H/m   ② F/m

③ AT/m   ④✓ V/m

📖 전기장의 세기(E) 단위는 [V/m] 이다.
자기장의 세기(H) 단위는 [AT/m]

052

교류회로에서 무효전력의 단위는?

① W   ② VA

③✓ Var   ④ V/m

📖 교류회로에서 무효전력의 단위는 Var(volt − ampere reactive)이다. W는 유효전력의 단위, VA는 피상전력의 단위이다. V/m 전기장의 세기(E)를 나타내는 단위이다.

053

환상철심의 평균자로길이 $l[m]$, 단면적 $A[m^2]$, 비투자율 μ_s, 권선수 N_1, N_2인 두 코일의 상호 인덕턴스는?

① $\frac{2\pi\mu_s l N_1 N_2}{A} \times 10^{-7}[H]$

② $\frac{A N_1 N_2}{2\pi\mu_s l} \times 10^{-7}[H]$

③✓ $\frac{4\pi\mu_s A N_1 N_2}{l} \times 10^{-7}[H]$

④ $\frac{4\pi\mu_s A N_1 N_2}{Al} \times 10^{-7}[H]$

📖 상호인덕턴스 공식

$$\frac{4\pi\mu_s A N_1 N_2}{l} \times 10^{-7}[H]$$

054

다음 중 1V와 같은 값을 갖는 것은?

① 1J/C ② 1Wb/m

③ 1Ω/m ④ 1A·sec

해 W(전기에너지) = Q(전하량) × V(전압 또는 전위차)

이므로,

055

$Q[C]$의 전기량이 도체를 이동하면서 한 일을 $W[J]$이라 했을 때 전위차 $V[V]$를 나타내는 관계식으로 옳은 것은?

① $V = QW$ ② $V = \dfrac{W}{Q}$

③ $V = \dfrac{Q}{W}$ ④ $V = \dfrac{1}{QW}$

해 $W = QV$, 즉

W(전기에너지) = Q(전하량) × V(전압 또는 전위차)

이므로,

$V = \dfrac{W}{Q}$ = W (단위:J) / Q (단위:C) = [J/C]

056

단면적 $A[㎡]$, 자로의 길이 $l[m]$, 투자율 μ, 권수 N회인 환상 철심의 자체 인덕턴스[H]는?

① $\dfrac{\mu AN^2}{l}$ ② $\dfrac{AlN^2}{4\pi\mu}$

③ $\dfrac{4\pi AN^2}{l}$ ④ $\dfrac{\mu lN^2}{A}$

해 환상 솔레노이드의 자체 인덕턴스

$L = \dfrac{\mu AN^2}{l}$

057

평형 3상 교류 회로에서 $\varDelta$부하의 한 상의 임피던스가 $Z\varDelta$일 때, 등가 변환한 Y부하의 한 상의 임피던스 Z_Y는 얼마인가?

① $Z_Y = \sqrt{3}Z\varDelta$ ② $Z_Y = 3Z\varDelta$

③ $Z_Y = \dfrac{1}{\sqrt{3}}Z\varDelta$ ④ $Z_Y = \dfrac{1}{3}Z\varDelta$

해 Y − Δ 임피던스의 등가 변환 시 $Z\varDelta = 3Z_Y[\Omega]$이다.

$Z_Y = \dfrac{1}{3}Z\varDelta$

058

유효전력의 식으로 옳은 것은?

(단, E는 전압, I는 전류, θ는 위상각이다.)

① $EI\cos\theta$ ② $EI\sin\theta$

③ $EI\tan\theta$ ④ EI

해 유효전력(P)은 $EI\cos\theta$, 무효전력(Pr)은 $EI\sin\theta$, 피상전력은 EI로 나타낸다. 각각의 단위까지 알아둔다.(유효전력 W, 무효전력 Var, 피상전력의 단위는 VA)

059

기전력이 $V[V]$, 내부저항이 $r[\Omega]$인 n개의 전지를 직렬 연결하였다. 전체 내부저항을 옳게 나타낸 것은?

① $\dfrac{r}{n}$ ② nr

③ $\dfrac{r}{n^2}$ ④ nr^2

해 내부저항은 전지가 직렬연결이냐, 병렬연결이냐에 따라 다르게 적용한다. 직렬연결에서는 nr로 적용하며, 병렬연결 시에는 $\dfrac{r}{n}$ 로 적용하여 각각 부하저항(R)에 더해준다.

060

C₁, C₂를 직렬로 접속한 회로에 C₃를 병렬로 접속하였다. 이 회로의 합성 정전용량[F]은?

① $\dfrac{1}{\dfrac{1}{C_1}+\dfrac{1}{C_2}}+C_3$　　② $\dfrac{1}{\dfrac{1}{C_2}+\dfrac{1}{C_3}}+C_1$

③ $\dfrac{C_1+C_2}{C_3}$　　④ $C_2+C_3\dfrac{1}{C_2}$

해 C₁, C₂는 직렬연결이므로 합성정전용량은

$C_{12}=\dfrac{1}{\dfrac{1}{C_1}+\dfrac{1}{C_2}}$ 이고 이를 다시 C₃와 병렬로

연결 하였으므로 $C_{124}=\dfrac{1}{\dfrac{1}{C_1}+\dfrac{1}{C_2}}+C_3$

061

평균 반지름이 r[m]이고, 감은 횟수가 N인 환상 솔레노이드에 전류 I[A]가 흐를 때 내부의 자기장의 세기 H[AT/m]는?

① $H=\dfrac{NI}{2\pi r}$　　② $H=\dfrac{NI}{2r}$

③ $H=\dfrac{2\pi r}{NI}$　　④ $H=\dfrac{2r}{NI}$

해 환상솔레노이드 내부 자장세기(H)
　= [감은 횟수(권수)] N × [전류] I / [둘레] 2πr

$H=\dfrac{NI}{2\pi r}$

암기법 환상솔레 자장세기 횟전퍼둘!

062

그림의 병렬 공진 회로에서 공진 주파수 f_0[Hz]는?

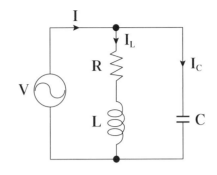

① $f_0=\dfrac{1}{2\pi}\sqrt{\dfrac{R}{L}-\dfrac{1}{LC}}$

② $f_0=\dfrac{1}{2\pi}\sqrt{\dfrac{L^2}{R^2}-\dfrac{1}{LC}}$

③ $f_0=\dfrac{1}{2\pi}\sqrt{\dfrac{1}{LC}-\dfrac{L}{R}}$

④ $f_0=\dfrac{1}{2\pi}\sqrt{\dfrac{1}{LC}-\dfrac{R^2}{L^2}}$

해 Tip 암기 공진주파수 공식

$f_0=\dfrac{1}{2\pi}\sqrt{\dfrac{1}{LC}-\dfrac{R^2}{L^2}}$

063

△결선 V_l(선간전압), V_p(상전압), I_l(선전류), I_p(상전류)의 관계식으로 옳은 것은?

① $V_l=\sqrt{3}\,V_p\;\;I_l=I_p$　　② $V_l=V_p\;\;I_l=\sqrt{3}\,I_p$

③ $V_l=\dfrac{1}{\sqrt{3}}V_p\;\;I_l=I_p$　　④ $I_l=I_p\;\;I_l=\dfrac{1}{\sqrt{3}}I_p$

해 △결선에서는 선간전압과 상전압은 같고 ($V_l=V_p$) 선전류는 상전류의 3배이다. ($I_l=3I_p$)

$V_l=V_p\;\;I_l=\sqrt{3}\,I_p$

064

2개의 저항 R_1, R_2를 병렬 접속하면 합성 저항은?

① $\dfrac{1}{R_1+R_2}$　　② $\dfrac{R_1}{R_1+R_2}$

③ $\dfrac{R_1R_2}{R_1+R_2}$　　④ $\dfrac{R_2}{R_1+R_2}$

해 반드시 맞추어야하는 문제이다.
　두 저항 R_1R_2의 병렬연결은 $\dfrac{R_1R_2}{R_1+R_2}$

065

단상전력계 2대를 사용하여 2전력계법으로 3상 전력을 측정하고자 한다. 두 전력계의 지시값이 각각 P_1, P_2[W]이었다. 3상 전력 P[W]를 구하는 식으로 옳은 것은?

① $P = \sqrt{3}\,(P_1 \times P_2)$ ② $P = P_1 - P_2$

③ $P = P_1 \times P_2$ ④ $P = P_1 + P_2$

📖 2전력계법은 2대의 전력계를 시설하여 부하에 걸리는 유효전력, 무효전력, 피상전력, 역률을 알 수 있는 방법이다. 유효전력 $P = P_1 + P_2$ 이므로 ④번이 정답이다.

066

그림과 같이 R_1, R_2, R_3의 저항 3개를 직병렬 접속되었을 때 합성저항은?

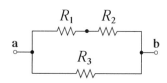

① $R = \dfrac{(R_1 + R_2)R_3}{R_1 + R_2 + R_3}$ ② $R = \dfrac{(R_2 + R_2)R_1}{R_1 + R_2 + R_3}$

③ $R = \dfrac{(R_1 + R_3)R_2}{R_1 + R_2 + R_3}$ ④ $R = \dfrac{R_1 R_2 R_3}{R_1 + R_2 + R_3}$

📖 R1과 R2는 직렬접속이므로 합성저항은 R1 + R2 이고, R3와는 병렬 연결이므로

$$\frac{1}{R} = \frac{1}{R_1 + R_2} + \frac{1}{R_3} = \frac{R_1 + R_2 + R_3}{(R_1 + R_2)R_3}$$

$$R = \frac{(R_1 + R_2)R_3}{R_1 + R_2 + R_3}$$

067

다음 중 1[J]과 같은 것은?

① 1[cal] ② 1[W·S]

③ 1[kg·m] ④ 1[N·m]

📖 전력량 W = Pt [J] 이므로 1[J]은 1[W · s]와 같다.

068

그림과 같이 I[A]의 전류가 흐르고 있는 도체의 미소부분 $\triangle l$의 전류에 의해 이 부분이 r[m] 떨어진 지점 P의 자기장 $\triangle H$[A/m]는?

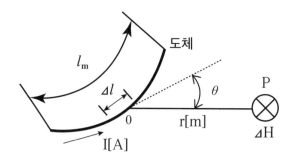

① $\Delta H = \dfrac{I^2 \Delta l \sin\theta}{4\pi r^2}$

② $\Delta H = \dfrac{I\Delta l^2 \sin\theta}{4\pi r^2}$

③ $\Delta H = \dfrac{I^2 \Delta l \sin\theta}{4\pi r}$

④ $\Delta H = \dfrac{I\Delta l \sin\theta}{4\pi r^2}$

📖 전류에 의한 자기장의 세기(ΔH)를 구하는 비오사바르 법칙은 도선에 흐르는 전류(I), 미소길이 Δl, 도선과 떨어진 거리 r, Δl과 r이 이루는 각도 θ의 관계를 나타낸 식으로 나타낼 수 있다.

$$\Delta H = \frac{I\Delta l \sin\theta}{4\pi r^2}$$

069

공기 중에서 + m(Wb)의 자극으로부터 나오는 자기력선의 총 수를 나타낸 것은?

① m ② $\dfrac{\mu_0}{m}$

③ $\dfrac{m}{\mu_0}$ ④ μ_0

📖 자기력선의 총 수는 $\dfrac{m}{\mu_0}$ 로 나타낸다.

[암기법] 엠퍼뮤

m은 자속선수, μ_0 (뮤제로)는 진공의 투자율을 뜻한다.

070

그림에서 평형 조건이 맞는 식은?

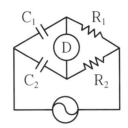

① $C_1 R_1 = C_2 R_2$ ② $C_1 R_2 = C_2 R_1$

③ $C_1 C_2 = R_1 R_2$ ④ $\dfrac{1}{C_1 C_2} = R_1 R_2$

해 브릿지 평형조건이 맞으려면 마주보는 저항끼리의 곱이 같으면 되는데, $C_1 C_2$는 콘덴서이므로 저항은 역수로 표현하는 것에 주의한다.

$$R_1 \times \frac{1}{C_2} = R_2 \times \frac{1}{C_1}$$

$$\frac{R_1}{C_2} = \frac{R_2}{C_1}$$

$$C_1 R_1 = C_2 R_2$$

071

자체 인덕턴스가 L_1, L_2인 두 코일을 직렬로 접속하였을 때 합성 인덕턴스를 나타내는 식은? (단, 두 코일간의 상호 인덕턴스는 M이다)

① $L_1 + L_2 \pm M$ ② $L_1 - L_2 \pm M$

③ $L_1 + L_2 \pm 2M$ ④ $L_1 - L_2 \pm 2M$

해 상호 인덕턴스 M의 부호는 가동결합(+)이냐 차동결합(−)이냐에 따라 달라진다. 따라서 <u>두 코일 직렬접속 시 합성 인덕턴스는 $L_1 + L_2 \pm 2M$ 으로 나타낸다.</u>

072

RL 직렬회로에 교류전압 $v = V_m sin$[V]를 가했을 때, 회로의 위상각 θ를 나타낸 것은?

① $\theta = \tan^{-1} \dfrac{R}{\omega L}$

② $\theta = \tan^{-1} \dfrac{\omega L}{R}$

③ $\theta = \tan^{-1} \dfrac{1}{R \omega L}$

④ $\theta = \tan^{-1} \dfrac{R}{\sqrt{R^2 + (\omega L)^2}}$

해 R (저항, Resistor), L (코일, Inductor), C (커페시터, Capacitor)

RL 직렬회로에서는

$$Z = Z_1 + Z_2 = R + j\omega L = \sqrt{R^2 + (\omega L)^2}$$

$\sqrt{R^2 + (\omega L)^2}$ 에서 $\theta = \tan^{-1} \dfrac{\omega L}{R}$

Tip $\sqrt{a^2 + b^2}$ 의 형태는 직각삼각형의 밑변과 높이를 알 때 빗변의 길이를 나타낸다.

따라서 a와 b를 각각 직각삼각형의 밑변과 높이라고 하면, 아크 탄젠트 함수를 이용하여 각도 θ를 구할 수 있다. $\tan^{-1} \left(\dfrac{b}{a} \right) = \theta$

(아크 탄젠트의 − 1은 삼각함수의 역(아크)함수라는 뜻이지 지수가 아님에 주의한다.)

계산문제

난이도 하(下)

001

2전력계법으로 3상 전력을 측정할 때 지시값이
$P_1 = 200[W]$, $P_2 = 200[W]$이었다.

부하전력[W]은?

① 600   ② 500

③ 400   ④ 300

해 **2전력계법 공식**

전력(P) = $P_1 + P_2$ = 200 + 200 = 400[W]

002

$\pi/6$[rad]는 몇 도인가?

① 30°   ② 45°

③ 60°   ④ 90°

해 π[rad]는 180°이므로 $\dfrac{\pi}{6}$ 는 30°

003

평형 3상 회로에서 1상의 소비전력이 P[W]라면,
3상회로 전체 소비전력[W]은?

① 2P   ② $\sqrt{2}$

③ 3P   ④ $\sqrt{3}$

해 부하가 평형상태라는 것은 각 상의 부하가 같아서 소
비되는 전력도 같음을 의미한다. 그러므로 3상회로 전
체 소비전력W = 3P[W]가 된다.

004

평균 반지름이 10[㎝]이고 감은 횟수 10회의
원형 코일에 5[A]의 전류를 흐르게 하면 코일
중심의 자장의 세기[AT/m]는?

① 250   ② 500

③ 750   ④ 1000

해 **코일 중심의 자장세기**

= [코일 감은 횟수] 10 × [전류] 5 / [지름] 0.2

= 250[AT/m]

암기법 코일자장은 횟전퍼지!

005

3[V]의 기전력으로 300[C]의 전기량이 이동할
때 몇 [J]의 일을 하게 되는가?

① 1200   ② 900

③ 600   ④ 100

해 $W_{(단위는 J줄)} = Q_{(단위는 C쿨롬)} \times V_{(단위는 V볼트)}$

= 300 × 3 = 900 [J]

Tip $W = QV$ 기전력[V] 전기량[Q] 일의 양[W]
의 관계식 활용!

006

동일한 저항 4개를 접속하여 얻을 수 있는
최대저항 값은 최소저항 값의 몇 배인가?

① 2   ② 4

③ 8   ④ 16

해 한 개의 저항값을 R이라 했을 때,
최소 저항값은 동일 저항 4개를 모두 병렬로 연결했
을 경우로 $\dfrac{R}{4}$ 이며

최대 저항값은 동일 저항 4개를 모두 직렬로 연결했을 경우로 4R로 나타낼 수 있다. 따라서, 최대저항값 4R은 최소저항값 $\frac{R}{4}$ 의 16배이다.

007

정전용량이 같은 콘덴서 2개를 병렬로 연결하였을 때의 합성 정전용량은 직렬로 접속하였을 때의 몇 배인가?

① 1/4   ② 1/2

③ 2   ④ 4 ✓

해 콘덴서의 병렬연결 시 합성 정전용량 $C = C_1 + C_2$

콘덴서의 직렬연결 시 합성 정전용량 $\frac{1}{C} = \frac{1}{C_1} + \frac{1}{C_2}$

두 콘덴서 용량을 C_a라하면, 병렬연결 시에는

$C_{병렬} = C_a + C_a = 2C_a$

직렬연결 시에는

$\frac{1}{C_{직렬}} = \frac{1}{C_a} + \frac{1}{C_a} = \frac{2}{C_a}$

$C_{직렬} = \frac{C_a}{2}$

따라서, 콘덴서의 병렬연결 시의 합성 전정용향은 직렬 접속 시의 4배이다.

008

환상솔레노이드에 감겨진 코일에 권회수를 3배로 늘리면 자체 인덕턴스는 몇 배로 되는가?

① 3   ② 9 ✓

③ 1/3   ④ 1/9

해 코일 감은 횟수와 인덕턴스의 관계를 물어본 문제이다.

> 인덕턴스$(L) = \dfrac{\mu A N^2}{l}$
>
> • μ 는 솔레노이드의 투자율
> • A는 솔레노이드의 단면적
> • N은 코일감은 횟수
> • l은 자로(철심)의 길이

위 식에서 인덕턴스(L)는 코일 감은 횟수(N)의 제곱에 비례하므로 코일 권횟수를 3배로 늘리면 인덕턴스는 9배로 늘어난다.

009

20분간에 $876,000[J]$의 일을 할 때 전력은 몇 [kW]인가?

① 0.73 ✓   ② 7.3

③ 73   ④ 730

해 한 일의 양(전기에너지)과 전력과 시간의 관계식

W = Pt 공식에서

$P = \dfrac{W}{t} = \dfrac{876000}{20 \times 60} = 730W$

$730[W] = 0.73[kW]$

010

$I = 8 + j6[A]$로 표시되는 전류의 크기 I는 몇 [A]인가?

① 6   ② 8

③ 10 ✓   ④ 12

해 $I = 8 + j6 = \sqrt{8^2 + 6^2} = \sqrt{100} = 10[A]$

011

4[F]와 6[F]의 콘덴서를 병렬접속하고 10[V]의 전압을 가했을 때 축적되는 전하량 Q[C]는?

① 19   ② 50

③ 80   ④ 100 ✓

해 콘덴서의 병렬접속 시 합성정전용량은

$C = C_1 + C_2 = 4 + 6 = 10[F]$ 이고,

전하량(Q)은 Q = CV이므로 $10 \times 10 = 100[C]$

012

전력량 1[Wh]와 그 의미가 같은 것은?

① 1[C]   ② 1[J]

③ 3600[C]   ④ 3600[J] ✓

해 전력량(Wh)은 전력(P) × 시간(t)로 나타낸다. [Wh]에서의 단위는 시간이다.

1초당 한 일의 양(Wsec)은 1[J] 이라고

1[h] = 3,600[sec] 이므로 1[Wh] = 3600[J] 이다.

013

그림에서 단자 A−B 사이의 전압은 몇 [V]인가?

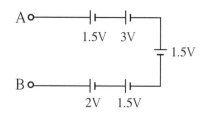

① 1.5   ② 2.5

③ 6.5   ④ 9.5

해 전지의 연결방향에 따라 부호가 달라지므로
   V = 1.5 + 3 + 1.5 − 1.5 − 2 = 2.5[V]

014

1[Ah]는 몇 [C] 인가?

① 1200   ② 2400

③ 3600   ④ 4800

해 Q = It(A·sec)이므로 1[Ah]를 초단위로 바꾸면
   3600[C]

015

5[Wh]는 몇 [J]인가?

① 720   ② 1800

③ 7200   ④ 18000

해 1[Wh]는 3600줄(J)이므로
   5[Wh]는 5 × 3600 = 18,000[J]

016

2[μF], 3[μF], 5[μF]인 3개의 콘덴서가 병렬로 접속되었을 때의 합성 정전용량[μF]은?

① 0.97   ② 3

③ 5   ④ 10

해 콘덴서의 병렬연결 시 합성 정전용량
$$C = C_1 + C_2 + C_3$$
$$= 2\mu F + 3\mu F + 5\mu F = 10[\mu F]$$
콘덴서의 직렬연결 시 합성 정전용량
$$\frac{1}{C} = \frac{1}{C_1} + \frac{1}{C_2} + \frac{1}{C_3}$$

017

10[A]의 전류로 6시간 방전할 수 있는 축전지의 용량은?

① 2[Ah]   ② 15[Ah]

③ 30[Ah]   ④ 60[Ah]

해 Q = It = 10 × 6 = 60[Ah]

018

Y결선의 전원에서 각 상전압이 100[V]일 때 선간전압은 약 몇 [V]인가?

① 100   ② 150

③ 173   ④ 195

해 Y결선에서 상전압이 100[V]일 때 선간전압은
   상전압 × $\sqrt{3}$ 이다.
$$100 \times \sqrt{3} = 173.205\cdots$$

019

그림과 같은 평형 3상 △회로를 등가 Y결선으로
환산하면 각 상의 임피던스는 몇 [Ω]이 되는가?
(단, Z는 12[Ω] 이다.)

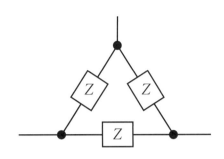

① 48[Ω]　　　　　　② 36[Ω]

③ 4[Ω]　　　　　　④ 3[Ω]

🖬 △회로 결선에서 Y결선으로 환산 시 임피던스, 선전
류, 소비전력은 모두 원래의 1/3배가 된다. 그러므로
임피던스 $Z_Y = \dfrac{Z}{3} = \dfrac{12}{3} = 4[\Omega]$

001

4[Ω]의 저항에 200[V]의 전압을 인가할 때
소비되는 전력은?

① 20[W]　　　　　　② 400[W]

③ 2.5[kW]　　　　　④ 10[kW]

🖬 전력을 구하는 공식을 떠올린다. 저항(R)과 전압(V)
이 주어졌으므로,
$P = VI = I^2R = \dfrac{V^2}{R}$ 에 대입하면
$P = \dfrac{200^2}{4} = \dfrac{40000}{4} = 10000\mathrm{W} = 10\,[\mathrm{kW}]$

002

자속밀도가 2[Wb/㎡]인 평등 자기장 중에
자기장과 30°의 방향으로 길이 0.5[m]인 도체에
8[A]의 전류가 흐르는 경우 전자력[N]은?

① 8　　　　　　② 4

③ 2　　　　　　④ 1

🖬 문제에서 주어진 숫자가 무엇인지 먼저 파악한다.
자속밀도(B), 자기장과의 각도, 도체의 길이(l),
전류(I)가 주어져 있고, 전자력을 구하는 문제이다.
여기서 전자력(N)은 도체가 받는 힘(F)이며 플레밍의
왼손법칙(공식)으로 구한다.

Tip 플레밍의 왼손법칙(반드시 암기할 것!)

$$F = IBl\sin\theta$$

이 공식에 주어진 숫자들을 대입하면 된다.

F $= 8 \times 2 \times 0.5 \times \sin 30°$ ($\sin 30°$ 는 $\dfrac{1}{2}$ 이므로)

　$= 8 \times \dfrac{1}{2} = 4[\mathrm{N}]$

003

진공 중에 $10[\mu C]$과 $20[\mu C]$의 점전하를 $1[m]$의 거리로 놓았을 때 작용하는 힘[N]은?

① 18×10^{-1} ✓ ② 2×10^{-2}

③ 9.8×10^{-9} ④ 98×10^{-9}

해 쿨롱의 법칙을 암기하고 있어야 풀 수 있다.

쿨롱의 법칙 $F = 9 \times 10^9 \times \dfrac{Q_1 Q_2}{r^2}$

아래 표에서 $\mu C = 10^{-6} C$ 이므로 이를 대입하면

$F = 9 \times 10^9 \times \dfrac{10 \times 10^{-6} \times 20 \times 10^{-6}}{1}$

계산해 주면
(같은 수의 지수끼리는 더하고 뺄 수 있다)

$= 9 \times 10 \times 20 \times 10^{-3} = 18 \times 10^{-1}$

값	기호	이름
$10^{-3}C$	mC	밀리쿨롬
$10^{-6}C$	μC	마이크로쿨롬
$10^{-9}C$	nC	나노쿨롬
$10^{-12}C$	pC	피코쿨롬

Tip 어떤 수의 음의 지수는 어떤 수의 역수로 바꾸고 양의 지수로 바꿀 수 있다.

예 $10^{-6} = \left(\dfrac{1}{10}\right)^6$

004

어떤 교류회로의 순시값이 $v = \sqrt{2}V\sin\omega t (V)$인 전압에서 $\omega t = \dfrac{\pi}{6}[rad]$일 때 $100\sqrt{2}[V]$이면 이 전압의 실효값[V]은?

① 100 ② $100\sqrt{2}$

③ 200 ✓ ④ $200\sqrt{2}$

해 순시전압 $v = \sqrt{2}V\sin\omega t[V]$의 식에

$\omega t = \dfrac{\pi}{6}(rad) = 30°$를 대입하고 이를 $100\sqrt{2}$와 등식을 만들면, $\sqrt{2}V\sin 30°(V) = 100\sqrt{2}$

아래표에서 $\sin 30° = \dfrac{1}{2}$ 이므로 (주요각도의 삼각비는 암기하는 것이 좋다)

$\sqrt{2}V\dfrac{1}{2} = 100\sqrt{2}$

$V = 200[V]$

삼각비 $\diagdown$ A	30°	45°	60°
$\sin A$	$\dfrac{1}{2}$	$\dfrac{\sqrt{2}}{2}$	$\dfrac{\sqrt{3}}{2}$
$\cos A$	$\dfrac{\sqrt{3}}{2}$	$\dfrac{\sqrt{2}}{2}$	$\dfrac{1}{2}$
$\tan A$	$\dfrac{\sqrt{3}}{3}$	1	$\sqrt{3}$

005

$0.2[\mho]$의 컨덕턴스 2개를 직렬로 접속하여 3A의 전류를 흘리려면 몇 [V]의 전압을 공급하면 되는가?

① 12 ② 15

③ 30 ✓ ④ 45

해 컨덕턴스 2개 직렬 연결이므로 합성컨덕턴스

$G = \dfrac{G_1}{\text{직렬연결 갯수}} = \dfrac{0.2}{2} = 0.1\mho$

컨덕턴스와 저항은 역수관계이므로 저항

$R = \dfrac{1}{0.1} = 10\Omega$

전압 V = I(전류) × R(저항)의 곱으로 나타내므로,
V = IR = 3 × 10 = 30[V]

$[\mho]$는 '지멘스' 또는 '모'로 읽으며 전기 전도도의 국제 단위이다. 1 볼트의 전압이 걸렸을 때 1 암페어의 전류를 통과시키는 전도도를 말한다. (저항 단위인 옴 $[\Omega]$의 역수)
컨덕턴스(conductance)는 전기가 얼마나 잘 통하느냐 하는 정도를 나타내는 계수로 저항의 역수. [G]로 표시하며, 단위는 [S]이다.

006

△결선인 3상 유도 전동기의 상전압(V_p)과 상전류(I_p)를 측정하였더니 각각 200[V], 30[A]이었다. 이 3상 유도전동기의 선간전압(V_l)과 선전류(I_l)의 크기는 각각 얼마인가?

① $V_l = 200[V], I_l = 30[A]$

② $V_l = 200\sqrt{3}[V], I_l = 30[A]$

③ $V_l = 200\sqrt{3}[V], I_l = 30\sqrt{3}[A]$

④ $V_l = 200[V], I_l = 30\sqrt{3}[A]$

해 △결선에서는 선간전압과 상전압은 같고 ($V_l = V_p$) 선전류는 상전류의 $\sqrt{3}$ 배이다. ($I_l = \sqrt{3}I_p$)

암기법 델타결선에서는 (상전압 = 선간전압)전압이 같다.(Same) 델압Same ~ 선상루트삼 ~

007

3[kW]의 전열기를 1시간 동안 사용할 때 발생하는 열량(kcal)은?

① 3   ② 180

③ 860   ④ 2580

해 전기에너지의 단위인 W를 단위시간 당 열량(cal)으로 바꾸어주는 문제이다. 전기에너지(W)를 열량(cal)으로 바꾸기 위해서는 0.24와 시간(초)를 곱해준다.

[3kW = 3000W, 1시간 = 3600초]

열량(cal) = 0.24 × W × 시간(초)

         = 0.24 × 3,000 × 3,600

         = 2,592,000(cal) = 2,592(kcal)

공식 : H = 0.24Pt

Tip 전류의 발열작용은 줄의 법칙과 관련이 있다. 전류가 일정시간 내는 열량(H)은 전류의 세기 제곱(I^2)과 저항(R)에 비례 H = $0.24I^2Rt$ [cal]의 공식으로 구할 수 있다.

008

초산은(AgNO₃) 용액에 1A의 전류를 2시간 동안 흘렸다. 이때 은의 석출량(g)은?

(단, 은의 전기 화학당량은 1.1×10^{-3}g/C이다.)

① 5.44   ② 6.08

③ 7.92   ④ 9.84

해 은의 석출량은 페러데이의 법칙으로 구한다. 전기화학 당량(K)이란 1C의 전기량에 의해 분해되는 물질의 양 [g/C]을 뜻한다.

추출 물질의 양[g]

 = 물질의 전기 화학 당량[g/C] × 전기량[C]

 = KQ = Kit

(왜냐하면 Q(전기량) = I(전류) × t(초))

K = 은의 전기화학당량 = 1.1×10^{-3}, I = 전류,

t = 시간(초) 이므로,

KIt = $1.1 \times 10^{-3} \times 1 \times 2 \times 3600 = 7.92$[g]

009

$C_1 = 5\mu F$, $C_2 = 10\mu F$의 콘덴서를 직렬로 접속하고 직류 30[V]를 가했을 때, C_1의 양단의 전압[V]은?

① 5   ② 10

③ 20   ④ 30

해 콘덴서를 직렬로 접속했을 때 C_1의 양단에 작용하는 전압은 다음과 같이 구한다.

$$V_1 = \frac{C_2}{C_1 + C_2} \times V = \frac{10}{5+10} \times 30 = 20[V]$$

010

1eV는 몇 [J]인가?

① 1   ② $1 \times 10 - 10$

③ 1.16×104 ④ 1.602×10^{-19}

해 e는 전자의 전하량 1.602×10^{-19}[C] 이므로,

    W = QV = eV = 1.602×10^{-19}[CV]

      = 1.602×10^{-19}[J]

011

최대눈금 1[A], 내부저항 10[Ω]의 전류계로 최대 101[A]까지 측정하려면 몇 [Ω]의 분류기가 필요한가?

① 0.01　　　　　② 0.02

③ 0.05　　　　　④ 0.1 ✓

해 분류기는 전류계의 측정범위를 넓히기 위해 사용되며 최대눈금 1[A], 내부저항 10[Ω]의 전류계로 최대 101[A]까지 측정하려면 0.1[Ω]의 분류기가 필요하다.
측정 최대전류값
= 최대눈금 × $\left(1 + \dfrac{내부저항}{분류기의 측정저항}\right)$ 의 공식이

있으나 정답 암기를 추천한다.

$101 = 1 \times (1 + \dfrac{10}{R})$

$R = 0.1$

012

어떤 3상 회로에서 선간전압이 200[V], 선전류 25[A], 3상 전력이 7[kW]이었다. 이때의 역률은 약 얼마인가?

① 0.65　　　　　② 0.73

③ 0.81 ✓　　　　④ 0.97

해 전압(V), 전류(I), 전력(P)가 주어지고 역률 $\cos\theta$를 구하는 문제이다. 다음 공식을 활용한다.

3상전력

$$P = \sqrt{3}\,VI\cos\theta$$

역률 $\cos\theta = \dfrac{P}{\sqrt{3}\,VI} = \dfrac{7000(W)}{\sqrt{3} \times 200 \times 25} = 0.81$

013

100[kVA] 단상변압기 2대를 V결선하여 3상 전력을 공급할 때의 출력은?

① 17.3[KVA]　　　② 86.6[KVA]

③ 173.2[KVA] ✓　　④ 346.8[KVA]

해 V결선 시 출력은 $\sqrt{3}\,P_a = \sqrt{3} \times 100 = 173.2[kVA]$

014

기전력 120[V], 내부저항[r]이 15[Ω]인 전원이 있다. 여기에 부하저항[R]을 연결하여 얻을 수 있는 최대 전력[W]은?

(단, 최대 전력 전달조건은 r = R이다.)

① 100　　　　　② 140

③ 200　　　　　④ 240 ✓

해 기전력(전압)과 저항이 주어졌을 때 최대 전력을 구하는 문제이다.
최대 전력 전달 조건이 r = R 이므로 r = R = 15 이고
전체 전류는 $I = \dfrac{V}{R+r} = \dfrac{120}{15+15} = 4[A]$

$P = I^2R$ 이므로
최대전력 $P = 4^2 \times 15 = 16 \times 15 = 240$

Tip 알아야 할 공식

$I = \dfrac{V}{R+r}$

$P = I^2R$

- I : 전류
- V : 기전력(전압)
- R : 내부저항
- r : 부하저항
- P : 전력

015

권수 300회의 코일에 6[A]의 전류가 흘러서 0.05[Wb]의 자속이 코일을 지난다고 하면, 이 코일의 자체 인덕턴스는 몇 [H]인가?

① 0.25　　　　　② 0.35

③ 2.5 ✓　　　　④ 3.5

해 권수와 전류, 자속이 주어졌을 때 자체 인덕턴스를 구하는 문제이다.

Tip 알아야 할 공식

$LI = N\phi$

- L : 자체인덕턴스
- I : 전류
- N : 권수
- ϕ : 자속

$LI = N\phi$에서 $L = \dfrac{N\phi}{I} = \dfrac{300 \times 0.05}{6} = 2.5[H]$

016

그림에서 폐회로에 흐르는 전류는 몇 [A]인가?

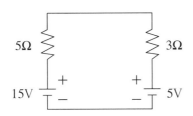

① 1
②✓ 1.25
③ 2
④ 2.5

해 전원의 극성이 반대인 것을 알 수 있다. 따라서

$$I = \frac{V}{R} = \frac{15 - 5}{5 + 3} = \frac{10}{8} = 1.25[A]$$

017

3상 교류회로의 선간전압이 $13200[V]$, 선전류가 $800[A]$, 역률 $80[\%]$의 부하의 소비전력은 약 몇 $[MW]$인가?

① 4.88
② 8.45
③✓ 14.63
④ 25.34

해 3상 교류회로 부하의 소비전력(P)는

$P = \sqrt{3}\, VI\cos\theta$ 를 이용해서 구한다.

$P = \sqrt{3}\, VI\cos\theta = \sqrt{3} \times 13200 \times 800 \times 0.8$

= 약 14.63 [MW]

018

공기 중에 $10\mu C$과 $20\mu C$를 $1[m]$ 간격으로 놓을 때 발생되는 정전력[N]은?

①✓ 1.8
② 2.2
③ 4.4
④ 6.3

해 쿨롱의 법칙을 암기하고 있어야 풀 수 있다.

쿨롱의 법칙 $F = 9 \times 10^9 \times \dfrac{Q_1 Q_2}{r^2}$

아래 표에서 $\mu C = 10^{-6}C$ 이므로 이를 대입하면

$F = 9 \times 10^9 \times \dfrac{10 \times 10^{-6} \times 20 \times 10^{-6}}{1}$

계산해 주면(같은 수의 지수끼리는 더하고 뺄 수 있다)

$= 9 \times 10 \times 20 \times 10^{-3} = 18 \times 10^{-1} = 1.8[N]$

값	기호	이름
$10^{-3}C$	mC	밀리쿨롬
$10^{-6}C$	μC	마이크로쿨롬
$10^{-9}C$	nC	나노쿨롬
$10^{-12}C$	pC	피코쿨롬

019

$200[V]$, $2[kW]$의 전열선 2개를 같은 전압에서 직렬로 접속한 경우의 전력은 병렬로 접속한 경우의 전력보다 어떻게 되는가?

① 1/2로 줄어든다.
②✓ 1/4로 줄어든다.
③ 2배로 증가된다.
④ 4배로 증가된다.

해 전력(P) $= I^2 R = \dfrac{V^2}{R}$ ($I = \dfrac{V}{R}$ 이므로)

문제에서 주어진 P = 2kW, V = 200V를 대입하여 R을 구하면, R = 20[Ω]

같은 값의 두 저항은 직렬연결 시에는 두배가 되고, 병렬연결 시에는 $\dfrac{1}{2}$ 이 되므로

직렬연결에서의 전력(P1) $= \dfrac{V^2}{R} = \dfrac{200^2}{20 + 20}$

$= \dfrac{40000}{40} = 1000W$

병렬연결에서의 전력(P2) $= \dfrac{V^2}{R} = \dfrac{200^2}{\frac{20}{2}}$

$= \dfrac{40000}{10} = 4000W$

따라서, 직렬접속 시 전력은 병렬접속 시 전력에 비해 1/4로 줄어든다.

020

3[kW]의 전열기를 정격 상태에서 20분간 사용하였을 때의 열량은 몇 [kcal] 인가?

① 430
② 520
③ 610
④ 860 ✓

해 **사용 전력**(P : 와트단위)과 사용 시간(t : 초단위)을 알면 열량(cal)을 구할 수 있다.

> H = 0.24Pt

(단위에 주의한다. 3kW = 3000W, 20분은 20 × 60 = 1200초 이므로)

열량 H = 0.24Pt = 0.24 × 3 × 1000 × 1200
  = 864000 [cal] = 864[kcal]

021

가정용 전등 전압이 200[V]이다. 이 교류의 최대값은 몇 [V]인가?

① 70.7
② 86.7
③ 141.4
④ 282.8 ✓

해 가정용 전등은 정현파 교류회로이다.
최대값, 평균값, 실효값의 관계는 다음과 같이 나타낸다.

> **정현파 교류**
>
> 최대값(V_m) = $\sqrt{2}\,V$ 평균값 = $\frac{2}{\pi} V_m$ 실효값(V) = $\frac{V_m}{\sqrt{2}}$

문제에서의 전압 200V는 실효값을 말한다.
따라서 최대값(V_m) = $\sqrt{2}\,V$ = $\sqrt{2}$ × 200 = 약 282.8

022

10[Ω]의 저항과 R[Ω]의 저항이 병렬로 접속되고 10[Ω]의 전류가 5[A], R[Ω]의 전류가 2[A]이면 저항 R[Ω]은?

① 10
② 20
③ 25 ✓
④ 30

해 메모가 필요한 문제이다. 10[Ω]의 저항과 R[Ω]의 저항이 병렬로 접속되어 있다.

10[Ω]의 저항에는 전류가 5[A]…①
R[Ω]의 전류는 2[A]…②
저항의 병렬연결에서 각 저항에 걸리는 전압은 동일하므로,
①에서의 전압은 V = IR = 10 × 5 = 50 [V]
②에서 R[Ω]의 저항에는 2[A]의 전류와 동일 전압 50[V]가 작용하므로

R = $\frac{V}{I}$ = $\frac{50}{2}$ = 25[Ω]

023

저항 8[Ω]과 코일이 직렬로 접속된 회로에 200[V]의 교류 전압을 가하면 20[A]의 전류가 흐른다. 코일의 리액턴스는 몇 [Ω]인가?

① 2
② 4
③ 6 ✓
④ 8

해 R (저항, Resistor)과 L (코일, Inductor)이 직렬로 접속된 R − L 직렬회로에서

전체 임피던스 Z = $\frac{V}{I}$ = $\frac{200}{20}$ = 10…①

전체 임피던스를 구하는 또다른 공식
Z = $R + jX_L$…②
① = ②이므로
10 = $8 + jX_L$ = $\sqrt{8^2 + X_L^2}$
리액턴스 X_L = 6

024

m1 = 4×10^{-5}Wb, m2 = 6×10^{-3}Wb, r = 10[cm]이면, 두 자극 m1, m2 사이에 작용하는 힘은 약 몇 [N]인가?

① 1.52 ✓
② 2.4
③ 24
④ 152

해 두 자극의 세기과 두 자극 사이 거리가 주어졌으므로 쿨롱의 법칙을 이용한다.
쿨롱의 법칙 : 두자극 사이에 작용하는 힘 F는 두 자극의 세기의 곱에 비례, 두 자극 사이 거리의 제곱에 반비례한다.

Tip 비례상수 k $= 6.33 \times 10^4$ 로 꼭 암기한다.

$$F = k \frac{\text{두 자극의 세기의 곱}}{(\text{두 자극 사이 거리})}$$

$$F = 6.33 \times 10^4 \times \frac{4 \times 10^{-5} \times 6 \times 10^{-3}}{0.1^2}$$

$$= 1.52[N]$$

025

2[C]의 전기량이 이동을 하여 10[J]의 일을
하였다면 두 점 사이의 전위차는 몇 [V]인가?

① 0.2[V]
② 0.5[V]
③ 5[V] ✓
④ 20[V]

해 $W = QV$ 에서 $10[J] = 2[C] \times V$

$V = 5[V]$

026

그림과 같은 RL 병렬회로에서 $R = 25[\Omega]$,
$\omega L = 100/3[\Omega]$ 일 때, 200[V]의 전압을 가하면
코일에 흐르는 전류 $I_L[A]$은?

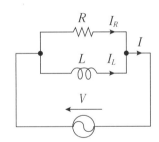

① 3.0
② 4.8
③ 6.0 ✓
④ 8.2

해 인덕턴스 L의 코일에 전류를 인가하면 코일의 인덕턴
스는 $\omega L[\Omega]$으로 되어 저항처럼 전류가 흐르는 것을
방해하는데 이 $\omega L[\Omega]$을 유도성 리액턴스라고 한다.
RL병렬회로에서 저항과 코일에 작용하는 전압은 일
정하므로 코일에 흐르는 전류는

$$I_L = \frac{V}{\omega L} = \frac{200}{\frac{100}{3}} = 6[A]$$

027

그림과 같은 회로의 저항값이 $R_1 > R_2 > R_3 > R_4$
일 때, 전류가 최소로 흐르는 저항은?

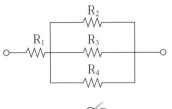

① R_1
② R_2 ✓
③ R_3
④ R_4

해 $R_1 > R_2 > R_3 > R_4$에 각각 대응 하는 전류값을 $I_1 I_2 I_3 I_4$
라 할 때
R_1 과 R_2, R_3, R_4는 직렬로 연결되어 있으므로
$I_1 = I_2 + I_3 + I_4$이다. 또한 R_2, R_3, R_4는 각각이 병렬
로 연결되어 있고 각 저항에 걸리는 전압이 같다.
따라서 $I_2 = \dfrac{V}{R_2}$, $I_3 = \dfrac{V}{R_3}$, $I_4 = \dfrac{V}{R_4}$ 로 나타낼 수

있다. 문제에서 $R_2 > R_3 > R_4$ 이므로 $I_2 < I_3 < I_4$
순서가 된다.
그러므로 전류가 최소로 흐르는 저항은 R_2이다.

028

권수가 150인 코일에서 2초간에 1[Wb]의 자속이
변화한다면, 코일에 발생되는 유도기전력의
크기는 몇 [V]인가?

① 50
② 75 ✓
③ 100
④ 150

해 페러데이의 전자기 유도법칙에서 유도 기전력의 크기
는 코일을 지나는 자속의 매초 변화량과 코일 권수에
비례한다. 즉, 코일 권수를 N, 시간변화량 Δt[s] 자속
변화량 Δφ[Wb]라 할 때, 유도기전력은 코일의 권수와
자속의 매초 변화량의 곱으로 구한다.

유도기전력
$E = \left\| -N \dfrac{\Delta\phi}{\Delta t} \right\| = 150 \times \dfrac{1}{2} = 75[V]$

029

1[cm]당 권선수가 10인 무한 길이 솔레노이드에 1[A]의 전류가 흐르고 있을 때 솔레노이드 외부 자계의 세기[AT/m]는?

① 0　　　　　　　　② 5

③ 10　　　　　　　④ 20

해 무한장솔레노이드 내/외부 자장세기에 대한 문제이다. 내부자장세기를 묻는지, 외부자장세기를 묻는지에 주의한다. 무한장솔레노이드의 외부에는 자장(= 자기장 = 자계)가 형성되지 않고 내부인 코일 안쪽의 철심부분에서만 자장에 형성된다. 따라서 무한장솔레노이드의 외부 자장세기는 H = 0이다.

내부자장세기

$$H = \frac{코일감은 횟수(권수) \times 전류}{길이} = \frac{NI}{l}[AT/m]$$

암기법 무한장 내부자장세기는 횟전퍼길

030

저항 50[Ω]인 전구에 $e = 100\sqrt{2}\sin\omega t$[V]의 전압을 가할 때 순시전류[A]의 값은?

① $\sqrt{2}\sin\omega t$　　　　② $2\sqrt{2}\sin\omega t$

③ $5\sqrt{2}\sin\omega t$　　　　④ $10\sqrt{2}\sin\omega t$

해 저항과 전압이 주어졌으므로

$$순시전류(I) = \frac{V}{R} = \frac{100\sqrt{2}\sin\omega t}{50} = 2\sqrt{2}\sin\omega t[A]$$

031

공기 중 자장의 세기가 20[AT/m]인 곳에 8×10^{-3}[Wb]의 자극을 놓으면 작용하는 힘[N]은?

① 0.16　　　　　　② 0.32

③ 0.43　　　　　　④ 0.56

해 **자장의 세기**

$$H = \frac{작용하는 힘(F)}{자극의 세기(m)} 이므로$$

$$F = mH = 8 \times 10^{-3} \times 20 = 0.16[N]$$

032

공기 중에서 자속밀도 3[Wb/㎡]의 평등 자장 속에 길이 10[cm]의 직선 도선을 자장의 방향과 직각으로 놓고 여기에 4[A]의 전류를 흐르게 하면 이 도선이 받는 힘은 몇 [N]인가?

① 0.5　　　　　　　② 1.2

③ 2.8　　　　　　　④ 4.2

해 자기장 속에서 도선이 받는 힘은 플레밍의 왼손법칙 공식을 이용하여 구한다.

$F = IBl\sin\theta$

= 전류 × 자속밀도 × 도선의 길이(m) × $\sin\theta$

(θ는 도선과 자장이 이루는 각도)

= 4 × 3 × 0.1 × sin90°(sin90°는 1이므로)

= 1.2[N]

033

저항이 10[Ω]인 도체에 1[A]의 전류를 10분간 흘렸다면 발생하는 열량은 몇 [kcal]인가?

① 0.5　　　　　　　② 1.44

③ 4.46　　　　　　④ 6.24

해 **열량공식**

H = $0.24I^2Rt$ = 0.24 × 1^2 × 10 × 600 = 1440[cal]

= 1.44[kcal]

034

다음 회로의 합성 정전용량은[μF]는?

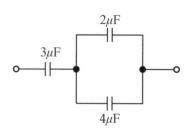

① 5　　　　　　　　② 4

③ 3　　　　　　　　④ 2

해 콘덴서를 직렬연결과 병렬연결 했을 때의 합성 정전
용량을 묻는 질문이다.
2μF와 4μF는 병렬로 연결되어 있으므로
2μF $+ 4\mu$F $= 6\mu$F 이고
이는 다시 3μF와 직렬로 연결되므로
$$\frac{3\mu F \times 6\mu F}{3\mu F + 6\mu F} = \frac{18\mu F}{9\mu F} = 2[\mu F]$$

Tip • 콘덴서(C)의 직렬연결 $C = \dfrac{C_1 \times C_2}{C_1 + C_2}$

• 콘덴서(C)의 병렬연결 $C = C_1 + C_2$

035

반지름 50[cm], 권수 10[회]인 원형 코일에
0.1[A]의 전류가 흐를 때, 이 코일 중심의 자계의
세기 [H]는?

① 1[AT/m]　　　　　　② 2[AT/m]

③ 3[AT/m]　　　　　　④ 4[AT/m]

해 원형 코일 중심 자장세기
$$H = \frac{NI}{2r} = \frac{10 \times 0.1}{2 \times 0.5} = 1[AT/m]$$

암기법 원형코일 자장세기 횟전퍼지!

036

자체 인덕턴스가 각각 160[mH], 250[mH]의 두
코일이 있다. 두 코일 사이의 상호 인덕턴스가
150[mH] 이면 결합계수는?

① 0.5　　　　　　② 0.62

③ 0.75　　　　　　④ 0.86

해 자체인덕턴스와 상호인덕턴스를 주고 결합계수를 구
하는 문제이다.
상호인덕턴스(M)
$= k\sqrt{$ 두 인덕턴스의 곱 $} = k\sqrt{L_1 L_2}$ 이므로
$150 = k\sqrt{160 \times 250}$
$k = \dfrac{150}{\sqrt{40000}} = 0.75$

037

그림의 단자 1 – 2에서 본 노튼 등가회로의
개방단 컨덕턴스는 몇 [℧]인가?

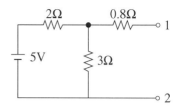

① 0.5　　　　　　② 1

③ 2　　　　　　④ 5.8

해 노튼 등가회로 계산에서는 전압원을 단락시키고, 2Ω,
3Ω, 0.8Ω의 합성저항을 구한다.
2Ω과 3Ω은 병렬연결이므로 합성저항은
$\dfrac{2\Omega \times 3\Omega}{2\Omega + 3\Omega} = \dfrac{6\Omega}{5\Omega} = 1.2[\Omega]$이 되고, 이는 다시
0.8Ω과 직렬연결이므로
$1.2 + 0.8\Omega = 2\Omega$이 된다.
컨덕턴스(G)는 저항의 역수이므로 $\dfrac{1}{2} = 0.5[℧]$

038

어떤 도체의 길이를 2배로 하고 단면적을 1/3로
했을 때의 저항은 원래 저항의 몇 배가 되는가?

① 3배　　　　　　② 4배

③ 6배　　　　　　④ 9배

해 저항은 길이에 비례하고 전류에 반비례한다.

$$R = \rho \frac{l}{A}$$

l : 길이, A : 단면적

전류는 단면적 비례하므로 $R = \rho\dfrac{2l}{\frac{1}{3}A} = 6\rho\dfrac{l}{A}$

039

전압 파형 $e = 100\sin\left(377t - \dfrac{\pi}{5}\right)$[V]의

주파수는 약 몇 [Hz]인가?

① 50　　　　　　　② 60

③ 80　　　　　　　④ 100

해 교류전압 $e = V_m\sin\omega t$[V] 이고, 각속도를 나타내는
ω(오메가)는 360도를 나타내는 2π와 주파수 f[Hz]의
곱으로 나타낼 수 있다. $\omega = 2\pi f$

$$f = \frac{\omega}{2\pi} = \frac{377}{2\pi} = 약\ 60[Hz]$$

040

권선수 100회 감은 코일에 2[A]의 전류가 흘렀을
때 50×10^{-3}[Wb]의 자속이 코일에 쇄교
되었다면 자기 인덕턴스는 몇 [H]인가?

① 1.0　　　　　　　② 1.5

③ 2.0　　　　　　　④ 2.5

해 자기 인덕턴스(H)는 코일감은 횟수와 자속의 곱을
전류로 나누어 주면 구할 수 있다.

$$H = \frac{n\phi}{I} = \frac{100 \times 50 \times 10^{-3}}{2} = 2.5[H]$$

암기법 자기인덕이는 권속퍼전

041

200[V]의 교류전원에 선풍기를 접속하고 전력과
전류를 측정하였더니 600[W], 5[A]이었다. 이
선풍기의 역률은?

① 0.5　　　　　　　② 0.6

③ 0.7　　　　　　　④ 0.8

해 공식암기 전력 $P = VI\cos\theta$ [$\cos\theta$는 역률]

$$\cos\theta = \frac{P}{VI} = \frac{600}{200 \times 5} = 0.6$$

042

Δ결선에서 선전류가 $10\sqrt{3}$ [A]이면 상전류는?

① 5A　　　　　　　② 10A

③ $10\sqrt{3}$ A　　　　　④ 30A

해 Δ결선에서 선전류와 상전류의 관계는

선전류(I_l) = $\sqrt{3}$ 상전류(I_p)

즉, 상전류(I_p) = $\dfrac{선전류(I_l)}{\sqrt{3}}$ 이다.

선전류(I_l)가 $10\sqrt{3}$ A 이므로 상전류(I_p)는 $\dfrac{10\sqrt{3}}{\sqrt{3}}$
= 10[A]

043

자속밀도 0.5[Wb/㎡]의 자장 안에 자장과
직각으로 20[㎝]의 도체를 놓고 이것에 10[A]의
전류를 흘릴 때 도체가 50[㎝] 운동한 경우의 한
일은 몇 [J] 인가?

① 0.5　　　　　　　② 1

③ 1.5　　　　　　　④ 5

해 플레밍의 왼손법칙, 전동기의 원리 $F = BIl\sin\theta$에서
전류(I)는 10[A], 자속밀도(B)는 0.5 Wb/㎡, 도체의
길이 l은 50cm, 자기장과 도선간의 각도 θ는 90도 이
므로 대입하면,
$F = 10 \times 0.5 \times 0.2 \times \sin90° = 1[N]$
일의 양(W)은 힘(F)과 이동거리(L)에 비례한다.
$W = F \times L = 1 \times 0.5 = 0.5[J]$

044

인덕턴스 0.5[H]에 주파수가 60[Hz]이고 전압이
220[V]인 교류 전압이 가해질 때 흐르는 전류는
약 몇 [A]인가?

① 0.59　　　　　　② 0.87

③ 0.97　　　　　　④ 1.17

해 교류회로에서의 전류(I)는 $\dfrac{V}{Z}$ 로 나타내며, $Z = 2\pi fL$
이므로 $Z = 2 \times 3.14 \times 60 \times 0.5 = 약\ 188.5[\Omega]$

$$I = \frac{V}{Z} = \frac{220}{188.5} = 약\ 1.167\cdots$$

045

자체 인덕턴스가 100[H]가 되는 코일에 전류를 1초 동안 0.1[A] 만큼 변화시켰다면 유도기전력[V]은?

① 1[V]　　　　　　② 10[V]

③ 100[V]　　　　　④ 1000[V]

해 유도기전력(e)은 자체인덕턴스(L)와 시간변화량(Δt)과 전류변화량(ΔI)의 관계식을 통해 구할 수 있다.

$$e = L\frac{전류변화량(\Delta I)}{시간변화량(\Delta t)} = 100 \times \frac{0.1}{1} = 10[V]$$

암기법 유도기전력은 엘쩐퍼시

046

R[Ω]인 저항 3개가 △결선으로 되어 있는 것을 Y결선으로 환산하면 1상의 저항[Ω]은?

① $\frac{1}{3}R$　　　　　② R

③ 3R　　　　　④ $\frac{1}{R}$

해 Y결선 저항은 △(델타)결선 저항의 $\frac{1}{3}$ 이므로 R[Ω]인 저항 3개가 △결선으로 되어 있는 것을 Y결선으로 환산하면 1상의 저항은 $\frac{1}{3}R$ 이 된다.

047

그림에서 $C_1 = 1[\mu F]$, $C_2 = 2[\mu F]$, $C_3 = 2[\mu F]$일 때 합성 정전 용량은 몇 [μF]인가?

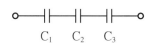

C₁　C₂　C₃

① $\frac{1}{2}$　　　　　② $\frac{1}{2}$

③ 3　　　　　④ 5

해 컨덴서의 직렬연결에서 합성정전용량은
콘덴서(C)의 직렬연결

$$C = \frac{1}{\frac{1}{C_1} + \frac{1}{C_2} + \frac{1}{C_3}} = \frac{1}{\frac{1}{1} + \frac{1}{2} + \frac{1}{2}}$$

$$= \frac{1}{1 + \frac{1}{2} + \frac{1}{2}} = \frac{1}{2}$$

048

정격전압에서 1[kW]의 전력을 소비하는 저항에 정격의 90[%] 전압을 가했을 때, 전력은 몇 [W]가 되는가?

① 630[W]　　　　　② 780[W]

③ 810[W]　　　　　④ 900[W]

해 전력(P) = $\frac{V^2}{R}$ 에서 정격 전압의 90[%]를 가했을 경우 $V^2 = 0.9^2 = 0.81$
전력은 81[%]로 줄어든다. 따라서
$1,000W \times 0.81 = 810[W]$

049

단면적 5[㎠], 길이 1[m], 비투자율 10^3인 환상 철심에 600회의 권선을 감고 이것에 0.5[A]의 전류를 흐르게 한 경우 기자력은?

① 100[AT]　　　　② 200[AT]

③ 300[AT]　　　　④ 400[AT]

해 환상철심의 기자력 공식

$$F = \frac{NI}{l} = \frac{600 \times 0.5}{1} = 300[AT]$$

암기법 환상철심 기자력은 횟전퍼길

050

진공 중에서 $10^{-4}[C]$과 $10^{-8}[C]$의 두 전하가 10[m]의 거리에 놓여 있을 때, 두 전하 사이에 작용하는 힘(N)은?

① 9×10^2　　　　② 1×10^4

③ 9×10^{-5}　　　④ 1×10^{-8}

해 쿨롱의 법칙

$$F = k\frac{Q_1 Q_2}{r^2} = 9 \times 10^9 \times \frac{Q_1 Q_2}{r^2}$$

$$= 9 \times 10^9 \times \frac{10^{-4} \times 10^{-8}}{10^2}$$

$$= 9 \times 10^{-5}[N]$$

051

△ 결선으로 된 부하에 각 상의 전류가 10[A]이고 각 상의 저항이 4[Ω], 리액턴스가 3[Ω]이라 하면 전체 소비전력은 몇 [W]인가?

① 2000 ② 18000

③ 1500 ④ 1200

🔲 델타결선의 소비전력을 구하는 공식은
소비전력 $P = 3I^2R$ 이다.
$P = 3I^2R = 3 \times 10^2 \times 4 = 1,200[W]$

052

기전력 1.5[V], 내부저항 0.2[Ω]인 전지 5개를 직렬로 접속하여 단락시켰을 때의 전류[A]는?

① 1.5[A] ② 2.5[A]

③ 6.5[A] ④ 7.5[A]

🔲 전체 기전력은 1.5[V] × 5 = 7.5 [V]
전체 내부저항은 0.2 × 5 = 1[Ω]
따라서 단락 시 전류 $I = \dfrac{V}{R} = \dfrac{7.5}{1} = 7.5[A]$

053

선간전압 210[V], 선전류 10[A]의 Y결선 회로가 있다. 상전압과 상전류는 각각 얼마인가?

① 121 [V], 5.77 [A] ② 121 [V], 10 [A]

③ 210 [V], 5.77 [A] ④ 210 [V], 10 [A]

🔲 Y결선에서 선간전압은
상전압 × $\sqrt{3}$ 이므로
상전압 = $\dfrac{선간전압}{\sqrt{3}} = \dfrac{210}{\sqrt{3}} = 약 121[V]$

Y결선에서 상전류는 선전류와 같으므로
상전류 = 10[A]

054

회로에서 a −b 단자간의 합성저항[Ω] 값은?

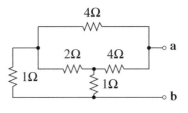

① 1.5 ② 2

③ 2.5 ④ 4

🔲 휘스톤브릿지 합성저항 문제이다.

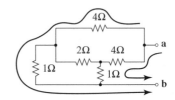

그림과 같이 평행한 저항끼리의 곱이 서로 4Ω × 1Ω 으로 같을 때 사이에 있는 2Ω의 저항에는 전류가 흐르지 않는다. 따라서 합성저항은 각각의 직렬연결인 4Ω + 1Ω = 5Ω 이 되고, 합성저항은 두개의 5Ω 저항의 병렬연결 $\dfrac{5Ω \times 5Ω}{5Ω + 5Ω} = 2.5[Ω]$이 된다.

055

그림의 브리지 회로에서 평형이 되었을 때의 Cx는?

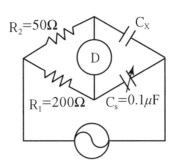

① 0.1μF ② 0.2μF

③ 0.3μF ④ 0.4μF

🔲 브리지회로가 평형이기 때문에 $\dfrac{R_1}{C_x} = \dfrac{R_2}{C_s}$ 가 성립하므로
$R_1 \times C_s = R_2 \times C_x$ 가 된다.
$200 \times 0.1 = 50 \times C_x$
$C_x = \dfrac{20}{50} = 0.4[\mu F]$

056

정전용량이 같은 콘덴서 10개가 있다. **이것을**
직렬 접속할 때의 값은 병렬 접속할 때의 값보다
어떻게 되는가?

① $\frac{1}{10}$ 로 감소한다.　　②✓ $\frac{1}{100}$ 로 감소한다.

③ 10배로 증가한다.　　④ 100배로 증가한다.

해 정전용량이 같은 10개 콘덴서의 직렬접속 시 합성용
량은 $\frac{1}{10}$C 이고, 병렬연결 시에는 10C이므로 100배
차이가 난다. 즉, 직렬연결 시에는 병렬연결 시에 비해
$\frac{1}{100}$ 로 감소한다.

057

두 코일의 자체 인덕턴스를 $L_1[H]$, $L_2[H]$라 하고
상호 인덕턴스를 M이라 할 때, 두 코일을 자속이
동일한 방향과 역방향이 되도록 하여 직렬로 각각
연결하였을 경우, 합성 인덕턴스의 큰 쪽과 작은
쪽의 차는?

① M　　　　　　② 2M

③✓ 4M　　　　　　④ 8M

해 합성인덕턴스 (코일 직렬연결 시)
　큰 쪽 : L = L_1 + L_2 + 2M
　작은 쪽: L = L_1 + L_2 - 2M
　큰 쪽과 작은 쪽의 차는
　L = L_1 + L_2 + 2M - (L_1 + L_2 - 2M) = 4M

058

출력 $P[kVA]$의 단상변압기 2대를 V결선한 때의
3상 출력[kVA]은?

① P　　　　　　②✓ $\sqrt{3}$ P

③ 2P　　　　　　④ 3P

해 V결선 시에 출력은 $\sqrt{3}$ 을 곱하여 구한다.

059

$i = 3\sin\omega t + 4\sin(3\omega t - \theta)$[A]로 표시되는
전류의 등가 사인파 최대값은?

① 2A　　　　　　② 3A

③ 4A　　　　　　④✓ 5A

해 사인파의 일반적인 형태를 나타내는 식
　$i = I_m \sin\omega t$에서 I_m은 최대값을 나타낸다.
　위 식에서 $I_m = \sqrt{3^2 + 4^2} = \sqrt{9 + 16} = 5$[A]

060

4×10^{-5}[C]과 6×10^{-5}[C]의 두 전하가
자유공간에 $2[m]$의 거리에 있을 때 그 사이에
작용하는 힘은?

① 5.4 N, 흡입력이 작용한다.

②✓ 5.4 N, 반발력이 작용한다.

③ 7/9 N 흡인력이 작용한다.

④ 7/9 N, 반발력이 작용한다.

해 두 점전하 사이에 작용하는 힘(F)을 구하는 공식은
쿨롱의 법칙

$$F = k\frac{Q_1 Q_2}{r^2} = 9 \times 10^9 \times \frac{Q_1 Q_2}{r^2}$$

$$= 9 \times 10^9 \times \frac{4 \times 10^{-5} \times 6 \times 10^{-5}}{2^2}$$

$$= 9 \times 10^9 \times \frac{24 \times 10^{-10}}{4}$$

$$= 54 \times 10^{-1} = 5.4[N]$$

두 전하의 부호가 같으므로 반발력이 작용한다.

061

30[μF]과 40[μF]의 콘덴서를 병렬로 접속한 후 100[V]의 전압을 가했을 때 전 전하량은 몇 C 인가?

① 17×10^{-4} ② 34×10^{-4}

③ 56×10^{-4} ④ 70×10^{-4}

해 두 콘덴서 용량을 C_a라하면, 병렬연결 시에는

$C_{병렬} = C_1 + C_2 = 30\mu F + 40\mu F = 70\mu F$

전하량 Q = CV 이므로

$70 \times 10^{-6} \times 100 = 70 \times 10^{-4}$ [$1\mu F = 10^{-6}$F]

062

24[C]의 전기량이 이동해서 144[J]의 일을 했을 때 기전력은?

① 2[V]   ② 4[V]

③ 6 [V]   ④ 8 [V]

해 전기량(Q)과 일의 양(W), 기전력(V)의 관계식은

W = QV이다.

$V = \dfrac{W}{Q} = \dfrac{144}{24} = 6$[V]

063

$2F$, $4F$, $6F$의 콘덴서 3개를 병렬로 접속했을 때의 합성 정전용량은 몇 F인가?

① 1.5   ② 4

③ 8   ④ 12

해 콘덴서의 병렬접속

$C_{병렬} = C_1 + C_2 + C_2 = 2F + 4F + 6F = 12F$

064

200[V], 500[W]의 전열기를 220[V] 전원에 사용하였다면 이때의 전력은?

① 400[W]   ② 500[W]

③ 550[W]   ④ 605[W]

해 전력 P = $\dfrac{V^2}{R}$ 에서 P는 전압 V의 제곱에 비례하므로,

$200^2 : 220^2 = 500 : P_{220}$

$P_{220} \times 40000 = 48400 \times 500$

$P_{220} = \dfrac{48400 \times 500}{40000} = 605$[W]

065

도면과 같이 공기 중에 놓인 2×10^{-8}[C]의 전하에서 2[m] 떨어진 점 P와 1[m] 떨어진 점 Q와의 전위차는 몇 [V] 인가?

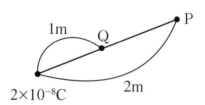

① 80[V]   ② 90[V]

③ 100[V]   ④ 110[V]

해 전하에서 r만큼 떨어진 위치의 전위는

$V = k\dfrac{Q}{r}$ 로 나타낼 수 있다.

$k = \dfrac{1}{4\pi\epsilon_0} = 8.988 \times 10^9 ≒ 9 \times 10^9$

P와 Q지점의 전위를 각각 V_P, V_Q라 하면,
전위차

$V_Q - V_P = k\dfrac{Q}{r_Q} - k\dfrac{Q}{r_p} = kQ\left(\dfrac{1}{r_Q} - \dfrac{1}{r_p}\right)$

$= 9 \times 10^9 \times 2 \times 10^{-8}\left(\dfrac{1}{1} - \dfrac{1}{2}\right) = 90$[V]

066

어떤 저항[R]에 전압[V]을 가하니 전류[I]가 흘렀다. 이 회로의 저항[R]을 20%줄이면 전류[I]는 처음의 몇 배가 되는가?

① 0.8
② 0.88
③ 1.25
④ 2.04

해 $I = \dfrac{V}{R}$ 저항은 전류와 반비례하므로 저항을 20[%]

줄이면 $I' = \dfrac{V}{0.8R}$

$R = \dfrac{V}{I}$ 를 대입하면

$I' = \dfrac{V}{\dfrac{8}{10} \times \dfrac{V}{I}} = \dfrac{10VI}{8V} = \dfrac{5}{4}I = 1.25[I]$

067

어느 회로의 전류가 다음과 같을 때, 이 회로에 대한 전류의 실효값[A]은?

$$i = 3 + 10\sqrt{2}\sin\left(\omega t - \frac{\pi}{6}\right) + 5\sqrt{2}\sin\left(\omega t - \frac{\pi}{6}\right)[\text{A}]$$

① 11.6
② 23.2
③ 32.2
④ 48.3

해 비정현파 전류의 실효값은 각 고조파의 실효값의 제곱의 합에 제곱근을 해줌으로써 구할 수 있다.

$I = \sqrt{I_a^2 + I_b^2 + I_c^2} = \sqrt{3^2 + 10^2 + 5^2} = 11.6[\text{A}]$

068

i =$I_m\sin\omega t$ [A]인 정현파 교류에서 ωt가 몇 °일 때 순시값과 실효값이 같게 되는가?

① 0°
② 45°
③ 60°
④ 90°

해 $i = I_m\sin\omega t$ 는 순시값이다. 정현파 교류에서의 실효값

은 $\dfrac{I_m}{\sqrt{2}}$ 이므로 $I_m\sin\omega t = \dfrac{I_m}{\sqrt{2}}$ 일 때의 ωt를 구하면,

$\sin\omega t = \dfrac{1}{\sqrt{2}}$ 그러므로 $\omega t = 45°$

069

대칭 3상 전압에 △결선으로 부하가 구성되어 있다. 3상 중 한 선이 단선되는 경우, 소비되는 전력은 끊어지기 전과 비교하여 어떻게 되는가?

① 1/3로 줄어든다.
② 1/2로 줄어든다.
③ 2/3로 줄어든다.
④ 3/2으로 증가한다.

해 델타결선에서의 소비전력 $P_d = 3 \times \dfrac{V^2}{R}[\text{W}]$이며,

3상 중에서 한 선이 단선되었으므로 저항 R은 $\dfrac{2}{3}R$ 로 줄어든다. 따라서, 단선 후 소비전력은

$P_{단선} = \dfrac{V^2}{\dfrac{2}{3}R} = \dfrac{V^2}{\dfrac{2R}{3}} = \dfrac{3V^2}{2R} = \dfrac{1}{2} \times 3 \times \dfrac{V^2}{R} = \dfrac{1}{2}P_d$

이 되어 1/2로 줄어든다.

070

Y - Y 평형 회로에서 상전압 V_p가 100[V], 부하 $Z = 8 + j6[\Omega]$이면 선전류 I_l의 크기는 몇 [A]인가?

① 2
② 5
③ 7
④ 10

해 Y 결선에서는 선전압 $V_l = \sqrt{3}\,V_p$(상전압) 이고,

선전류 $I_l = I_p$ 상전류 이므로

$I_p = \dfrac{V_p}{Z} = \dfrac{100}{\sqrt{8^2 + 6^2}} = 10[\text{A}] = I_l$

071

전선의 길이를 4배로 늘렸을 때, 처음의 저항값을 유지하기 위해서는 도선의 반지름을 어떻게 해야 하는가?

① 1/4로 줄인다.
② 1/2로 줄인다.
③ 2배로 늘인다.
④ 4배로 늘인다.

해 저항 값은 전선의 길이에 비례하고, 도선의 단면적에 반비례한다.

저항값 $R = \rho\dfrac{l}{\pi r^2}$ 에서 $\rho\dfrac{4l}{\pi(2r)^2} = \rho\dfrac{l}{\pi r^2}$ 이므로

도선의 반지름을 2배로 늘리면 처음의 저항값을 유지할 수 있다.

072

10℃, 5000g의 물을 40℃로 올리기 위하여 1[kW]의 전열기를 쓰면 몇 분이 걸리게 되는가? (단, 여기서 효율은 80[%]라고 한다)

① 약 13분 ② 약 15분

③ 약 25분 ④ 약 50분

해 물1g을 1℃ 높이는데 필요한 열량이 1cal이므로 5000g을 30℃ 올리는데 필요한 열량은 $5000 \times 30 = 150,000$cal이다.

열량공식 $H = 0.24Pt$ 이므로

$0.24Pt = 0.24 \times 0.8$kW(80% 효율) $\times t = 150$kcal

$t = \dfrac{150}{0.24 \times 0.8} = \dfrac{150}{0.192} = 781.25$ 초 (약 13분)

073

저항이 9[Ω]이고, 용량 리액턴스가 12[Ω]인 직렬회로의 임피던스 [Ω]는?

① 3[Ω] ② 15[Ω]

③ 21[Ω] ④ 108[Ω]

해 RC직렬회로의 임피던스는

$Z = R - jX_c = \sqrt{9^2 + 12^2} = 15$ [Ω]

074

$R = 15$[Ω]인 RC 직렬 회로에 60[Hz], 100[V]의 전압을 가하니 4[A]의 전류가 흘렀다면 용량 리액턴스[Ω]는?

① 10 ② 15

③ 20 ④ 25

해 RC 직렬회로에서 $Z = R - jX_c$ 이고 $Z = \dfrac{V}{I}$ 이므로

$R - jX_c = \dfrac{V}{I}$

$\sqrt{R^2 + X_c^2} = \sqrt{15^2 + X_c^2} = \dfrac{100}{4} = 25$

$X_c^2 = 25^2 - 15^2$

$X_c = \sqrt{25^2 + 15^2} = 20$[Ω]

075

반지름 0.2[m], 권수 50회의 원형 코일이 있다. 코일 중심의 자기장의 세기가 850[AT/m]이었다면 코일에 흐르는 전류의 크기는?

① 0.68[A] ② 6.8[A]

③ 10[A] ④ 20[A]

해 원형 코일 중심의 자기장 세기는 횟전퍼지!

$H = \dfrac{NI}{2r}$

$850 = \dfrac{50 \times I}{2 \times 0.2} = \dfrac{50 \times I}{0.4}$

$I = \dfrac{850 \times 0.4}{50} = 6.8$[A]

076

그림에서 a - b 간의 합성 정전용량은?

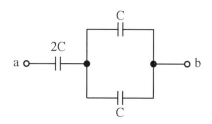

① C ② 2C

③ 3C ④ 4C

해 먼저 콘덴서 C와 C는 병렬연결이므로 2C가 되고, 2C와 2C는 직렬연결이므로

합성정전용량은 $\dfrac{2C \times 2C}{2C + 2C} = C$

077

같은 저항 4개를 그림과 같이 연결하여 a - b간에 일정전압을 가했을 때 소비전력이 가장 큰 것은 어느 것인가?

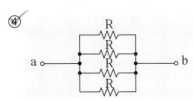

① a ⟶ᴿ⟵ᴿ⟵ᴿ⟵ᴿ⟶ b

② a ⟶ᴿ⟵ᴿ⟵ (R / R) ⟶ b

③ a ⟶ (R / R) ⟵ (R / R) ⟶ b

④ a ⟶ (R / R / R / R) ⟶ b

해 소비전력은 저항에 반비례하므로 각 합성 저항값을 살펴보면

① $R_0 = 4R$

② $R_0 = 2R + \dfrac{R^2}{2R} = 2R + \dfrac{R}{2} = \dfrac{5R}{2} = 2.5R$

③ $R_0 = \dfrac{R^2}{2R} + \dfrac{R^2}{2R} = \dfrac{R}{2} + \dfrac{R}{2} = R$

④ $R_0 = \dfrac{R}{4} = 0.25R$

합성 저항값이 가장 작은 것은 ④번이므로 소비전력은 ④번이 가장 크다.

078

100[V]의 전압계가 있다. 이 전압계를 써서 200[V]의 전압을 측정하려면 최소 몇 [Ω]의 저항을 외부에 접속해야 하는가? (단, 전압계의 내부저항은 5000[Ω]이다.)

① 1,000   ② 2,500

③ 5,000   ④ 10,000

해 전압계의 측정 범위를 넓히기 위해서는 배율기를 사용하여 전압계에 직렬로 접속한다.
외부저항을 R_m 내부저항을 R_o라 하면 배율기를 통해 200[V]로 범위를 넓힌 전압은 원래의 전압에 $\left(1 + \dfrac{R_m}{R_o}\right)$을 곱하여 구한 것이다.

따라서 $200 = 100\left(1 + \dfrac{R_m}{5000}\right)$

$R_m = 5,000[\Omega]$

079

최대값이 110[V]인 사인파 교류 전압이 있다. 평균값은 약 몇 [V]인가?

① 30[V]   ② 70[V]

③ 100[V]   ④ 110[V]

해 사인파(정현파) 평균값은 최대값에 $\dfrac{2}{\pi}$를 곱한 값이다. 따라서 $110 \times \dfrac{2}{\pi} =$ 약 70[V]

정현파 교류		
최대값 $(V_m) = \sqrt{2}\,V$	평균값 $= \dfrac{2}{\pi} V_m$	실효값 $(V) = \dfrac{V_m}{\sqrt{2}}$

080

2전력계법에 의해 평형 3상 전력을 측정하였더니 전력계가 각각 800[W], 400[W]를 지시하였다면, 이 부하의 전력은 몇 [W]인가?

① 600 [W]   ② 800 [W]

③ 1,200 [W]   ④ 1,600 [W]

해 2전력계법 부하전력은 유효전력으로
$P = P_1 + P_2 = 800 + 400 = 1,200[W]$

081

20[Ω], 30[Ω], 60[Ω]의 저항 3개를 병렬로 접속하고 여기에 60[V]의 전압을 가했을 때, 이 회로에 흐르는 전체 전류는 몇 [A]인가?

① 3[A]   ② 6[A]

③ 30[A]   ④ 60[A]

해 저항의 병렬접속에서 각 저항에 걸리는 전압은 동일하므로

$I = I_1 + I_2 + I_3 = \dfrac{V}{R_1} + \dfrac{V}{R_2} + \dfrac{V}{R_3} = \dfrac{60}{20} + \dfrac{60}{30} + \dfrac{60}{60}$

$= 3 + 2 + 1 = 6[A]$

082

어느 회로의 전류가 다음과 같을 때, 이 회로에 대한 전류의 실효값은?

$$i = 3 + 10\sqrt{2}\sin\left(\omega t - \frac{\pi}{6}\right) + 5\sqrt{2}\left(3\omega t - \frac{\pi}{3}\right)[A]$$

① 11.6[A]　　　　　② 23.2[A]

③ 32.2[A]　　　　　④ 48.3[A]

해 전류의 실효값은 다음과 같은 공식으로 구한다.

$$I = \sqrt{I_1^2 + I_2^2 + I_3^2} = \sqrt{3^2 + 10^2 + 5^2}$$
$$= \sqrt{9 + 100 + 25} = \sqrt{134} = 11.575\cdots$$
$$= 약\ 11.6[A]$$

083

단위 길이당 권수 100회인 무한장 솔레노이드에 10[A]의 전류가 흐를 때 솔레노이드 내부의 자장[AT/m]은?

① 10　　　　　② 100

③ 1,000　　　　　④ 10,000

해 무한장 솔레노이드 내부자장 세기 공식은 [횟전퍼길]

$$H = \frac{NI}{l}$$

단위길이를 1이라 했을 때

$$H = \frac{NI}{l} = NI = 100 \times 10 = 1000\ [AT/m]$$

084

2분간에 876,000[J]의 일을 하였다. 그 전력은 얼마인가?

① 7.3[kW]　　　　　② 29.2[kW]

③ 73[kW]　　　　　④ 438[kW]

해 $W = Pt$ 에서

$$전력\ P = \frac{W}{t} = \frac{876000}{2 \times 60} = 7300W = 7.3[kW]$$

085

정전용량이 10[μF]인 콘덴서 2개를 병렬로 했을 때의 합성 정전용량은 직렬로 했을 때의 합성 정전용량 보다 어떻게 되는가?

① 1/4로 줄어든다.　　　② 1/2로 줄어든다.

③ 2배로 늘어난다.　　　④ 4배로 늘어난다.

해 콘덴서의 연결은 저항과 반대로 생각하면 된다.
　콘덴서의 병렬연결 시 합성 정전용량
　$C = C_1 + C_2 = 10[\mu F] + 10[\mu F] = 20[\mu F]$
　콘덴서의 직렬연결 시 합성 정전용량
　$$\frac{1}{C} = \frac{1}{C_1} + \frac{1}{C_2} = \frac{10 \times 10}{10 + 10} = 5[\mu F]$$

콘덴서 2개를 병렬로 했을 때의 합성 정전용량은 직렬로 했을 때의 합성 정전용량 보다 4배로 늘어난다.

086

비유전율 2.5의 유전체 내부의 전속밀도가 $2 \times 10^{-6}[C/㎡]$되는 점의 전기장의 세기는 약 몇 [V/m] 인가?

① 18×10^4　　　　　② 9×10^4

③ 6×10^4　　　　　④ 3.6×10^4

해 비유전율과 전속밀도가 주어지고 전기장의 세기를 구하는 문제로
　전기장의 세기

$$E = \frac{전속밀도(D)}{진공의\ 유전율(\varepsilon_0) \times 비유전율(\varepsilon_s)}$$

진공의 유전율 $= \varepsilon_0$ [엡실론제로]
　　　　　　　$= 8.855 \times 10^{-12}\ [F/m]$
(진공의 유전율은 암기하고 있도록 한다.)
대입해 보면,

$$E = \frac{전속밀도(D)}{진공의\ 유전율(\varepsilon_0) \times 비유전율(\varepsilon_s)}$$
$$= \frac{2 \times 10^{-6}}{8.855 \times 10^{-12} \times 2.5} = 9 \times 10^4$$

087

어떤 사인파 교류전압의 평균값이 191[V]이면 최대값은?

① 150[V] ② 250[V]
③ 300[V] ④ 400[V]

🖩 사인파 교류전압의 평균값은 $\frac{2}{\pi}V_m$이므로

$\frac{2}{\pi}V_m = 191$

최대값 $V_m = 191 \times \frac{\pi}{2} = 300[V]$

정현파 교류

최대값$(V_m) = \sqrt{2}\,V$ 평균값 $= \frac{2}{\pi}V_m$ 실효값$(V) = \frac{V_m}{\sqrt{2}}$

088

변압기 2대를 V결선 했을 때의 이용률은 몇 [%]인가?

① 57.7[%] ② 70.7[%]
③ 86.6[%] ④ 100[%]

🖩 V결선 시 이용률은 $\frac{\sqrt{3}}{2} = 86.6[\%]$ 이다.

(V결선 시 출력은 $\sqrt{3}\,P_a$)

089

50회 감은 코일과 쇄교하는 자속이 0.5[sec] 동안 0.1[Wb]에서 0.2[Wb]로 변화하였다면 기전력의 크기는?

① 5[V] ② 10[V]
③ 12[V] ④ 15[V]

🖩 코일감은 횟수와 시간변화에 따른 자속변화량의 비를 이용하여 기전력의 크기를 구하는 문제이다.

기전력

$e = \left|-N\frac{자속변화량}{시간변화량}\right| = 50 \times \frac{0.1}{0.5} = 10[V]$

090

아래 보기의 차에 상당한 전류의 실효값은?

$i_1 = 8\sqrt{2}\sin\omega t[A]$
$i_2 = 4\sqrt{2}\sin(\omega t + 180°)[A]$

① 4[A] ② 6[A]
③ 8[A] ④ 12[A]

🖩 i_1과 i_2의 위상차이는 180°로 서로 반대방향으로 i_1의 실효값을 8, i_2의 실효값을 − 4라 한다면 두 전류값의 차는 8 − (− 4) = 12[A]이다.

091

리액턴스가 10[Ω]인 코일에 직류전압 100[V]를 하였더니 전력 500[W]를 소비하였다. 이 코일의 저항은 얼마 인가?

① 5[Ω] ② 10[Ω]
③ 20[Ω] ④ 25[Ω]

🖩 전력 공식 $P = \frac{V^2}{R}$ 을 이용하여 저항[R]을 구하는 문제이다.

$R = \frac{V^2}{P} = \frac{100^2}{500} = 20[Ω]$

092

임피던스 $Z_1 = 12 + j16[Ω]$과 $Z_2 = 8 + j24[Ω]$이 직렬로 접속된 회로에 전압 $V = 200[V]$를 가할 때 이 회로에 흐르는 전류[A]는?

① 2.35[A] ② 4.47[A]
③ 6.02[A] ④ 10.25[A]

🖩 두 임피던스가 직렬연결이므로

$Z_1 + Z_2 = 12 + j16[Ω] + 8 + j24[Ω]$

$= 20 + j40[Ω]$

$I = \frac{V}{Z} = \frac{200}{\sqrt{20^2 + 40^2}} = \frac{200}{\sqrt{400 + 1600}}$

$= 약\ 4.47[A]$

093

100[V]의 전위차로 가속된 전자의 운동 에너지는 몇 [J]인가?

① 1.6×10^{-20}[J] 　② 1.6×10^{-19}[J]

③ 1.6×10^{-18}[J] 　④ 1.6×10^{-17}[J]

해 전자와 같은 입자들을 다룰 때 이용되는 에너지 단위는 줄[J]이 아닌 electron − volt(eV)이다.
1eV는 전자 한 개를 1 [V] 올리는데 필요한 에너지로 $1eV = 1.602 \times 10^{-19}$[J]이다.
<u>100[V]의 전위차로 가속된 전자의 운동 에너지는</u>
$1.602 \times 10^{-19} \times 100 = 1.602 \times 10^{-17}$

094

100[V], 300[W]의 전열선의 저항값은?

① 약 0.33[Ω] 　② 약 3.33[Ω]

③ 약 33.3[Ω] 　④ 약 333[Ω]

해 기본 전력공식

$$P = \frac{V^2}{R} \quad R = \frac{V^2}{P}$$

$$= \frac{100^2}{300} = \frac{100}{3} = 33.3 \, [\Omega]$$

095

그림의 회로에서 전압 100[V]의 교류전압을 가했을 때 전력은?

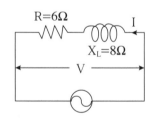

① 10[W] 　② 60[W]

③ 100[W] 　④ 600[W]

해 RL 교류회로이므로

$$Z = R + jX_L = 6 + j8 = \sqrt{6^2 + 8^2} = 10[\Omega]$$

이며 전압과 저항이 주어졌으므로 전력공식

$$P = I^2R에서 \left(\frac{V}{Z}\right)^2 R = \left(\frac{100}{10}\right)^2 \times 6 = 600 \, [W]$$

096

100[V]의 교류 전원에 선풍기를 접속하고 입력과 전류를 측정하였더니 500[W], 7[A]였다. 이 선풍기의 역률은?

① 0.61 　② 0.71

③ 0.81 　④ 0.91

해 역률 공식

$$\cos\theta = \frac{P}{VI} = \frac{500}{100 \times 7} = 0.71$$

097

Y −Y 결선 회로에서 선간 전압이 200[V]일 때 상전압은 약 몇[V]인가?

① 100[V] 　② 115[V]

③ 120[V] 　④ 135[V]

해 Y결선에서 선간전압(V_l) = $\sqrt{3}$ × 상전압(V_p) 이고,
선전류(I_l) = 상전류(I_p)이다.
선간전압(V_l) 200 = $\sqrt{3} V_p$

상전압(V_p) = $\frac{200}{\sqrt{3}}$ = 115[V]

098

$V = 200$[V], $C_1 = 10[\mu F]$, $C_2 = 5[\mu F]$인 2개의 콘덴서가 병렬로 접속되어 있다. 콘덴서 C_1에 축적되는 전하[μC]는?

① 100[μC] 　② 200[μC]

③ 1000[μC] 　④ 2000[μC]

해 콘덴서의 병렬 접속에서는 전압이 일정하다.
따라서 전하량 $Q = C_1V$
$= 10 \times 200 = 2000[\mu C]$

099

$R = 6[\Omega]$, $X_c = 8[\Omega]$이 직렬로 접속된 회로에 $I = 10[A]$의 전류가 흐른다면 전압[V]은?

① $60 + j80$ ② $60 - j80$

③ $100 + j150$ ④ $100 - j150$

해 직렬접속이므로 $Z = R - jX_c = 6 - j8$ 이고
$I = 10$ 이므로 $V = I \times Z$ 에 대입하면 $V = 60 - j80$

100

내부 저항이 $0.1[\Omega]$인 전지 10개를 병렬 연결하면, 전체 내부 저항은?

① $0.01[\Omega]$ ② $0.05[\Omega]$

③ $0.1[\Omega]$ ④ $1[\Omega]$

해 병렬연결 시 내부저항이 줄어들고, 직렬연결 시 내부 저항이 증가한다.
직렬연결의 수를 n, 병렬연결의 수를 m이라 했을 때, $R_0 = \dfrac{n}{m}r$ 로 나타낼 수 있다.

따라서, $R_0 = \dfrac{n}{m}r = \dfrac{1}{10} \times 0.1 = 0.01 [\Omega]$

병렬연결 시 간단히 주어진 내부저항을 전지의 개수 로 나누어 구할 수 있다.

101

그림과 같이 $C = 2[\mu F]$의 콘덴서가 연결되어 있다. A점과 B점 사이의 합성 정전용량은 얼마인가?

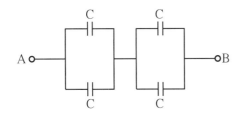

① $1[\mu F]$ ② $2[\mu F]$

③ $4[\mu F]$ ④ $8[\mu F]$

해 두 콘덴서의 병렬연결 2개 있으므로 각각
$C + C = 2C$ 가 되고, 다시 직렬 연결되어 있으므로
$\dfrac{2C \times 2C}{2C + 2C} = \dfrac{4C^2}{4C} = C = 2[\mu F]$

102

$200[V]$, $40[W]$의 형광등에 정격 전압이 가해졌을 때 형광등 회로에 흐르는 전류는 $0.42[A]$이다. 이 형광등의 역률[%]은?

① 37.5 ② 47.6

③ 57.5 ④ 67.5

해 역률공식 $\cos\theta = \dfrac{P}{VI} = \dfrac{40}{200 \times 0.24}$
$= 0.476 = 47.6[\%]$

103

어떤 도체에 5초간 $4[C]$의 전하가 이동했다면 이 도체에 흐르는 전류는?

① $0.12 \times 10^3[mA]$ ② $0.8 \times 10^3[mA]$

③ $1.25 \times 10^3[mA]$ ④ $8 \times 10^3[mA]$

해 시간과 전하량이 주어져 있으므로 $Q = It$ 공식을 빠르게 떠올린다.
$4 = I \times 5$
$I = 0.8[A]$
$m(밀리) = 10^{-3}$ 이므로 $0.8[A] = 0.8 \times 10^3[mA]$

104

그림의 회로에서 모든 저항값은 $2[\Omega]$이고, 전체전류 I는 $6[A]$이다. I_1에 흐르는 전류는?

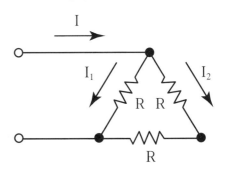

① $1[A]$ ② $2[A]$

③ $3[A]$ ④ $4[A]$

해 삼각형으로 그렸지만 결국 R과 2R의 병렬연결이다.
따라서 . I_1에 흐르는 전류는 전체 3R 중에 2R의 비율 이므로 전체 $6[A] \times \dfrac{2}{3} = 4[A]$

105

어떤 정현파 교류의 최대값이 $V_m = 220[V]$이면 평균값 V_a는?

① 약 120.4[V]　　　② 약 125.4[V]

③ 약 127.3[V]　　　④ 약 140.1[V] ✓

해 정현파 교류의 평균값은

$$V_m \times \frac{2}{\pi} = 220 \times \frac{2}{\pi} = 140.1[V]$$

106

어떤 전지에서 5[A]의 전류가 10분간 흘렀다면 이 전지에서 나온 전기량은?

① 0.83[C]　　　② 50[C]

③ 250[C]　　　④ 3000[C] ✓

해 $Q = It$이므로 $5 \times 10 \times 60$(초) $= 3000[C]$

107

5[Ω], 10[Ω], 15[Ω]의 저항을 직렬로 접속하고 전압을 가하였더니 10[Ω]의 저항 양단에 30[V]의 전압이 측정되었다. 이 회로에 공급되는 전전압은 몇 [V]인가?

① 30[V]　　　② 60[V]

③ 90[V] ✓　　　④ 120[V]

해 전체저항은 직렬연결이므로 30[Ω]이며 10[Ω]저항에 흐르는 전류는 $I = \dfrac{V}{R} = \dfrac{30[V]}{10[\Omega]} = 3[A]$

직렬연결에서 전류는 일정하므로
전전압 $V = IR = 3 \times 30 = 90[V]$

108

$L = 0.05[H]$의 코일에 흐르는 전류가 0.05[sec] 동안에 2[A]가 변했다. 코일에 유도되는 기전력[V]은?

① 0.5[V]　　　② 2[V] ✓

③ 10[V]　　　④ 25[V]

해 기전력을 시간과 전류의 변화량으로 구하는 방법을 알아둔다.

$$v = \left| -L\frac{dI}{dt} \right| = \left| -0.05 \times \frac{2}{0.05} \right| = 2[V]$$

(L은 인덕턴스, dI는 전류변화량, dt는 시간변화량)

109

전계의 세기 50[V/m], 전속밀도 100[C/m²]인 유전체의 단위 체적에 축적되는 에너지는?

① 2[J/m³]　　　② 250[J/m³]

③ 2500[J/m³] ✓　　　④ 5000[J/m³]

해 전계의 세기를 E, 전속밀도를 D 라고 할 때, 축적되는 에너지는 $W = \dfrac{1}{2}ED$이다.

따라서 $W = \dfrac{1}{2}ED = \dfrac{1}{2} \times 50 \times 100 = 2,500\,[J/m³]$

110

어떤 도체의 길이를 n배로 하고 단면적을 $1/n$로 하였을 때의 저항은 원래 저항보다 어떻게 되는가?

① n 배로 된다.　　　② n² 배로 된다. ✓

③ $\sqrt{n}$ 배로 된다.　　　④ 1/n 배로 된다.

해 저항은 길이에 비례, 단면적에 반비례하므로
$\dfrac{n}{\frac{1}{n}} = n^2$ 저항은 원래보다 n^2배가 된다.

111

회로에서 검류계의 지시기가 0일 때 저항 X는 몇 [Ω]인가?

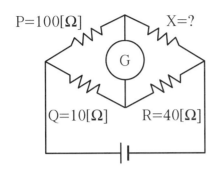

P=100[Ω]   X=?

Q=10[Ω]   R=40[Ω]

① 10[Ω] ② 40[Ω]
③ 100[Ω] ④ 400[Ω]

해 브릿지 평형조건이 맞으려면 마주보는 저항끼리의 곱이 같으면 되므로,

$100 \times 40 = 10 \times X$

$X = 400[Ω]$

112

각속도 = 300[rad/sec]인 사인파 교류의 주파수[Hz]는 얼마인가?

① 70/π ② 150/π
③ 180/π ④ 360/π

해 각속도와 주파수의 관계식 $\omega = 2\pi f$ 에서

$f = \dfrac{\omega}{2\pi}$ 으로 나타낼 수 있다.

$\omega = 300$ 이므로

$f = \dfrac{300}{2\pi} = \dfrac{150}{\pi}$ [Hz]

001

$R = 4[Ω]$, $X_L = 15[Ω]$, $Xc = 12[Ω]$의 RLC 직렬 회로에 100[V]의 교류 전압을 가할 때 전류와 전압의 위상차는 약 얼마인가?

① 0° ② 37°
③ 53° ④ 90°

해 RLC 직렬회로에서 전류와 전압의 위상차를 구하는 공식은

$\tan^{-1}(\dfrac{X_L - X_c}{R}) = \tan^{-1}(\dfrac{15 - 12}{4}) = \tan^{-1}(\dfrac{3}{4})$

아크탄젠트(역탄젠트)를 이용하여 두 변의 길이가 밑변 4와 높이 3인 각도, 즉 $\tan^{-1}\dfrac{3}{4}$ 을 구하면

(공학용 계산기를 이용 – 역삼각함수는 역수와는 상관없음에 주의!)

$\tan^{-1}\dfrac{3}{4} \angle 36.869°$ 약 37℃

002

정전용량 C[μF]의 콘덴서에 충전된 전하가

$q = \sqrt{2}\,Q\sin\omega t$[C]와 같이 변화하도록 하였다면 이때 콘덴서에 흘러들어가는 전류의 값은?

① $i = \sqrt{2}\,\omega Q\sin\omega t$

② $i = \sqrt{2}\,\omega Q\cos\omega t$

③ $i = \sqrt{2}\,\omega Q\sin(\omega t - 60°)$

④ $i = \sqrt{2}\,\omega Q\cos(\omega t - 60°)$

해 전류는 시간변화에 따른 전하의 이동량을 뜻하므로

$i = \dfrac{dq}{dt} = \dfrac{d}{dt}(\sqrt{2}\,Q\sin\omega t)$ 에서

t에 대해 미분하면 $i = \omega\sqrt{2}\,Q\cos\omega t$

Tip

$\sin(\omega t)$를 t에 대해 미분하면 $\omega\cos(\omega t)$가 되고 $\cos(\omega t)$를 t에 대해 미분하면 $-\omega\sin(\omega t)$가 된다.

003

다음 전압과 전류의 위상차는 어떻게 되는가?

$$v = \sqrt{2}\,V\sin\left(\omega t - \frac{\pi}{3}\right)[\text{V}]$$

$$I = \sqrt{2}\,I\sin\left(\omega t - \frac{\pi}{6}\right)[\text{A}]$$

① 전류가 $\pi/3$만큼 앞선다.

② 전압이 $\pi/6$만큼 앞선다.

③ 전압이 $\pi/6$만큼 앞선다.

④ 전류가 $\pi/6$만큼 앞선다. ✓

해 전압(v)의 위상은 $\left(-\frac{\pi}{3}\right) = \left(-\frac{180°}{3}\right) = -60°$

전류(I)의 위상은 $\left(-\frac{\pi}{6}\right) = \left(-\frac{180°}{6}\right) = -30°$

전류가 전압보다 앞서며 전압과 전류의 위상차는

$|-60° - (-30°)| = 30° = \frac{\pi}{6}$ 이다.

004

비정현파의 종류에 속하는 직사각형파의

전개식에서 기본파의 진폭[V]은?

(단, $V_m = 20[\text{V}]$, $T = 10[\text{mS}]$)

① 23.47[V]

② 24.47[V]

③ 25.47[V] ✓

④ 26.47[V]

해 비정현파 중 직사각형파의 기본파 진폭은

$V_{진폭} = \frac{4V_m}{\pi}$ 이다.

$V_m = 20[\text{V}]$ 이므로 $V_{진폭} = \frac{4 \times 20}{\pi} = 25.47[\text{V}]$

005

다음 중 복소수의 값이 다른 것은?

① $-1 + j$

② $-j(1 + j)$ ✓

③ $\dfrac{-1 - j}{j}$

④ $j(1 + j)$

해 허수 j는 $\sqrt{-1}$ 이다. 따라서 $j^2 = -1$이며,

① $-1 + j = -1 + \sqrt{-1}$

② $-j(1 + j) = -\sqrt{-1}\,(1 + \sqrt{-1}\,)$

$\qquad\qquad = -\sqrt{-1} + 1$

③ $\dfrac{-1 - j}{j} = \dfrac{-1 - \sqrt{-1}}{\sqrt{-1}}$

$\qquad = \dfrac{-\sqrt{-1} + 1}{-1} = \sqrt{-1} - 1$

④ $j(1 + j) = \sqrt{-1}\,(1 + \sqrt{-1}\,) = \sqrt{-1} - 1$

006

1상의 $R = 12[\Omega]$, $X_L = 16[\Omega]$을 직렬로 접속하여

선간전압 200[V]의 대칭 3상교류 전압을 가할

때의 역률은?

① 60[%] ✓

② 70[%]

③ 80[%]

④ 90[%]

해 RL 직렬접속이므로

$Z = R + j\omega L = R + jX_L = 12 + j16$

역률 $\cos\theta = \dfrac{R}{Z} = \dfrac{R}{\sqrt{R^2 + X_L^2}} = \dfrac{R}{\sqrt{12^2 + 16^2}}$

$= \dfrac{12}{\sqrt{144 + 256}} = \dfrac{12}{\sqrt{400}} = \dfrac{12}{20} = \dfrac{6}{10}$

$= 0.6 = 60[\%]$

007

$e = 200\sin(100\pi t)\,[\text{V}]$의 교류 전압에서

$t = 1/600$초일 때, 순시값은?

① 100 [V] ✓

② 173 [V]

③ 200 [V]

④ 346 [V]

해 순시값 공식

$e = 200\sin\left(100\pi \times \dfrac{1}{600}\right) = 200\sin\left(\dfrac{\pi}{6}\right)$

π는 180°이므로 $\dfrac{\pi}{6} = \dfrac{180°}{6} = 30°$

$\sin 30° = \dfrac{1}{2}$ 이므로

$e = 200\sin\left(\dfrac{\pi}{6}\right) = 200 \times \dfrac{1}{2} = 100\,[\text{V}]$

008

2[Ω]의 저항에 3[A]의 전류를 1분간 흘릴 때 **이 저항에서 발생하는 열량은?**

① 약 4[cal]　　　　② 약 86[cal]

③ 약 259[cal]　　　④ 약 1080[cal]

🔲 열량공식 떠올리자.

$H = 0.24W = 0.24Pt = 0.24VIt = 0.24I^2Rt$

저항과 전류, 시간이 주어져 있으므로

$H = 0.24I^2Rt = 0.24 \times 9 \times 2 \times 60 = 259[cal]$

009

자체 인덕턴스 40[mH]의 코일에 10[A]의 전류가 흐를 때 저장되는 에너지는 몇 [J]인가?

① 2　　　　　　　② 3

③ 4　　　　　　　④ 8

🔲 **자체인덕턴스** (L : 단위는 H) 과 전류값(I)을 알면 아래공식으로 저장되는 에너지(J)를 구할 수 있다.

(1000mH(밀리헨리) = 1H(헨리)

즉 $1mH = 1 \times 10^{-3}H$)

$$W = \frac{1}{2}LI^2 = \frac{1}{2} \times 40 \times 10^{-3} \times 10^2 = 2[J]$$

010

5[mH]의 코일에 220[V], 60[Hz]의 교류를 가할 때 전류는 약 몇 [A]인가?

① 43[A]　　　　　② 58[A]

③ 87[A]　　　　　④ 117[A]

🔲 교류에서의 전류

$I = \frac{V}{Z} = \frac{V}{\omega L} = \frac{V}{2\pi fL} = \frac{220}{2\pi \times 60 \times 5 \times 10^{-3}}$

$= 117[A]$

011

$e = 100\sqrt{2}\sin(100\pi t - \pi/3)[V]$인 정현파 교류전압의 주파수는 얼마인가?

① 50[Hz]　　　　　② 60[Hz]

③ 100[Hz]　　　　　④ 314[Hz]

🔲 주파수 f는 각주파수를 ω를 통해 구할 수 있다. 주파수가 f[Hz]인 정현파는 1초 동안에 $2\pi f$[rad] 만큼 변한다. 따라서 각주파수(각속도) ω[rad/s]와 주파수 f[Hz]의 관계식은 $\omega = 2\pi f$이다. 문제의 식에서 각주파수는 100π이므로

$$f = \frac{\omega}{2\pi} = \frac{100\pi}{2\pi} = 50 [Hz]$$

012

임피던스 $Z = 6 + j8[\Omega]$에서 서셉턴스(℧)는?

① 0.06　　　　　② 0.08

③ 0.6　　　　　　④ 0.8

🔲 어드미턴스(Y), 임피던스(Z), 컨덕턴스(G), 서셉턴스(B) 간의 관계식을 알아야 한다.

어드미턴스(admittance)란, 교류 회로에 있어서 전류가 얼마나 잘 흐르는가를 나타내는 수치로 전류의 흐름을 방해하는 값인 임피던스의 역수다.

1) 어드미턴스

$$Y = \frac{1}{Z} = \frac{1}{6+j8} = \frac{(6-j8)}{(6+j8)(6-j8)}$$

$$= \frac{6-j8}{36+64} = \frac{6-j8}{100}$$

$$= 0.06 - j0.08$$

　※ $j^2 = -1$(순허수의 j의 제곱은 -1이다.)

2) $Y = G + jB$

　[Y는 어드미턴스, G는 컨덕턴스, B는 서셉턴스]

따라서, G(컨덕턴스) = 0.06, B(서셉턴스) = 0.08

1)과 2) 관계식 모두 알고 있어야 풀 수 있는 문제이다.

013

저항과 코일이 직렬 연결된 회로에서 직류 220[V]를 인가하면 20[A]의 전류가 흐르고, 교류 220[V]를 인가하면 10[A]의 전류가 흐른다. 이 코일의 리액턴스[Ω]는?

① 약 19.05[Ω] ② 약 16.06[Ω]

③ 약 13.06[Ω] ④ 약 11.04[Ω]

해 직류회로 $R = \dfrac{V}{I} = \dfrac{220}{20} = 11[\Omega]$

교류회로 $R = \dfrac{V}{I} = \dfrac{220}{10} = 22[\Omega]$

교류에서는 $Z = R + jX$ 이므로

$22[\Omega] = \sqrt{11^2 + X_L^2}$

리엑턴스 $X_L^2 = 22^2 - 11^2 = 484 - 121 = 363$

$X_L = $ 약 19.05[Ω]

014

어떤 콘덴서에 전압 20[V]를 가할 때 전하 800[μC]이 축적되었다면 이 때 축적되는 에너지는?

① 0.008[J] ② 0.16[J]

③ 0.8[J] ④ 160[J]

해 콘덴서에 축적된 에너지 $W = \dfrac{1}{2}CV^2 = \dfrac{1}{2}QV[J]$

$W = \dfrac{1}{2}QV = \dfrac{1}{2} \times 800 \times 10^{-6} \times 20$

$= 8 \times 10^{-3}[J]$

015

기전력 1.5[V], 내부저항 0.1[Ω]인 전지 4개를 직렬로 연결하고 이를 단락했을 때의 단락전류[A]는?

① 10 ② 12.5

③ 15 ④ 17.5

해 기전력을 E, 내부저항을 r, 전지의 개수를 m, 부하저항을 R이라하면,

단락전류(I)는 $\dfrac{E}{Z} = \dfrac{E \times m}{mr + R}$ 으로 구하는데,

단락 시 $R = 0$ 이므로

대입하면 $\dfrac{1.5 \times 4}{4 \times 0.1 + 0} = \dfrac{6}{0.4} = 15[A]$

016

그림과 같은 비사인파의 제3고조파 주파수는? (단, $V = 20[V]$, $T = 10[ms]$ 이다.)

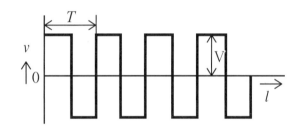

① 100[Hz] ② 200[Hz]

③ 300[Hz] ④ 400[Hz]

해 T는 주기이다. 주파수는 주기(T)의 역수,

1[ms] = 0.001[s] 이므로 T = 10[ms] = 0.01[s]

기본파의 주파수는 $f = \dfrac{1}{T} = \dfrac{1}{0.01} = 100[Hz]$ 이다.

3고조파는 기본파의 3배이므로 300[Hz] (1 마이크로쿨롬 (μC) = 1×10^{-6} 쿨롬(C))

017

220[V]용 100[W] 전구와 200[W] 전구를
직렬로 연결하여 220[V]의 전원에 연결하면?

① 두 전구의 밝기가 같다.

② 100[W]의 전구가 더 밝다.

③ 200[W]의 전구가 더 밝다.

④ 두 전구 모두 안 켜진다.

해 전구의 밝기는 저항의 크기에 비례한다. 전구의 직렬
연결에서 전류는 일정하다. $P = I^2R$ 이고 $I = \dfrac{V}{R}$ 이므
로 $P = \dfrac{V^2}{R^2} \times R = \dfrac{V^2}{R}$ 에서 $R = \dfrac{V^2}{P}$ 이 된다. 100[W]
인 전구의 저항 $R = \dfrac{220^2}{100}$ 이고 200[W]인 전구의 저
항 $R = \dfrac{220^2}{200}$ 이므로 100[W] 전구가 더 밝다.

018

3상 $220V$, $\triangle$결선에서 1상의 부하가
$Z = 8 + j6[\Omega]$이면 선전류(A)는?

① 11

② $22\sqrt{3}$

③ 22

④ $22\dfrac{22}{\sqrt{3}}$

해 $\triangle$결선에서는 선전류가 상전류보다 $\sqrt{3}$ 배 크다.
따라서 전압(V)와 부하(Z)를 이용하여 상전류를 먼저
구하면,

상전류 $= \dfrac{V}{Z} = \dfrac{220}{8+j6} = \dfrac{220}{\sqrt{8^2+6^2}} = \dfrac{220}{10}$

$= 22$ [A] 이므로 선전류 $= 22\sqrt{3}$

※$8 + j6$은 실수와 허수로 구성된 복소수로
백터합으로 계산하면 10이 된다.

019

$R = 4[\Omega]$, $\omega L = 3[\Omega]$의 직렬회로에
$V = 100\sqrt{2}\sin\omega t + 20\sqrt{2}\sin3\omega t[V]$의 전압을
가할 때 전력은 약 몇 [W]인가?

① 1170[W]　　② 1563[W]

③ 1637[W]　　④ 2116[W]

해 전력(P)을 물었으므로 $P = I^2R$ 에서 R은 4[Ω]으로 주
어졌으므로 I를 구하면 되는데, 먼저
$V = 100\sqrt{2}\sin\omega t + 20\sqrt{2}\sin3\omega t[V]$에서
$100\sqrt{2}\sin\omega t$과 $20\sqrt{2}\sin3\omega t$를 나누어 구한다.

$I_1 = \dfrac{V}{Z} = \dfrac{100}{\sqrt{4^2+3^2}} = 20\text{A}$

$I_2 = \dfrac{V}{Z} = \dfrac{20}{\sqrt{4^2+(3\times3)^2}} = 3.05\text{A}$

$I = \sqrt{I_1^2 + I_2^2} = \sqrt{20^2 + 3.05^2} = 20.23\text{A}$

$P = I^2R = 20.23^2 \times 4 = 1637[W]$

020

자기 인덕턴스 200[mH], 450[mH]인 두 코일의
상호 인덕턴스는 60[mH]이다. 두 코일의
결합계수는?

① 0.1　　② 0.2

③ 0.3　　④ 0.4

해 상호인덕턴스가 60[mH] 이므로 $M = k\sqrt{L_1 L_2}$ 에서
결합계수 $k = \dfrac{M}{\sqrt{L_1 L_2}} = \dfrac{60}{\sqrt{200\times450}} = 0.2$

021

자속밀도 $B = 0.2[Wb/m^2]$의 자장 내에 길이 $2[m]$, 폭 $1[m]$, 권수 5회의 구형 코일이 자장과 $30°$의 각도로 놓여 있을 때 코일이 받는 회전력은?

(단, 이 코일에 흐르는 전류는 $2[A]$이다.)

① $\sqrt{\dfrac{3}{2}}$ [N·m]　　② $\dfrac{\sqrt{3}}{2}$ [N·m]

③ $2\sqrt{3}$[N·m]　　④ $\sqrt{3}$ [N·m]

해 코일의 회전력 공식은 아래와 같다.

회전력 $T = NBSI\cos\theta$
$$= 5 \times 0.2 \times 2 \times 1 \times 2 \times \cos30°$$
$$= 2\sqrt{3} \text{ [N·m]}$$

- N:권횟수
- B:자속밀도
- S:길이 × 폭
- I:전류
- θ:코일과 자장의 각도 $\cos30° = \dfrac{\sqrt{3}}{2}$

022

직류 $250[V]$의 전압에 두 개의 $150[V]$용 전압계를 직렬로 접속하여 측정하면 각 계기의 지시값 V_1, V_2는 각각 몇$[V]$인가? (단, 두 전압계의 내부저항은 각각 $18[k\Omega]$, $12[k\Omega]$이다.)

① $V_1 = 250$, $V_2 = 150$

② $V_1 = 150$, $V_2 = 100$

③ $V_1 = 100$, $V_2 = 150$

④ $V_1 = 150$, $V_2 = 250$

해 직렬접속에서 전압의 분배는 두 내부저항의 비율에 따른다. $V_1 : V_2 = 18 : 12 = 3 : 2$ 이므로 전체 $250[V]$의 전압은 각각 $V_1 : V_2 = 150 : 100$ 으로 분배된다.

023

자체 인덕턴스 $2[H]$의 코일에 $25[J]$의 에너지가 저장되어 있다면 코일에 흐르는 전류는?

① $2[A]$　　② $3[A]$

③ $4[A]$　　④ $5[A]$

해 자체 인덕턴스 저장 에너지 공식

$W = \dfrac{1}{2}LI^2$ 에서 $I^2 = \dfrac{2W}{L}$ 이므로

$I = \sqrt{\dfrac{2W}{L}} = \sqrt{\dfrac{2 \times 25}{2}} = 5[A]$

024

$i = I_m \cdot \sin\omega t[A]$인 사인파 교류에서 ωt가 몇 도일 때 순시값과 실효값이 같게 되는가?

① $30°$　　② $45°$

③ $60°$　　④ $90°$

해 순시값이란 순간순간 변하는 교류의 임의의 시간에 있어서 값을 말하며 실효값은 교류의 크기를 교류와 동일한 일을 하는 직류의 크기로 바꿔 나타낸 값을 말한다.

문제는 사인파 교류에서의 순시값과 실효값을 알고 있어야 풀 수 있다.

주어진 $i = I_m \cdot \sin\omega t[A]$는 순시값이며,

실효값 $I = \dfrac{I_m}{\sqrt{2}}$로 나타낼 수 있다.

따라서, 순시값과 실효값이 같아지는 $\sin\omega t$는

$I_m \cdot \sin\omega t = \dfrac{I_m}{\sqrt{2}}$(순시값 = 실효값)

$\sin\omega t = \dfrac{1}{\sqrt{2}}$이므로 ωt는 $45°$ 가 된다.

삼각비 〳 A	$30°$	$45°$	$60°$
$\sin A$	$\dfrac{1}{2}$	$\dfrac{\sqrt{2}}{2}$	$\dfrac{\sqrt{3}}{2}$
$\cos A$	$\dfrac{\sqrt{3}}{2}$	$\dfrac{\sqrt{2}}{2}$	$\dfrac{1}{2}$
$\tan A$	$\dfrac{\sqrt{3}}{3}$	1	$\sqrt{3}$

025

감은 횟수 200회의 코일 P와 300회의 코일 S를 가까이 놓고 P에 1[A]의 전류를 흘릴 때 S와 쇄교하는 자속이 4×10^{-4}[Wb]이었다면 이들 코일 사이의 상호 인덕턴스는?

① 0.12[H]   ② 0.12[mH]

③ 0.08[H]   ④ 0.08[mH]

🅗 상호인덕턴스 M = $\dfrac{N\phi}{I}$ 에서 코일감은 횟수 Ns은 300회 자속 ϕ는 4×10^{-4}[Wb], 전류는 1[A]라 했으므로 M = $\dfrac{N\phi}{I}$ = $\dfrac{300 \times 4 \times 10^{-4}}{1}$ = 0.12[H]

026

진공 중에서 같은 크기의 두 자극을 $1[m]$ 거리에 놓았을 때, 그 작용하는 힘은?

(단, 자극의 세기는 1[Wb]이다.)

① 6.33×10^4[N]   ② 8.33×10^4[N]

③ 9.33×10 [N]   ④ 9.09×10 [N]

🅗 쿨롱의 법칙

$F = k\dfrac{m_1 m_2}{r^2} = \dfrac{1}{4\pi\mu 0} \times \dfrac{m_1 m_2}{r^2}$[N]

$(k = 6.33 \times 10^4)$

$m_1 = m_2 = 1, r = 1[m]$ 이므로

$F = k\dfrac{m_1 m_2}{r^2} = 6.33 \times 10^4 \times \dfrac{1^2}{1} = 6.33 \times 10^4$[N]

027

$R = 5[\Omega]$, $L = 30[mH]$의 RL 직렬회로에 $V = 200[V]$, $f = 60[Hz]$의 교류전압을 가할 때 전류의 크기는 약 몇 [A]인가?

① 8.67   ② 11.42

③ 16.17   ④ 21.25

🅗 RL 직렬회로에서 f를 주파수 [Hz]라하면 유도성 리엑턴스 $X_L = \omega L = 2\pi f L$ [Ω] 로 나타낸다.

(리액턴스는 교류전압이 흐를 때 인덕터와 커패시터가 전류 흐름을 방해하는 성질을 말한다.)

$\omega L = 2\pi f L = 2\pi \times 60 \times 30 \times 10^{-3} = 11.3$

$Z = Z_1 + Z_2 = R + jX_L = 5 + j11.3$

$I = \dfrac{V}{Z} = \dfrac{200}{\sqrt{5^2 + 11.3^2}} = 16.17$[A]

028

$R = 8[\Omega]$, $L = 19.1[mH]$의 직렬회로에 5[A]가 흐르고 있을 때 인덕턴스(L)에 걸리는 단자 전압의 크기는 약 몇 [V]인가?

(단, 주파수는 60[Hz]이다.)

① 12   ② 25

③ 29   ④ 36

🅗 RL 직렬회로의 유도성 리액턴스 $X_L = 2\pi f L[\Omega]$ 이다.

$2\pi f L = 2\pi \times 60 \times \dfrac{19.1}{1000}$ (1[H] = 1000[mH] 이므로)

$= 7.2[\Omega]$

인덕턴스(L)에 걸리는 단자 전압은

$V = X_L \times I = 7.2 \times 5 = 36$[V]

029

전원과 부하가 다같이 Δ결선된 3상 평형회로가 있다. 상전압이 200[V], 부하 임피던스가 $Z = 6 + j8$ [Ω]인 경우 선전류는 몇 [A]인가?

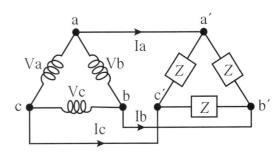

① 20   ② $\dfrac{20}{\sqrt{3}}$

③ $20\sqrt{3}$ ④ $10\sqrt{3}$

🅗 Δ결선에서는 상전압(V_p)과 선전압(V_l)이 같고, 선전류(I_l) = $\sqrt{3}$ 상전류(I_p) 이다.

임피던스 Z = $6 + j8 = \sqrt{6^2 + 8^2} = 10$ 이므로

상전류(I_p)는 $\dfrac{V_p}{Z} = \dfrac{200}{10} = 20$

선전류(I_l) = $\sqrt{3} \times$ 상전류(I_p)

$= \sqrt{3} \times 20 = 20\sqrt{3}$

030

6[Ω]의 저항과, 8[Ω]의 용량성 리액턴스의 병렬회로가 있다. 이 병렬회로의 임피던스는 몇 [Ω] 인가?

① 1.5   ② 2.6

③ 3.8   ④ 4.8

해 저항 R과 리액턴스 X_c 는 병렬연결되어 있으므로 어드미턴스 $Y = \frac{1}{6} + j\frac{1}{8}$ 로 나타낼 수 있다.

임피던스 Z는 어드미턴스 Y의 역수이므로

$$Z = \frac{1}{Y} = \frac{1}{\sqrt{\left(\frac{1}{6}\right)^2 + \left(\frac{1}{8}\right)^2}} = 4.8[\Omega]$$

031

$Z_1 = 5 + j3[\Omega]$ 과 $Z_2 = 7 - j3[\Omega]$이 직렬 연결된 회로에 $V = 36[V]$를 가한 경우의 전류[A]는?

① 1[A]   ② 3[A]

③ 6[A]   ④ 10[A]

해 합성 임피던스를 먼저 구하면

$$Z = Z_1 + Z_2 = (5 + 7) + j(3 - 3) = 12[\Omega]$$
$$I = \frac{V}{Z} = \frac{36}{12} = 3[A]$$

032

$e = 100\sin(314t - \frac{\pi}{6})[V]$인 파형의 주파수는 약 몇 [Hz]인가?

① 40   ② 50

③ 60   ④ 80

해 교류전압 $e = V_m\sin\omega t[V]$ 이고, 각속도를 나타내는 ω(오메가)는 360도를 나타내는 2π와 주파수 f[Hz]의 곱으로 나타낼 수 있다. $\omega = 2\pi f$

따라서 $f = \frac{\omega}{2\pi} = \frac{314}{2\pi} = 50[Hz]$

033

$R = 2[\Omega]$, $L = 10[mH]$, $C = 4[\mu F]$으로 구성되는 직렬공진회로의 L과 C에서의 전압 확대율은?

① 3   ② 6

③ 16   ④ 25

해 전압확대율 공식

$$Q = \frac{1}{R}\sqrt{\frac{L}{C}}$$
$$= \frac{1}{2} \times \sqrt{\frac{10 \times 10^{-3}}{4 \times 10^{-6}}} = \frac{1}{2} \times \sqrt{2.5 \times 10^3}$$
$$= 25$$

034

단상 100[V], 800[W], 역률 80[%]인 회로의 리액턴스는 몇 [Ω]인가?

① 10   ② 8

③ 6   ④ 2

해 리액턴스(X)는

무효전력(P_r) / 전류의 제곱 $= \frac{P_r}{I^2}$

피상전력(P_a)은 $\frac{P}{\cos\theta} = \frac{800}{0.8} = 1000[VA]$ 이며

전류(I)는 $\frac{P_a}{V} = \frac{1000}{100} = 10[A]$

무효전력 $P_r = I^2 X = P_a\sin\theta$
$$= 1000 \times \sqrt{1 - 0.8^2} = 600$$

리액턴스 $X = \frac{P_r}{I^2} = \frac{600}{10^2} = 6[\Omega]$

035

공기 중에서 5[cm] 간격을 유지하고 있는 2개의 평행 도선에 각각 10[A]의 전류가 동일한 방향으로 흐를 때 도선 1[m] 당 발생하는 힘의 크기(N)는?

① 4×10^{-4} ② 2×10^{-5}

③ 4×10^{-5} ④ 2×10^{-4}

해 평행도선에 동일방향의 전류가 흐를 때 1[m]당 발생하는 힘의 크기는 다음 공식으로 구한다.

$F = \dfrac{\mu_0 I_1 I_2}{2\pi r}$ 에서 자기상수 $\mu_0 = 4\pi \times 10^{-7}$ 이므로

$F = \dfrac{\mu_0 I_1 I_2}{2\pi r} = \dfrac{2I^2}{r} \times 10^{-7}$

$= \dfrac{2 \times 10^2}{5 \times 10^{-2}} \times 10^{-7} = 4 \times 10^{-4}$ [N/m]

036

기전력 1.5[V], 내부 저항이 0.2[Ω]인 전지 5개를 직렬로 연결하고 이를 단락하였을 때의 단락 전류[A]는?

① 1.5   ② 4.5

③ 7.5   ④ 15

해 기전력을 E, 내부저항을 r, 전지의 개수를 m, 부하저항을 R이라하면,

단락전류(I)는 $\dfrac{E}{Z} = \dfrac{E \times m}{mr + R}$ 으로 구하는데,

단락 시 $R = 0$ 이므로

대입하면 $\dfrac{1.5 \times 5}{5 \times 0.2 + 0} = \dfrac{7.5}{1} = 7.5$[A]

037

역률 0.8, 유효전력 4000[kW]인 부하의 역률을 100[%]로 하기 위한 콘덴서의 용량[KVA]은?

① 2400   ② 2300

③ 3000   ④ 3200

해 역률개선 전(1)과 역률개선 후(2)의 유효전력이 동일한 경우, 콘덴서 용량 $Q = P(\tan\theta_1 - \tan\theta_2)$의 공식을 적용한다. $\tan\theta = \dfrac{\sin\theta}{\cos\theta}$ 이므로

$Q = P(\tan\theta_1 - \tan\theta_2)$

$= 4000 \times \left(\dfrac{\sin\theta_1}{\cos\theta_1} - \dfrac{\sin\theta_2}{\cos\theta_2} \right)$

$(\sin\theta)^2 + (\cos\theta)^2 = 1$ 이므로

개선 전 역률 $\cos\theta_1 = 0.8$ 일 때 $\sin\theta_1 = 0.6$

개선 후 역률 $\cos\theta_1 = 1$ 일 때 $\sin\theta_1 = 0$ 이 된다.

따라서

$Q = 4000 \times \left(\dfrac{0.6}{0.8} - \dfrac{0}{1} \right) = 3000$[kVA]

038

실효값 5[A], 주파수 f[Hz], 위상 60°인 전류의 순시값 i[A]를 수식으로 옳게 표현한 것은?

① $i = 5\sqrt{2}\sin\left(2\pi ft + \dfrac{\pi}{2}\right)$

② $i = 5\sqrt{2}\sin\left(2\pi ft + \dfrac{\pi}{3}\right)$

③ $i = 5\sin\left(2\pi ft + \dfrac{\pi}{2}\right)$

④ $i = 5\sin\left(2\pi ft + \dfrac{\pi}{3}\right)$

해 전류의 실효값 I = 5[A]와 각 주파수 w = $2\pi f$, 위상 $\theta = 60°$를 사용하여 전류의 순시값을 표현하는 문제이다.

전류의 최대값을 I_m이라 하면

$I_m = \sqrt{2}I = \sqrt{2} \times 5 = 5\sqrt{2}$

이를 순시값 공식 $i = I_m\sin(wt + \theta)$ 에 대입하면

i = $5\sqrt{2}\sin(wt + 60°) = 5\sqrt{2}\sin(wt + \dfrac{\pi}{3})$

$= 5\sqrt{2}\sin(2\pi ft + \dfrac{\pi}{3})$[A] 정답은 ②번이다.

039

그림에서 a −b간의 합성저항은 c −d간의 합성저항 보다 몇 배인가?

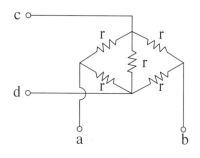

① 1배   ② 2배

③ 3배   ④ 4배

해 먼저 a − b간 합성저항을 보면,

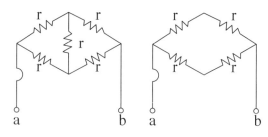

중간에 있는 회로에는 전류가 흐르지 않으므로 오른쪽 그림과 같이 바꿔서 구해보면 2r, 2r의 병렬연결이므로

$$R(ab) = \frac{2r \times 2r}{2r + 2r} = \frac{4r^2}{4r} = r$$

c − d간 합성저항을 구해보면

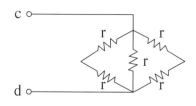

2r, r, 2r 의 세 저항이 병렬로 연결되어 있으므로,

$$R(cd) = \frac{2r \times r \times 2r}{(2r \times r) + (r \times 2r) + (2r \times 2r)}$$

$$= \frac{4r^3}{2r^2 + 2r^2 + 4r^2} = \frac{4r^3}{8r^2} = \frac{r}{2}$$

R(ab) = r, R(cd) = $\frac{r}{2}$ 이므로

a − b간 합성저항은 c − d간 합성저항의 2배이다.

040

그림과 같은 회로에서 a - b간에 E[V]의 전압을 가하여 일정하게 하고, 스위치 S를 닫았을 때의 전전류 I[A]가 닫기 전 전류의 3배가 되었다면 저항 Rx의 값은 약 몇 [Ω]인가?

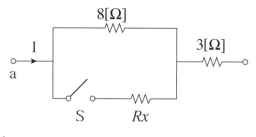

① 0.73   ② 1.44

③ 2.16   ④ 2.88

해 병렬연결과 직렬연결이 함께 있는 저항회로에서

• 스위치를 닫지 않았을 때는 직렬연결이 되므로
저항 = 8 + 3 = 11 [Ω]
→ 닫지 않았을 때의 저항(R_1)

• 문제에서 스위치를 닫았을 때의 전류는 닫기 전 전류의 3배가 된다고 했으므로 저항은 1/3로 줄어든다. 따라서 스위치를 닫았을 때의 저항(R_2)는
$R_1 \times \frac{1}{3}$ 이 된다.
$$R_2 = 11 \times \frac{1}{3} = \frac{11}{3} \rightarrow 닫았을 때의 저항(R_2)$$

합성저항 공식에서 (두 저항의 병렬연결은 $\frac{곱}{합}$,
직렬연결은 그냥 더하면 된다.)

$$\frac{11}{3} = \frac{8 \times Rx}{8 + Rx} + 3$$

$$\frac{2}{3} = \frac{8 \times Rx}{8 + Rx}$$

$$16 + 2Rx = 24Rx$$

$$Rx = \frac{16}{22} = 약 0.73[Ω]$$

최신기출복원

001

최신기출 복원!

히스테리시스 곡선의 (ㄱ)가로축(횡축)과
(ㄴ)세로축(종축)은 무엇을 나타내는가?

① 자속 밀도, (ㄴ) 투자율

② 자기장의 세기, (ㄴ) 자속 밀도

③ 자화의 세기, (ㄴ) 자기장의 세기

④ 자기장의 세기, (ㄴ) 투자율

해 (ㄱ) 자기장의 세기, (ㄴ) 자속 밀도

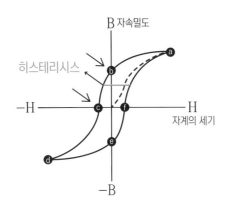

002

최신기출 복원!

어떤 코일에 흐르는 전류가 0.5[ms] 동안에
5[A]만큼 변화시킬 때 20[V]의 전압이 발생한다.
이 코일의 자기인덕턴스[mH]는?

① 4   ② 2

③ 10   ④ 20

해 페러데이 공식

(유도기전력) $e = N$(권수) $\times \dfrac{d\Phi}{dt}$[시간에 따른 자속
의 변화]

(유도기전력) $e = L$(인덕턴스) $\times \dfrac{di}{dt}$ [시간에 따른
전류의 변화]

따라서, 유도기전력 $20 = L \times \dfrac{di}{dt} = L \times \dfrac{5}{0.5}$

$L = 2$

003

최신기출 복원!

100[kVA] 단상변압기 2대를 V결선하여 3상
전력을 공급할 때의 출력은?

① 17.3[KVA]   ② 86.6[KVA]

③ 173.2[KVA]   ④ 346.8[KVA]

해 V결선 시 출력은 $\sqrt{3}\,P_a = \sqrt{3} \times 100 = 173.2[kVA]$

004

최신기출 복원!

진공의 투자율 [H/m]을 바르게 나타낸 식은?

① 6.33×10^4 ② $4\pi \times 10^{-7}$

③ 8.855×10^{-12} ④ 9×10^9

해 진공의 투자율 μ_0[H/m] $= 4\pi \times 10^{-7}$

암기법 투자는 싸파마칠 ~

① $6.33 \times 10^4 = \dfrac{1}{4\pi\mu_0}$

③ $8.855 \times 10^{-12} =$ (진공의) 유전율[ε_0]

005

최신기출 복원!

5Ω의 저항 5개를 직렬로 연결하면 병렬로
연결했을 때의 몇 배가 되는가?

① 10   ② 25

③ 50   ④ 100

해 저항은 직렬연결 시 $\dfrac{1}{n}$ 배가 되므로 5Ω의 저항 5개
를 직렬로 연결하면 $\dfrac{1}{5} \times 5Ω = 1\,Ω$

한편, 저항을 병렬로 연결 시에는 n배가 되므로 5Ω의
저항 5개를 병렬로 연결하면 $5Ω \times 5 = 25Ω$이 된다.
따라서 정답은 ② 25배

006
최신기출 복원!

기전력 1.5 V, 내부 저항이 0.2 Ω인 전지 5 개를 직렬로 연결하고 이를 단락하였을 때의 단락 전류(A)는?

① 1.5　　　　　　② 4.5

③ 7.5　　　　　　④ 15

해 기전력을 E, 내부저항을 r, 전지의 개수를 m, 부하저항을 R이라하면,

단락전류(I)는 $\dfrac{E}{Z} = \dfrac{E \times m}{mr + R}$ 으로 구하는데,

단락 시 $R = 0$ 이므로

대입하면 $\dfrac{1.5 \times 5}{5 \times 0.2 + 0} = \dfrac{7.5}{1} = 7.5[A]$

("단락시켰다"는 말은 전류가 흐를 수 있게 연결했다는 의미로 해석한다.)

007
최신기출 복원!

$3[kW]$의 전열기를 1시간 동안 사용할 때 발생하는 열량(kcal)은?

① 3　　　　　　② 180

③ 860　　　　　④ 2580

해 전기에너지의 단위인 W를 단위시간 당 열량(cal)으로 바꾸어주는 문제이다. 전기에너지(W)를 열량(cal)으로 바꾸기 위해서는 0.24와 시간(초)를 곱해준다.

[3kW = 3000W, 1시간 = 3600초]

열량(cal) = 0.24 × W × 시간(초)

　　　　　= 0.24 × 3,000 × 3,600

　　　　　= 2,592,000(cal) = 2,592(kcal)

공식 : H = 0.24Pt

　Tip 전류의 발열작용은 줄의 법칙과 관련이 있다. 전류가 일정시간 내는 열량(H)은 전류의 세기 제곱(I^2)과 저항(R)에 비례 H = $0.24I^2Rt$ [cal]의 공식으로 구할 수 있다.

008
최신기출 복원!

1[kWh]는 몇 [J]인가?

① 3.6×10^6　　　　② 860

③ 10^3　　　　　　④ 10^6

해 W[J] = Pt에서 단위는 W[와트]와 s[초]이므로

1kWh = 3600[초] × 1000[W]

　　　 = 3.6×10^6[Ws] = 3.6×10^6[J]

009
최신기출 복원!

4[μF]의 콘덴서를 4[kV]로 충전하면 축적되는 에너지는 몇 [J] 인가?

① 10　　　　　　② 16

③ 24　　　　　　④ 32

해 콘덴서에 축적되는 에너지

$W = \dfrac{1}{2}QV$ (여기서 Q = CV)

$= \dfrac{1}{2}CV \cdot V = \dfrac{1}{2}CV^2$

$= \dfrac{1}{2} \times 4 \times 10^{-6} \times 4000^2$ (계산기 사용!)

$= 32$

010
최신기출 복원!

유효전력의 식으로 옳은 것은?

(단, E는 전압, I는 전류, θ는 위상각이다.)

① $EI\cos\theta$　　　　② $EI\sin\theta$

③ $EI\tan\theta$　　　　④ EI

해 유효전력(P)은 $EI\cos\theta$, 무효전력(Pr)은 $EI\sin\theta$, 피상전력은 EI로 나타낸다. 각각의 단위까지 알아둔다.(유효전력 W, 무효전력 Var, 피상전력의 단위는 VA)

　암기법 유코무싸 [유효전력식에는 코사인, 무효전력식에는 싸인 들어간다!]

PART
IV
CBT 복원

실전 모의고사

Shortcut Stretagy

SS숏컷전략

CBT 복원 실전 모의고사

CBT Computer Based Test는
말그대로 컴퓨터화면을 보고 마우스로 클릭해서 정답을 표기하는 형식의 시험입니다. 지류교재로는 실전과 같은 연습을 하는 것이 제한적일 수밖에 없습니다. 따라서 반드시 컴퓨터나 핸드폰을 통해 모의고사 어플을 다운받거나 모의고사 사이트 등을 접속하여 실전과 같은 환경에서 합격가능성을 미리 점검해 보시는 것도 좋은 방법입니다.

CBT 체험 바로가기

모의고사 바로가기

앱 다운로드 바로가기

001 폭발성 분진이 있는 위험장소에 금속관 배선에 의할 경우 관 상호 및 관과 박스 기타의 부속품이나 풀박스 또는 전기기계기구는 몇 턱 이상의 나사 조임으로 접속하여야 하는가?

① 2턱　　　　　　　② 3턱

③ 4턱　　　　　　　④ 5턱

해 턱이란 나사선의 1회전 조임량을 뜻하며 폭발 위험장소 등에서의 금속관 배선 시 관 상호간 5턱 이상의 나사조임으로 접속한다.

002

IV전선을 사용한 옥내배선 공사 시 박스 안에서 사용되는 전선 접속 방법은?

① 브리타니어 접속　　② 쥐꼬리 접속

③ 복권 직선 접속　　　④ 트위스트 접속

해 IV전선을 사용한 옥내배선 공사 시 박스 안 접속은 쥐꼬리 접속(동일한 굵기의 두 단선 접속)으로 한다.

003

1[Ah]는 몇 [C] 인가?

① 1200　　　　　　② 2400

③ 3600　　　　　　④ 4800

해 $Q = It(A \cdot sec)$이므로 1[Ah]를 초단위로 바꾸면 3600[C]

004

다음 중 차단기를 시설해야 하는 곳으로 가장 적당한 것은?

① 고압에서 저압으로 변성하는 2차측의 저압측 전선

② 접지 공사를 한 저압 가공 전로의 접지측 전선

③ 다선식 전로의 중성선

④ 접지공사의 접지선

해 과전류 차단기를 시설해야하는 곳은 인입선이다. 접지 공사의 접지선, 다선식 전로의 중성선, 전로 일부에 접지공사를 한 저압 가공전선로의 접지측 전선에는 과전류차단기 설치가 제한된다.

　Tip　접다접엔 과전류 차단기 설치 ×

005

1차 전지로 가장 많이 사용되는 것은?

① 니켈·카드뮴전지　　② 연료전지

③ 망간전지　　　　　④ 납축전지

해 1차전지로 가장 많이 사용되는 것은 망간전지이다. 2차전지는 재사용이 가능한 니켈, 카드늄 전지, 리튬이온(리튬이온폴리머)전지, 납축전지 등이 있다.

006

합성수지 몰드 공사에서 틀린 것은?

① 전선은 절연 전선일 것

② 합성수지 몰드 안에는 접속점이 없도록 할 것

③ 합성수지 몰드는 홈의 폭 및 깊이가 6.5[㎝] 이하일 것

④ 합성수지 몰드와 박스 기타의 부속품과는 전선이 노출되지 않도록 할 것

🖩 합성수지 몰드 공사는 홈의 폭 및 깊이는 3.5[cm] 이하여야 한다.

007

어떤 회로의 소자에 일정한 크기의 전압으로 주파수를 2배로 증가시켰더니 흐르는 전류의 크기가 1/2로 되었다. 이 소자의 종류는?

① 저항   ② 코일

③ 콘덴서   ④ 다이오드

🖩 일정한 크기의 전압으로 주파수를 2배로 증가시켰더니 흐르는 전류의 크기가 1/2이 되었다면 이 소자는 코일이다. 코일에서의 전류 $I = \dfrac{V}{\omega L} = \dfrac{V}{2\pi f L}$에서 주파수 f가 2배가 되면 전류는 $\dfrac{1}{2}$배가 된다.

008

버스덕트 공사에서 덕트를 조영재에 붙이는 경우에 덕트의 지지점간의 거리를 몇 [m] 이하로 하여야 하는가?

① 3   ② 4.5

③ 6   ④ 9

🖩 버스덕트 공사에서 덕트를 조영재에 붙이는 경우에 덕트의 지지점간의 거리를 3[m] 이하로 하여야 한다.

009

실링·직접부착등을 시설하고자 한다. 배선도에 표기할 그림기호로 옳은 것은?

①   ②

③   ④

🖩 실링, 직접부착등은 천장(ceiling)에 직접 부착하는 조명으로 기호는 ③번이다.

010

터널·갱도 기타 이와 유사한 장소에서 사람이 상시 통행하는 터널내의 배선방법으로 적절하지 않은 것은?

① 라이팅덕트 배선

② 금속제 가요전선관 배선

③ 합성수지관 배선

④ 애자사용 배선

🖩 라이팅덕트는 균일한 조도를 얻을 수 있으며 천장이 높은 대형 공장이나 주차장 전시장 등에 적합한 공사방법이다. 터널·갱도 기타 이와 유사한 장소에서 사람이 상시 통행하는 터널내에 적합한 배선방법에는 금속제 가요전선관, 합성수지관, 금속관, 케이블 배선, 애자 배선 등이 있다.

[암기법] 터널에서 합, 금, 케, 가요, 애자

011

직류 발전기에서 브러시와 접촉하여 전기자 권선에 유도되는 교류기전력을 정류해서 직류로 만드는 부분은?

① 계자   ② 정류자

③ 슬립링   ④ 전기자

🖩 브러시와 정류자는 서로 접촉하여 전기자 권선에 유도되는 교류기전력을 정류해서 직류로 만든다.

012

다음 중 3로 스위치를 나타내는 그림 기호는?

① EX

② 3

③ ●2P

④ ●15A

🅗 3로 스위치는 ●3

013

두 종류의 금속 접합부에 전류를 흘리면 전류의 방향에 따라 줄열 이외의 열의 흡수 또는 발생 현상이 생긴다. 이러한 현상을 무엇이라 하는가?

① 제벡효과

② 페란티 효과

③ 펠티어 효과

④ 초전도 효과

🅗 **펠티에효과**:두 도체를 결합하여 전류를 흐르도록 하면, 한 쪽 접점은 발열하여 온도가 상승하고, 다른 한 쪽은 흡열하여 온도가 낮아지는 현상이다. 펠티에 효과는 전자 냉동기를 비롯한 소형가전 분야와 그 밖에 가열 및 냉각이 필요한 의료, 반도체 분야에서 활용되고 있다.

<u>제베크 효과</u>:1821년 독일 물리학자 Seebeck가 발견한 것으로 금속선 양쪽 끝을 접합하여 폐회로를 구성하고 한 접점에 열을 가하게 되면 두 접점에 온도차로 인해 생기는 전위차에 의해 전류가 흐르게 되는 현상을 말한다.

014

전주 외등 설치 시 백열전등 및 형광등의 조명기구를 전주에 부착하는 경우 부착한 점으로부터 돌출되는 수평거리는 몇 [m] 이내로 하여야 하는가?

① 0.5

② 0.8

③ 1.0

④ 1.2

🅗 전주 외등 설치 시 조명기구를 전주에 부착하는 경우 돌출되는 수평거리는 1.0 m 이내로 한다.

015

슬립이 일정한 경우 유도전동기의 공급 전압이 1/2로 감소되면 토크는 처음에 비해 어떻게 되는가?

① 2배가 된다.

② 1배가 된다.

③ 1/2로 줄어든다.

④ 1/4로 줄어든다.

🅗 토크는 전압의 제곱에 비례한다. 따라서

$$T \propto V^2 = \left(\frac{1}{2}\right)^2 = \frac{1}{4}$$

016

3상 유도전동기의 회전방향을 바꾸기 위한 방법으로 가장 옳은 것은?

① △ - Y 결선으로 결선법을 바꾸어 준다.

② 전원의 전압과 주파수를 바꾸어 준다.

③ 전동기의 1차 권선에 있는 3개의 단자 중 어느 2개의 단자를 서로 바꾸어 준다.

④ 기동 보상기를 사용하여 권선을 바꾸어 준다.

017

진공 중에 $10\mu C$과 $20\mu C$의 점전하를 $1[m]$의 거리로 놓았을 때 작용하는 힘[N]은?

① 18×10^{-1}

② 2×10^{-2}

③ 9.8×10^{-9}

④ 98×10^{-9}

🅗 쿨롱의 법칙을 암기하고 있어야 풀 수 있다.

쿨롱의 법칙 $F = 9 \times 10^9 \times \dfrac{Q_1 Q_2}{r^2}$

아래 표에서 $\mu C = 10^{-6}C$ 이므로 이를 대입하면

$F = 9 \times 10^9 \times \dfrac{10 \times 10^{-6} \times 20 \times 10^{-6}}{1}$

계산해 주면
(같은 수의 지수끼리는 더하고 뺄 수 있다)

$= 9 \times 10 \times 20 \times 10^{-3} = 18 \times 10^{-1}$

값	기호	이름
10^{-3} C	mC	밀리쿨롬
10^{-6} C	μC	마이크로쿨롬
10^{-9} C	nC	나노쿨롬
10^{-12} C	pC	피코쿨롬

Tip 어떤 수의 음의 지수는 어떤 수의 역수로 바꾸고 양의 지수로 바꿀 수 있다.

예 $10^{-6} = \left(\dfrac{1}{10}\right)^6$

018

변압기 V결선의 특징으로 틀린 것은?

① 고장 시 응급처치 방법으로도 쓰인다.

② 단상변압기 2대로 3상 전력을 공급한다.

③ 부하증가가 예상되는 지역에 시설한다.

④ V결선 시 출력은 Δ결선 시 출력과 그 크기가 같다.

해 V결선 시 출력은 Δ결선 시 출력에 비해 57.7% 저하된다.

019

전구를 점등하기 전의 저항과 점등한 후의 저항을 비교하면 어떻게 되는가?

① 점등 후의 저항이 크다.

② 점등 전의 저항이 크다.

③ 변동 없다.

④ 경우에 따라 다르다.

해 점등 후 발생하는 열은 저항값을 증가시킨다.

020

3[kW]의 전열기를 1시간 동안 사용할 때 발생하는 열량(kcal)은?

① 3 ② 180

③ 860 ④ 2580

해 전기에너지의 단위인 W를 단위시간 당 열량(cal)으로 바꾸어주는 문제이다. 전기에너지(W)를 열량(cal)으로 바꾸기 위해서는 0.24와 시간(초)를 곱해준다.

[3kW = 3000W, 1시간 = 3600초]

열량(cal) = 0.24 × W × 시간(초)
= 0.24 × 3,000 × 3,600
= 2,592,000(cal) = 2,592(kcal)

공식 : H = 0.24Pt

Tip 전류의 발열작용은 줄의 법칙과 관련이 있다. 전류가 일정시간 내는 열량(H)은 전류의 세기 제곱(I^2)과 저항(R)에 비례 H = $0.24I^2Rt$ [cal]의 공식으로 구할 수 있다.

021

인입용 비닐절연전선을 나타내는 약호는?

① OW ② EV

③ DV ④ NV

해 인입용 비닐절연전선은 DV로 나타낸다. 옥외용 비닐절연전선은 OW

022

전기공사에서 접지저항을 측정할 때 사용하는 측정기는 무엇인가?

① 검류기 ② 변류기

③ 메거 ④ 어스테스터

해 접지 저항 측정에 사용되는 측정기는 어스터스터(earth resistance tester) 메거는 절연저항계[絶緣抵抗計, megger]로 저압전로와 대지 사이 절연 저항 또는 전기 기기의 절연 저항을 측정할 때 사용하는 기구이다. 400[V] 이하 옥내배선 절연저항 측정에는 500[V] 메거를 사용한다.

023

자력선의 성질을 설명한 것이다. 옳지 않은 것은?

① 자력선은 서로 교차하지 않는다.

② 자력선은 N극에서 나와 S극으로 향한다.

③ 진공 중에서 나오는 자력선의 수는 m개이다.

④ 한 점의 자력선 밀도는 그 점의 자장의 세기를 나타낸다.

해 진공 중 자력선의 수는 $\frac{m}{\mu_0}$ 개이다. m개 인 것은 자속선수이다.

024

전기 기기의 철심 재료로 규소 강판을 많이 사용하는 이유로 가장 적당한 것은?

① 와류손을 줄이기 위해

② 맴돌이 전류를 없애기 위해

③ 히스테리시스손을 줄이기 위해

④ 구리손을 줄이기 위해

해 규소강판 → 히스테리시스손 감소
　성층철심 → 와류손 감소
　[암기법] 히규와성 ~

025

다음 중 전선의 슬리브 접속에 있어서 펜치와 같이 사용되고 금속관 공사에서 로크너트를 조일 때 사용하는 공구는 어느 것인가?

① 펌프 플라이어(pump plier)

② 히키(hickey)

③ 비트 익스텐션(bit extension)

④ 클리퍼(clipper)

해 보통 집게모양 지렛대로 조여서 물건을 잡거나 누르는 공구를 플라이어(plier)라 부른다.
　펌프 플라이어는 금속관 공사에서 로크너트를 조일 때 사용하며 녹슨 나사, 강하게 조여져 있는 나사들을 간단하게 풀 수 있어 주로 배관공사에 이용된다.

026

자체 인덕턴스가 각각 L_1, L_2[H]인 두 원통 코일이 서로 직교하고 있다. 두 코일 사이의 상호 인덕턴스[H]는?

① $L_1 L_2$　　　　　② $L_1 + L_2$

③ 0　　　　　　　④ $\sqrt{L_1 L_2}$

해 직각 교차 시 서로 쇄교하는 자속이 없으므로
　결합계수 $k = 0$
　따라서 상호인덕턴스 $M = k\sqrt{L_1 L_2} = 0$

027

직류발전기의 정류를 개선하는 방법 중 틀린 것은?

① 코일의 자기 인덕턴스가 원인이므로 접촉저항이 작은 브러시를 사용한다.

② 보극을 설치하여 리액턴스 전압을 감소시킨다.

③ 보극 권선은 전기자 권선과 직렬로 접속한다.

④ 브러시를 전기적 중성축을 지나서 회전방향으로 약간 이동시킨다.

해 정류개선 → 접촉저항 큰 브러시 사용

028

전동기의 정역운전을 제어하는 회로에서 2개의 전자개폐기의 작동이 동시에 일어나지 않도록 하는 회로는?

① Y – △ 회로　　　② 자기유지 회로

③ 촌동 회로　　　　④ 인터록 회로

해 인터록 회로는 한쪽 릴레이가 작동 시 반대 쪽은 작동하지 않도록하여 기기의 보호와 조작자의 안전을 목적으로 한 것을 말한다. (다른 표현으로 먼저 들어 온 신호가 있을 때 후 입력된 신호를 차단한다고 표현하기도 한다.) 따라서 전동기의 정역운전(모터의 구동력이 정방향과 역방향 모두 전달됨) 제어 회로에서 2개의 전자개폐기의 작동이 동시에 일어나지 않도록하는 회로는 인터록 회로이다.

029

동기 발전기의 병렬운전 조건이 아닌 것은?

① 유도 기전력의 크기가 같을 것

② 동기발전기의 용량이 같을 것

③ 유도 기전력의 위상이 같을 것

④ 유도 기전력의 주파수가 같을 것

🔠 발전기 병렬운전을 위해서는 기전력의 주파수, 파형, 크기, 위상이 모두 같아야 한다.
[암기법] 주파크위상

030

직류전동기 운전 중에 있는 기동 저항기에서 정전이 되거나 전원 전압이 저하되었을 때 핸들을 기동 위치에 두어 전압이 회복될 때 재기동할 수 있도록 역할을 하는 것은?

① 무전압계전기　　② 계자제어기

③ 기동저항기　　④ 과부하개방기

🔠 무전압계전기(No Voltage Relay)에 대한 설명이다. 정전이 되거나 전원 전압이 저하되었을 때 핸들을 기동 위치에 두어 전압이 회복될 때 재기동할 수 있도록 역할

031

동기발전기의 공극이 넓을 때의 설명으로 잘못된 것은?

① 안정도 증대

② 단락비가 크다.

③ 여자전류가 크다.

④ 전압변동이 크다.

🔠 공극은 고정자와 회전자 사이의 공간으로 공극이 넓으면 전기자에서 발생한 자장이 계자권선쪽으로 넘어가기 힘들기 때문에 전기자 반작용이 작아지고 안정도는 증대된다. 또한 단락비와 여자전류는 커지며 전압변동률은 작아진다.

032

권선형 유도전동기의 회전자에 저항을 삽입하였을 경우 틀린 사항은?

① 기동전류가 감소된다.

② 기동전압은 증가한다.

③ 역률이 개선된다.

④ 기동 토크는 증가한다.

🔠 권선형 유도전동기의 회전자에 저항 삽입 → 기동 전류 감소, 기동 토크 증가, 역률 개선

033

부식성 가스 등이 있는 장소에서 전기설비를 시설하는 방법으로 적합하지 않은 것은?

① 애자사용 배선 시 부식성 가스의 종류에 따라 절연전선인 DV전선을 사용한다.

② 애자사용배선에 의한 경우에는 사람이 쉽게 접촉될 우려가 없는 노출장소에 한 한다.

③ 애자사용배선시 부득이 나전선을 사용하는 경우에는 전선과 조영재와의 거리를 4.5[cm] 이상으로 한다.

④ 애자사용배선시 전선의 절연물이 상해를 받는 장소는 나전선을 사용할 수 있으며, 이 경우는 바닥 위 2.5[m] 이상 높이에 시설한다.

🔠 애자사용 배선 시에는 옥외용 절연전선(OW) 또는 인입용 절연전선(DV)은 제외한 전선을 사용한다.

034

3상 유도전동기의 회전원리를 설명한 것 중 틀린 것은?

① 회전자의 회전속도가 증가하면 도체를 관통하는 자속수는 감소한다.

② 회전자의 회전속도가 증가하면 슬립도 증가한다.

③ 부하를 회전시키기 위해서는 회전자의 속도는 동기속도 이하로 운전되어야 한다.

④ 3상 교류전압을 고정자에 공급하면 고정자 내부에서 회전 자기장이 발생된다.

🖼 슬립은 동기속도에 대한 동기속도와 회전자속도의 차이를 말한다.

$$S = \frac{N_s - N}{N_s} = \frac{동기속도 - 회전자속도}{동기속도}$$

이 식에서 회전자속도가 커질수록 슬립은 작아지는 것을 알 수 있다.

035

용량이 작은 전동기로 직류와 교류를 겸용할 수 있는 전동기는?

① 셰이딩전동기

② 단상반발전동기

③ 단상 직권 정류자전동기

④ 리니어전동기

🖼 **단상 직권 정류자전동기** : 구조는 직류 직권전동기와 같지만 전원은 교류를 이용하는 전동기이다. 용량이 작은 전동기로 직류와 교류를 겸용할 수 있고, 변압기를 통한 교류전원 공급 시 변압기의 기전력을 조절하여 전류량을 작게 하면 역률이 좋아지는 특성이 있다.

036

접지저항 저감 대책이 아닌 것은?

① 접지봉의 연결개수를 증가시킨다.

② 접지판의 면적을 감소시킨다.

③ 접지극을 깊게 매설한다.

④ 토양의 고유저항을 화학적으로 저감시킨다.

🖼 접지판의 면적이 넓을 경우 방전면적이 넓어져 대지로의 방전이 쉽게 일어난다.

접지저항을 줄이기 위한 방법
- 접지봉의 연결개수를 증가시킨다.
- 접지극을 깊게 매설한다.
- 토양의 고유저항을 화학적으로 저감시킨다.
- 도전율이 양호한 접지 재료를 사용한다.
- 심타공법, 메쉬 접지법, 매설지선법, 접지극의 병렬 접속법을 이용한다.

037

다음 중 저압개폐기를 생략하여도 좋은 개소는?

① 부하 전류를 단속할 필요가 있는 개소

② 인입구 기타 고장, 점검, 측정 수리 등에서 개로할 필요가 있는 개소

③ 퓨즈의 전원측으로 분기회로용 과전류차단기 이후의 퓨즈가 플러그퓨즈와 같이 퓨즈교환 시에 충전부에 접촉될 우려가 없을 경우

④ 퓨즈에 근접하여 설치한 개폐기인 경우의 퓨즈 전원측

🖼 저압개폐기는 퓨즈교환 시에 충전부에 접촉될 우려가 없을 경우 생략해도 좋다.

038

고압 가공 전선로의 지지물로 철탑을 사용하는 경우 경간은 몇 [m]이하이어야 하는가?

① 150
② 300
③ 500
④ 600

해 철탑을 지지물로 사용할 경우 경간은 600[m] 이하여야 한다.
- A종 철근 콘크리트주:250[m] 이하
- B종 철근 콘크리트주, 목주:150[m] 이하

039

동일 전압의 전지 3개를 접속하여 각각 다른 전압을 얻고자 한다. 접속방법에 따라 몇 가지의 전압을 얻을 수 있는가?

(단, 극성은 같은 방향으로 설정한다.)

① 1가지 전압　　　　② 2가지 전압

③ 3가지 전압　　　　④ 4가지 전압

해 극성이 같은 방향이므로,
- <u>모두 직렬로 연결하는 방법</u>
- <u>모두 병렬로 연결하는 방법</u>
- <u>2개는 병렬로, 1개는 직렬로 연결하는 방법</u>
<u>총 3가지 방법이 있다.</u>

040

저압 연접인입선의 시설과 관련된 설명으로 잘못된 것은?

① 옥내를 통과하지 아니할 것

② 전선의 굵기는 1.5[㎟] 이하 일 것

③ 폭 5[m]를 넘는 도로를 횡단하지 아니할 것

④ 인입선에서 분기하는 점으로부터 100[m]를 넘는 지역에 미치지 아니할 것

해 연접인입선 제한사항(연접인입선은 저압에만 사용)
- <u>전선은 지름 2.6[㎜]경동선을 사용한다.</u>
  <u>(단, 경간이 15[m] 이하인 경우 2.0[mm] 경동선 사용)</u>
- 인입선의 분기점에서 100[m]를 초과하는 지역에 미치지 아니할 것
- 폭 5[m]를 넘는 도로를 횡단하지 말 것
- 다른 수용가의 옥내를 관통하지 말 것

041

어떤 3상 회로에서 선간전압이 200[V], 선전류 25[A], 3상 전력이 7[kW]이었다. 이때의 역률은 약 얼마인가?

① 0.65　　　　② 0.73

③ 0.81　　　　④ 0.97

해 전압(V), 전류(I), 전력(P)가 주어지고 역률 $\cos\theta$를 구하는 문제이다. 다음 공식을 활용한다.

3상전력

$$P = \sqrt{3}\,VI\cos\theta$$

역률 $\cos\theta = \dfrac{P}{\sqrt{3}\,VI} = \dfrac{7000(\mathrm{W})}{\sqrt{3} \times 200 \times 25} = 0.81$

042

가공전선의 지지물에 승탑 또는 승강용으로 사용하는 발판 볼트 등은 지표상 몇 [m] 미만에 설치하여서는 안되는가?

① 1.2[m]　　　　② 1.5[m]

③ 1.6[m]　　　　④ 1.8[m]

해 승탑 또는 승강용으로 사용하는 발판 볼트의 지표상 높이는 1.8[m] 미만에 설치해서는 안된다.

043

임피던스 $Z_1 = 12 + j16[\Omega]$과 $Z_2 = 8 + j24[\Omega]$이 직렬로 접속된 회로에 전압 $V = 200[V]$를 가할 때 이 회로에 흐르는 전류[A]는?

① 2.35[A]　　　　② 4.47[A]

③ 6.02[A]　　　　④ 10.25[A]

해 두 임피던스가 직렬연결이므로
$Z_1 + Z_2 = 12 + j16[\Omega] + 8 + j24[\Omega]$
$= 20 + j40[\Omega]$
$I = \dfrac{V}{Z} = \dfrac{200}{\sqrt{20^2 + 40^2}} = \dfrac{200}{\sqrt{400 + 1600}}$
$= 약 4.47[A]$

044

제벡 효과에 대한 설명으로 틀린 것은?

① 두 종류의 금속을 접속하여 폐회로를 만들고, 두
접속점에 온도의 차이를 주면 기전력이
발생하여 전류가 흐른다.

② 열기전력의 크기와 방향은 두 금속 점의
온도차에 따라서 정해진다.

③ 열전쌍(열전대)은 두 종류의 금속을 조합한
장치이다.

④ 전자 냉동기, 전자 온풍기에 응용된다.

해 전자 냉동기는 펠티에효과를 응용한 것이다.
펠티에효과는 두 도체를 결합하여 전류를 흐르도록
하면, 한 쪽 접점은 발열하여 온도가 상승하고, 다른
한 쪽은 흡열하여 온도가 낮아지는 현상이다.
(제벡효과는 열 → 전기 발생, 펠티에 효과는 전기 →
열 발생)

045

선간전압 210[V], 선전류 10[A]의 Y결선 회로가
있다. 상전압과 상전류는 각각 얼마인가?

① 121 [V], 5.77 [A]　　② 121 [V], 10 [A]

③ 210 [V], 5.77 [A]　　④ 210 [V], 10 [A]

해 Y결선에서 선간전압은
상전압 × $\sqrt{3}$ 이므로

상전압 $= \dfrac{\text{선간전압}}{\sqrt{3}} = \dfrac{210}{\sqrt{3}} =$ 약 121[V]

Y결선에서 상전류는 선전류와 같으므로
상전류 = 10[A]

046

폭연성 분진이 존재하는 곳의 저압 옥내배선 공사
시 공사 방법으로 짝지어진 것은?

① 금속관 공사, MI 케이블 공사, 개장된 케이블
공사

② CD 케이블 공사, MI 케이블 공사, 금속관 공사

③ CD 케이블 공사, MI 케이블 공사, 제1종
캡타이어 케이블 공사

④ 개장된 케이블 공사, CD 케이블 공사, 제1종
캡타이어 케이블 공사

해 폭연성 분진 또는 화약류 분말 → 금속관 공사, 케이블
공사

암기법 폭연성 금케, 가연성 합금케

비교 분진가루 합금케! 합성수지관, 금속관,
케이블 공사

047

권수 300회의 코일에 6[A]의 전류가 흘러서
0.05[Wb]의 자속이 코일을 지난다고 하면, 이
코일의 자체 인덕턴스는 몇 [H]인가?

① 0.25　　　　　② 0.35

③ 2.5　　　　　④ 3.5

해 권수와 전류, 자속이 주어졌을 때 자체 인덕턴스를 구
하는 문제이다.

Tip 알아야 할 공식

$LI = N\phi$	
• L : 자체인덕턴스	• I : 전류
• N : 권수	• ϕ: 자속

$LI = N\phi$ 에서 $L = \dfrac{N\phi}{I} = \dfrac{300 \times 0.05}{6} = 2.5[H]$

048

PN 접합의 순방향 저항은(㉠), 역방향 저항은 매우 (㉡), 따라서 (㉢) 작용을 한다. ( )안에 들어갈 말로 옳은 것은?

① ㉠ 크고, ㉡ 크다, ㉢ 정류

② ㉠ 작고, ㉡ 크다, ㉢ 정류

③ ㉠ 작고, ㉡ 작다, ㉢ 검파

④ ㉠ 작고, ㉡ 크다, ㉢ 컴파

해 PN접합은 P단자에서 N단자쪽으로 순방향으로는 저항이 작고, 그 반대방향으로는 저항이 매우 커서 전류가 흐르지 않도록 하는 역할을 하는데 이를 정류 작용이라 한다.

049

다음 그림은 직류발전기의 분류 중 어느 것에 해당되는가?

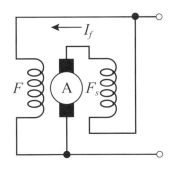

① 분권발전기　　② 직권발전기

③ 자석발전기　　④ 복권발전기

해 위 결선도는 전기자(A)와 직렬과 병렬로 연결된 두개의 여자권선(F, Fs) 을 가진 직류 복권발전기를 나타낸다.

050

2극의 직류발전기에서 코일변의 유효길이 l[m], 공극의 평균자속밀도 B[wb/㎡], 주변속도 v[m/s]일 때 전기자 도체 1개에 유도되는 기전력의 평균값은 e[V]은?

① $e = Blv$[V]　　② $e = \sin \omega t$[V]

③ $e = 2B\sin \omega t$[V]　　④ $e = v^2 Bl$[V]

해 플레밍의 오른손법칙은 발전기의 원리로 유도기전력의 방향과 크기를 구할 수 있는데 유도기전력은 $e = Blv$[V]이다.

051

접지전극의 매설 깊이는 몇 [m] 이상인가?

① 0.6　　② 0.65

③ 0.7　　④ 0.75

해 접지전극의 매설 깊이는 0.75m 이상으로 한다.

052

기전력이 V_0, 내부저항이 r[Ω]인 n개의 전지를 직렬 연결하였다. 전체 내부저항은 얼마인가?

① $\frac{r}{n}$　　② nr

③ $\frac{r}{n^2}$　　④ nr^2

해 내부저항 공식

$$R_m = \frac{n}{m} r$$

n은 직렬연결전지 개수, m은 병렬연결 전지 개수

직렬연결만 있을 때는 $R_m = \frac{n}{1} r$ 이다.

$R = \frac{n}{1} r = nr$

053

금속관 절단구에 대한 다듬기에 쓰이는 공구는?

① 리머   ② 홀쏘

③ 프레셔 툴   ④ 파이프 렌치

🔧 금속관 절단구 안쪽을 다듬는 공구로는 리머를 사용
한다.

054

비정현파의 실효값을 나타낸 것은?

① 최대파의 실효값

② 각 고조파의 실효값의 합

③ 각 고조파의 실효값의 합의 제곱근

④ 각 고조파의 실효값의 제곱의 합의 제곱근

🔧 비정현파의 실효값은 각 고조파의 실효값의 제곱의
합의 제곱근으로 나타낸다.
$$V = \sqrt{V_1^2 + V_2^2 + V_3^2 + \cdots}$$

055

저압가공전선이 철도 또는 궤도를 횡단하는
경우에는 레일면상 몇 [m] 이상이어야 하는가?

① 3.5   ② 4.5

③ 5.5   ④ 6.5

🔧 철도횡단 시 높이는 레알면상의 최저 6.5[m] 이상

056

Y결선의 전원에서 각 상전압이 100[V]일 때
선간전압은 약 몇 [V]인가?

① 100   ② 150

③ 173   ④ 195

🔧 Y결선에서 상전압이 100[V]일 때 선간전압은
상전압 $\times \sqrt{3}$ 이다.

$100 \times \sqrt{3} = 173.205\cdots$

057

자연 공기 내에서 개방할 때 접촉자가 떨어지면서
자연 소호되는 방식을 가진 차단기로 저압의 교류
또는 직류차단기로 많이 사용되는 것은?

① 유입차단기   ② 자기차단기

③ 가스차단기   ④ 기중차단기

🔧 소호란 차단기 동작 시 가동자와 고정자 사이에 발생
하는 아크(ARC)를 없애 주는 것을 말한다. 공기 중
개방 시 자연소호되는 방식은 기중차단기다.

058

동기 전동기를 자기 기동법으로 기동시킬 때 계자
회로는 어떻게 하여야 하는가?

① 단락시킨다.   ② 개방시킨다.

③ 직류를 공급한다.   ④ 단상교류를 공급한다.

🔧 계자권선을 연결한 채 전원을 가할 시에는 계자 회로
가 전기자 회전 자계를 끊고 고전압을 유기하여 회로
가 망가질 수 있으므로 반드시 계자회로는 저항을
통해 단락시킨다.

059

합성수지관 공사에서 옥외 등 온도 차가 큰
장소에 노출 배관을 할 때 사용하는 커플링은?

① 신축커플링(0C)   ② 신축커플링(1C)

③ 신축커플링(2C)   ④ 신축커플링(3C)

🔧 온도차가 큰 장소에 노출 배관 시 적합한 커플링은
신축커플링(3C)

060

비사인파 교류회로의 전력에 대한 설명으로 옳은 것은?

① 전압의 제3고조파와 전류의 제3고조파 성분 사이에서 소비전력이 발생한다.

② 전압의 제2고조파와 전류의 제3고조파 성분 사이에서 소비전력이 발생한다.

③ 전압의 제3고조파와 전류의 제5고조파 성분 사이에서 소비전력이 발생한다.

④ 전압의 제5고조파와 전류의 제7고조파 성분 사이에서 소비전력이 발생한다.

해 부하의 성질에 따라 파형이 일그러지는 비사인파형으로 되는 교류회로는 전압의 제3고조파와 전류의 제3고조파 성분 사이에서 소비전력이 발생한다.

[암기법] 비사인파 교류회로 전압 제3고조파, 전류 제3고조파 사이에서 소비전력 발생 − 비사인 교회 3고 3고!

저자

- 교육컨텐츠 기업 (주) 엔제이인사이트
- 파이팅혼공TV 컨텐츠 개발팀

저서

- 파이팅혼공TV 위험물기능사 실기 초단기합격
- 파이팅혼공TV 위험물기능사 필기 초단기합격
- 파이팅혼공TV 전기기능사 필기 초단기합격
- 파이팅혼공TV 조경기능사 필기 초단기합격
- 파이팅혼공TV 산림기능사 필기 초단기합격
- 파이팅혼공TV 지게차 운전기능사 필기 한방에 정리
- 파이팅혼공TV 굴착기 운전기능사 필기 한방에 정리
- 파이팅혼공TV 한식조리기능사 필기 한방에 정리

전기기능사 필기 초단기 CBT 기출문제집

발행일 2025년 1월 30일

발행인 조순자

편저자 파이팅혼공TV 컨텐츠 개발팀

편집·표지디자인 홍현애

발행처 인성재단(종이향기)

※ 낙장이나 파본은 교환해 드립니다.
※ 이 책의 무단 전제 또는 복제행위는 저작권법 제136조에 의거하여 처벌을 받게 됩니다.

ISBN 979 - 11 - 93686 - 94 - 2

정 가 28,000원